博学而笃志,切问而近思。

(《论语·子张》)

博晓古今,可立一家之说;
学贯中西,或成经国之才。

博学·博学·博学·博学·博学·博学

博学·社会工作系列　　　　　　顾东辉　总主编

企业社会工作

（第二版）

ENTERPRISE
SOCIAL WORK
(2ND EDITION)

周　沛　主　编
易艳阳　高　钟　副主编

复旦大学出版社

目 录

第一章　企业社会工作导论　　001
- 第一节　企业社会工作的概念与内涵　　002
- 第二节　企业社会工作的服务对象、介入模式与功能　　016
- 第三节　企业社会工作介入的重要性、可行性与途径　　023
- 第四节　企业社会工作的学科性与专业性　　029

第二章　企业社会工作的历史与发展　　033
- 第一节　美国企业社会工作的发展历程　　034
- 第二节　我国香港和台湾地区企业社会工作的发展历程　　041
- 第三节　中国社会发展与企业社会工作　　050

第三章　企业社会工作与企业党群工作　　063
- 第一节　企业党建工作　　064
- 第二节　企业群团工作　　075
- 第三节　企业党群工作中的企业社会工作介入　　085

第四章　企业社会工作与企业管理　096
- 第一节　企业社会工作是企业管理的有机组成部分　097
- 第二节　企业社会工作对企业管理的促进　104
- 第三节　中国本土企业管理与企业社会工作　112

第五章　企业社会工作与企业社会责任　124
- 第一节　企业社会责任的定义、内涵与功能　125
- 第二节　企业社会工作与企业社会责任的关系　139
- 第三节　中国企业社会责任与企业社会工作的介入　148

第六章　企业社会工作的主客体系统与行动机制　162
- 第一节　企业社会工作的主体与客体　163
- 第二节　企业社会工作的行动系统　170
- 第三节　企业社会工作的行动机制　175

第七章　企业社会工作与企业内外部的关系　185
- 第一节　企业社会工作与企业内部职能部门的关系　186
- 第二节　企业社会工作与企业外部的关系　194
- 第三节　企业社会工作与企业　208

第八章　企业社会工作的价值伦理与实务过程　215
- 第一节　企业社会工作的价值观　216
- 第二节　企业社会工作的实务过程　228
- 第三节　企业社会工作的评估　243

第九章　企业社会工作介入员工福利服务　252
- 第一节　员工福利与企业社会工作　253
- 第二节　企业社会工作介入员工福利的构成　259

第三节 企业社会工作介入员工福利服务的手法　　265
第四节 中国的企业社会工作介入员工福利服务　　284

第十章 企业社会工作介入员工心理服务　　295
第一节 企业员工、管理者的心理健康状况及管理　　296
第二节 社会工作方法在企业员工心理服务中的应用　　316
第三节 员工帮助计划及其在企业中的应用　　322

第十一章 企业社会工作介入员工职业生涯服务　　335
第一节 员工职业生涯规划概述　　336
第二节 企业社会工作与员工职业生涯的关系　　348
第三节 企业社会工作介入员工职业生涯服务手法　　354

第十二章 企业社会工作中的特殊群体维权与增能　　367
第一节 企业青年员工的维权与增能　　368
第二节 企业女工的维权与增能　　375
第三节 企业进城务工人员的维权与增能　　385
第四节 企业残疾员工的维权与增能　　391

第十三章 企业社会工作教育与研究　　399
第一节 企业社会工作教育　　400
第二节 企业社会工作实习督导　　407
第三节 企业社会工作研究　　412

第二版后记　　422

第一章

企业社会工作导论

企业社会工作是社会工作在企业中的实施与应用，是专业社会工作者秉承专业价值理念，应用专业手法和技巧，在企业协助配合及员工参与下，帮助员工解决困难、维护员工权益、激发员工积极性的过程。企业社会工作具有缓解矛盾、增进员工福利、提高企业生产效率的功能，是集理论性、学科性、实务性于一体的专业介入手法。本章主要针对企业社会工作的概念、内涵、意义、功能、介入模式等进行梳理。

第一节 企业社会工作的概念与内涵

企业社会工作是专业社会工作的重要分支，在具有专业社会工作共性内涵的基础下，更具有其独特内涵。

一、企业社会工作相关概念辨析

与企业社会工作（Social Work in Enterprise）相关联的概念还有工业社会工作（Industrial Social Work）、工商业社会工作（Social Work in Business and Industry）、职业社会工作（Occupational Social Work）、工业社会福利（Industrial Social Welfare）、工业社会服务（Industrial Social Services/Social Services in Industry）等。从历史与逻辑发展的角度看，可以认为，企业社会工作的概念是从工业社会工作发展而来的。为了进一步厘清企业社会工作的内涵，我们尝试对社会工作与社会福利、工业社会工作、职业社会工作及企业社会工作等概念作简要的辨析。

1. 社会工作与社会福利

专业社会工作在企业中的展开与应用就是企业社会工作，企业社会工作与员工的权益保护和福利获得有着直接的联系。

（1）社会工作。

关于社会工作，国内外学者的观点基本上趋于一致，认为社会工作是以利他主义为指导，以科学知识为基础，运用科学方法进行的助人活动。对此，可从以下四方面进行认识和界定：

第一，社会工作具有特定的对象与工作目标；第二，社会工作具有特定的基本理念与方法；第三，社会工作的性质是专业性的助人工作，是社会福利体系的重要组成部分；第四，社会工作的功能是解决服务对象的困难，为其提供和提升社会福利。

为此，社会工作可被定义为：以专业社会工作者和专门机构为主体，以需求者、求助者及社区为服务对象，以利他主义和助人自助为基本理念，以科学知识为基础，以专门的方法和技巧为手段，以调动和运用社会资源、帮助解决服务对象的困难与问题、提供及增进其福利为追求，以实现社会公平与公正及社会和谐发展为目标的助人活动。

作为社会工作在企业中的实务，企业社会工作的内涵和社会工作相一致，其工作环境和服务对象是企业和企业员工，服务技巧和工作方法应契合企业的特点。

（2）社会福利。

"福利"的英文单词 welfare 由 well（好）与 fare（生活及处境）组合而成，客观上是指好的或幸福、快乐、健康的生活状态，一种好的生活状态或满意的生活质量，是个体和群体所追求的一个理想目标。美国学者威廉·H. 怀特科（William H. Whitaker）认为，社会福利是指社区或社会的满意状况，其目的就是帮助人们在社会环境中更有效地发挥作用。这其中包含两层含义：一是满足人们的基本生存需要；二是满足人们必需的心理和精神方面的社会交往需要。此外，社会福利还包括为人们参与经济建设而提供充分的教育、咨询以认识并处理个人所遇到的困难，提供就业门路和其他社会活动等。①

> 福利具有二重性，即客观的状态与主观的感知。

现代社会的福利主要通过国家和相关机构以有组织的形式提供资金或社会服务来实现，其目的在于满足社会中有需要的人士，以解决个人和家庭的困难。企业社会工作在其实施过程中，为企业员工排忧解难、改善工作环境的过程，也就是为员工提供和增进福利的过程。

---

① ［美］威廉·H. 怀特科、罗纳德·C. 费德里科：《当今世界的社会福利》，解俊杰译，法律出版社2003年版，第29—30页。

> 发端于西方的工业社会工作，主要是应对工业化发展中的劳工问题，其基本功能是应对和协调劳资冲突。

2. 工业社会工作

相对于社会工作的其他分支，工业社会工作是一个较晚发展的领域。这与19世纪末、20世纪初西方国家针对工业社会发展带来一系列劳工问题而采取的"工业福利运动"和"福利秘书制度"等社会背景有着密切关联。

（1）从工业社会工作的主办单位和服务对象角度的定义。

美国对工业社会工作的定义分为狭义和广义两类。狭义类以主办组织为定义概念，把工业社会工作定义为雇主或工会举办的社会工作活动；广义类则以服务对象为定义概念，把工业社会工作定义为任何服务于工作社群（work community）的社会工作，其服务针对的是广泛的心理、社会、福利以及一般性的需求。美国的这两类定义，都没有指明相对于其他社会工作范畴、工业社会工作的特点和服务模式。[①]

（2）美国学界的定义。

1978年6月，美国社会工作界在纽约召开"美国工业社会工作"讨论会（National Conference on Social Work Practice in Labor and Industrial Setting），会议邀请了100多位富有经验的工业社会工作人员对开展工业社会工作问题进行了广泛的讨论。与会者迪维（Devegh）教授认为，积极开展工业社会工作是社会工作的一个新纪元。[②] 这次会议对工业社会工作下的定义是：

工业社会工作是运用社会工作的专门知识，去满足工人的需求，以及服务整个工业设施的组织目标。社会工作人员从多元的环境系统中去影响劳工个人，其所提供的直接服务包括：咨询、团体服务；实质性服务方案；为员工辩护、社区与个人的联结服务；协助员工与管理部门人才储训；工业社群与工会的决策顾问。[③]

---

① 香港社会服务联会社区发展部：《工业社会工作资料及未来发展方向》咨询文件，1999年5月。
② 徐震、林万亿：《当代社会工作》，（台北）五南图书出版公司1999年版，第479页。
③ 同上书，第481页。

从这一定义可以看出，工业社会工作是专业社会工作在工业企业中的应用，其对象是工业企业中的员工，其方法是社会工作的基本服务手法，其目的是为工业企业员工提供服务、解决实际问题，也包括为工业企业的管理者和管理部门服务。

（3）中国港台地区学者的定义。

台湾地区学者林联章认为，工业社会工作"是以其专业知识与技术，发现工厂员工在生活上、工作上的需求和困难，并运用厂方既有的资源和社会资源，来解决员工的各种适应问题，使他们能安于工作而无挂虑，以稳定其生活，平衡其身心，发展其潜能，促进人力资源的高度发挥"[1]。

台湾地区学者林万亿认为，工业社会工作是将社会工作的专业方法实施于工业体系或工业机构（设施）中，通过社会工作人员与其他相关专家的协助，增进员工解决问题的能力，促进良好的工作适应关系，充实员工职业生涯的成就，创造合理而有效率的生产环境。[2]

台湾地区学者苏景辉认为，工业社会工作主要是运用社会工作的知识与方法，以协助和服务于工业界（企业界）的劳工。[3] 李宗派则认为，工业社会工作就是将解决人的问题的方法运用于工业界，专门协助企业解决劳资纠纷，维护职员劳工的心理情绪卫生以及提供家庭福利服务。[4]

从台湾地区学者的定义看，工业社会工作的主体是专业社会工作者，客体是工业企业及工业机构的劳工，工作方式是专业技术和方法，目的是解决劳资纠纷和增进劳工福利。

香港社会服务联会社区发展部在其1999年5月公布的《工业社会工作资料及未来发展方向》咨询文件中，把工业社会工作定义

---

[1] 参见林联章：《工厂员工适应问题服务措施之研究》，《工业社会发展之探讨》，台湾东海大学社会研究所1982年版。

[2] 徐震、林万亿：《当代社会工作》，（台北）五南图书出版公司1999年版，第481页。

[3] 苏景辉：《工业社会工作》，（台北）桂冠图书有限公司1989年版，第1页。

[4] 李宗派：《工业社会工作之概念与发展》，《工厂社会工作研习会实录》，高雄市政府社会局1983年版，第17页。

为：工业社会工作是一个社会工作实务范畴。在其中，社会工作者关注劳动人士就业及工作生活相关的种种需要，策划及推行适合的介入与服务，促进他们的工作生活素质及职业福利。

概括来看，香港社会服务联会社区发展部对工业社会工作的定义做了展开性阐述。

第一，工业社会工作的对象是劳动人士，指社会上正参与或准备参与就业的人士。

第二，工业社会工作的目标指向是就业及工作生活相关的需要，即那些与就业及工作生活直接相关的需要，如就业机会、待遇、权益保障、职业培训、职业安全与健康，以及由于工作带来的心理及社会需要等。

第三，工业社会工作的目标是提高劳工的工作生活素质及职业福利，包括就业机会及择业自由、薪酬及雇佣条件、物质待遇、人际社交环境、工作生活与整体生活的融合（Integration of work life and total life）、劳工的各种保障、津贴和服务等。

3. 职业社会工作

从20世纪80年代后期起，海外及我国香港地区的社会服务机构和社会工作专业团体，多把"职业社会工作"（Occupational Social Work）与"工业社会工作"（Industrial Social Work）两词交换使用，甚至多以前者为主。① 相对于工业社会工作，关于职业社会工作的论述和定义比较少，这也许是由于两者的区别不大，仅是着眼点不同。

（1）香港地区的定义。

从香港社会服务联会社区发展部的咨询文件看，职业社会工作的着眼点主要表现在服务内容上，比如，培训劳动人士职业上的技能和知识，提供职业辅导、压力舒缓和心理健康服务，提供就业机会，协助青年建立切合实际的职业观等。该咨询文件认为，在海

---

① 香港社会服务联会社区发展部：《工业社会工作资料及未来发展方向》咨询文件，1999年5月。

外或我国香港地区，工业社会工作过去多被视为一个关注和服务工厂工友或蓝领人士的社会工作范畴，其行业主要集中于制造业和建筑业，其对象的职业主要为工厂内的非技术体力劳动工人。随着商业及服务业经济的发展，无论是在行业上还是职业上，现代社会中的劳动人士类别呈多样化特征，劳动者已经不仅仅局限于制造业工厂中的蓝领劳动者，也包括其他非制造业的非蓝领员工。所以，用"职业社会工作"概念取代"工业社会工作"概念成为一种趋势，这有利于"关注广泛劳动人士就业及工作生活需要的社会工作服务"①。

（2）内地的提法。

目前，内地关于职业社会工作的提法和定义较为少见。高钟教授认为，在以企业为主要载体的"职业场"存在着诸多矛盾，其实质在于其中的工业化体系与人性生活需求的对峙与并存。这两个体系中，工业化体系因适应职业场中对纪律、执行力、效益、利润等目标的需要而受到重视，从而建立了以多层化为代表的制度化体系保证其运行。相形之下，人性生活的需求则长期受到忽视，因此，有必要开展社会工作，对员工职业生涯进行专业化的指导。②虽然以上界定没有直接用职业社会工作的概念，但却是从职业场的角度，围绕员工职业生涯，研讨通过社会工作手法做好员工的职业适应工作。

钱宁教授在《工业社会工作》一书中指出，职业社会工作是以"职场人"的问题为焦点，将职业活动中的人们所面临的问题当作主要内容，为解决人们在职业生涯中发生的各种矛盾提供协助。"职业社会工作是将职业这个'个人和职业所属的社会最明显的特征'当作服务领域，对从事职业活动的人提供辅导和支持，以缓解他们因工作与生活、职业与家庭的矛盾，以及在职业生涯中因职业变动、受挫或失败而产生的各种心理问题带来的压力，引导职业人

"职业场"即职业场域。在法国社会学家布迪厄看来，社会是高度分化的，社会世界是由大量具有相对自主性、自身逻辑性与必然性的社会小世界所构成，这些小世界即场域。职业场域即与职业相关的社会小世界。

---

① 香港社会服务联会社区发展部：《工业社会工作资料及未来发展方向》咨询文件，1999年5月。
② 高钟：《职业场——企业社会工作实践的困惑与思索》，《社会工作》2009年第4期。

的生涯成长和转换，在平衡职业与家庭、职业追求与日常生活需要的关系方面提供支持，以促进个人的职业发展。"①

职业社会工作主要围绕职场、职业以及职场人而展开。职业社会工作的服务对象是职业场中的人，即职业劳动者；工作的视角是职业场中劳动者的各种问题困境；工作的目的是促进人的职业发展，做好职业适应工作。如果将工业或工厂扩大到职业或职场，二者并无本质区别。

二、企业社会工作的内涵

> 思考：企业社会工作与青少年社会工作、老年社会工作等以人群划分的社会工作实践领域的区别是什么？

相较于老年社会工作、青少年社会工作、医务社会工作、学校社会工作、矫治社会工作等，企业社会工作是社会工作实务中的相对特殊领域，也是我国社会建设中一个亟待加强专业介入的领域。理解工业社会工作及职业社会工作以后，可以对企业社会工作概念进行较为清晰的界定。

1. 企业社会工作的内涵

第一，企业社会工作由工业社会工作发展而来，或是工业社会工作在当代的"别称"。工业社会工作是因应工业化社会中人们对工作福利的追求而产生的，通过19世纪末、20世纪初美国的工业福利运动，以及20世纪60年代美国的"工业酗酒方案"（Industrial Alcoholism Programs），工业社会工作最终得以形成。②无论是从工作的环境对象来看，还是从具体名称来看，当时的社会工作对工厂与工业的介入，即可视为工业社会工作。企业社会工作则是随着产业结构复杂化以及社会现代化发展而形成的工业社会工作的替代名词。

第二，企业社会工作是专业社会工作在企业内的介入。如同工业社会工作及职业社会工作是专业社会工作在工业机构和职场机构

---

① 钱宁：《工业社会工作》，高等教育出版社2009年版，第5页。
② 苏景辉：《工业社会工作》，（台北）桂冠图书有限公司1989年版，第13、24—28页。

中的应用一样，企业社会工作是专业社会工作在企业内的介入与应用，是服务于企业与企业员工的专业性手法。换言之，企业社会工作是社会工作在企业中的开展与应用，其主体是专业社会工作者，客体是企业员工及企业管理者，手法是专业性的介入与服务。

第三，企业社会工作的目标是缓解矛盾冲突，提高企业劳动效率，帮助员工舒缓压力，提供职业福利。企业社会工作在企业的介入，其服务对象是企业及企业员工，尽管协助企业员工争取权益是企业社会工作的基本功能，但企业社会工作不是站在与企业（资方）对立面的角度来开展。企业社会工作是通过专业性的手法，改善企业和员工的关系，缓解矛盾冲突。就员工方而言，帮助员工提升能力，增进福利；就资方而言，通过对员工的能力建设和心理疏导，可以提高员工的劳动积极性，最终提高企业的生产运营效率。

2. 企业社会工作的定义

结合工业社会工作、职业社会工作的概念，以及企业社会工作的内涵认知，可以对企业社会工作进行如下界定：

企业社会工作是运用社会工作的理论与方法，以工业、农业、商业、建筑运输业以及其他行业的企业单位及其员工为服务对象，以预防和解决企业及其员工问题为目标，以企业员工全面发展和企业组织科学管理为宗旨，以培养和发扬员工互助精神和自助能力为追求，调动和利用各类资源，增进员工福利，提升企业效率，促进员工与企业和谐发展的专业化介入手法与工作过程。

3. 企业社会工作的提法之理由

基于以上分析，社会工作对劳动机构及劳动者的介入和服务，涵盖工厂、职场、企业等领域，相应的，在概念上也可以称之为工业社会工作、职业社会工作以及企业社会工作。本书认为，在现代化社会中，企业社会工作的提法更为合适。其理由如下。

第一，从劳动机构的行业涵盖面看，企业社会工作的提法更能包容第一、第二和第三产业。

这里提及的劳动机构的行业，是指与工业社会工作、职业社会工作以及企业社会工作相关联的工业、职业和企业。

按《辞海》的界定，工业是"采取自然物质资源，制造生产资料、生活资料，或对农产品、半成品等进行加工的生产事业"，其关键词应该是"制造""加工"及"生产"。

按《辞海》的界定，职业是"个人在社会中所从事的作为主要生活来源的工作"，其关键词应该是"工作"。

按《辞海》的界定，企业是"从事生产、流通或服务性活动的独立核算经济单位"，其关键词应该是"生产""流通""服务"以及"经济单位"。

由此，工业、职业、企业三者间有密切的联系，但又各有侧重，不是同一概念范畴。就行业和职业而言，企业涵盖并超越了工业和行业所包含的内容：企业不仅有制造业，也包括商业等服务业；企业包括了第一、第二、第三产业的绝大部分部门，企业不仅包括蓝领工人，也包括白领阶层和金领阶层，企业的职业涵盖要比工业复杂和全面。

本书之所以不用工业社会工作的概念，并不是标新立异，而是因为该概念有局限性，即仅局限于第二产业。其实，当初美国工业社会工作的形成起源于工业，但其发展也包括了第二、第三产业，即"Occupational Social Work"。沿用工业社会工作是对起源的尊重，启用企业社会工作是对其发展的重新界定，两者并无实质性的区别，也可以看作社会工作本土化的表现。还有一种解释出现在我国翻译出版的《大不列颠百科全书》中，把"industry"翻译为"产业"，这样就更好地理解"Industrial Social Work"包含第二、第三产业部门。[①]

为此，尽管"工业社会工作是在一个更为广泛的工业社会关系的范畴内来解决人与工作，人与工作机构、工作环境、工作关系之间的矛盾"[②]，尽管职业社会工作是"代表关注广泛劳动人士就业及

---

① 刘七生：《我国企业社会工作的进展与反思》，《社会工作》2008年第10期。
② 钱宁：《工业社会工作》，高等教育出版社2009年版，第5页。

工作生活需要的社会工作服务"①，但是，本书认为，企业社会工作的提法仍是较为合适的。

第二，从劳动机构的劳动者看，企业社会工作的提法更能体现出对各行业劳动者的专业性服务。

工业社会工作的对象范围是工业企业的员工，其目标是为工业企业员工提供专业性服务，工业社会工作被视为一个关注和服务于工厂工友以及蓝领工人的社会工作范畴。从美国以及香港地区早期的经验看，工业社会工作主要集中于制造业和建筑业，职业上主要关心工厂的技术和非技术体力劳动工人。随着工商业及其他行业的迅速发展和越来越细的分工，无论是在行业上还是在职业上，现代社会中的体力劳动者和脑力劳动者、技术劳动者和科技劳动者越发呈多元化趋势，会遇到各类问题困境，有接受专业社会工作服务的需要。在此情况下，如果仍然使用工业社会工作这一概念已经显得范围过分狭窄了。鉴于此，20世纪80年代后期，国外及我国香港地区的一些社会服务组织和社会工作专业团体开始将职业社会工作和工业社会工作交互使用，并逐渐较多地使用职业社会工作的概念，甚至有将职业社会工作取代工业社会工作的趋向。职业社会工作概念的出现，说明社会工作关注范围更加广泛的劳动者和就业者，这是时代发展的必然要求和趋势。

从职业社会工作的目标看，其工作范围涉及整个社会职业的分布，只要是存在劳动者、存在就业者、存在某种行业内的职业，职业社会工作的工作范围都可以涉及，这是职业社会工作的共性，只是在各自不同的行业，其工作对象和工作手法有其个性特点。应该说，职业社会工作的对象范围比工业社会工作要大得多。但是作为社会工作介入领域，职业社会工作的对象较为模糊，也可能涵盖行政化机构、非营利机构等组织的工作人员，缺乏较为明确的介入场域与载体。

思考：对于企业之外的职业场域，如行政组织、非营利组织等，社会工作介入的必要性与可行性。

---

① 香港社会服务联会社区发展部：《工业社会工作资料及未来发展方向》咨询文件，1999年5月。

企业是从事生产、运输、贸易、文化等经济活动的部门的总称，包括工农业、建筑业、运输业、商业以及其他行业的组织和单位，是生产经营的主要组织。此外，企业的外延比工业的外延大，其内涵比职业的内涵明确，企业社会工作可囊括大部分就业人员，并且聚焦于企业这一特定实践场域中的问题困境。因此，本书用企业社会工作的概念替代工业社会工作和职业社会工作的概念。

> 用企业社会工作这个概念，更适合我国的实际情况。

三、企业社会工作的目标、原则与特征

企业社会工作是为满足企业和企业员工的需要而进行的专业性介入，针对企业的特质，企业社会工作具有其特定的目标、原则和特征。

1. 企业社会工作的目标

前述概念界定已经包含了企业社会工作的目标。简言之，专业社会工作对企业及其员工的介入，积极预防和解决企业及其员工所面临的问题，并为之提供服务并增进福利，是企业社会工作所要达到的目标。

（1）企业社会工作的总体目标。

企业社会工作的总体目标是宏观视野中社会工作介入企业所期望达到的状态。这可以从两个层面加以设定：

第一，从员工的角度看，企业社会工作通过专业介入手法，为其解决各类物质、精神、关系、权利、资源等方面的问题和困境；在利他主义和助人自助理念的指引下，在相应专业方法的介入下，强化员工应对困难、解决问题、自我提升的能力；通过与企业（资方）的沟通，改善员工的工作环境，增进员工的福利，激发员工的劳动积极性。

第二，从企业的角度看，通过员工和企业（资方）的互动和沟通，将企业社会工作作为企业管理中的重要组成部分，提高企业的劳动生产效率；通过企业社会工作介入，促使企业进一步重视员工

权益，促进企业社会责任的履行。

（2）企业社会工作的具体目标。

企业社会工作的具体目标是对总体目标的分解，可包括：

第一，帮助企业员工解决因资源能力缺失而导致的福利不足问题。相较于企业管理层，企业员工处于相对弱势的地位，他们在劳动生产、工资收入、福利待遇、职业环境等方面会遇到相应的困难和问题，企业社会工作需要通过多种专业化手法，为员工争取福利权益。

第二，为员工提供心理疏导。在市场竞争与职场竞争的压力下，员工可能会产生疲劳、紧张、焦虑、抑郁、暴躁、注意力不集中、记忆力下降等困扰。幸福、健康、高效的管理人员和员工，已经成为决定企业成败的重要因素之一。为此，企业社会工作可以通过其专业方法和技巧帮助管理人员或员工进行心理疏导，应对和缓解压力。

第三，协调企业内外的各种关系，促进员工与企业的共同发展。企业的发展和运行离不开与社区等外部环境的沟通和整合。一个良好的外部环境，对于企业的健康发展是十分重要的。企业社会工作的介入，能有效地解决企业的外部关系失衡问题，减少因外部矛盾激化而造成企业与社会之间的冲突，预防企业内外部问题的发生，增强组织的竞争力和凝聚力。同时，企业社会工作通过助人自助的理念，帮助员工提高个人能力，实现自身发展和个人成长，确立员工的"自家人"意识，从而也有助于促进企业改革和创新，提高企业的运营效率。

第四，维护员工的合法权益。维护弱势群体的合法权益是社会工作专业价值观的内在诉求，在《工会法》《劳动法》等相关法律法规的基础上，企业社会工作运用专业方法，为员工开展维护权益的服务。

2.企业社会工作的原则

企业社会工作是社会工作在企业中的具体应用与实施，其不同于一般社会工作，具有特有的基本原则。

（1）以企业发展为导向。

企业社会工作的介入对象是企业及其员工，在帮助员工维护权益、提升能力并实现助人自助的同时，也提高了企业的管理水平和生产效率。因此，促进企业的良性运行和健康发展，是企业社会工作的原则之一。虽然企业社会工作是帮助员工争取和维护权益，但是这并不意味着企业社会工作者是企业及企业管理层的对立面，更不是制造和扩大矛盾，而是通过企业社会工作介入过程，缓解企业生产运营中的矛盾纠纷，以提高员工的积极性，促进企业发展。

（2）增进企业福利。

企业福利是企业作为供给主体，提供给企业员工的工资奖金、保险保障、休闲假日等，为改善员工的生活和工作条件，激发员工劳动积极性的一切物质性、精神性和服务性待遇的总和。企业福利的供给主体是企业，接受主体是员工，也可以称为员工福利。企业福利的提供是企业义不容辞的责任，员工福利的获得是员工的权益和权利。但是，企业对福利的提供以及员工对福利的获取往往并不总是十分顺畅，由于多方面的原因，企业福利提供可能会打折，员工的福利获取得不到保证，因此，在企业方与员工方之间可能存在福利冲突。在这种情况下，企业社会工作的介入就十分必要。企业社会工作从维护员工权益入手，通过专业手法，在企业和员工之间建立起沟通的桥梁，以增进员工福利为原则，为员工福利获得建立良好的内外部环境，为他们最大限度地争取和提供福利。

（3）专业化介入。

在缓解矛盾、提高企业效率、增进福利的需求下，企业社会工作的专业化介入是必然的趋势。在实务介入中，需特别强调企业社会工作的专业性原则，即社会工作者需要基于专业价值伦理以及专业手法技巧，以企业管理者及员工为服务对象，以企业及企业外部环境为实践场域，开展针对性、精准性的助人活动。

（4）真诚与尊重。

企业社会工作得以顺利开展，真诚和尊重是社会工作者最基本的出发点。真诚是指个体在人际交往和沟通中能够将真正的自我呈现给对方，表现为表里如一、言行一致、内外呼应等。尊重是对他人包括心理和情感在内的接纳和理解，表现为关注、关心、亲和力等。企业员工一般工作时间较长，体力和心理压力较大，可支配的自由时间相对较少。由于企业社会工作一般需要在工余时间开展，因此，企业社会工作者必须特别坚持真诚和尊重原则，才能更好地获得员工的配合和支持，提升企业社会工作的助人效果。

（5）服务对象自决。

企业社会工作是为了使广大企业员工能对置身于其中的企业内外环境有较大的自决能力，即在提高自身能力的条件下，能够理顺各种关系，处理好各种矛盾。因此，社会工作所强调的自决原则，在企业社会工作中一样必须得到坚持。企业员工的家庭背景、个人经历各不一样，在企业所遇到的问题和困扰也不尽一致。企业社会工作在总体上追求为员工增进福利之目标的同时，需要兼顾员工之间的不同情况和不同需求，特别是，企业社会工作者不能以先入为主的主观主义作风要求员工应该做什么，不应该做什么，而是要充分尊重员工的观点、意见和选择，真正做到服务对象自决。

3. 企业社会工作的特征

尽管企业社会工作也包括个案社会工作、小组社会工作和社区社会工作三大基本办法，但由于介入领域的特殊性，企业社会工作又具有不同于一般社会工作的特征。

（1）复杂性和多样性。

企业的运行面临着多种多样的内外部制约因素，企业员工也面对着自身和非自身原因的各种问题，针对相对封闭、复杂的企业及其员工，企业社会工作从服务对象、工作内容、工作方法、资源整合等方面都具有复杂性和多样性。同时，由于企业社会工作多在工余时间介入，各种业务种类的员工上下班时间也不尽一致，这对社会工作者的工作客观上增加了难度，提出了更高的要求。因此，企业及企业员工的复杂性和多样性决定了企业社会工作的复杂性和多样性。

（2）协调性和激励性。

增进员工福利、激发员工的劳动积极性、提高企业运行效率，是企业社会工作的基本目标和追求，也是企业社会工作的基本功能，更是企业社会工作协调性和激励性特征的表现。员工福利的增进需要企业的发展和推进；企业劳动效率的提高需要员工的支持和辛勤付出，二者缺一不可。但是，在员工与企业之间、员工福利与企业效率之间，可能存在着一定的矛盾和冲突，由于利益视角的差异，仅靠员工与企业双方之间的沟通，难以达到理想效果。企业社会工作则能较好地解决或缓解两者之间的利益冲突。企业社会工作通过多种专业手法，在企业与员工之间建立有效的沟通桥梁，既协调员工与企业的良性互动关系和双赢关系，又激发员工的劳动积极性，充分体现出协调性和激励性特征。

（3）服务性和福利性。

企业社会工作的实务过程也是为服务对象提供服务的过程，是为员工争取权益、增进福利的过程。企业的主要功能是生产与经营，是效率导向，员工的服务功能不是企业的首要功能。企业社会工作在介入过程中，对员工的生活、工作提供多方位的专业性服务，在很大程度上弥补了企业员工服务的不足。企业社会工作者通过与企业管理层、企业员工的协调合作、共同努力，保障与提升员工的物质福利与精神福利。

第二节　企业社会工作的服务对象、介入模式与功能

企业社会工作是专业社会工作者协调企业各方面力量而开展服务的过程，企业社会工作在协调多方面利益相关者中扮演着重要角色，有其特定的模式和功能。

一、企业社会工作的对象系统

与其他社会工作手法的服务对象不一样，企业社会工作的对象不是孤立单一的个体，而是处于相同环境场域、面临相似问题的员工群体，以及与员工发展有密切关系的企业及其外部环境。所以，企业社会工作的对象是一个服务体系（client system），包括以下 4 个要素。

1. 企业员工

企业员工是企业运营发展中最具活力的要素，是企业管理者所依靠的基本力量。员工的权益是否得到保障、劳动积极性是否得到充分发挥，对于企业的发展至关重要。因此，员工是企业社会工作的主要服务对象。从某种意义上看，员工的理解、支持和配合，是企业社会工作得以顺利展开的关键。

2. 企业员工的亲友

企业员工的情绪和工作态度不仅受企业本身的影响，也受员工的家庭生活、亲属关系及朋友交往关系的影响。为此，员工的亲属及朋友也是企业社会工作的间接甚至是直接对象。在以当地居民为主体的企业，家属、亲属是企业社会工作开展中需要扩展的对象。在一些外来务工者占主体的企业，则需要把同乡、朋友等非正式群体作为企业社会工作的服务对象体系加以介入。

> 员工家庭服务目前成为企业员工福利中的一项重要内容，具体表现为关注员工家属的健康、教育的专项方案，以及定期或不定期地组织的家庭亲子活动等。

3. 企业管理部门

企业的管理理念、管理价值观和管理水平，对企业运行、员工工作和生活的影响巨大，如何协调好管理部门与企业运行及企业员工之间的关系，是企业社会工作的重要内容之一。作为企业管理者，有加强与员工有效沟通的需求，但是由于多方面的原因，他们往往在沟通交流中存在一些障碍或困惑。企业社会工作介入会在很大程度上协调双方的利益关系，进而求得企业与员工之间良好的互动，达到既提高管理效率又提升员工福利的目的。

4. 社区

这里的社区主要指企业所在地的周边环境。企业在其发展过程中，必然与其"左邻右舍"发生多方位关联，社区内的相关资源及社区民众是企业生存发展的依靠力量，企业社会工作必须把周边社区作为工作对象与内容，纳入实务介入的范畴。

二、企业社会工作的介入模式

基于社会工作介入的焦点，企业社会工作的介入模式可作如下划分。

1. 个人发展取向模式和社群权益取向模式

企业社会工作主要关注的是企业员工的工作生活素质和职业福利，注重就业者的就业及工作生活服务，因此，其工作模式就表现为个人发展取向模式和社群权益取向模式。

个人发展取向模式是与工作生活相关的心理-社会服务（psycho-social services）模式。如员工辅导、劳动者支持小组、压力舒缓课程以及人际关系训练等；通过系统的课程对员工进行职业培训或再培训；进行与就业相关的服务，如就业介绍与选配、面试的训练与模拟、就业后的跟进辅导等。从企业社会工作的过程形式来看，有些服务组织或单位提供集中的服务，也有的服务组织和单位提供多样化的服务类别和项目。以上的企业社会工作服务形式主要针对员工个人，因此被称作个人发展取向服务模式。

社群权益取向服务模式是从宏观上针对社会政策、社区环境等方面的企业社会工作。其内容主要为：劳动法律方面的咨询与宣传教育；劳资纠纷以及工潮过程中的介入；劳工权益政策方面的倡导与帮助等。由于这类服务主要针对特定服务对象的权益保障与提升，因此被称为社群权益取向服务模式。

思考：为何说企业社会工作的个人发展取向与社群权益取向是相辅相成的？

个人发展取向与社群权益取向只是服务的着重点和着眼点不一样，事实上二者是相辅相成的。我国香港地区的企业社会工作的经验表明，很多企业都可以同时提供这两方面的服务，即提倡一种综合服务取向，既考虑到对员工个人的服务，也考虑到社会政策环境等因素对劳动者及企业的影响，进而采取综合性服务。

2. 员工支持服务模式

社会工作者在企业社会工作实务工作中扮演着重要角色。企业社会工作者需要关注并干预、服务与员工的一些非工作属性的问题，如员工的酗酒、婚姻、家庭及相关领域的问题，这就是员工支持服务（Employee Assistance Program），即 EAP 模式。

员工支持服务是为解决员工问题，提高企业效率，增加生产利润而开展的服务项目，也是一种融综合性、教育性、诊断性于一体的专业服务方案。其通过有效的沟通训练、娱乐安排、心理疏导、压力缓解等途径来促进员工个人发展，以减少企业员工心理紧张的状态，使企业员工形成良好的工作关系和职业适应状态。

EAP 模式将在本书第十章中进行详细讨论。

3. 生活辅导室模式

生活辅导室模式简称为生辅室模式，源于 20 世纪 60—70 年代我国台湾地区的工业社会工作。生活辅导室是一个专门搜集员工对于生产、生活各个方面意见并负责协调解决的部门，员工有意见和建议，比如对加班时间、食堂饭菜、工作纪律有不满或改进意见等，都可以采取电话或写信的方式向生活辅导室反映。生活辅导室的工作者——"生辅员"会定期到宿舍访谈，了解员工的意见、建议。其主要的工作形式是心理辅导，"生辅员"通过专业手法帮助员工解决个人情感、人际关系及工作压力等心理问题，并通过创办杂志、设置专栏、人际互动、团体活动等方式来解决员工的心理问题，安抚员工的情绪。

4. 员工发展模式

尽管生活辅导室模式可以帮助员工解决一些心理和情绪的问题，但是，对于处于弱势地位的员工，特别是对于新产业工人集中的企业及其员工而言，还不能有效地解决他们的职业发展需求，员工发展模式则是一个能提高劳动者能力、改善职业环境的新模式。

员工发展模式往往以处于弱势地位的员工为重点对象，通过开展各项活动，以提高员工的生活质量为目标。1999 年以来，国际非政府组织世界宣明会（World Vision）在我国南方的部分企业启动了"工厂事工"（又叫"工厂工人发展计划"）项目，其主旨是解决进城务工人员的贫困问题。为回应进城务工人员的需求，通过开设职业技能培训课程、专题讲座、休闲及社区活动等，提高员工的生活素质及适应能力，以提高员工的自我发展能力。

5. 员工赋权与参与模式

> 思考：员工赋权与员工参与的关系是怎样的？

员工可能不仅遭遇个人心理与情感困扰，他们还有权利维护、参与企业等方面的需求。工人赋权与参与模式的主要特点是，争取和维护员工的结社自由、确保劳工及工会与企业沟通谈判的权利。企业社会工作者通过专业的服务能力，对工人进行培训，提升其民主参与、意见表达及员工代表的能力，在企业内部发育、培养一个员工积极参与企业管理的代表机制，以达到扩展与维护员工利益的劳资对话和谈判空间的目的。

三、企业社会工作的功能

企业社会工作功能是指通过企业社会工作的实施，对企业及员工所起到的建设性、积极性效果和作用。从目标追求、原则特征等角度看，企业社会工作的主要功能主要包括5个方面。

1. 优化企业管理

从泰勒的科学管理理论，到梅奥"霍桑试验"后的行为科学理论，再到现代科学管理理论，无论是把员工看成是"经济人"还是"社会人"，抑或是两者的统一，尽管都有激励员工工作热情的举措，但都没引入以以人为本、助人自助、能力建设为基本理念的专业社会工作手法，这些理论更不可能从企业管理的角度看到社会工作在企业实施的积极功能。从1978年美国把社会工作引入企业开始，人们越来越清楚地看到，企业社会工作对于提高企业管理水平具有十分积极的意义。

企业社会工作的介入，有助于促使企业管理者把员工看成企业发展中不可忽视的"主人"。或许企业管理者都能够明白员工对企业发展的重要性，但是，在利益冲突前，要把员工真正看成企业的主人并为之提供良好的工作条件和福利待遇，并不是每个企业经营者都能够真正做到并且能做好的。企业社会工作的介入，能够协调企业管理者与员工之间的关系，加深双方的信任，有助于管理者重视员工在企业发展中的重要作用。

企业社会工作的介入，有助于企业管理内容的全面拓展。现代化的管理不是靠规章制度所能全面囊括的，必须将员工的权益维护以及员工参与等因素纳入管理计划之中。企业社会工作能够在维护员工权益的基础上，把员工的利益诉求和企业的发展联系在一起，这将提高企业的管理效能。

2. 增进职业福利

从某种程度上说，在企业社会工作介入之前，企业员工仅是服务者，员工服务于企业，而不是被服务者；雇主仅是管理而非服务于雇员，企业员工面临服务不足的困境。社会工作的本质是助人，是"以关于社会和人的科学理论为指导，在一定的制度和社会政策框架下，运用科学的、多样化的方法，帮助有困难、有需要的人，并在此过程中发展理论和方法，以进一步推进社会服务的过程。无论是从出发点、过程，还是从结果的角度来看，社会工作都是在帮助人"[①]。社会工作在企业的介入，其直接目标是服务于企业员工，用专业手法帮其解决问题，并通过协调利益关系、缓解矛盾冲突、调动社会资源、改善工作环境等途径，起到为员工提供和增进福利的功能。

3. 缓解心理压力

现代社会使越来越多的个体接受并发展了以职业为基础的交往关系，职业交往关系中存在的利益分配、角色差异、职业变动等因素，影响员工交往关系的正常发展，造成了人际关系的疏离和初级群体衰落。由于工作的性质，企业员工常面临较大的职业压力，加之企业中的资源权限、利益分布等存在事实上的不对称、不平衡，

---

① 王思斌：《社会工作导论》，高等教育出版社2004年版，第2页。

员工处在相于弱势的一方，会面临一些问题，如工作环境恶劣、工资待遇偏低等，从而导致心理与生理不适。企业社会工作的介入能够提升员工解决问题的能力和效果，使其能更好地适应职场与社会。

4. 开展员工教育

企业员工要在企业求得良好的工作环境和提升自己的福利水准，最根本的还在于提升自己的权益意识与工作能力。社会工作者主要承担协助、鼓励和辅导的工作。就组织而言，企业社会工作者要协助工会的建立和健康运行，促使其起到维护员工权益的作用。就教育而言，一方面要对员工进行成长教育和自助教育，使员工认识到并能够运用合法手段争取自身权益；另一方面要进行职业（技术）教育，为员工提供充实和提高自身工作技能的机会。随着科学技术的突飞猛进和知识的爆炸性增长，劳动者面临着新的挑战，发展员工终身教育，提高员工的文化程度和技术水平是适应社会发展的必然要求。

5. 促进企业社会责任践履

企业社会责任是指企业除了对股东负责、创造财富之外，还必须承担社会责任，一般包括遵守商业道德、保护劳工权利、保护环境、发展慈善事业、捐赠公益事业、保护弱势群体等。[1] 当前，企业社会责任在全球范围内已经被制度化，并成为不同行业的运行标准。在此过程当中，行为守则成为企业最为广泛实用的企业社会责任手段，世界500强企业中的绝大部分都发布了自己企业的行为守则。与此同时，以人为本的社会工作专业领域也在不断扩大，其中，对企业的介入就是一个较新的领域。企业社会工作不仅运用个案工作、小组工作、社区工作等直接方法开展工作，还运用咨询、督导、研究、行政等间接方法帮助企业员工解决难题，为企业员工提供专业性服务。

企业社会工作与企业社会责任是相互交叉、相互联系的专业领

---

[1] 钱宁:《工业社会工作》，高等教育出版社2009年版，第240页。

域。企业社会工作对企业社会责任的促进功能主要表现为：第一，企业社会工作的实施，直接推动了企业社会责任中关于劳动条件、环境保护、职业健康等方面标准的落实；第二，企业社会工作服务于员工，使员工的工资待遇、工作环境、身心健康、权益维护等方面都得到保障性和增进性福利，这本身就促使企业实施了社会责任；第三，企业社会工作在企业中的制度化介入，通过联合工会组织，坚持为员工谋利益的基本原则，这就保证并监督了企业社会责任的持续推行。

第三节 企业社会工作介入的重要性、可行性与途径

一、企业社会工作介入的重要性

作为协助企业员工应对困境，满足员工需求，助推企业发展的一项专业性工作，企业社会工作的实施与介入有着极其重要的现实意义。

> 企业社会工作的意义涉及企业员工个体、企业发展、市场生态和社会环境四方面，这四个方面相互作用，同时也构成企业社会工作的发展生态。

1. 提升社会成员的安全感和幸福感

企业是吸纳就业的主体，企业员工是社会成员的重要构成部分。企业社会工作的直接工作对象是企业员工，基本工作目标是保障企业员工的合法权益，满足员工的合理需求，提升员工的工作与生活满意度。在市场经济中，企业员工作为劳动就业者，承担市场风险、安全风险和生活风险，可能遭遇收入低下或不稳定、社会保险待遇不充分、生产安全条件差、职场心理压力大、精神文化生活贫乏、个人职业生涯发展瓶颈等多重困境。为了应对这些困境，一方面需要强化政策立法，以刚性的制度化手段保障企业员工的合法权益；另一方面，需要服务性社会化力量的介入，走进企业内部，走近企业员工身边，体察企业员工的需求，通过专业化的项

目计划与服务开展，链接资源，协助员工应对职场及生活中的困难，助其自助，促进其在经济、文化、心理、生涯发展等方面的全面发展，保障并畅通其福利获得渠道，提升就业人群的安全感和幸福感。

2. 助力企业高质量发展

企业社会工作虽以企业员工为直接服务对象，但是作为企业工作的一部分，企业社会工作经由服务员工来服务企业，以助推企业管理与企业发展。一方面，企业员工是企业资源要素中最具活力的主体，是企业运营的根本保障。企业的高效生产与运营，需以具备一定技能素养的人力资源为基础。企业员工的生产力、积极性、能动性的充分发挥，是完成企业生产经营任务、兑现企业价值的基本前提。而"做人的工作"，单凭机械刻板的管理事务可能难以有效地达成目标，社会工作作为一种"柔性"力量，经由"助人的艺术与技术"介入企业员工的权益保障与福利服务，在提升员工幸福感的同时，也为企业生产运营夯实了人力资源基础。另一方面，企业虽以经济效益为目标追求，但是，企业的社会责任履行、企业的党建群团工作、企业的文化建设等，都是考察其内涵发展的重要维度。这些非经济维度的工作开展，很多与社会工作的理念、价值、方法、目标相一致，亟须通过专业社会工作的介入提升企业在党建、文化、社会责任等方面事务的专业性、规范性与有效性，以塑造积极的企业形象，放大企业的品牌力与影响力，助推企业高质量发展。

3. 营造良好的市场生态

企业社会工作的基本目标是推进企业员工与企业的共赢发展。企业员工与企业都是市场经济的基本主体，企业社会工作的介入也是促进市场经济规范运行、营造良好市场生态环境的助推力。一方面，企业社会工作针对企业员工的精准服务，事实上也是对市场经济中劳动力资源的维护与保养。在发展型理念下，企业员工除了基本的物质保障以外，还可以通过社会工作等相关服务，获得教育培训、生涯发展、文化心理等方面的资源，以实现自身的人力资源增能，同时为市场经济的发展注入绵延不绝的动力与活力。另一方面，企业作为市场经济中最重要的经济主体，在企业社会工作的助力下，更新发展理念，摒弃唯利润导向，以人为本，自觉践履社会责任，是保障市场经济规范有序发展的根本条件。由此出发，企业社会工作有助于维护企业的人力资源，促进企业规范发展，维系市场要素的平衡有序运转，营造良好的市场生态。

4. 促进社会和谐稳定

除了直接的服务提供与间接的经济功能以外，企业社会工作的介入还具有较为突出的社会价值，成为促进社会和谐稳定，推进治理现代化的重要力量。具体表现为：第一，促进家庭美满。企业员工个体涉及千千万万的家庭，企业社会工作通过保障企业员工的福利，是协助企业员工家庭追求美好生活的重要途径。家庭是社会的细胞，家庭的美满幸福是社会和谐稳定的根本；第二，化解矛盾风险。企业社会工作介入矛盾纠纷、职业压力等问题，有助于化解社会潜在的矛盾冲突，防范规模性影响面大的社会风险；第三，参与社会治理。作为社会治理的重要主体，企业社会工作本身在联建共建、志愿者孵化、社区参与等方面发挥着积极作用。此外，企业社会工作助力企业社会责任的履行，促进企业、企业员工的社会治理角色形塑，从而有助于丰富社会治理的主体结构，构筑共建共享的治理新格局。

二、企业社会工作介入的可行性

无论是从企业运行规律来看，还是从我国企业发展状况来看，企业社会工作介入都具有一定的可行性。

1. 企业科层管理与人性需求的双重性决定了企业社会工作介入的可行性

企业是具有双重性的社会经济组织。一方面，现代化生产流程中，每天产生大量的物流、人流、现金流，生产的复杂性和流动的多变性、快速性使之必须实行严格与科学的分工，搭建架构严密的组织，推行严格的纪律以及多层化管理，以保证决策得以执行，生产有序发展。另一方面，企业又是人的聚合体。众多具有不同文化背景、不同年龄、性别和专业、来自不同地域的人为不同的目标而聚合在一定的空间中，他们在从事工作的同时，其人性需求是始终存在的。企业中的多层化管理、纪律与人性平等、自由的需求之间不可避免地存在着张力，这种张力如果不能得到有效的纾缓，就会形成紧张与冲突。纾缓这种张力最有效的途径便是在企业多层化管理的特性之中，求得人性的释放。

2. 企业是私领域与公领域交织的开放系统

除了国有企业以外，大量企业是私人投资的私营组织，但并不是一个封闭的私领域，而是一个开放的私领域，需要与外界、政府、社会等公领域发生众多交换与交流，否则就无法生存。例如，公司法、合同法、劳动法等公共法律是企业得以存在的基础性条件，与此同时，员工的公共福利与社会保障等公共政策，企业人文环境与自然环境的保护与经营，均是企业不可推卸的社会责任。这些私领域中的公共福利和保障的落实与督导，也使企业社会工作的介入有了现实的可行性。

作为私领域的代表者——企业家，出于其社会责任和利润保证，也会欢迎企业社会工作的介入。因为通过企业社会工作的介入，能创建出一种对企业员工与社会负责的、充满人文关怀的企业文化，这对于提升企业的社会形象、员工士气和企业生产率都是至关重要的。稍有战略思维的企业家，均会明智地欢迎企业社会工作的介入。员工福利等公领域的保障，可以促进企业私领域的发展，公私领域在企业中形成交织，这也是企业家设置企业社会工作机构与岗位的原因所在。

3. 企业是员工和企业主生存与发展的共同体

企业是员工和企业主的共同体。双方的经济地位不同，双方的直接利益表面上呈现出对立的状态。员工希望工资、福利越多越好，企业主则希望包括员工薪酬福利在内的成本越低越好。但是，双方的这一对立愿望都受制于企业的生存与发展这一前提。员工的需求不能超出企业承受力与社会投资回报率的平均水平，企业压缩成本也不能削减到员工，生活的最低标准及社会再生产的平均水平。因为如果工资福利过低，员工就会"用脚投票"，辞工离职，离开了员工，企业主就无法实现资本增值；企业主如果没有基本利润，也会用"资本投票"，将资本转移到其他可增值的地方，如国债、股票、地产等，造成企业停业、工人失业。这种企业和员工的利益共同，大于表面上的利益冲突。在这一基点上，双方可以实现协调与妥协，即员工的薪酬与福利应随着企业的发展而得以相应发展，使员工能分享企业发展的成果，企业主的资本和管理也应得到相应的资本投资增值与管理薪酬。这两者之间的协调与妥协就需要企业社会工作的介入，通过企业社会工作专业手法的沟通与协商，使两者实现双赢和共同发展。

4. 转型背景下传统福利主体的"退位"

中国社会长期以来有着共同体的生活意识与传统。农村中的宗族、城市中的行业协会等，无一不具备对共同体成员经济和生活的扶持与救助职能。近代，中国民族资本在建立各类企业之时，也将这种共同体意识与方法融入企业的构建之中，而承担起为员工提供宿舍、医疗、食堂、职业教育等社会福利与保障的责任。中华人民共和国成立后，企业单位制以新的共同体形式出现，企业办社会，将所有的社会公共职能都一肩担承，一应俱全，并设有党、工、团、妇系统，对各类员工进行思想和情绪上的介入与指导。这种企业办社会的方法不适应社会主义市场经济的发展要求，故而无法持续。改革开放后，企业与社会分离，产权与经营权分离，企业内部的党、工、团、妇等党群组织功能弱化，企业追求利润的本质属性的回归，使科学管理在企业中重新占据主导地位，员工的人性化需求则往往受到忽视。进入21世纪以后，随着世界人权运动的不断发展，企业社会责任日益得到社会关注，作为企业社会责任重要组成的员工福利与社会保障也日益提到所有企业的议事日程之中，推进企业社会责任落实的最佳"人选"就是企业社会工作者，这就为企业社会工作介入提供了直接的现实可行性。

三、企业社会工作的介入途径

从企业发展的现状和存在的问题来看，我国企业社会工作的介入内容主要包括：对经济困难员工的基本救助；员工基本权益的争取与维护；员工心理情绪问题的疏导；就业教育与培训；员工人际关系的协调；员工与企业之间的有效沟通网络的建立、员工的福利增进。我国企业社会工作应灵活地运用社会工作专业技巧和方法，为缓解或解决这些困扰员工生活和企业发展的问题开展专业介入。企业社会工作的介入有以下四重途径。

1. 介入范围：以企业为场域

既然是企业社会工作，其工作范围就必须锁定在企业。企业管理者、经营者和企业员工就是企业社会工作者的服务对象，企业生产经营过程中所遇到的环境改善、劳资矛盾、权益维护、员工福利等问题，都是企业社会工作介入的内容。一方面，企业社会工作者要注意培养企业员工中的"领袖人物"（leader），以充分发挥员工领袖在企业社会工作中的重要作用；另一方面，企业社会工作者要积极主动与企业管理经营者联系，向其宣传开展企业社会工作的必要性和重要意义，以取得他们的支持和配合，使企业社会工作能顺利开展，达到理想效果。

2. 组织形式：以工会为依托

工会是企业员工的利益代表和代言人，是协调与解决企业员工与企业经营者矛盾的法定组织。但是，工会并不是专业性的社会工作机构，从实际情况看，工会大多是从政策和制度层面为员工争取福利，维护员工权益，而不是以专业手法帮助员工，为此，企业社会工作要与工会工作紧密配合，各施所长。由于工会是企业的法定组织，企业社会工作的开展要主动取得企业工会组织的理解和支持，并以工会组织为依托，与工会形成合力，充分发挥企业社会工作在企业运行中的整合作用。

3. 专业保障：以社会组织为载体

公益性的社会组织是社会工作的基础。企业社会工作的实施，同样可以经由社会组织或社会工作机构作为载体来加以推进。企业社会工作的实施，也可经由服务购买的形式，由专业社会工作机构来承接运营并实施。开创企业社会工作的新局面，除利用现有社会工作教育阵地的力量和宣传鼓动企业管理者的高度重视之外，推动社会组织介入企业管理与企业员工福利，以辅助企业社会工作的发展，也是重要并且可行的途径。

4. 理念支撑：以员工为本

社会工作的基本理念是助人自助和以服务对象为中心，企业社会工作也自然地要以员工为本，即将企业员工作为主要的服务对象，精准地体察企业员工的需求，通过多种方式为企业员工提供精准化服务，协助其应对工作与生活、物质与精神等方面的问题。

除上述四重途径外，还须充分发挥高等教育的功能，大力推行企业社会工作专业教育，培养出一批优秀的企业社会工作者，这是我国发展企业社会工作的前提。在这个基础上，要加强对企业社会工作的意义和重要性的宣传，争取社会的关注以及政府在政策上的支持，这些措施也会对企业社会工作的发展产生积极的推动作用。

第四节 企业社会工作的学科性与专业性

企业社会工作并非是在企业中开展社会事务性的工作，而是以学科性和专业性为基础的社会工作实务。

一、企业社会工作的学科性

企业社会工作的学科性源自社会工作的学科性。社会工作是具有一套基本理念、基础知识和学术规范的学科。相应地,企业社会工作的知识基础、专业理论、方法技巧等都具有显著的科学性。

1. 企业社会工作是一门科学

企业社会工作以一套科学的价值理念、理论知识、方法技巧,通过帮助员工、服务员工,增强员工之间、员工与企业管理层之间的人际关系,提升员工的社会功能。企业社会工作是在掌握和运用客观规律基础上的专门性和专业性助人工作。

就知识基础而言,企业社会工作借鉴和运用管理学、社会学、经济学、法学、心理学等作为理论依据和实务基础。根据一系列的理论知识,企业社会工作才能够对企业及其员工之间的各种问题进行系统而非杂乱的、客观而非主观的、理性而非感性的处理和解决。

2. 企业社会工作是一个学科方向

社会工作是以一定的理论为基础的揭示人际关系和助人关系内在规律的专门化学说。与其他相关应用社会科学一样,社会工作善于运用各种理论去理解社会问题,并运用其独特的工作手法来应对具体的社会问题。无论是工作过程还是工作方法,都遵循了经过验证的科学的程序和技术。

企业社会工作是社会工作的一个重要实务运用领域,从学科的角度看,企业社会工作是社会工作专业的研究和实务方向。在社会工作专业的课程设计中,企业社会工作是一门重要的分支课程;在实际介入过程中,企业社会工作是社会工作在企业中的展开和应用,是企业介入的重要专业性手法。

二、企业社会工作的专业性

1947年,美国《社会工作年鉴》指出:"社会工作是一种专业工作,不论其工作对象是着重个人或团体,均以协助其依特殊的需要或能力,配合社会之需求,使其获得社会关系之调整与生活之改善。"克拉克在其所作《社会工作理论与实务》中也认为,社会工作是"一种具有知识与技能体系的专业工作,一方面在于协助个人满足其社会生活的需求;一方面要尽可能地解除足以妨碍其个人发展的各种障碍"[①]。企业社会工作是社会工作在企业的应用,具有不同于其他学科的专业特征。

1. 企业社会工作具有专业性的理念价值

社会工作是一种专业助人活动,具有独特的或专门化的专业理念、价值体系和伦理操守。在企业社会工作的实施过程中,社会工作所特有的以人为本、助人自助、服务对象自决等基本专业理念和价值,为企业社会工作者所秉持,从这个意义上看,企业社会工作同样具有专业理念和专业价值。

2. 企业社会工作具有专业性的理论体系

企业社会工作并不是纯理论的学说,而是将理论运用于实践,用理论解释、分析和指导助人过程的实务,因此,企业社会工作在借鉴和运用其他社会科学理论的同时,也具有企业社会工作者在长期实践中总结发展而来的系统工作方法和干预模式,即所谓的实务理论。这是企业社会工作专业人员的行动指南,是促成企业社会工作目标实现的理论保证。

3. 企业社会工作具有专业性的工作方法

企业社会工作除个案工作、小组工作、社区工作专业方法外,还有一套不断发展和完善的工作模式,如 EAP 模式、员工发展模式、生活辅导室模式等,这些都是企业社会工作特有的专门性方法,体现出企业社会工作的专业性特征。

思考题

1. 简述企业社会工作与工业社会工作、职业社会工作的联系与区别。

[①] 徐震、林万亿:《当代社会工作》,(台北)五南图书出版公司1999年版,第5页。

2. 简述企业社会工作的介入模式。

3. 如何理解企业社会工作的专业性？

4. 如何理解企业社会工作的重要性？

5. 简述企业社会工作的介入路径。

推荐阅读

高钟：《职业场——企业社会工作实践的困惑与思索》，《社会工作》2009年第4期。

钱宁：《工业社会工作》，高等教育出版社2009年版。

苏锦辉：《工业社会工作》，（台北）桂冠图书股份有限公司1989年版。

徐震、林万亿：《当代社会工作》，（台北）五南图书出版公司1999年版。

周沛、管向梅：《社会工作概论》，天津大学出版社2009年版。

顾东辉：《社会工作概论》，复旦大学出版社2020年版。

第二章

企业社会工作的历史与发展

相较于社会工作对各领域的实务介入,企业社会工作更具有其社会历史条件与时代特征。社会工作对企业的介入,是随着第二产业的蓬勃发展,企业运营中遇到一系列问题后才出现的社会需要,由此,企业社会工作应运而生。本章主要对国内外企业社会工作的发展脉络进行梳理。

第一节 美国企业社会工作的发展历程

诚如学者 Kotschessa 所提及，企业社会工作的历史观是造成企业社会工作在实务运作内容上有差异的重要因素。厘清历史发展的同时，也能呈现出企业社会工作在处理员工问题时，不同专业领域的涉入与主导的演变。[①] 美国企业社会工作的发展历程，展示了一幅图像：社会工作如何应对社会变迁的复杂需求，来满足日益多元化的员工需求。通过了解美国企业社会工作的发展路径，能够对我国企业社会工作的发展有所启示。

一、美国企业社会工作的历史演进

整合美国学者的观点，美国企业社会工作的发展可划分为四个时期：早期酝酿阶段、职业戒酒方案阶段、员工协助方案阶段、员工增强方案阶段。其演变和内涵可以通过图 2-1 来表示：[②]

1. 早期酝酿阶段（19 世纪末至 20 世纪 20 年代）

企业社会工作在美国的发展可以追溯到 19 世纪末，当时，美国企业界发生了一场福利运动，旨在减轻工业社会生活的问题。企业开发了各种计划和服务来帮助工作领域的员工，及时解决员工个人与家庭问题，由此催生的新岗位——社会福利秘书便成为

[①] Kotschessa, B., "EAP Research: The State of the Art", *Employee Assistance Quarterly*, 1994(10): 6372.
[②] 沈黎：《美国工业社会工作的发展历程与启示》，米有录主编《社会工作文选·总第六辑》，中国社会出版社 2008 年版，第 112 页。

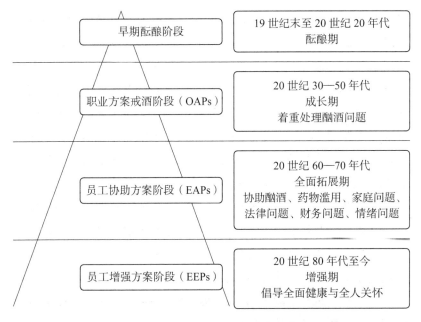

图 2-1 美国企业社会工作的发展

企业社会工作的先驱者。1875 年，匹兹堡海涅公司（H. J. Heinz Company）雇用的艾姬·杜恩（Aggie Dunn）女士，可能是 1900 年以前全美国唯一的福利秘书。1917 年，明尼苏达州明尼阿波利斯市的北方州电力公司聘用托马普森（Thomapson）女士担任社工员，协助公司员工及家属解决问题；同年，纽约的梅西（Macy）百货公司首创社会服务部门，由 Evans 小姐担任社会及精神治疗角色。1919 年，纽约大都会保险公司聘用专职护士提供女性员工调适与生涯问题服务；1922 年，更增聘精神科医师，提供精神医疗服务。这项运动稳步发展到 20 世纪 20 年代。到 1926 年，美国最大的 1 500 家公司中的 80% 的公司至少为其员工提供了一项福利。

2. 职业戒酒方案阶段（Occupational Alcoholism Programs, OAPs, 20 世纪 30—50 年代）

1936 年，梅奥在伊利诺伊州的西方电气公司创办了工业咨询方案，20 世纪 30 年代到 20 世纪 40 年代的人群关系运动则通过立法满足员工在就业安全上的需要。同一时期各种公共组织与小区非营利组织提供了许多类型的社会服务，渐渐取代了企业雇主所提供的福利项目。此外，20世纪30年代，职场酗酒相当严重，并且造成许多安全问题与工厂生产力的损失。因此，许多企业不得不开始重视员工的酗酒问题。在此背景下，职业戒酒方案逐渐成为职场服务的主流。1935年，酗酒者匿名团体（Alcoholics Anonymous）推出第一个职业戒酒方案；1940年，俄亥俄州柯达公司推动职业戒酒方案；第二次世界大战更加促使了该服务方案的扩大与成长。到了20世纪40年代末，职业戒酒方案更加正式化与普及化，许多大型企业与中型企业都设置职业戒酒方案。在那一时期，有些企业开始将协助方案提升至协助解决员工精神方面与情绪方面的困扰。大学也开始介入企业社会工作领域，1957年，波士顿社工学院成立，协助的企业有东北电话公司、汉斯康空军基地等。

> 职场戒酒方案具有典型的社会个案工作性质与特征，强调对服务对象的个别化介入与干预。

3. 员工协助方案阶段（Employee Assistance Programs, EAPs, 20世纪60—70年代）

到了20世纪60年代，药物滥用、暴力、沮丧、离婚事件层出不穷，这些事件更加严重地影响工作绩效，所以，有些职业戒酒方案开始进一步增加其他服务，并逐渐转向员工协助方案。1962年，坎波公司把戒酒方案的外延扩大，服务对象扩展到员工家属，服务内容包含家庭、婚姻、情绪、财务、法律、药瘾和酗酒等问题。之后越来越多的企业开始采用员工协助方案，协助处理更广泛的员工个人问题，并协助员工提升独立处理问题的能力。1964年，哥伦比亚大学成立工业社会福利中心（Industrial Social Welfare Center），进一步推动了企业社会工作的研究与实务。1970年，美国政府正式成立美国联邦酗酒研究机构（National Institute on Alcoholism and Alcohol Abuse, NIAAA）和劳工与管理者酗酒咨询机构（Association of Labor and Management Consultants on Alcoholism, ALMACA），负责职场酗酒方案的倡导与创造员工协助方案的相关名词。1972年，NIAAA开始针对当时美国财经杂志所列的500家大公司进行员工协助方案执行调查，其中，25%的企业有员工协助方案，1979年的调查发现这一数字已经增至57.7%。之后，劳工与管理者酗酒咨询机构（ALMACA）改名为员工协助专业机构（Employee Assistance Professionals Association, EAPA），并开始进行考试与认证制度。

4. 员工增强方案阶段（Employee Enhancement Programs, EEPs, 20 世纪 80 年代至今）

自 1980 年开始，一些新的概念逐渐将员工协助方案延展为员工增强方案（EEPs），使之成为企业社会工作的新主流。其强调关注压力管理、全面健康的概念，以及吸烟、暴饮暴食与过量工作问题，并教导员工健康的生活形态，如此可以预防需要通过职业戒酒方案和员工协助方案解决的员工问题。从 20 世纪 80 年代开始到 1991 年，美国约有 45% 的全职工作者接触过企业社会工作的服务，到 1993 年约有 30 万家公司开展员工增强方案，目前，美国拥有 100 位以上员工的企业中，超过 60% 的企业都在开展员工增强方案。企业社会工作发展出包括对员工服务、对组织和企业管理者服务、对消费者服务、对企业社会责任服务以及对与企业活动相关公共政策服务等五方面内容在内的专业服务体系。这五方面的内容也分别形成了西方企业社会工作多种各具特色的模式。既为个人、家庭和社区开辟了新的服务途径，也为众多的劳工提供专业服务。企业社会工作的服务对象和服务范围得到进一步扩展。①

当前，美国企业社会工作有了一个新称号——职场社会工作（Social Work in the Workplace），进一步拓展了企业社会工作的内涵和外延，以体现企业社会工作服务领域的拓宽及社会工作者在其中角色的多样性。② 社会工作者可以协助员工处理的议题越来越多，包括孩子照顾、经济问题、家庭问题、退休计划、赞助行为、异化问题、法律问题、健康问题、心理健康问题、酒精及药物滥用问题、娱乐问题等。社会工作者可以参与提供培训和员工发展计划，

相较于初期的员工戒酒方案，EEPs 方案显然在服务理念、服务对象、服务内容等全面升级拓展，除了微观的个案与家庭介入以外，涉及中观层面的企业管理与社会责任践履，以及宏观的影响社会政策范畴。

---

① 卢磊：《美国企业社会工作的发展历程及其经验启示》，《社会工作》2015 年第 4 期。
② Michal, E. M.; David, *Social Services in the Workplace: Repositioning Occupational Social Work in the New Millennium*, Haworth Press, 2000, p.2.

他们可以在开发应对工作条件危险的项目中充当倡导者，还可以设计和实施压力管理计划。他们可以在有关公司内部的组织体系与社会环境关系方面提供顾问，也可以帮助罢工者获得基本需求，甚至可以提出新的工作内容来替代那些乏味、单调的流水线工作。可见，美国的社会工作者在日益变化的职场领域承担了越来越重要的角色与功能。

二、美国企业社会工作的发展经验

从美国企业社会工作发展的历史可以看出，企业社会工作主要是运用社会工作的知识与方法，去协助、服务职场领域有需要的人群。美国经过百年的探索，在这一领域的服务形成了自身的特色与经验，这些经验为我国企业社会工作的发展提供了良好的借鉴意义。

1. 较为完备的法律与社会政策保障

美国企业社会工作得以良性发展，得益于美国社会保障立法与社会政策的推动。自美国 1935 年颁布《社会保障法》开始，罗斯福总统就强调在工业化社会中安全福利保障的问题日益突出，并在后来的美国社会保障立法中通过老年福利保障、健康医疗福利保障以及就业、失业保障等方面的法律来加以支持。其中，就业和失业保障就包括了许多企业社会工作服务的元素，如就业保障、稳定职业保障、工时和工资保障、退休保障、就业培训、失业保险、失业津贴、失业救济、工伤保障、暂时丧失能力保障等。此外，美国政府还制定了一系列与劳动相关的规定，如最高工时和最低工资的规定、雇员稳定职业保障（如反解雇和反裁员）、联邦雇员退休保险金和铁路雇员退休保障等，为企业社会工作的开展提供了法律依据。

给企业社会工作提供社会政策基础的是作为美国团体协约一部分的人性协约。人性协约是时任美国总工会社区服务部主任珀利斯（Leo Perlis）于 1976 年极力倡导的观念，它要求资方重视劳工的健康、福利、生活环境等方面的事务，具体应涵盖以下五种服务[①]：

① 财务方面，如急难救助金、收入津贴等；

② 家庭方面，如婚姻、亲子关系等；

③ 健康方面，如酗酒、心理卫生、压力等；

④ 消费者事务，如住宅、租屋、消费欺诈等；

⑤ 其他，如法律协助、娱乐、教育以及犯罪预防等。

后来，如妇女安全与少数民族工作平等议题被逐渐重视，针对各种特殊族群的保护政策也进一步增进了企业社会工作发展的政策保障。

2. 形成一套专业服务的价值与方法

美国企业社会工作的迅速发展，也得益于美国社会工作专业方法、理念以及服务的技术在工业服务领域的贯彻。[②] 这些理念方法保证了美国企业社会工作服务的品质，更使得其功效被广大员工和各大企业所接纳和认可，从而扩大了企业社会工作服务的影响。

在伦理方面，美国企业社会工作相关专业伦理守则包括并强调以下要素[③]：

① 将广大员工的利益放在最优先的位置考虑，并充分保障服务对象的各项隐私和知情权利，使他们知晓各项服务的内容、程序与限制，最重要的是不对服务对象有任何歧视行为；

② 企业社会工作者在开展服务时所获得的有关工作组织的资料，将遵循雇主安全保密的原则并给予保密，同时，有责任向雇主报告各种协助方案的活动；

③ 企业社会工作者在提供服务的时候，要充分考虑专业能力的范围与限制，保障专业服务的素质；

④ 在联络社区资源的运用时，禁止不当得利；在建立社区网

> 美国企业社会工作的伦理指引，以专业社会工作的伦理守则为基础。

---

① 苏锦辉：《工业社会工作》，（台北）桂冠图书股份有限公司 1989 年版，第 50 页。
② Kurzman, P. A. & Akabas, S. H., "Industrial Social Work as an Arena for Practice", *Social Work*, 1981(26): 5260.
③ 谢鸿钧：《工业社会工作实务：员工协助方案》，（台北）桂冠图书股份有限公司 1996 年版，第 347 页。

络时，应征询并获得雇主的同意。

在遵循相应的伦理守则前提下，美国企业社会工作还发展出一套工作标准指引，以确立其专业特征和描述其服务范围，并教育企业组织和社区有关员工协助的服务知识，以给企业社会工作者提供参考。这些标准指引包括方案设计、计划执行、行政与管理、直接服务、间接服务以及评估行动等部分。在此基础上发展出一系列实务技术，包括督导人员的训练技术、征选与离职面谈技术、各种特殊形式劳工问题的面谈技术、方案的评估以及转介与咨询技术等。

3. 动员不同社会组织开展多样化实务活动

美国企业社会工作服务得益于各类组织的动员。这些动员包括三部分：第一类是各类工商企业组织聘用专任的社会工作者，在其企业组织内设立服务部门为本组织内部的员工提供服务，比如拍立得公司的咨询部、肯尼寇铜矿公司的"了悟方案"（即24小时全天候服务员工及其家属的咨商方案）等；第二类是工会聘用专业的社会工作者，为工会会员提供各类服务，比如纽约市工会第65分会的退休劳工服务方案、纽约市国际女服工会的社会服务部以及纺织成衣混合工会的社会服务部等；第三类是工商企业组织与各类民间社会服务机构签订协议，由民间社会服务机构提供社会工作的服务给员工，人群服务所、美国钢铁公司的格诺瓦厂、罗彻斯特家庭服务中心、欧林公司等都采取了类似的方法。

这些机构提供的服务涵盖丰富的内容，大致包括：

① 为有困难的员工提供咨询辅导，以协助解决其个人问题，恢复工作表现；

② 善用社区资源以满足服务对象的需要，并与这些资源单位保持长久联系；

③ 训练第一线的工作人员，使他们能够观察员工的表现并给予适当的协助，或者转介到相关的社会服务单位；

④ 记录各项服务资料，建立一套档案系统，并设计发展出一套未来的工作方案；

⑤ 提供人力资源策略给管理者，以作为其有关决策的参考；

⑥ 介绍社区有关健康、福利、休闲娱乐、教育等的活动给在职或退休员工；

⑦ 协助办理企业组织或工会的员工福利及医疗卫生方案，并协助拟订此方面未来的创新计划；

⑧ 协助企业组织拟订适当可行的关于妇女、少数民族、残疾员工的策略计划，并加以执行；

⑨ 鼓励劳工组织起来，共同关心有关的社会福利法规等。

美国企业社会工作虽起源于酗酒问题，但是因为社会变迁产生的需求逐渐复杂，美国的企业社会工作呈现出明显的多元化趋势，企业社会工作在专业发展上也趋向于提供广泛的介入焦点。发展至今，美国企业组织应对服务专业化的需要，已经不再视组织为唯一的服务提供者，更多企业与外部专业机构合作，进而扩展职场人性服务的范围，使得有需要的员工可以因为这样的联结关系而获得更为完整、全面的服务。

> 社会问题复杂化、员工需求多样化、经济发展、科技跃进、企业社会责任强化等多重因素，促进了企业社会工作的发展。

第二节 我国香港和台湾地区企业社会工作的发展历程

针对我国整体的企业社会工作而言，我国香港和台湾地区的经验虽不能直接复制，但有其重要的借鉴意义。

一、我国香港地区企业社会工作的历史演进

香港地区的企业社会工作蜕变自劳动福利服务，其历史可以追溯至20世纪20年代，中华基督教会及女青年会为当时的劳动阶层提供住宿服务及一些个人成长的训练。[1]但真正的企业社会工作发展

---

[1] 参见黄永通：《工业社会工作在香港》，香港社会福利资讯网。

于20世纪60年代后期,著名学者阮曾媛琪教授将香港的企业社会工作分为工业社会工作、工厂社会工作、员工辅导服务三个阶段。①

1. 20世纪60年代后期:工业社会工作的萌芽与发展

20世纪60年代后期,香港地区已有一些社会服务机构开始尝试为工人提供社会工作服务,协助员工解决他们面对的各种个人及群体问题。当时的工人在社会地位、职业保证或闲暇生活等各方面的条件都极为缺乏,政府及工会组织也未能积极关注此等问题,以致工人的需要没有得到适当的照顾。当时的一些较开明及有较强社会意识的社会服务机构及宗教团体,便特别为工业工人开展服务,应当时的社会形势及员工需要而提供了许多不同形式的服务,成为工业社会工作的萌芽期。到20世纪70年代,有更多的社会服务机构陆续加入工业社会工作的行列,在其本身的青年中心或社区中心内,增加特别为工人(尤其是工业青年)而设的服务,使工业社会工作所能接触的服务对象大大增加,服务的内容也更加充实。

工业社会工作在这阶段的主要推行模式是以社会服务中心为基地,在青年中心或社区中心为工人提供一系列的劳工服务,吸引员工主动参加活动或服务。这类服务的范围十分广泛,包括兴趣性与发展性的小组及团体活动、教育性及倡导性的劳工教育及劳工法例咨询服务,以至争取劳工权益及改善劳工政策的社会行动等,此阶段的工作目标除了向工人提供社交及娱乐服务之外,主要是提高员工的自我觉悟,促进他们的团结,并改善他们的权益及社会地位。

2. 20世纪80年代初期:工厂社会工作的拓展

一些社会服务机构于20世纪80年代初期开始探讨以工厂为基地的服务模式,主动把服务延伸到工厂的范围内,并采取与雇主合作的方式推行服务。这种发展一方面是基于社会工作者希望打破以

---

① 阮曾媛琪:《香港职业社会工作》,载周永新主编:《社会工作学新论》,香港商务印书馆1994年版,第300—311页。

中心为基地的工业社会工作服务模式的限制，而以外展的方式接触更多有需要但通常不会来中心接受服务的员工；另一方面则因了解到工作环境及工作生活对员工的影响，知道工作的质量与员工的身心健康是息息相关的。因此，在员工的工作环境内提供社会服务，会更有效及更直接地帮助员工解决其切身问题。此外，当时的经济气候也间接帮助了工厂社会工作的发展，因为当时香港地区的制造业及其他行业出现了劳工短缺的情况，为了更有效地招募及吸引员工继续在公司内工作，雇主一般比以前较关注员工的福利，开始从人力资源发展的角度去看人事管理，希望通过加强员工福利及服务，解决员工流失及短缺的问题。于是对工厂社会工作这个簇新的概念表现得较开放和接纳，开始有兴趣与服务机构一起合作，在厂内提供服务。

工厂社会工作服务模式的特点是以工厂为基地，在厂内向员工提供一系列的社会服务。提供服务的社会工作者是由服务机构所雇用，工作地点主要在工厂内。服务内容十分广泛，包括个人及家庭辅导、文娱活动、小组活动、教育性讲座或活动、训练课程、咨询及转介服务等。参加者为工厂内的雇员，活动场所大多数在工厂内，活动时间多在午饭或下班后，活动或服务的内容由雇主的代表与社会工作者共同策划，员工参与决策的机会较少。

3. 20世纪90年代初期：雇员辅导服务的崛起

进入20世纪90年代，香港地区的政治、经济及社会不断变迁，各行各业也面临不少挑战和冲击，其中包括：劳动力短缺、员工的教育水平普遍不高、对培训和进修的需求不断上升、社会转变引致个人及家庭压力的增加、对未来不明朗而引起的不安、劳资关系紧张等。这些现象对员工的工作、生活质量及他们的工作表现均造成影响，直接或间接地影响各行各业的业务成果及效率。因此，一些较有远见及愿意创新的非政府服务机构拓展了一套协助雇主解决雇员的个人、家庭及工作有关问题及困难的服务计划，称为雇员辅助计划或雇员发展服务。

雇员辅助服务是雇主提供给雇员的一种福利，目的是提供一系列服务，协助雇员预防及解决因工作而引起的个人、家庭及工作关系上的问题；改善雇主、管理阶层及雇员间的关系；促进雇员对企业的归属感；发展雇员的职业潜能与抱负，提升他们的工作热情；最终达到企业及雇员的成长与发展。雇员辅助服务被视为企业对雇员的一种义务与责任，也是实践企业社会责任的一种具体表现。再者，进入20世纪90年代，雇员对工作本身及工作生活质量的要求也越来越重视，不单满足于工作带来的基本物质回报，更期望能够享受较有质量及较有满足感的工作与生活。因此，雇主及雇员对雇员福利的关注均有较大提高，对雇员辅助服务的接受也更为容易。

香港地区现有多家非政府服务机构开展了雇员辅助服务，提供的服务十分多元化，包括个人辅导、员工培训、督导及管理训练、教育性活动、幼儿服务、文娱活动、退休辅导、医疗及健康服务等。这些服务的重点旨在提高雇员的工作及生活质量，协助企业实行较人性化的管理方式。绝大部分服务由专业社会工作者策划及提供，按个别企业的特点和需要设计一系列的服务，一切费用（包括活动费用、社会工作者的工资及行政费用）均由雇主负责。香港地区的一些大企业，包括银行、酒店、公共事业、制表及电子行业等均开始对这项服务感兴趣，纷纷考虑采用。

不同于其他社会工作服务领域，企业社会工作尚未被香港政府列为资助领域。随着时代的发展，香港地区的社会工作进一步寻求专门化的知识及技巧以增强本身的专业能力和社会地位，并发展创新性服务。在社会变迁与公民需求拓展的背景下，香港地区的企业社会工作也以多元化为发展方向，不断回应新问题，满足企业主和员工的需要。

香港地区的社会工作本土化发展、经济繁荣的带动、企业的关注、社会工作者自主性和倡导性角色功能发挥等因素，共同推动了香港企业社会工作的专业化发展。

二、我国台湾地区企业社会工作的历史演进

随着社会变迁而产生的复杂需求，经过数十年的发展历程，我国台湾地区的企业社会工作已经呈现出多元化的趋势，其在专业发

展上也趋向于提供更为广泛的介入焦点。台湾地区最早的企业社会工作可以追溯到1958年由天主教会成立的天主教职工青年会，该会强调促进青年劳工的人格发展，并引发社会大众对青年员工的重视。① 但台湾地区企业社会工作的真正发展始于20世纪70年代，根据诸多台湾地区学者的整理，我们可以将随后的历史沿革大致分为三个阶段。

1. 民间回应阶段（1970—1978年）

这一阶段是企业回应员工需求，尤其是针对新进员工的工作适应或住宿员工生活辅导，社会服务机构逐渐参与处理员工工作上或生活上的问题。

最早关注员工辅导议题的是日本松下电器的海外子公司台湾松下电器，它于1972年成立"大姐协助组织"（Big Sister），选任资深女性人员担当员工与主管之间的桥梁，开启了台湾地区企业组织施行企业社会工作的开端。1974年，台湾地区的美国无线电公司成立"温馨家园"，辅导住宿女工的生活与工作适应问题。1976年，东元电机设立"心桥信箱"，协助员工解决生活与职业问题。自此以后，不少企业相继在内部推动不同的员工服务活动。

与此同时，台湾地区的社会服务机构也开始投入对员工的服务。"救国团"是台湾地区民间社会服务团体第一个推动相关服务的机构，以1974年起推动一系列的工厂青年活动较为著名。之后台湾地区的张老师基金会也通过各种讲座、书刊、训练、活动等方式，专责推进和开展工厂青年辅导活动。

2. 当局推动阶段（1978年至20世纪90年代中期）

这一阶段台湾地区当局推出一系列政策，大力推广劳工辅导人员体系。

1978年，台北县社会局首先成立劳工辅导组，成为地方运用社会工作者推行劳动服务的范例。1970年，桃园县、彰化县设立

---

① De Vido, A., "The Catholic Church and Social Work in Taiwan", *Renlai Magazine*. 2006(10): 19.

劳工组。1980年,"行政院"青辅会甄选工厂辅导员,给予职前训练并分发至各厂从事工厂辅导工作。1981年,台湾地区当局明确将社会工作者的工作内容加入劳工服务一项。随后,各县(市)陆续成立劳工局(科),开展相关劳工服务。除了部门直接开展相应的劳工辅导服务之外,台湾地区当局更强调通过政策法令来推动劳工服务。1980年"加强劳工福利重点措施"、1981年"加强工厂青年服务要点"与"厂矿劳工辅导人员设置要点"、1982年"劳工辅导人员训练标准"、1988年"现阶段劳工政策纲要第一期执行方案"等,这一系列政策法令极大地推动了劳工辅导服务的提供与企业社会工作的发展。当时,"救国团"训练了许多志愿性质的劳工辅导员,各企业纷纷设立专职或兼职的劳工辅导人员从事劳工辅导工作。①

3. 整合服务阶段(20世纪90年代中期至今)

在这一阶段,企业配合劳工委员会积极推动并强调整合人力资源管理发展、劳资关系、员工心理辅导及员工协助方案的企业社会工作服务系统。

随着社会的变迁,传统劳工辅导在功能上已经不能满足员工的多重需要。1994年,台湾地区当局劳工委员会配合社会变迁与需求,将过去所推广的劳工辅导更名为员工协助方案,将原先着重在个人心理动力的工作内容扩展到员工的生活、家庭与社会适应,建立起整合型的企业社会工作模式。同时,有相当多学者的研究与论文相继投入企业社会工作领域,为台湾地区企业社会工作本土化知识的形成与积累作出了积极贡献。这一阶段的台湾地区企业社会工作从解决问题的视角转为以预防为主的策略,从狭义的劳工福利转为关注整体需求为重点的福利服务,重视以员工的权益、专业督导、专业整合、早期发现问题与多元转介的观点,来为员工设计和开展多元化的专业服务。

---

① 苏锦辉:《工业社会工作》,(台北)桂冠图书股份有限公司1989年版,第60—69页。

三、香港和台湾地区企业社会工作的发展经验

1. 香港和台湾地区企业社会工作的服务内容

目前,香港和台湾地区的企业社会工作已经渐趋完善,服务内容相当多元,在服务的实施过程中,社会工作界根据社会工作与实施的深浅,将服务内容分为四大类。①

(1) 休闲娱乐性服务。

休闲娱乐性服务的目的在于使员工及家属能在工作之余,通过适当的休闲活动,缓和精神、恢复体力,并充实生活内容,提升生活意义与价值。所以,常见的服务除了为员工及其家属提供文艺活动、户外踏青、室内讲座等,还包括举办运动会、眷属联谊、社区服务、公益活动等。

(2) 教育成长性服务。

教育的目的是要提高生产力、激励士气、减少监督者的负担、减少事故发生率与增加企业的安全与弹性,从而能使员工通过认知性的学习,提升个人面对问题与处理问题的能力,达到预防问题或早期发现问题的功效,进而获得个人的终身成长。常见的这类服务包括新进员工讲习会、心理卫生推广活动、第二专长训练、学习团体或读书会等。

(3) 干预治疗性服务。

干预与治疗性方案是台湾地区企业社会工作中相当重要的部分,主要处理员工已出现的问题,包括对压力管理、戒酒戒毒、忧郁焦虑、人际关系、婚姻调适等问题的疏解。因此,这类服务主要是运用社会工作的专业技巧,由专业的社会工作者或心理咨询师根据问题类型与严重程度,给予专业的服务介入。

(4) 组织发展性服务。

组织发展本质上是为提升企业文化及成员能力,以适应环境变

---

① 沈黎:《台湾企业社会工作的发展经验与启示》,《南方论丛》2009 年第 2 期。

化，进而达成生存与发展方向的目标。这类服务主要是协助企业进行员工管理，并塑造组织文化及气氛，达成员工个人与企业单位的生涯规划与管理，以改善企业现有的经营困境，回应当前经济与社会环境的要求。

2. 香港和台湾地区企业社会工作的实施模式

企业社会工作要发挥功效，除了依靠组织内外专业人士外，还必须深入组织，让员工广为了解、接受，让每位员工能及时获得必要的援助。这就涉及企业社会工作实施模式的议题。台湾地区将企业社会工作常见的实施模式分为内部设置、外部委办、共同委办和联合服务中心四种[1]，这种分类具有较强的代表性。

（1）内部设置模式。

内部设置模式指企业自行设置社会工作专职部门，聘用经过社会工作、心理、咨询、辅导等专业训练的人员来推进本项目。企业内部专职部门除可直接协助解决员工问题，也可为企业建立外部资源系统，作为外部推介的协助通道。此模式了解企业的组织文化，且能配合其他部门，并可以为组织量身定做企业内部所需的方案，随时协助解决实时性问题。

（2）外部委办模式。

外部委办模式指企业付费委托外部经过社会工作、心理、咨询、辅导等专业训练的人员或机构，提供企业社会工作的专业服务。此模式具有较完整的专业性服务，易获得最新专业信息与技术服务，且保密性较高，较易获得员工信任。

（3）共同委办模式。

多个企业共同委托外部具有社会工作、心理、咨询、辅导等专业能力的专业服务人员或机构，提供企业社会工作的专业服务。共同委办模式适合规模较小的企业运用资源共享的方式来实现企业对员工的照顾。当然，共同委办的企业需以产业背景和内部员工特质相近为宜，这样才能使共同委办的实施方式达成共识并发挥效力。

---

[1] 台湾地区"行政院劳委会"：《员工协助方案手册》，1998年，第12页。

（4）联合服务中心模式。

联合服务中心模式指多个企业联合成立一个专门为各企业提供社会工作服务的服务中心。联合服务中心设专人管理，聘用具有社会工作、心理、咨询、辅导等专业服务能力的人员，并处理各企业员工请求协助的事项。此模式联合所有资源，具备经济效益与专业性服务。由于其具备完整与深入的专业性服务，故易获得最新的专业信息与服务，同时，员工有较多的选择机会。

总之，各企业根据各自的企业规模、员工问题性质、企业财源、管理者认识等不同因素，选择适合自己企业的实施模式，以达到服务员工的目的。

3. 香港和台湾地区企业社会工作的未来展望

企业社会工作在香港和台湾地区近几十年来得到了长足的发展，伴随着社会结构的转型、新型实务领域的拓展以及新方案的实施，香港和台湾地区的企业社会工作也面临着更多的挑战与机遇。

（1）香港和台湾地区企业社会工作实务领域的延展。

当下，香港和台湾地区的企业社会工作正在通过应对新型问题而实现服务转型，具体表现为以下几个方面。

① 外籍劳工的服务。日益增多的外籍劳工，使得社工界意识到外籍劳工在异地所面临的问题不仅在技术管理上，更重要的是在文化冲击、生活调适、心理辅导、休闲安排、财政支配以及与管理的沟通协调等方面都需要专业辅导的规划。如果能够通过专业人士的跨文化辅导服务，必然可以更好地解决这些外籍劳工的问题。

② 劳资争议的处理。劳资争议和关厂歇业的安置也是日益突出的议题。对于劳资双方的争议，通过客观、中性的处理过程，以非正式的方式介入，经常能较好地避免劳资双方正式且大规模的冲突，对特定问题的处理也能提供满足个别化需求的有效方法。

③ 工会活动的辅导。香港和台湾地区的工会活动日渐活跃，但大部分工会组织仍未健全，其根源是劳工普遍对工会组织缺乏认同。企业社会工作可以提供具体的计划，不论是咨询方案还是健康福利方案，都有助于会员解决工作、生活等问题，进而促进其对工

会组织的认同。

④ 人性化管理的发展。人性的多样变化对管理的要求一直都是最大的挑战。随着劳工需求层次的提升与复杂化，传统标准化的科学管理模式逐渐无法满足工作者的诉求。台湾地区的企业社会工作试图基于对人类行为科学的深层了解，关切个别服务对象的生理、心理、社会需求，同时考虑个人、组织与家庭的利益，能够较好地弥补科层管理非人格化所导致的疏离倾向。

（2）香港和台湾地区企业社会工作的未来方向。

香港和台湾地区企业社会工作未来的规划方向大致包括以下七个方面：

① 加强企业社会工作倡导工作，提高参与动机；

② 配合组织变动，建造及强化内部企业社会工作服务系统，同时让企业社会工作有法律依据；

③ 积极联结与整合外部社会资源，建立服务网络；

④ 企业社会工作应配合企业的社会责任与成本效益；

⑤ 定位企业社会工作服务人员的角色与功能及建立督导制度，以提升专业能力与服务绩效；

⑥ 服务内涵从个人需求走向群体需求，从活动办理走向方案设计，从事务性服务走向机能性服务，并朝向多元化、专业化发展；

⑦ 服务模式从被动等待转为主动出击，并提供多样化与套餐式的选择。

> 我国香港和台湾地区企业社会工作的发展趋势与规划，同样适用于我国其他地区。

第三节　中国社会发展与企业社会工作

党的二十大报告提出"坚持以人民为中心"的发展思想。我国社会现代化进程也伴随着更多的人的发展问题。传统单位体制的瓦解和市场经济的建立，使得中国的企业福利制度也开始转变。新矛盾、新问题与新需要的出现，呈现出对于我国专业企业社会工作发展的新诉求。从这个层面而言，发展企业社会工作是推进中国式现代化的必然要求。

一、单位福利制度下的企业福利

在计划经济年代，企业既是经济组织，也是社会组织，它是一个包含经济功能和社会功能的微型社会。

1. 计划经济时代的单位福利制度

单位制即大多数社会成员都被国家组织到一个个具体的、由国家所建立的单位组织中，由这些单位组织给予他们社会行为的权利、身份和合法性，满足他们的各种需求，代表和维护他们的利益，约束他们的行为。在单位制下，国家的单位组织具有社会资源分配的功能，而且对人们社会生活的几乎所有方面都具有重要意义，如子女教育、住房、文化娱乐等，这便形成了计划经济时代特有的单位福利制度。

所谓单位福利制度，是指根据国家的资源和单位自身的资源进行再分配，通过单位的制度满足单位成员的多种需求，为其提供全面支持，为单位成员提供强大的安全网，体现公平公正，强化单位成员的凝聚力和归属感，协调人际关系，促进单位的和谐和稳定。[①] 它包括以下三个层面的意思：

① 单位福利制度是一个再分配的机制，它的资源来源于国家和单位内部，通过再分配保证单位成员获得资源的公平公正，强化单位成员的凝聚力和归属感，协调人际关系，促进单位的和谐稳定。

② 单位福利制度是一种结构性的福利制度。它满足单位成员的多种需求，从日常生活的服务到个人学习发展，包括了马斯洛

---

① 史铁尔：《单位体制下的福利——以 M 单位为例》，《华东理工大学学报》2007 年第 3 期。

提出的从生理到自我实现的五个层次，对单位成员提供了全面的支持。

③ 单位福利制度是强大的安全网。单位安全网从资金来源和制度建设都是非常健全和稳定的，单位成员在其中有较强的安全感。这对单位成员心理和行为的稳定有很大的作用。

2. 单位福利制度的功能

改革开放前，作为计划经济时代我国的一项基本社会经济制度，单位福利制度对我国城镇劳动者的工作和生活有着重要影响，它最重要的功能便是：国家对工人提供家长式的全方位照顾，而单位就如同一个"迷你型的福利国家"。单位福利制度包括三项基本要素：终身就业（"铁饭碗"）、平均主义（"大锅饭"）和福利全包。① 国家与工人之间形成一种特殊的"社会契约"：国家以家长的姿态照顾工人及其家庭（包括生老病死），而工人以主人翁的姿态、以低工资为国家工业化服务。由于当时缺乏综合性的社会政策，因此，工人的福利和服务由其所在的单位负责提供，就其全面性而言，可以与西方福利国家相比。

伴随着改革开放，企业逐步剥离了非生产性功能，单位制福利解体。企业员工从"单位人"转型为"社区人"。福利社会化与社区化是基本的发展趋势。

作为当时中国独特的福利制度，单位福利制度有其很强的本土特色，曾经发挥过较大的作用，对社会发展有着特殊的贡献。② 其作用体现在三个方面：第一，单位福利制度在单位资源的限度内给予单位成员各方面的满足和支持，给单位成员和家属很大的安全感。单位福利制促进了单位成员和谐的人际关系和健康人格，单位成员作为一个社会人得到了各种需要的满足，公平原则得到了充分的体现。第二，由于单位成员的归属感和凝聚力得到了增强，单位的社会资本得到了再生产和积累，单位的动员能力得到了加强，单位因此稳定而健康地发展。第三，单位福利制的出现适合中国国情，也符合中国传统文化的规范和理念，在当时还没有形成完善的社会福利制度下，单位福利制是一个比较切实的保障手段。

---

① 岳经纶等：《中国社会政策》，格致出版社 2009 年版，第 156—157 页。
② 史铁尔：《单位体制下的福利——以 M 单位为例》，《华东理工大学学报》2007 年第 3 期。

3.单位福利制度的局限

在体现了公有制人人平等原则的同时，单位福利制度同时呈现了另一种政治意义上的不平等。有学者将之称为"小群体主义"的福利追求，即单位内部的平等与外部的不平等并存。① 由于单位福利制度给予员工的福利仅限于单位内部，非本单位的人员不能享受，不同单位之间的差别，特别是所有制性质不同的单位之间的差别在福利待遇水平上有明显的差异。一般而言，全民所有制的福利水平高于集体所有制，大集体所有制又高于小集体所有制，它们之间表现出某种意义上的等级差别。

二、社会转型背景下的新问题

20世纪80年代以来，随着改革开放，"小政府，大社会"格局逐步建立，个体福利资源的获取从单位转向社会。我国社会工作伴随着社会发展的需要得以迅速发展，专业领域不断扩大，企业社会工作作为社会工作的一个重要领域，其重要作用和功能逐渐为人们所认识。中国的改革开放带来了巨大的社会转型，导致企业和员工面临问题与需求，从企业社会工作的介入层面来看，在我国改革开放初期的社会转型期，企业和员工所面临的问题主要为以下四个方面：②

第一，就业风险。市场机制的引入，使得各种类型的企业都面临着巨大的市场风险，失业下岗的可能性与现实性同时存在。特别是在一些个体或私营企业，劳动者与企业之间缺乏必要的劳动合同关系，在职员工的工作权利和工作条件不能保证，员工失业之后的补救措施也往往得不到应有的实现，员工处于明显的弱势地位。

第二，收入困境。目前，部分企业员工的工资性收入水平不

---

① 钱宁：《社会正义、公民权利和集体主义》，社会科学文献出版社2007年版，第275—278页。
② 周沛：《一项急需而有价值的社会工作介入手法——论企业社会工作》，《社会科学研究》2005年第4期。

高，在一些个体企业和私营企业，员工的工资待遇往往由企业主单方面来决定，员工要求增长工资与提升福利的实际权利缺乏保障。失业员工与在职员工生活贫困现象是比较突出的问题，他们面临着较为沉重的生活和就业压力，亟待企业社会工作为之做专业性的疏导。

第三，权益受损。出于利益机制的驱动，部分企业将员工视为"劳动力"，较少用"自家人"的意识来保障他们的基本权益。员工的基本福利（如健康、工伤、失业等社会保障）、工资待遇的稳定与提高、安全生产环境等问题不能得到有效的保障和及时的解决。

第四，心理困扰。企业员工面临工作与生活的压力以及其他方面的压力，从而出现焦虑、郁闷、烦躁、不安、易怒等心理不适，甚至表现为厌世轻生或暴力对抗的极端行为。心理问题的存在和严重化趋势，直接影响员工的身心健康、本人情绪、工作生活和家庭状况，也对企业效率与企业形象产生影响。

三、现代化进程中的新诉求

> 在此意义上，企业社会工作的发展是推进现代化的必然要求。

"现代化的最终目标是实现人自由而全面的发展。"[①] 由此，中国式现代化要突出人民性的现代化方向，要求物质文明和精神文明相协调，不断促进人的全面发展，实现全体人民共同富裕。人的现代化是现代化的重要内容，人的现代化涉及人的生活品质、精神文明与全面发展三个维度。[②] 现代化的时代背景与企业员工"现代化"发展的诉求，进一步催生了专业企业社会工作的介入需求。

1. 现代化背景下员工生命历程遭遇的变化

企业社会工作本土化开展的内在必要性因素可归类为生命历程的困难和生活质量的服务待遇。传统取向生命历程遭遇的困难为掌

---

① 习近平：《携手同行现代化之路》，《人民日报》2023年3月16日。
② 洪银兴：《促进人的现代化是中国式现代化的重要内容》，《教学与研究》2023年第6期。

握工作技能、适应本职工作、找对象谈恋爱、提升工资水平等。现代取向生命历程遭遇的困难为生活质量、夫妻关系、工作压力、学历进修等。我国企业员工在现代取向意义上的困难已经凸显，亟待企业社会工作的专业介入。

2. 现代化背景下员工需求的发展性

现代化进程推进企业员工需求层次的跃进，呈现出从生存型向发展型的转型。员工的基本需求不再仅限于生理、安全等较低层次，而是进一步向社会交往与参与、个人发展、自我实现等高层次需求升级。中国式现代化是物质文明与精神文明相协调的现代化。[①]人的精神文明程度的提升，即人的思想素质、观念和思维的现代化。提升人的精神文明程度是人的现代化的重要方面，既是现代化的目标，也是现代化的手段。[②] 由此，企业员工的基本需求从劳动保障、工资维权等向物质层次，以及向人际交往、职业培训、教育进修、家庭和谐等精神型发展型需求层次转型。这也为企业社会工作的进一步介入扩大了领域和空间。

3. 现代化背景下新业态就业人员的服务

数字化、智能化是现代化的重要表现。数字化的发展驱动了传统就业形式的转型，催生出诸多新型就业形态。随着互联网技术的普及和手机终端的应用延伸，基于平台经济、共享经济的新业态快速成长，技术与服务业的结合带动了相关产业的发展。依托"互联网+"技术产生了产业的迭代升级和与之相配套的新兴就业形势，新业态灵活就业人员有三大特征：一是劳动关系归属模糊；二是劳动风险问题突显；三是缺乏社会保障支持。在新业态领域工作的从业人员往往没有与企业签订劳动合同，既有传统形式的劳务派遣、劳务外包，也有众包的电子服务协议。他们的工作状态有全职、兼

---

① 习近平：《高举中国特色社会主义伟大旗帜　为全面建设社会主义现代化国家而团结奋斗——在中国共产党第二十次全国代表大会上的报告》，人民出版社2022年版，第22页。
② 洪银兴：《促进人的现代化是中国式现代化的重要内容》，《教学与研究》2023年第6期。

针对新业态就业人员的社会工作服务，可以是一个全新的介入领域，可以视之为企业社会工作、社区社会工作等专业社工领域的交叉综合运用。

职，也有甚至每天工作一两个小时的短职，还有的外卖骑手同时身兼数职。在发生劳动纠纷和工伤事故的时候，其身份归属界定和工伤认定就突显了新业态的管理滞后性。[①] 新业态就业人员的新就业风险、从业环境与权责关系等，带来了全新的社会议题，也进一步拓展了企业社会工作的内涵和外延。

四、我国企业社会工作的实践模式

珠三角地区是我国专业企业社会工作较早发展的地区，这与改革开放前沿阵地的定位及当地社会经济发展等直接相关。北京海淀区和西城区、浙江宁波海曙区等地的一些社会工作事务所也进行了以商圈、楼宇为载体的企业社会工作实践模式探索。[②] 根据主要的实践场域，可将我国企业社会工作的实践模式分为企业内模式、社区模式和楼宇商圈模式。

1. 企业内模式

企业社会工作的企业内模式又称为厂内模式，是以企业为主体，借助专业社会工作的力量，针对企业员工的困境与问题实施介入的模式。例如，2002年，裕元公司成立员工活动中心，内设全职工作人员，并组织了大量志愿者，针对企业问题与员工需求开展工作。同时，该企业还建有图书馆、温心驿站等机构，摸索企业社会工作的厂内模式。相关服务内容主要涉及安全、保健、生涯辅导、环保四个部分，以此协助企业与员工解决相关问题。值得一提的是，裕元公司自发地在企业内部运用社会工作方法协助员工解决日常生活问题，依托企业社会工作者提供专业服务。又如，作为全国企业社会工作实务创新基地的深圳市龙岗区至诚社会工作服务中心于2010年8月与冠旭电子股份有限公司（拥有近2 000名员工）

---

① 匡亚林、梁晓林、张帆：《新业态灵活就业人员社会保障制度健全研究》，《学习与实践》2021年第1期。
② 张默、卢磊：《我国企业社会工作发展的历程和趋势》，《中国劳动关系学院学报》2015年第4期。

达成由企业自主购买两名社会工作者服务的协议。该公司有 90.4%的员工接受了社会工作者提供的个案服务、小组活动、工作坊或社区活动。在冠旭电子股份有限公司员工的眼里，社会工作者就是心理辅导员和生活导师。通过至诚企业社会工作者的服务，企业员工的流失率降低了 7 个百分点，降低了企业的人力成本，企业购买社会工作服务，实现了企业、员工、社会工作者的"三赢"。①

2. 社区模式

企业社会工作的社区模式是指将员工视为"社区人"，超越企业的地理边界，以社区为依托对员工开展服务，外来务工人员是企业社工社区模式的重点对象。例如，2008 年年底，在政府部门的政策支持下，伟创力集团与北京市协作者文化传播中心携手在伟创力集团珠海工业园区设立了珠海市协作者社会工作教育推广中心（简称珠海协作者），作为第三方为企业员工、社区居民尤其是青年外来务工人员提供社会工作服务。具体开展的服务包括紧急援助、权益维护、情感关怀、心理疏导、文化娱乐及社区融入等多元服务。驻在社区与驻在企业内相比，前者更易于获得第三方的角色及企业工人的认可，且注重将企业工人视为"社区人"而非"企业人"。

3. 商圈楼宇模式

企业社会工作的商圈楼宇模式是指将主要是为企业员工提供的社会工作服务嵌入商圈、楼宇工作站的平台上，依托商圈楼宇"五站合一"工作站等载体开展针对企业员工的服务。该模式最初主要在北京市、浙江省宁波市等地形成。随着我国经济发展模式的转型，商圈楼宇经济快速发展，商圈楼宇集中了大量的中小企业，吸纳了大量的就业人员。这些企业员工也面临着内在的服务需求，如心理减压、人际交往、文化娱乐等，而商圈楼宇内的企业由于规模所限，自身内部无法满足员工的相关社会化需求。北京市海淀区睿博社会工作事务所以政府购买社会组织服务的形式，承接了海淀区

> 商圈楼宇是中小企业在城市的聚集地，是城市发展的风向标，也是城市基层治理与社会服务的新兴领域。

---

① 赵鸿飞：《至诚社工：中国企业社工"拓荒牛"》，《深圳商报》2012 年 5 月 28 日。

社会建设办公室的"一楼宇一社"项目，在海淀区楼宇社会工作站设立了 29 个社会工作者和社会工作督导岗位，运用社会工作理论与方法为商务楼宇内的企业员工开展各类企业社会工作服务，推进商务楼宇社会服务的专业化和职业化。北京市西城区睦邻（厚朴）社工事务所企业社工组在区社工委的支持下，与西城区内楼宇工作站合作，在需求调研和评估的基础上，开展针对楼宇内企业员工的专项服务，如组织"开心工作坊"、建立联络楼宇员工的 QQ 群、举办专题讲座、组织户外活动等。浙江省宁波市天云社工事务所依托海曙区总工会购买的服务项目，与街道和商圈工会合作，通过创设楼宇工会、员工俱乐部等平台开展心理减压、交友互助、法律咨询、文体娱乐活动等服务，满足员工需求。

五、我国企业社会工作的发展路径与策略

政府对企业社会工作的参与和重视将有助于企业社会工作在更大的范围内发展，为统筹全国企业社会工作发展奠定基础。2013年 7 月底，民政部下发了《关于开展企业社会工作试点工作的通知》，确定深圳市龙岗区等 18 个地区和深圳市福田区天诚社会工作服务中心等 80 个单位为民政部首批企业社会工作试点地区和单位。企业社会工作试点为全面推进企业社会工作实务的全面发展，不断完善企业社会工作服务制度奠定了基础。[①] 总体来看，我国企业社会工作的本土化可依循体制内与体制外两条发展路径。

1. 我国企业社会工作的发展路径

（1）工会社会工作：体制内的更新。

在传统企业的员工福利和服务中，工会扮演了重要的角色。《中华人民共和国工会法》明确规定："工会是中国共产党领导的员工自愿结合的工人阶级群众组织，是中国共产党联系员工群众的桥

---

① 张默、卢磊：《我国企业社会工作发展的历程和趋势》，《中国劳动关系学院学报》2015 年第 4 期。

梁和纽带。中华全国总工会及其各工会组织代表员工的利益，依法维护员工的合法权益。"长期以来，工会一方面组织和教育员工依照宪法和法律的规定行使民主权利，发挥国家主人翁的作用，通过各种途径和形式，参与管理国家事务、管理经济和文化事业、管理社会事务；另一方面通过平等协商和集体合同制度，协调劳动关系，维护员工劳动权益。工会更应该是维护和谐的企业关系、构建和谐组织的重要载体，应该以实现组织与员工良性互动、真诚合作、共谋发展为目标，推动各类组织建立和谐稳定的社会主义新型劳动关系，依法保障员工的合法权益，积极履行社会责任，促进企业完善经营管理，规范用工行为，建立起劳动关系自主协调机制，保护、调动、发挥好员工和组织管理者、经营者双方的积极性，实现互利、互爱、双赢以及"共建和谐、共谋发展、共享成果"的目标。①

由此可见，工会扮演着企业福利的监督者和实施者的双重角色。工会社会工作概念的提出，是新形势下工会工作的开展与创新，也是企业社会工作本土化的一种呈现方式。尽管许多国际经验都证明了工会社会工作的重要作用和意义，社会转型加快以及员工问题的复杂化也给工会社会工作的发展带来了机遇，但是我国工会社会工作的发展还处于初步的探索之中。上海市总工会从2007年起已经开始积极探索工会社会工作的理念、方法与技术在女工工作方面的运用，成为积极探索具有中国特色的工会社会工作的开端。② 企业工会工作与企业社会工作的融合发展，也成为中国特色企业社会工作领域的重要实践与研究议题，本书将在第三章对此进行详细探讨。

（2）企业承担福利责任：体制外的实现。

计划经济年代的单位福利制度，单位承担了组织员工的生老病死的社会福利责任；市场经济下企业承担福利责任，是在企业和社会共同承担社会福利责任的背景下展开的，是就企业作为一个社会的工作组织，它与人们的日常生活需要存在密切联系而言的。从工

---

① 沈黎、刘斌志：《和谐企业视野下的工会工作与企业社会工作》，《工会论坛》2006年第6期。
② 沈黎：《工会社会工作：理念与方法》，《工会理论研究》2008年第3期。

业福利发展的角度来看,企业在现代社会福利体系里承担着提供工作福利、满足社会成员的工作需要、使他们获得经济收入的责任。同时,企业作为工业组织,其行为会对社会产生各种影响,它在造福社会的同时,也会对社会及其成员产生某些消极的影响,如污染、工伤、职业病、心理焦虑、健康受损等。[①]因此,企业应当承担起社会责任,避免自己的行为造成社会伤害。

企业在组织内部开设社会工作部门,招聘全职社会工作者开展服务,或企业与社会服务机构合作,通过购买服务的方式开展服务,这是企业社会工作在体制外衍生的途径与策略。在我国深圳、东莞等地区,已经有许多企业正在进行积极而有意义的探索与尝试。

2. 我国企业社会工作的发展策略

我国企业社会工作的发展挑战与机遇并存,职场员工的心态已经随着教育水平的提高、大众传播媒体的普遍化、工作要求的专业化以及外在同行的竞争激烈化变得更加复杂与多变,有关医疗、教育、妇女、家庭、法律、心理与生理、工作、休闲娱乐、就业以及人际关系的问题越来越突出。因此,需要从整个社会的系统出发,积极推进政府、企业、社会福利界、社会工作教育界的整合与参与,大力开展本土企业社会工作的探索。

(1) 政府完善劳动政策,加强职业福利监管。

政府作为社会经济发展的监管者和整个社会福利政策的制定者,在本土企业社会工作的探索中应该扮演积极的角色。政府一方面需要通过优惠政策鼓励企业雇主完善社会福利设施,开展员工服务;另一方面可以拨款资助社会福利机构为有需要的劳工提供福利服务。最重要的还是健全员工福利政策,加强对企业员工福利政策实施的监管,具体内容应包括:促进工会组织健全与发展,修订并执行劳动关系的有关法律法规,妥善处理争议,加强国际劳工服务领域的联系与合作,督促工商企业改善员工设施与条件,推行职业教育与辅导制度,改进相关劳动者保险业务和保障制度,加强劳动

---

① 钱宁:《工业社会工作》,高等教育出版社2009年版,第24页。

者福利政策的执行与监管，健全劳动者组织，加强就业服务，切实提高劳动者的劳动能力，保障劳动者的权益，增进职业福利，促进企业内部和谐。

（2）企业承担社会责任，提供全面员工服务。

企业社会工作的发展有赖于企业发展及奉献，企业在创造利润、对股东利益负责的同时，还要承担对员工、对社会和环境的责任，而开展企业社会工作服务是企业切实履行社会责任的重要指标。一方面，企业可以聘用专业社会工作人员或借用社会福利机构人员为员工提供诸如辅导、危机处置、教育训练、员工自助方案、工余时间方案等服务；另一方面，企业叮以通过整合社会价值与企业管理价值，将企业视为"场域"，通过促进企业与社会的融合互动，全方位地提升员工的福利。总之，考虑员工身心整合的需要是未来企业发展的新的方向。

（3）社会福利界重视劳动者相关议题，强调赋能理念。

社会福利界应当对目前劳动就业领域存在的问题有更多的敏感性，承担起关心弱势群体与维护社会公平、正义的责任。因此，社会福利界一方面应该加大对劳动者福利权利的宣传和倡导，参与劳动者福利服务政策的制定与监督；另一方面，对于社会工作者在"工作场域"的专业角色以及如何回应现时劳工议题的转变，社会福利界应该有清楚的界定与认识，树立起企业社会工作的形象。同时，注重发挥劳动者的能力，培育劳动者自我维权及自我服务的意识，积极协助工会在劳动者服务中发挥更为广泛的影响。

（4）社会工作教育界加强企业社会工作研究，推进企业社会工作教育。

社会工作教育是推行专业社会工作的根基。训练合格的企业社会工作人才，是推动社会各界、工商企业接纳企业社会工作服务的前提。首先，社会工作教育界需要开展大量关于员工问题现状、员工需求方面的调研，进行企业社会工作服务模式、内容、实施以及技术方面的研究，切实深入了解员工问题；其次，可以举办研讨会，出版相关通讯、文章、著作以及研究报告，做企业社会工作发展的积极倡导者；再次，可以开设企业社会工作的课程，提供关于员工问题、劳动关系、工业社会学、工业心理学、企业管理、管理心理学、人事管理以及社会工作方面的科目，鼓励有志于劳动者服务的学生选修；最后，应该结合教育科研资源，大力开展企业社会工作的实习与社会实践服务，为企业社会工作实务提供源源不断的动力。

思考题

1. 简述美国企业社会工作历史演进的阶段划分。
2. 简述我国香港和台湾地区社会工作的发展经验。
3. 试比较单位制福利与企业社会工作的联系与区别？
4. 简述你是如何理解企业社会工作的发展是现代化的重要方面这个观点的。
5. 结合新形势，分析我国企业社会工作的发展趋势。

推荐阅读

洪银兴：《促进人的现代化是中国式现代化的重要内容》，《教学与研究》2023 年第 6 期。

匡亚林、梁晓林、张帆：《新业态灵活就业人员社会保障制度健全研究》，《学习与实践》2021 年第 1 期。

沈黎：《工会社会工作：理念与方法》，《工会理论研究》2008 年第 3 期。

张默、卢磊：《我国企业社会工作发展的历程和趋势》，《中国劳动关系学院学报》2015 年第 4 期。

周沛：《一项急需而有价值的社会工作介入手法——论企业社会工作》，《社会科学研究》2005 年第 4 期。

第三章

企业社会工作与企业党群工作

企业党群工作是指企业中的党组织和群众组织（如工会、共青团组织、妇女组织等）协同开展的各项工作，其具有突出的政治性功能。在全面建设社会主义现代化国家的背景下，强化企业党的建设，密切企业中的党群联系，充分发挥党在人民群众中凝聚人心的作用，是加强企业软实力、提升企业生产效率的重要路径。厘清我国企业社会工作与企业党建工作、企业群团工作的区别与联系，促进企业社会工作在企业党建群团工作中的专业介入与融合发展，是进一步推进企业社会工作本土化、构建中国特色社会主义的企业社会工作服务模式的必要前提。

第一节　企业党建工作

企业的党建工作是凝聚企业向心力、增强企业创造力、提高企业战斗力的重要源泉，是实现企业高质量发展、践履社会责任的关键支撑。由于历史渊源与工作基础的差异性，我国不同类型的企业（如国有企业与非公企业）的党建工作存在着较大的差异。

一、国有企业党建的内涵与特征

> 国有企业是指国务院和地方人民政府分别代表国家履行出资人职责的国有独资企业、国有独资公司以及国有资本控股公司，包括中央和地方国有资产监督管理机构和其他部门所监管的企业本级及其逐级投资形成的企业。

国有企业是中国特色社会主义的重要物质基础和政治基础，是党执政兴国的重要支柱和依靠力量。国有企业作为公有制经济的主导力量，在我国经济社会发展中发挥着重要作用。国有企业是由政府主导投资或参与控股的全民所有性质的企业。国有企业由国家作为主要投资主体，并承担主要生产任务，同时也是推动调节国家经济稳定和发展的重要载体，其兼具营利性、公益性与政治性特征。

国有企业党建是指在马克思主义思想的指导下，经由国有企业党组织，将党的建设工作植根于国有企业之中。国有企业的党组织是传达党中央意见、在企业树立党中央权威的重要组织机构，肩负着促进企业生产发展、完善企业制度、培育企业文化的重要职责。

国有企业党建是基层党建的重要范畴，鉴于国有企业特殊的组织性质，国有企业党建的特征主要表现为三个"相结合"。

1. 政治性与经济性相结合

国有企业党组织属于党的基层组织，是党的重要根基。政治性与经济性相辅相成是国有企业党建工作的重要特点。作为国有企业里的重要部门，基层党组织要时刻保持工作激情和活力，做好党建工作，发挥政治优势并明确政治立场，以正确的思想去引领国有企业，确保国有企业经济的健康和稳定发展。一方面，国有企业的党组织是保障国有企业贯彻执行党的方针政策的重要力量，是确保国有企业发展始终沿着社会主义的正确方向前进的基础，是坚持党对国有企业的政治领导的重要保证。另一方面，国有企业作为国民经济的支柱，其发展状况直接影响我国经济社会的整体发展。在国有企业中加强党的建设，能够为国有企业的发展夯实政治基础、组织基础和群众基础，提升国有企业的经济效益和竞争实力。

2. 党建工作与业务工作相结合

必须将党建和业务深度融合，夯实企业发展经济的责任。党建工作不能偏离服务生产和经营，要把提高企业效益、增强企业竞争实力、实现国有资产保值增值作为国有企业党组织工作的出发点和落脚点，以企业改革发展的成果检验党组织的工作和战斗力。坚持把党建工作载体融入业务工作中。将完善各层级治理机制融合到提高经理管理能力中，将创新党建载体融合到提升生产经营效益中，推动党建工作融入日常业务工作，形成常态化管理、跟踪、反馈、通报工作机制。

> 党建工作要与业务工作融合发展，高质量的党建引领企业高质量的生产经营等业务推进。

3. 党的建设与文化建设相结合

企业文化作为企业在价值观、信念、仪式、符号、处事方式等方面的特有文化形象，是企业核心竞争力的重要内容之一。国有企业的文化建设与党的建设具有密切联系。首先，党的建设始终承载着企业文化的灵魂。国有企业的文化本身就是社会主义文化体系中的重要组成部分。国有企业党组织肩负引导提升企业文化建设层次和水平的重要责任。其次，先进的党建文化是企业文化建设的思想引领力量。党建文化在国有企业已经形成深厚的组织基础和文化基础，是引领企业广大员工提高政治素养、优化知识结构、提升管理水平的力量之源。最后，国有企业党建与国有企业文化建设互为载体。国有企业党建中的民主生活会、企业职工代表大会以及开展的各种实践教育活动都是促进企业文化构建的重要步骤，员工群众能通过加强和改进党的建设而获得更加强大的企业内聚力；而企业文化建设是通过开展各类精神文化活动来进行的，这些活动又可以加强党组织与企业员工群众的联系，从而实现二者的优势互补，相互促进、共同发展。[1]

二、我国国有企业党建的历史发展

中华人民共和国成立以来，国有企业党的建设经历了曲折的发展历程。经验与教训并存的发展历程构成了国有企业党的建设所独具特征的发展脉络。总体来看，我国国有企业党建的发展历程可大致梳理为五个阶段。[2]

1. 革命战争年代：国有企业党建的雏形

早在革命战争时期，中央苏区就开办若干公有性质的企业。在此时期，党在苏区陆续颁布了《苏维埃国有工厂支部工作条例》和《苏维埃国家工厂支部工作条例》，进一步对公营企业的权责关系作出规定。这些规定，实际上孕育了党在土地革命时期对公营性质的企业进行建设的基本雏形。在土地革命战争时期，公营企业逐步形成了"三人团"制度，"三人团"会议由厂长负责召集，并有最终决定权。这一制度在抗日战争时期和解放战争时期得到进一步强化。

1949年8月，《华北人民政府关于在国营、公营工厂企业中建立工厂管理委员会与工厂职工代表会议的实施条例（草案）》巩固和加强了厂长在工厂中的决定权。此外，在《中央员工运动委员会对陕甘宁边区公营工厂职工工作的指示》中还给出了党组织的具体定位："工厂党的支部和职工会，不得干涉工厂生产计划和行政管理事宜；有关生产行政问题之争论，厂长有最后决定之权；支部和工会与厂方，均保有其本身工作的独立性。"这些规定实际上已经初步明确了党组织与企业之间的关系。

---

[1] 参见单豪杰：《全面深化改革背景下国有企业党的建设研究》，兰州大学博士学位论文，2017年。

[2] 同上。

整体来看，在革命战争时期，国营性质的企业都是统属于党的领导之下的，是红色区域整个经济建设当中的重要组成部分。但这些工作又是和当时革命战争的总任务分不开的，因此，在当时的历史条件下，公营企业不可能具备完善发展党建的条件，但为国有企业党建打下了一定的基础。

2. 建国初期：国有企业党建初步形成

中华人民共和国成立后，随着战争创伤的逐步恢复，针对国有企业的领导方式进行了新的积极探索和实践，其中最具代表性的可分为两类：一类是在华北实行党委领导下的厂长负责制；另一类是在东北实行的厂长负责制，即"一长制"。在社会主义"三大改造"期间，1955年，刘少奇曾在中南局各省委负责同志的谈话中指出："所谓企业中的'一长制'，同党的集体领导原则并不是对立的，不是说'一长制'就是家长领导、个人独裁，他说什么都算。军队的经验很可以学习……设立党委的目的，是为了使'一长制'搞好一些，而不是搞坏一些。"1956年9月，党的八大报告上明确指出："在企业中，应当建立以党为核心的集体领导和个人负责相结合的领导制度。凡是重大的问题都应当经过集体讨论和共同决定，凡是日常工作都应当由专人分工负责。"这是党第一次以正式文件的形式对国营工业企业管理制度问题进行的表述，这一精神后来被写入了八大的党章，成为我国全面推动国有企业实行党委领导下的厂长负责制的重要标志。在此制度下，党对国有企业党组织、行政系统、工会系统之间的关系，以及它们相互间的职权和权限作出的积极探索，为后续国有企业的改革发展和党的建设提供了丰富的经验，开辟了新的道路。

3. 改革初期：国有企业党建的探索发展阶段

"十年动乱"结束后，针对党对国有企业的领导被不同程度削弱的情况，党中央重新强调了对国有企业采取党委领导下的厂长负责制的要求，进一步反对了"一长制"倾向，并把集体领导和个人分工相结合作为国有企业基本的管理模式确立起来。1978年，《中共中央关于加快工业发展若干问题的决定（草案）》明确指出，企业的一切重大问题都必须经过党委集体讨论决定。同时，也将"党委领导下的职工代表大会制度""总工程师、总会计师等负责制"以及"工人参加管理、干部参加劳动和领导干部、工人、技术人员三结合的制度"作为国有企业管理和改革的具体步骤确定下来。这就在制度和机制上规定了国有企业党建的基本原则，为企业党建巩固和发展奠定了基础。此后，中央在充分肯定党委是企业领导核心的原则下，重新界定了国有企业党组织同企业生产经营的行政系统之间的关系。

1986年颁布的《全民所有制工业企业基层组织条例》，更加系统地阐述了国有企业党组织的地位和功能，明确了党组织在国企改革发展中的思想领导和政治领导的作用，明确了党委的选举产生方式和五项基本任务，同时也明确了企业党委保障监督、教育党员群众的重要职能，以及企业党委会、职代会同其他群众组织之间的关系。1987年8月，由中组部、国家经贸委、总工会牵头召开的全面推行厂长负责制的工作会议，拉开了在全国范围实行国有企业厂长负责制的大幕。随着厂长负责制在全国的逐步实行，党组织在国有企业中保证监督的作用也被最终确定。1988年4月，《中华人民共和国全民所有制工业企业法》在七届全国人大会议上顺利通过，这标志着厂长（经理）负责制以法律形式确立下来，并赋予了厂长在国有企业中的核心地位。厂长全面负责的核心定位，摆脱了"厂长有责无权，党委有权无责"的状态，但也产生了一系列新的问题。比如，党组织监督落实无力的问题，企业中思想政治工作被弱化的问题，企业党组织建设滞后、人员老龄化的问题等，从而造成了党组织在企业中的工作弱化、淡化和边缘化的风险。

4. 国有企业改革发展阶段：强调党组织发挥政治核心作用的阶段

从1989年到2012年，中央针对国有企业党建可能产生的新问题和新矛盾，采取了一系列措施予以纠正，并在国有企业改革过程中不断探索企业基层党组织建设的新途径、新方法。

1998年7月，中组部下发《关于在深化国有企业改革中党组织设置和领导关系有关问题的通知》，强调党组织的设置要与国有企业的改组、改制同步进行，同时要在破产企业中充分发挥党组织的政治核心作用，不断加强对企业下岗人员的管理和引导。这充分体现了国企党建发挥党组织政治核心作用的重要性。

2004年9月，《中共中央关于加强党的执政能力建设的决定》针对国有企业党建问题强调指出，国有企业党组织要进一步适应建立现代企业制度的要求，完善工作机制，充分发挥政治核心作用。2004年10月，中央办公厅转发《中央组织部、国务院国资委党委关于加强和改进中央企业党建工作的意见》，对央企的党建工作提出了更高要求，并在国有企业党建和现代企业制度相结合的基础上，对加强和改进中央企业党建工作、推进党的建设新的伟大工程作了积极的理论探索和实践，积累了丰富的经验。2009年9月，党的十七届四中全会通过的《中共中央关于加强和改进新形势下党的建设若干重大问题的决定》指出："把建设高素质经营管理者队伍、人才队伍、党员队伍、员工队伍和增强国有经济活力、控制力、影响力贯穿国有企业党组织活动的始终，保证党组织参与决策、带头执行、有效监督，发挥政治核心作用。"

这一时期，党把发挥国有企业党组织的政治核心作用提到了全新的高度。一方面，中央对发挥党组织政治核心作用的强调，一定程度上遏制了党对国有企业领导弱化、边缘化的倾向；另一方面，部分国有企业正是借助向现代企业制度不断完善的过程，盲目片面地追求企业经济利益最大化，忽视了企业党建工作的重要性，将党组织政治核心作用的发挥摆到了企业经济工作的附属地位，党的建设在一些企业中甚至流于形式，导致"党的领导弱化、主体责任缺失、管党治党不严"等问题涌现，一定程度上削弱了党对国有企业的领导，成为国企腐败等问题的重要诱因，损害了党的形象。

5. 全面深化改革阶段：国企党建呈现新气象阶段

党的十八大以来，党中央坚持党要管党、从严治党，并以壮士断腕的决心，深入查处了部分国有企业存在的严重问题，为全面深化改革肃清了障碍。2013年，中央组织部、国务院国资委党委联合下发了《关于中央企业党委在现代企业制度下充分发挥政治核心作用的意见》，意见在充分肯定和坚持发挥国企党组织政治核心作用的同时，还指出坚持党的领导是我国国有企业的独特优势，要求把党的建设与企业改革发展同步谋划、党的组织及工作机构同步设置等，以此为基础，不断推动党组织同现代企业治理机构在体制、机制和制度上的对接。同时，还要求将坚持党管干部原则与企业市场竞争的选人用人机制结合起来，做到把坚持党的领导和完善现代企业公司治理相统一，进一步明确国有企业党组织在公司法人治理结构中的法定地位，承担好从严管党、治党的责任。随后，中央又先后印发了《关于深化国有企业改革的指导意见》和《关于在深化国有企业改革中坚持党的领导加强党的建设的若干意见》，这两份重要文件是新形势下加强国有企业党的建设的纲领性文件。2022年，党的二十大报告明确指出："推进国有企业、金融企业在完善公司治理中加强党的领导"，进一步明确了新时代国有企业党建工作的重要地位与作用。

坚持党的领导、加强党的建设是我国国有企业的特殊优势，也是国有企业改革发展历程中的核心动力和根本政治保障。贯彻落实好党中央关于加强国有企业党的建设的新要求，坚持与时俱进，勇于创新，不断探索加强国有企业党建的新方式和新方法，这对国有企业的高质量发展具有十分重要的现实意义。

三、我国非公企业党建及其重要性

非公企业即非公有制企业，是归中国公民私人所有或归外商所有的经济成分占主导或相对主导地位的企业。非公有制经济包括个体经济、私营经济、港澳台投资经济、外商投资经济以及混合经济中的非国有成分和非集体成分。非公有制企业是非公有制经济的主要市场主体，非公有制经济与非公有制企业不同的是非公有制经济包括个体经济即个体工商户，非公有制企业不含个体工商户。

非公企业党建是指在民营企业、外资企业等非公企业中进行党的建设工作。非公企业中的党组织是党的基层组织的重要组成部分，是员工群众的政治核心。要使其充分展现时代特征，以期在加速经济发展进程中充分发挥党的活动优势和强劲张力。党组织要在支持和保证非公企业发展、监督企业依法经营、维护员工合法权益和宣传党的路线、方针、政策方面发挥作用。

改革开放以来，社会主义市场经济持续推进，我国非公企业发展如雨后春笋，在经济发展和社会稳定方面扮演着重要角色。

第一，非公企业组织数量众多、规模庞大且分布广泛，是社会主义市场经济的重要组成部分，关乎中国的经济发展和经济安全。根据新华社相关报道数据，截至2023年11月，我国非公企业数量已达5 333.4万户。一些大型非公企业（如华为等）成为国家经济社会发展的重要支撑。

第二，非公企业提供大量的就业岗位，企业中聚集着大量的工人群众，关乎社会稳定和公民权益保障。截至2019年年底，非公企业城镇就业人员的数量高达27 788万人。非公企业就业人员也是各项民生保障政策的直接受益者。

第三，非公企业的规模、经营方式、管理水平、社会责任履行等参差不齐，在生产经营中存在着合同纠纷、工伤事故、环境污染等风险，影响着社会的安全与稳定。

相较于非公企业的重要作用与地位，非公企业一直以来存在政治性低、党的领导薄弱的问题。在行政力量介入有限的现实情境下，加强非公企业党建成为强化对非公企业的引领、监督的重要手段。①

党中央高度重视非公有制经济发展和非公企业党建工作。2012年，中央办公厅印发《关于加强和改进非公有制企业党的建设工作的意见（试行）》，中央组织部召开全国非公有制企业党的建设工作会议。2017年，中共中央国务院发布《关于营造企业家健康成长环境 弘扬优秀企业家精神 更好发挥企业家作用的意见》，该文

---

① 姚靖：《政党入企：国家与社会双向赋能的中国实践》，《党政研究》2021年第4期。

件明确指出，要加强党对企业家队伍建设的领导，建立健全非公有制企业党建工作机制，积极探索党建工作的多种方式，努力扩大非公有制企业党的组织和工作覆盖。2022年10月，党的二十大报告进一步指出，"加强混合所有制企业、非公有制企业党建工作，理顺行业协会、学会、商会党建工作管理体制"。以上足以说明我国对非公企业党建工作的高度重视。

四、我国非公企业党建工作的实践状况

> 非公企业党建具有形式多样、因地制宜的特点。"两新"即新经济组织和新社会组织。

按照党中央部署要求，中央组织部会同市场监管总局、全国工商联等部门持续推动非公企业党建工作。各地着力健全体制机制，构建各级党委统一领导、组织部门（"两新"工委）统筹指导、行业管理部门纵向推动、园区等聚集区横向拓展、街道社区兜底管理的工作体系。党对非公经济领域的领导不断加强，重点企业、重点区域党的组织和工作实现全面覆盖，党组织促进企业健康发展、团结凝聚员工群众的引领作用有效发挥，党在非公经济领域的群众基础不断厚植。总体来看，我国非公企业党建工作的实践路径可概括为以下四个方面。①

1. 区域整合统筹

针对部分非公企业规模较小的现实，以非公企业集中的区域为载体平台，强化整体统筹推进非公企业集中的园区、楼宇、商圈等重点区域的党建。第一，推进园区党建。2016年，中央组织部在厦门召开全国园区非公企业党建工作座谈会，对以园区为龙头抓好非公企业党建作出部署。截至2021年年底，全国2 540多个省级以上园区构建了"园区党工委-非公企业综合党委-党建工作指导站-非公企业党组织"四级工作体系，实现园区非公企业50人以上有党员、100人以上有党组织，民营企业500强实现党组织全覆

---

① 参见新华社：《以高质量党建助推非公企业高质量发展——党的十八大以来非公企业党建工作综述》，2021年6月9日。

盖。第二，打造开放共享的楼宇商圈党建。将楼宇作为"竖起来的园区"，深化拓展非公企业聚集区党建工作。2017年，中央组织部在上海召开全国城市基层党建工作经验交流座谈会，对楼宇、商圈党建作出部署。北京、上海、南京等地推广把"支部建在楼上"，依托街道或产权单位、骨干企业、物业公司建立区域性党组织，实现组织共建、活动共联、资源共享。天津推动全市多数菜市场商圈建立党组织，引导党员商户亮牌诚信经营。第三，沿着产业链条开展党建联建。上海、广东、四川等地在重点产业聚集区，依托产业链组建联合党组织或党建联盟，打破体制、行政、地域边界，以党建引领产业上下游融合发展，协调解决产业发展过程中出现的项目对接、科技攻关、人才培养等难题。

2. 关注新兴领域

在"互联网+"、数字经济的背景下，聚焦关注产业发展的新兴领域，提升党在新兴领域的号召力、凝聚力。一方面，互联网企业党建实现重点突破。2014年以来，中央组织部把加强互联网企业党建提上日程。2018年，中央组织部会同中央网信办在深圳召开全国互联网企业党建工作座谈会。2019年，中央组织部印发指导意见，进行全面部署，突出抓好体制机制，压实网信部门抓行业党建责任，31个省（自治区、直辖市）和近80%的地级市依托网信部门建立互联网行业党委。突出抓好重点企业，推动网信部门确定的722户重点企业实现党组织全覆盖。突出抓好作用发挥，重点企业中由高管担任党组织书记的占76.7%，党组织和党员在促进企业健康发展、营造清朗网络空间等方面发挥了重要作用。另一方面，推动快递物流业党建开局破题。浙江省及广州、武汉、成都等地出台快递物流业党建工作指导意见，建立属地为主、条块结合、各方联动的工作机制，以县区为单位统筹推进。江苏省的13个地级市全部依托邮政部门成立行业党委，加强重点企业党建工作的具体指导。国家邮政局和北京、重庆、深圳等地开展"暖蜂行动"，出台关爱快递员的具体举措，依托城乡社区设立"爱心驿站"，解决快递员维权难、上路难等问题。

"爱心驿站"一般由各地区的党委组织部推进，其主要功能是服务快递员、外卖员等新就业群体。每个"爱心驿站"都有专人负责日常管理，组织专业服务，外卖员、快递员等可以在驿站歇脚、充电、喝水。另外，驿站还提供健康卫生、法律援助、文化娱乐等服务。

3. 压实属地责任

针对小微企业和个体工商户数量多、分布广的实际，压实属地责任，以街道社区为依托，发挥社区基层党组织的辐射带动作用。一方面，强化街道社区责任。2018年以来，各地结合街道管理体制改革，成立街道党建办、党建工作指导站，加强对区域内"两新"组织党建工作的领导和指导。上海、安徽、福建、重庆等地在乡（镇）、街道成立"两新"组织综合党委，选派党建工作指导员，抓好辖区小、散非公经济组织的党建。北京东直门街道党工委设立非公经济组织党委，将辖区划分为3个片区，分别成立党建工作站，兜底管理辖区900多个非公经济组织。另一方面，发挥党群服务中心辐射带动功能。各地在非公经济组织聚集的区域建立1.3万个党群服务中心，打造党的政策宣传、党组织活动、员工群众服务的综合性平台。深圳在全市建设1 050个"全域覆盖、功能完备、开放共享"的党群服务中心，整合党务、政务、公共服务资源，打造"一公里"党群服务圈，2019年以来举办"新时代大讲堂"、党务培训、公益讲座等活动7.7万场，200多万人次参加。

4. 党建业务相融

非公企业党建工作着眼融入中心、服务大局，发挥党组织的实质作用，有力促进企业高质量发展。第一，引导企业党组织在转型升级、技术攻坚、提高效益等方面发挥作用，推行党员示范岗、党员责任区等做法，推动党员在生产和项目一线打头阵、当先锋。比如，飞鹤乳业党委组建党员科技攻关小组，在工艺流程、配方优化等方面获得18项国家专利，助力重塑中国婴幼儿奶粉的品牌形象。第二，团结凝聚员工群众，推动企业党组织建立健全党员联系和服务员工的制度，与区域、部门、单位党建共建，联合工青妇等群团组织，共同解决员工群的众急难愁盼问题。比如，上海沪江网党委牵头实施安居、亲子、成长等工程，为年轻员工提供免费住宿，帮助解决假期子女托管难题，发起成立互联网投资基金，助力员工实现创业梦想。第三，不少党组织推动企业发挥人才、技术、平台等优势，服务国家重大战略，助力脱贫攻坚、疫情防控等，在关键时刻发挥了"硬核"作用。截至 2020 年年底,五年来全国近 11 万家民营企业精准帮扶 12.7 万个村,东部地区企业赴扶贫协作地区累计投资 1 万多亿元。

第二节 企业群团工作

群团组织是群众性团体组织的简称,是当代中国社会团体的一类。《中国共产党党章》规定:"党必须加强对工会、共产主义青年团、妇女联合会等群团组织的领导,使它们保持和增强政治性、先进性、群众性,充分发挥作用。"根据我国的群团组织设置与企业的人员性质,工会组织、共青团组织与妇女组织是设置于企业中的主要的基层群团组织。企业的工会工作、共青团工作与妇女工作,是构成企业(主要是国有企业)运作的重要组成部分。

一、企业工会工作

1. 工会与企业工会的属性

工会是企业中以维护员工利益为宗旨的合法正式组织。工会组织的产生源于西方的工业革命,当时,越来越多的农民离开赖以为生的农业涌入城市,为城市的工厂雇主打工,但工资低廉且工作环境极为恶劣,而单个被雇佣者无力对付强有力的雇主,从而诱发工潮的产生,进而催生工会组织。工会的组织形态有多种形式,美国是以行业为主进行的纵向组织,日本是以企业为主进行的横向组织。我国的工会基本上与日本模式差不多,即以每个企业为单位成立工会,然后再按城市区域,建立该区域的总工会,最后,联结到省与国家层面的总工会,形成统一的工会系统。

在计划经济年代,我国工会特别强调其政治属性,将之视为党与政府领导下的附属部门。改革开放后,中国的企业产权制度发生了翻天覆地的变化，国有企业一统天下的局面被打破。企业产权多元化，行政化的劳动关系被契约型的劳动关系所取代。与此同时，工会的本质和职能也引起了社会的关注与讨论。

原中华全国总工会政策研究室主任陈骥曾指出："1983年，工会十大筹备期间，大家认为全国总工会有责任向党中央提出一个简明的工会工作方针，请中央审定。大家对以'四化'建设为中心没有异议，对工会的维护和教育这两大作用也有共识，但在重点上有不同意见……在向中央汇报后，胡乔木在讨论妇联报告时说，妇女运动是女权运动，妇联的工作方针应该是维护妇女儿童的合法权益，工会也应该如此。中央书记处会议同意乔木同志的意见。这样，工会十大就突出了维护职能。"[①] 1994年，时任全国总工会主席的尉健行在工会十二届二次全会上再次强调，维护是工会的基本职能，要突出工会的维护职能，要通过平等协商和集体合同制度这个"牛鼻子"来履行工会的维护职能。

工会的主要职能是维护工人的合法利益，这是由工会的性质决定的。1994年通过的《中华人民共和国劳动法》强调了企业员工与企业双方主体的明晰性，该法第32条强调，签订集体劳动合同是由企业员工一方与企业进行，一般情况下，企业员工一方由工会代表。这就将双方不同利益主体的地位凸显出来，呈现出工会的本质属性。正是由于企业与工会利益的不同，部分外资、民资企业阻挠工会的成立。如零售巨人沃尔玛，经中国政府多方协调，才于2006年9月同意在中国境内的沃尔玛商店内建立工会。

根据《企业工会工作条例》，我国的企业工会是中华全国总工会的基层组织，是工会的重要组织基础和工作基础，是企业工会会员和员工合法权益的代表者和维护者。企业工会贯彻促进企业发展、维护员工权益的工作原则，协调企业劳动关系，推动建设和谐企业。企业工会在本企业党组织和上级工会的领导下，依照法律和工会章程独立自主地开展工作，密切联系员工群众，关心员工群众

---

① 陈骥：《改革中的工会和工会的改革》，中国工人出版社1999年版，第123页。

的生产生活，热忱为员工群众服务，努力建设成为组织健全、维权到位、工作活跃、作用明显、员工信赖的员工之家。①

2. 我国企业工会工作的特征

根据《中华人民共和国工会法》，"工会是中国共产党领导的员工自愿结合的工人阶级群众组织，是中国共产党联系员工群众的桥梁和纽带"，"中华全国总工会及其各级工会代表员工的利益，依法维护员工的合法权益"。党中央也明确提出了"强三性、去四化"的目标，即提升工会的政治性、先进性与群众性，这三个特征构成了作为基层工会组织的企业工会工作的基本特征。

其一，政治性。我国的工会作为党领导的群团组织，须将政治性放在首要位置，政治性是群团组织的灵魂。我国的企业工会工作具有鲜明的政治导向。企业工会须切实增强政治敏锐性和政治鉴别力，坚持党的领导，在思想上、政治上、行动上始终与党中央保持高度一致，牢牢把握工会工作的正确政治方向。将党的方针政策、决策部署变为员工群众的自觉行动，组织动员广大员工群众走在时代前列。

其二，先进性。工会是党联系员工群众的桥梁和纽带，党的先锋队性质赋予其所领导的工会组织天然的先进性，工人阶级是先进生产力和生产关系的代表，工人阶级的先进性赋予工会组织的先进性。企业工会工作也应以先进性为导向，充分发挥工人员工的主力军作用，引导员工群众在"大众创业、万众创新"中大显身手。

其三，群众性。群众性是群团组织的基本特征，服务于员工群众则是企业工会工作的基本要义，竭诚为员工群众服务是工会一切工作的出发点和落脚点。企业工会须健全联系服务员工的长效机制，坚持共享发展，以员工为本、以员工为先，带着感情、强化作为，健全创新工会运行机制和维权服务机制。

"去四化"，即防止机关化、行政化、贵族化、娱乐化。

3. 我国企业工会工作的主要内容

2018年通过的《中国工会章程》规定了我国工会基层委员会

---

① 中华全国总工会：《企业工会工作条例》，2006年12月11日。

的基本任务。

第一，执行会员大会或者会员代表大会的决议和上级工会的决定，主持基层工会的日常工作。

第二，代表和组织员工依照法律规定，通过员工代表大会、厂务公开和其他形式，参加本单位民主管理和民主监督，在公司制企业落实员工董事、员工监事制度。企业、事业单位工会委员会是员工代表大会的工作机构，负责员工代表大会的日常工作，检查、督促员工代表大会决议的执行。

第三，参与协调劳动关系和调解劳动争议，与企业、事业单位行政方面建立协商制度，协商解决涉及员工切身利益的问题。帮助和指导员工与企业、事业单位行政方面签订和履行劳动合同，代表员工与企业、事业单位行政方面签订集体合同或者其他专项协议，并监督执行。

第四，组织员工开展劳动和技能竞赛、合理化建议、技能培训、技术革新和技术协作等活动，培育工匠人才，总结推广先进经验。做好劳动模范和先进生产（工作）者的评选、表彰、培养和管理服务工作。

第五，加强对员工的政治引领和思想教育，开展法治宣传教育，重视人文关怀和心理疏导，鼓励支持员工学习文化、科学技术和管理知识，开展健康的文化体育活动。推进企业文化和员工文化建设，办好工会文化、教育、体育事业。

第六，监督有关法律、法规的贯彻执行。协助和督促行政方面做好工资、安全生产、职业病防治和社会保险等方面的工作，推动落实员工福利待遇。办好员工集体福利事业，改善员工生活，对困难员工开展帮扶。依法参与生产安全事故和职业病危害事故的调查处理。

第七，维护女员工的特殊利益，同歧视、虐待、摧残、迫害女员工的现象作斗争。

第八，搞好工会组织建设，健全民主制度和民主生活。建立和发展工会积极分子队伍。做好会员的发展、接收、教育和会籍管理工作。加强员工之家建设。

第九，收好、管好、用好工会经费，管理好工会资产和工会的企业、事业。

基于章程条例以及具体实践，我国企业工会工作的基本内容主要包括：① 参与企业管理与监督；② 协调企业劳动关系；③ 开展员工思想政治教育；④ 开展员工文体娱乐活动；⑤ 保障职业福利；⑥ 帮扶特殊员工（如女工、外来务工、经济困难员工、重病员工等）；⑦ 工会组织建设与资金管理。

二、企业共青团工作

1. 共青团与企业共青团的属性

《中国共产主义青年团章程》提出，共青团是"中国共产党领导的先进青年的群众组织，是广大青年在实践中学习中国特色社会主义和共产主义的学校，是中国共产党的助手和后备军"。企业共青团是指设置在企业中的团的工作机关和基层组织，其工作的涵盖对象是28周岁以下的团员青年、团干部以及35周岁以下的青年。企业共青团组织是团的基层组织，在企业发展中发挥着团组织服务大局、服务企业、服务青年的作用。

企业共青团的工作对象是青年员工。青年员工是企业员工的主力军，青年员工在各个部门和环节担当重任，是体现企业核心竞争力、保障企业成长性的重要力量。同时，青年员工是企业员工中最活跃、最具潜能、最具可塑性的主体，是企业发展中宝贵的人力资源。组织青年、团结青年、发动青年、服务青年、赋能青年是企业共青团工作的基本属性与目标。

2. 我国企业共青团工作的特征

结合我国群团组织的性质与企业共青团工作的实际，我国的企业共青团工作具有以下基本特征。[1]

---

[1] 姚桂清：《企业共青团的本质、重点工作与工作方法》，《中国青年研究》2015年第10期。

一是政治性。企业的共青团组织要始终把自己置于党的领导之下，在思想上、政治上、行动上始终同党中央保持高度一致。企业的共青团主要靠四个方面来领导团员青年，以提升团的吸引力和凝聚力：一靠思想；二靠组织；三靠人格魅力；四靠服务青年。

二是先进性。共青团是党直接领导的群众组织，从成立之初就始终与中国共产党的命运紧密相连，凸显共青团的先进性。企业的共青团组织也要积极响应党中央的号召，牢牢把握为实现中华民族伟大复兴而奋斗的时代主题，紧紧围绕企业中心工作，组织动员广大团员青年在企业改革发展稳定第一线建功立业。

三是群众性。企业共青团工作要以广大团员青年为中心。企业共青团工作的方法强调扎根基层，全面理解青年员工的需求，服务青年，维护青年员工的合法权益。同时，积极促进青年员工的参与，让青年当主角而不是当配角或观众。

四是创新性。青年的特点决定了企业共青团工作的创新性。毛泽东指出："青年是整个社会力量中的一部分最积极、最有生气的力量，他们最肯学习，最少保守思想，在社会主义时代尤其是这样。"[①] 企业共青团工作要与时俱进，适应形势任务的变化，分析新形势、研究新情况、解决新问题，创新工作方法，以喜闻乐见的方式赢得青年参与。在互联网时代，尤其要注重充分利用好新媒体，正面引导广大青年员工。

五是生产性。不同于政府与事业单位，企业共青团工作需服务于提高企业效益这一中心任务，具有鲜明的生产性与效率性特征。企业共青团工作往往要围绕企业的生产经营来推进，这是由企业共青团的特殊性决定的。

> 思考：共青团工作与青少年社会工作的区别与联系有哪些？

3. 我国企业共青团工作的主要内容

结合共青团组织的性质与企业工作的特点，我国企业共青团工作的重点工作包括以下几个方面。

---

① 共青团中央、中央文献研究室：《毛泽东　邓小平　江泽民论青少年和青少年工作》（增订本），中国青年出版社2003年版，第10页。

第一,思政教育。企业共青团工作具有鲜明的政治性特征,对青年员工的思想政治教育与引导是企业共青团工作的重点任务。聚焦企业青年员工所思所想、所需所惑,着力增强青年加强理论学习的主动性、实效性,推动青年理论武装常态化、体系化、制度化,引导广大青年员工学而信、学而用、学而行。

第二,培训学习。引导组织企业青年员工学习科技与知识生产,强化职能技能,也是企业共青团工作的重点工作。企业的核心竞争力在于人,青年员工则企业员工的主体与主力。企业共青团需引导青年员工"请进来、走出去",勤奋学习、刻苦钻研,勇攀创新高峰。

第三,助力生产。企业的核心工作是生产经营,企业共青团工作也应围绕企业的中心任务具体推进,助力企业生产。共青团引导广大团员青年作为企业的生力军和突击队,牢牢把握企业改革发展的大局,做好深化改革的引领者、组织者、实践者,通过开展青年突击队、青年文明号、青年安全监督岗、青年创新创效、青年素质工程等"青"字号工程,切实将思想、行动统一到企业的中心工作上来。

第四,赋能发展。企业共青团工作的对象是青年员工。维护青年员工的权益,赋能青年,促进企业青年员工的全面发展,是企业共青团的中心任务。企业共青团工作需精准调研企业青年员工的需求,从思想政治、道德伦理、生产技能、学历教育、职业晋升、心理建设、人际关系、婚恋家庭等方面全方位赋能青年员工成长,全面提升青年员工的能力素养。

第五,文化建设。青年文化是企业文化的重要构成部分,是企业文化中最活跃的形式。企业文化建设需从理念系统、视觉系统、行为系统全方位推进。共青团工作则需带头参与企业文化建设,充分发挥自身优势,从加强青年员工文化阵地打造、青年员工文化队伍建设、青年文体活动组织等方面入手,以文育人,助推企业文化建设。

第六,志愿服务。志愿服务作为自愿无偿向社会或者他人提供的公益服务，是传统文化中的"仁爱""天下为公"思想的传承和延续，并在新时代被赋予新的含义。志愿服务也是企业践履社会责任的重要形式。企业志愿服务具有较强的组织性与联动性，企业青年员工是企业志愿者的主力。企业共青团通过组织青年员工开展"聚人气、接地气"的志愿服务活动，一方面践行了新时代文明实践理念，弘扬了利他主义的奉献精神；另一方面也是展现企业品牌形象、宣传企业文化的重要路径。

三、企业妇女工作[①]

1. 妇联与企业妇女组织的属性

中国的妇联组织与共产党发动和领导的革命及其女性解放运动相伴相生，历经了 20 世纪 20 年代的萌芽、30 年代的发展壮大、40 年代末的建制成熟，直到当下的探索演进。我国的妇联组织已经形成一个自上而下的庞大严密的组织网络，涵盖了全国妇联，各省、自治区、直辖市妇联，各市、区、县妇联，街道、乡妇联和居委会、村妇代会等。[②] 根据《中华全国妇女联合会章程》，中华全国妇女联合会是全国各族各界妇女为争取进一步解放与发展而联合起来的群团组织，是中国共产党领导下的人民团体，是党和政府联系妇女群众的桥梁和纽带，是国家政权的重要社会支柱，是党开展妇女工作可靠有力的助手。

《中华全国妇女联合会章程》规定："妇女联合会在乡镇、街道，行政村、社区，机关和事业单位、社会组织等建立基层组织。"虽然《章程》并未明确规定针对企业的妇女组织建设要求，真正成立独立的"妇女组织"的企业数量也较少，但是企业作为重要的基

[①] 鉴于目前我国针对妇联的基层组织建设要求未针对企业有明确的规定，并且企业成立独立"妇女组织"数量较少，且针对"两新企业"妇女基层组织建设更多冠之以"妇委会"等名称。故本节以企业妇女组织而非企业妇联组织，企业妇女工作而非企业妇联工作等概念来论述。
[②] 卫小将：《妇女与婚姻家庭社会工作的检视与建构》，《妇女研究论丛》2018 年第 5 期。

层单位,针对企业的妇女基层组织的建设,也应是健全妇联组织网络,推动妇联组织覆盖、工作覆盖和服务覆盖的重要环节。此外,我国部分地区也在积极探索针对"两新组织"的"妇委会"等基层妇女组织建设工作,促进妇联工作向基层拓展延伸,充分发挥妇联组织的凝聚力与影响力。

2. 我国企业妇女工作的特征

作为基层群团组织的一类,我国企业的妇女组织的工作除具有与前述工会工作、共青团工作相一致的政治性、先进性和群众性以外,还具备以下特征。

第一,非独立性。《中华全国妇女联合会章程》未针对企业提出建设独立基层妇联组织的要求,大部分企业未建立独立的妇女组织,妇联对企业女员工工作提出的要求,通过同级工会统一部署。企业工会建立女员工委员会,表达和维护女员工的合法权益。由此,不同于企业的工会组织与共青团组织,企业的妇女组织主要表现为工会女员工委员会,其本质是党领导下的同级工会委员会中负责女员工工作的妇女组织。企业的妇女工作依托工会开展,而非独立的妇女组织。

> 思考:我国较少有企业设置独立的妇联组织,原因可能有哪些?

第二,性别视角。企业的妇女工作本身即是基于社会性别视角的实践。针对两性的差别,企业妇女工作综合生理心理、文化观念、社会制度等因素,探索男女两性的差异性,着力应对妇女的特殊问题,保护女性员工的职场权益,提升女性员工的职业福利,促进女性员工的发展。

第三,创新发展。虽然大部分企业未成立独立的妇女组织,而是在企业工会的框架下开展女工工作,但是在支持和推动基层妇联组织建设和基层工作的要求下,多地开展企业(主要是非公企业)的基层妇女组织建设探索,呈现出多元化创新发展的新局面。比如,截至 2017 年,江苏省"两新"组织中已建妇女组织 9 000 多个。推动企业妇女组织向女性集中的行业协会、工业园区、新兴群体拓展。比如,河南信阳和重庆开县在流动妇女聚集区、上海在菜市场、江苏镇江在专业园区、广东在社会组织、四川成都在妇女创业孵化基地建立了妇联。在"互联网+"的背景下,不少新成立的基层妇联组织,适应新形势建立网上妇联,形成上下联动的新局面。①

3. 我国企业妇女工作的主要内容

第一,思政引领。作为群团工作的一类,企业的妇女工作仍具有鲜明的政治性,将学习、宣讲、宣传、服务融入企业女员工思想引领的全过程,在政治引领、榜样引领、舆论引领、服务引领等方面出实招、见实效,增强企业女员工对党的创新理论的政治认同、思想认同、情感认同。

第二,权益维护。尊重两性平等,维护企业女员工的基本权益是企业妇女工作的基本职能。妇女组织作为女员工的"娘家人",要宣传普及《中华人民共和国妇女权益保障法》,提高企业女员工的维权意识,积极营造尊重和保障妇女权益的良好企业氛围。

第三,促进生产。促进妇女积极参与劳动生产,是我国妇联组织的基本工作内容。在企业这一生产单位内,提升女性员工劳动就业的积极性与能动性,保障女性员工安全生产的环境;以"巾帼示范岗""三八红旗手"等称号对优秀女员工进行嘉奖;以行业为纽带,为女性创业者链接资源等,这些都是促进妇女更好地参与就业创业的基本形式。由此,促进生产也是企业妇女工作的重要内容。

第四,整体赋能。企业妇女工作不仅关注从思想、技能、健康、心理等方面提升女性员工的整体素养与获得感,还同时关注女员工的家庭。女性是家庭的重要成员,对女工家庭进行整体赋能,比如发展托育服务、家庭辅导等企业福利项目,也成为部分企业探索创新妇女工作的表现。

第五,组织参与。企业妇女组织通过各项关爱活动促进女性员工的心理凝聚与社会参与,构建企业女工参与单位事务、公益活动、社会治理的平台载体。

---

① 李乾坤:《妇联参与社会治理的历史进程及经验研究》,东北师范大学博士学位论文,2019年。

第三节　企业党群工作中的企业社会工作介入

中国特色的企业党建与群团工作，在凝聚员工思想、引领生产业务、服务员工群众等方面发挥出重要作用。但是企业党群工作与企业社会工作并不能形成相互替代的关系，二者在中国的社会治理与企业管理场域下既紧密联系又相互区别。促进二者融合发展，依托企业党群工作的资源优势，充分发挥企业社会工作的专业化效能，是本土企业社会工作发展的有效策略。

一、企业党建工作与企业社会工作的关系

企业党建工作与企业社会工作既是不同属性的工作范畴，也有着紧密的联系。

1. 企业党建工作与企业社会工作的区别

企业党建工作与企业社会工作在性质、方法、对象、工作基础等方面存在一定的差别：

其一，性质不同。企业党建工作具有鲜明的政治性，在企业中发挥着重要的政治引领作用。随着党建在各行各业的加强，党建工作已成为企业的一项重要政治工作。党建是企业统一思想、凝聚力量、联系群众的重要保障。企业社会工作是专业社会工作的基本领域，是社会工作者运用专业方法，以企业为实践场域，以企业员工为服务对象的专业化实践，专业性是企业社会工作的基本属性。

其二，路径不同。作为基层党建的重要构成部分，企业党建工作经由自上而下的路径，贯彻实施党的最新精神与指示，是党的建设在企业基层的具体落实。企业社会工作则主要经由自下而上的路径，以员工服务对象为中心，理解员工的需求，向上反馈员工的诉

求，在相关制度政策框架下开展专业社会工作介入。

其三，对象不同。企业党建工作的工作对象主要是企业内部的党员、预备党员、入党积极分子等，注重在群众中发展新党员，加强企业中的党群联系。企业社会工作的工作对象则是全体企业员工，协助员工应对困境，助力员工成长发展。

其四，基础不同。加强基层党建是党的优良传统，企业党建工作自革命战争年代即有了发展雏形，具有百余年的发展基础与经验，具备较为厚实的工作基础。专业社会工作在中国内地的发展不过短短三十余年，并且职业化发展相对滞后。企业社会工作更是社会工作的一个新兴领域，社会认知度和关注度不高，工作基础较为薄弱。

> 党建社会工作也逐渐成为本土化社会工作的新型实践领域。

2. 企业党建工作与企业社会工作的联系

第一，目标一致。中国共产党以"以人民为中心"为发展理念。一切为了人民、一切依靠人民，始终把人民放在最高位置、把人民对美好生活的向往作为奋斗目标。由此，企业党建工作的根本目标也应是服务于普通企业员工，通过党心联系民心，为员工做实事，满足企业员工的美好生活需求。社会工作强调以服务对象为中心，企业社会工作则以服务企业员工、满足企业员工需求、提升员工幸福感为基本目标导向。由此，企业党建工作与企业社会工作的基本目标和关注点是一致的。

第二，方法交叉。企业党建工作与企业社会工作在工作方法上具有一定的交叉性。比如，针对员工进行教育辅导时，都会通过个别倾谈/个案会谈的方法来操作。比如，相互理解、促膝谈心、"一把钥匙开一把锁"等。[①] 再比如，帮助员工解决实际困难，都会通过链接资源、搭建阵地等方式来推进。企业党建工作与企业社会工作的落脚点都是"做人的工作"，二者在个别沟通、困难帮扶、平台搭建等方法上具有一定的相通性与重叠性。

---

① 王思斌：《促进社会工作与党群工作的协同发展》，《中国社会工作》2018年第25期。

第三，相互促进。一方面，企业党建工作是引领企业工作事务的政治基础。企业社会工作需在党和国家相关政策的框架下开展，在服务于党的总任务与总目标方面发挥重要作用，并以专业理论与方法协助做好相关党建工作。另一方面，企业党建工作吸收、借鉴和学习企业社会工作的专业方法，更多更好地服务企业员工，以提升党建工作的实效。

二、企业工会工作与企业社会工作的关系

企业社会工作与企业工会工作的关系密切。美国企业社会工作刚起步之际，曾经遭到美国工会的敌视与抵制，工会认为企业社会工作是资方利用小恩小惠来消除劳资矛盾，是与它们的宗旨相违背的。20世纪七八十年代，我国台湾地区企业社会工作发展如火如荼，但工会却置身其外。工会是企业中法定的工人利益保护组织，企业社会工作若不能得到工会的支持，其工作开展将举步维艰。企业工会工作与企业社会工作既有明显的差异，又有一定的联系。

1. 企业工会工作与企业社会工作的区别

第一，性质不同。在性质上，工会与企业并存，是有着不同利益的独立主体。而企业社会工作往往并不是与企业相独立的主体，可能是企业下属的一个部门，如美国的咨商部、日本的员工担当、我国台湾地区的辅导组等。这些部门与企业的利益是一致的，即促进员工与企业的共同发展。正是这种性质的不同，美国工会才在开始时对企业社会工作持敌视态度。

第二，职能不同。工会的主要职能是维护工人的利益，而企业社会工作主要也是为员工服务。在这一点上，两者有一致的地方。双方的工作可能在一些领域会出现重叠，如对员工的培训、给贫困员工予以救助等，但这种一致中也有着根本的不同：工会以维护员工整体的利益为前提，侧重员工权益保障与发展。同时，工会着眼于与企业进行一种平等的团体对话、谈判来达到对工人整体利益的维护，最大限度地提升员工的满意度。企业社会工作在服务员工

时，往往需借助企业提供的资源，取得企业的支持，而不是与企业平等对话的团体，只是扮演企业与员工之间的信息沟通者、中介协调人等角色，其目的是在员工个人问题解决的基础上，最大限度地达到企业目标。

第三，方法不同。工会与企业社会工作在工作方法上有着根本的不同。工会的组织特性与性质决定了其维护工人利益的方法，是集中个体的需求，形成组织化利益并以集体的形式表达出来，最终形成政治与社会力量，也即形成政治与社会压力，并依持这种力量及压力与企业开展对等的协商与谈判。企业社会工作者则主要是运用个案、小组、社区等专业方法，运用心理咨询技术和人际沟通技巧来解决员工个人问题，以纾解个人与企业的压力。

2. 企业工会工作与企业社会工作的联系

员工与企业双赢发展是企业工会工作与企业社会工作的共同目标。尽管企业工会工作与企业社会工作在性质、职能、方法上有着诸多的不同，但有一点则是共同的，即都是要在提高员工满意度的前提下，实现企业目标。而且，工会领导人与企业社会工作者都知道，在员工满意度与企业目标实现度之间，都不可能是一方完全满意而另一方完全失望的零和格局，只能是双方在一定程度上满意的均衡的双赢格局。同时，工会也强调员工的权益保证建立是在企业生存与发展的基础上的。所以，在员工需求与企业发展之间取得平衡，是工会与社会工作者共同追求的目标。

比如，美国企业的工会之所以从对企业社会工作的敌视转到合作，主要原因是工会发现，在服务员工的职能上，工会工作与企业社会工作有相同之处，更重要的是工会团体协商的办法虽然可以解决诸如增加工资、减少工时、改善工作环境、参加医疗保险之类的问题，但对于员工的个人心理需求、能力提升或其他困扰则显得无能为力。为此，美国工会才转而与企业社会工作合作，进而建立企业社会工作机构。

中国企业工会虽然与西方的工会组织有较大的性质上的差别，但随着社会工作的进一步发展，企业工会对企业社会工作的认识必将逐步深入，对社会工作在企业的介入采取更加包容与支持的态度。企业社会工作要在企业中健康发展，除了企业的支持外，工会则是最为直接也最为重要的合作伙伴。企业社会工作的服务对象也是工会的服务对象，两者在这方面是一致的。工会支持是企业社会工作顺利发展的保障。企业社会工作要经常主动地针对有关问题向工会通报、磋商，以取得工会的理解与支持，推进企业社会工作的发展。

三、企业共青团工作与企业社会工作的关系

企业的青年员工都是企业共青团工作与企业社会工作的重点对象，企业共青团工作与企业社会工作之间具有一定的区别和联系。

1. 企业共青团工作与企业社会工作的区别

第一，从特征上看，共青团是党的助手，也是青年群众的依靠。企业共青团是基层群团组织，企业共青团工作是基层群团工作的基本内容，具备较强的思政引领功能，具有一定的政治性与行政化倾向。企业社会工作是专业社会工作的基本领域，专业化与服务性仍是企业社会工作的基本诉求与本质属性。

第二，从对象上看，团组织的性质决定了企业共青团的工作对象是企业的青年员工，促进青年员工的全面发展。企业社会工作则是以全体有需要的员工为对象，帮助企业员工应对困境，同时促进和谐企业建设。当然，青年员工是企业社会工作的重点服务对象之一，企业社会工作的服务对象不限于青年员工。

第三，从方法上看，企业共青团工作主要通过个别谈话、组织活动等传统方式开展，共青团工作的方法本身未形成独立的体系，呈现零散化、经验化倾向。企业社会工作则基于社会工作专业的方法手段，通过个案会谈、小组活动、社区营造、项目管理等手段来推进，方法的科学性与系统性是企业社会工作的特征。

2. 企业共青团工作与企业社会工作的联系

第一，价值整合。企业共青团工作强调为人民服务的基本理

念,直接以青年员工为服务对象,尊重青年员工的主体地位,具有相信青年、理解青年、依靠青年、发挥青年优势、充分照顾青年的特点。企业社会工作强调以服务对象为中心的基本理念,强调通过专业助人关系的建立,服务包括青年员工在内的全体员工。基于服务的理念,企业共青团工作与企业社会工作在价值上初步实现了整合。

第二,方法借鉴。企业共青团工作以"服务大局、服务社会、服务青年成长成才"为基本工作思路,切实开展了组织、引导、服务、维权等工作,但目前共青团工作并未构成相对健全的方法体系。专业社会工作与共青团工作关系密切,企业社会工作非常强调其科学知识基础与科学的助人方法,由此,借鉴企业社会工作的专业方法可成为共青团工作提高自身科学化水平的选择。[①]

第三,互为依托。在具体实践中,企业共青团工作与以青年员工为对象的企业社会工作可以平台共用,资源共享,互为依托,开展协同合作。比如,企业共青团组织可借助专业社会工作机构等资源,促进共青团工作的形式创新与效能提升;再如,企业共青团组织开展青年志愿服务,为企业社会工作的开展提供优质的志愿者资源等。

四、企业妇女工作与企业社会工作的关系

具有群团工作性质的企业妇女工作与专业企业社会工作在服务女性员工方面,存在一定的区别和联系。

1. 企业妇女工作与企业社会工作的区别

第一,性质上的差别。妇联组织凭借特有的政治优势、组织优势和群众优势,充分发挥了党联系妇女群众的桥梁和纽带作用。虽然妇联组织并非是企业标配的组织设置,但作为群团工作延伸的企业妇女工作仍具有较强的政治属性。企业社会工作中的企业女工服

[①] 马灿:《共青团工作的价值取向与社会工作价值观比较研究》,《中国青年政治学院学报》2013年第2期。

务则更多地具有专业化属性。

第二，内容侧重不一。除了最基本的政治功能以外，企业妇女工作的侧重点往往是以促进生产为导向的，例如，"三八红旗手""巾帼示范岗"等荣誉称号均与企业的劳动生产紧密相关。目前，我国推进的"两新"组织中的妇女组织建设也是以产业链接、就业创业为纽带的。企业社会工作中的女工服务则更具有综合性，指向困难帮扶、心理辅导、家庭关爱等多元层面。

第三，工作方式相异。作为群团工作的企业妇女工作更多地具有自助互助倾向，妇女组织充当了女性员工"娘家人"的角色，引导妇女互助，促进妇女参与。企业社会工作的妇女服务虽也秉承助人自助的理念，但是"他助"是"自助"的前提，其更加注重通过外部专业力量介入的方式来开展服务，提升服务对象的能力，达到女员工"自助"的目标。

第四，组织载体不同。虽然企业较少设置独立的妇联组织，但企业中的工会女工委员会本质上是企业妇女工作的稳定载体，是妇联工作在基层企业的依托。企业社会工作作为新兴的工作方法，较少作为一个独立的部门或机构在企业中设置，其工作往往依托企业内部的人力资源部门来开展，被赋予企业人力资源管理的重要职能，或者通过企业购买服务的形式，以社会工作机构为载体，进入企业开展服务。

2. 企业妇女工作与企业社会工作的联系

第一，理念相通。以人为本，尊重企业女员工的价值与尊严，促进女性潜能的发挥，提升女员工的积极性、主体性和能动性，促进女员工自力自强，赋能女员工全面发展，是企业妇女工作与企业社会工作共同的价值理念。

第二，方法借鉴。与企业工会工作、共青团工作一样，企业妇女工作具有经验化、零散化的倾向，未形成专业的方法体系。除了企业社会工作以外，专业社会工作领域的妇女社会工作、家庭社会工作、项目化运作等方法技巧均可被借鉴至妇女群团工作中，以推进企业妇女工作的专业化。

五、企业党群工作与企业社会工作融合发展的路径

2023年3月,我国新一轮的党和国家机构改革方案出台,提出组建新的党的职能部门——社会工作部的要求。方案提出,中央社会工作部的职能包括:负责统筹指导人民信访工作,指导人民建议征集工作,统筹推进党建引领基层治理和基层政权建设,统一领导全国性行业协会商会党的工作,协调推动行业协会商会深化改革和转型发展,指导混合所有制企业、非公有制企业和新经济组织、新社会组织、新就业群体党建工作,指导社会工作人才队伍建设等。

> 思考:社会工作部所指的"大社工"的基本内涵及其与专业社会工作的联系与区别。

虽然社会工作部所指的社会工作是"大社工"范畴,与专业社会工作在内涵和外延上有着显著差别,但是社会工作部作为党的自上而下的职能部门设置,无疑进一步强化了党群工作与社会工作的联系,有利于推动专业社会工作的发展。由此,企业社会工作作为专业社会工作的重要领域,需积极介入企业党群工作,与企业党群工作融合发展。

总体来看,为促进我国企业党群工作与企业社会工作的高质量融合发展,可遵循"互嵌—协同—赋能"的发展路径。

1. 互嵌:企业党群工作与企业社会工作的相互嵌入

我国专业社会工作的嵌入性发展[①]作为一种社会事实与学术概念已被广泛接纳。嵌入原指一个物体进入/植入另一物体,并产生紧密的关系。在处理企业社会工作与企业党群工作关系的实践中,同样可强调一类嵌入型路径。但是,这类嵌入并非仅是单向,而应是双向互动。一方面,基于专业嵌入逻辑,促进企业社会工作进入企业党群工作体系。企业党群工作可充分借鉴专业企业社会工作的方法理论,提升党建与群团工作的科学化、规范化程度。借助社会工作的方法,更好地实现党群工作的政治性、群众性目标。另一方面,基于政治嵌入逻辑,以党建引领专业企业社会工作发展,提

---

① 王思斌:《中国社会工作的嵌入性发展》,《社会科学战线》2011年第2期。

升企业社会工作的政治站位，更好地实现社会工作的服务型专业使命。比如，当前重点推进的社会组织党建工作，是党建嵌入社会工作专业体系的实践诠释。企业社会工作与企业党群工作在实践中的相互嵌入，是二者高质量融合发展的前提。

2. 协同：企业党群工作与企业社会工作的联动协作

协同即基于协同治理理念理顺各主体间的关联。协同的内涵主要包括三重维度：一是主体多元化；二是关系协作化；三是规则同一化。①基于协同观，社会工作、党组织、群团组织等主体都是提升企业员工福利、促进企业发展的支持性主体。协同意味着构建党组织、群团组织、社会工作组织/社会工作者三类主体在服务企业员工中的协作关系，促进形成"党建-群团-社工"的三维联动机制，即坚持党建引领，融入企业中心工作；坚持群团组织对相关工作的指导，夯实思想保障和组织保障；导入专业社会工作的方法，提升工作的有效性。党建引领、群团指导、社工介入，多主体参与协作，共同实现工作目标。

3. 赋能：企业党群工作与企业社会工作的整体提升

经由双向互嵌与协同合作，企业党群工作与企业社会工作可实现双向赋能，提升工作效能与影响力，同时赋能企业员工、企业乃至社会的整体发展。第一，赋能企业党群工作。通过专业嵌入，借鉴社会工作的专业方法，与专业社会工作开展合作，可以提升企业党群工作的创新性、科学性和吸引力，同时促进党群工作向专业领域的辐射。第二，赋能企业社会工作。通过党建嵌入，提升社会工作的政治影响力，借助党群组织的资源优势和组织优势，弥补企业社会工作的资源瓶颈，提升企业社会工作的介入合法性，进一步畅通企业社会工作的发展通道。第三，赋能员工成长。无论是企业党群工作还是企业社会工作，二者的共同理念和目标都是以人为本，服务于企业员工，提升员工的幸福感和获得感，赋能员工的全面发展。第四，赋能企业高质量发展。高质量党群工作是引领企业业务

---

① 李汉卿：《协同治理理论探析》，《理论月刊》2014年第1期。

高质量发展的坚实基础；高质量的社会工作服务也是促进企业内涵发展，优化企业文化，保障企业内源性发展动力的重要环节。第五，赋能社会治理。企业也是社会治理的重要主体，经由党群工作与社会工作的互嵌协同，企业员工的获得感得以提升，企业社会责任得以强化，实质上也是促进企业积极参与治理现代化的过程。由此，企业党群工作与企业社会工作的双向赋能，同步推进各利益相关方的整体赋能。

六、企业党建工作与企业社会工作融合发展的实务案例

党建联建聚合力　社企共融促发展[①]
——工业园区企业社会工作实践
（请扫二维码）

思考题

1. 简述我国国有企业党建工作的发展历程。
2. 简述我国非公企业党建的必要性与路径。
3. 简述企业党建工作与企业社会工作的关系。
4. 简述企业群团工作与企业社会工作的关系。
5. 结合案例，分析我国企业党群工作与企业社会工作融合发展的路径。

推荐阅读

马灿:《共青团工作的价值取向与社会工作价值观比较研究》，

---

① 汪霞:《党建联建聚合力　社企共融促发展——工业园区企业社会工作实践》，《中国社会工作》2023年第6期。

《中国青年政治学院学报》2013 年第 2 期。

王思斌：《促进社会工作与党群工作的协同发展》，《中国社会工作》2018 年第 25 期。

王思斌：《中国社会工作的嵌入性发展》，《社会科学战线》2011 年第 2 期。

卫小将：《妇女与婚姻家庭社会工作的检视与建构》，《妇女研究论丛》2018 年第 5 期。

姚靖：《政党入企：国家与社会双向赋能的中国实践》，《党政研究》2021 年第 4 期。

第四章

企业社会工作与企业管理

企业社会工作一般有两种模式，其一是在企业内部设置相关岗位与机构，这一类实际上是企业管理的有机组成部分；其二是由社会工作机构向企业承包的企业社会工作服务，这一类是对企业管理的必要补充。本章基于第一类模式，概要讨论企业社会工作与企业管理之间的关系。

第一节　企业社会工作是企业管理的有机组成部分

企业社会工作是企业管理的有机组成部分，其职责就是在企业职场中，对其中的人性需求部分进行关注与提供服务，从而有效地调动员工的积极性，提升企业的生产效益，这也是为什么企业家们热衷于投入成本、设立企业社会工作的原因所在。企业社会工作的居中联结作用，能化解企业主与员工工作中的摩擦与冲突，使生产有序；同时，在科层管理与人性需求两大系统中能实现有效联结，成为企业管理的润滑剂、提升机，最终促进企业管理的优化与提升。

> 思考：为何说企业社会工作可以在科层管理与人性需求两大系统中实现有效联结？

一、企业社会工作是企业管理的有机组成部分

社会工作以人为服务对象，特别关注社会弱势人群；企业则是一个生产者聚集的社会经济组织。在工业社会中，企业中的劳动者常处于相对弱势的地位，是社会工作者理所当然的关注与帮助对象。企业社会工作是企业管理的有机组成部分，企业社会工作者是企业不可缺少的管理人员。

目前，在我国内地企业社会工作开展得较好的企业中，是将企业社会工作者当作管理人员看待的，如东莞市的台资企业裕元集团、苏州市的日资企业住友株式会社等。外部社会工作机构专业化介入的同时，也充分渗入企业管理之中，因为对企业员工问题的关怀与解决是现代企业管理理论的当然组成部分。一些中小企业受管理成本的限制，尚难以在企业内专设相关机构与人员，在遇到各种

问题时，聘请专门的社会工作机构介入，也是为了弥补企业管理的不足。所以，无论是哪种形式，企业社会工作均是企业管理的组成部分或有益补充。

企业社会工作在企业中的管理人员身份，是由企业的特性所决定的。企业是工业化体系的集中代表，其工业化的科层管理、严格的纪律要求、生产线的紧密衔接，以及人流、物流、资金流的时间要求等，无一不体现着工业社会的机械化特性，这就与企业员工的固有人性需求形成冲突。这些冲突如果不能得到及时与妥当的化解，就必然影响员工生产积极性的发挥。在工业化体系与员工人性需求两大体系之中，需要有充当中介、协调职责的专职管理人员，这就是企业社会工作者出现的必然背景。

现代企业需要资金财务、设备、厂房、生产计划、产品营销等物质或与物质相关的专业管理，这种管理属于企业中最为表层的硬件管理，最容易为人所注意。所以，有一段时期，中国企业管理往往以管理者的专业与企业主业相符合为选用条件。如学炼钢的到钢铁厂当厂长，学化工的到化工厂当厂长，认为这样能搞好管理，实现以内行领导企业的目标。其实，企业管理中最首要的管理是对人的管理。所有的机器是由人操作的，所有的资金是由人来运作的，所有的产品营销是由人去经营的。如果人的积极性得不到发挥、人性的需求遭到忽视，那么，即使有再先进的设备、再充裕的资金、再好的市场条件，企业的管理也会陷入混乱，企业经营也会陷入困境。

著名的霍桑实验标志着企业管理由重视对"物"的管理向重视对"人"的管理的历史转折。1924—1932 年，美国管理学家梅奥在芝加哥电气公司霍桑工厂进行了长达 8 年的实验。实验初始是在泰勒制的科学管理影响下，想证明电灯的照明程度对生产效率的影响，是一个典型的"社会物理学"假定。但在实验中发现，电灯的照明强度对生产效率几乎没有影响，而接下来的实验发现，人们的情绪、与同事们的关系、员工的非正式组织等都能影响生产效率的升或降。最终，梅奥总结出：工人是社会人，而不是经济人；企业中存在非正式组织，它与企业的正式组织一起影响着生产效率；生

霍桑实验分为照明实验、福利实验、访谈实验和群体实验四个阶段。

产效率的提高主要不是由物资设备（灯光）与纪律决定，工人的士气与情绪起着至关重要的作用。

霍桑实验是企业管理历史上的重大转折。一批心理学家都从各个方面对之进行了论证与支持。例如，马斯洛于1954年提出需求层次论；麦格雷戈于1957年提出"X-Y理论"；赫茨伯格于1959年提出双因素（保健因素与激励因素）理论；弗鲁姆于1964年提出期望理论。这些理论尽管各有特点，但都有一个共同点，就是关注"社会人"这样一个基点，注重人的心理需求与情绪关怀，从而实现了企业管理者与员工之间的一场全面的心理革命，建立了行为管理理论流派。

在行为管理理论的基础上，20世纪六七十年代，企业管理理论发展到了系统管理的新阶段，即基于系统论、控制论，认为企业是一个系统，由相互联系、相互依存的要素所构成。系统中可分为子系统、支系统等不同的层面与侧面。系统在一定的环境中生存，与环境进行物质、能量和信息的交换。比如，特里斯特等人认为："所谓发达的社会系统，是说任何生产组织，都是技术系统（职务的必要条件、物理设计、各种设备）和社会系统（担负并完成职务的人们的关系系统）的结合。并且，这些技术与社会系统又是相互作用、相互影响的。"赖斯又进一步提出了"开系统"的理念。该理念认为："组织从环境中得到各种输入，经过转换过程这些输入发生变化，然后作为产品或劳务输出"，"来自环境的信息是一个重要的输入，这些信息是有关该组织要生存发展应该做些什么的情报资料。其他的输入包括材料、资金、设备和人。有这个'输入—转换—输出'的开系统模型，就能更清楚地说明环境与组织间相互作用的过程"。①

无论是行为管理还是系统管理，其基本点都是以人的需求、人的心理、人的行为作为最主要的管理对象，这些理论与实践都为企

---

① ［日］杉政孝、万成博主编：《产业社会学》，杨杜、包政译，浙江人民出版社1986年版，第24页。

业社会工作成为企业管理的重要环节奠定了坚实的基础。

企业管理发展中的三大流派的比较如表 4-1 所示。

表 4-1　企业管理理论流派

观点内容＼理论	科学管理	行为管理	系统管理
人的本质	经济人，理性地追求经济利益，需要用经济刺激与纪律才肯工作	社会人，情绪等非理性因素影响很大，经济刺激与纪律对生产率不起主要作用	系统人，在环境系统中可转换，具有经济与社会、技术与社会等子系统
人性与企业的关系	交换关系，双方各取所需，故不存在矛盾	企业的纪律与人性的自由是对立的	人的双重性与企业的系统间既有一致性，也有对立性
企业结构	力图建立自上而下、层级分明、执行力强的正式组织	重视非正式组织的存在，注意其对正式组织结构的影响	开放的系统结构，柔性结构。注重动态的过程中的转换

二、企业管理中的社会工作内涵

企业在很多教科书也被称为组织，与之相关的定义很多。如古典经济学派认为："所谓组织，是为了达到某个共同的、明确的目的或目标，通过分工和职能的分解、权限和责任的等级阶层，来合理地协调人们的活动。"[①] 该定义点明了企业所具有的目标明确、分工合理、职能分解、权责清晰、层级分明等基本特性，正是这些特性组成了企业，并使之与其他组织（如军队、学校、政党等）有了明显的区分。很多组织是人类进入文明社会以来即有的，如军队等。但企业组织的存在与发展则是伴随着工业化、市场经济的发展而来的。制度经济学中的科斯定律认为，清楚的权利界定是市场交易的先决条件。[②] 于是，科斯认为企业（公司）是因市场经济而产

---

① ［日］杉政孝、万成博主编：《产业社会学》，杨杜、包政译，浙江人民出版社 1986 年版，第 14 页。
② 张五常：《凭阑集》，社会科学文献出版社 2001 年版，第 82 页。

生并随之而发展的，企业产权明晰，权限分明，减少了市场交易的成本，是支持市场经济发展的一种制度性安排。

基于社会学的视角，企业主要是在经济利益的联结下，群体在一定的时间、空间中的结合。人们根据企业内不同的分工、从事不同的工作，并按其不同的工作效率、不同的产权额度分配不等的劳动成果。作为一个社会组织，其在追求经济目标的同时，也具有相应的社会责任。其中，一个最重要的责任就是关心员工的福利与发展。

企业作为群体的经济性聚合，把不同背景、素质、性别、地域的人聚合在组织之中，必须具有三大要素：其一，群体认同的目标；其二，群体共有的协作的愿望；其三，有效沟通的制度性渠道。这三大要素能否实现有机整合，还需要两个条件，即实现目标的达成率与群体需求的满足率。目标的达成率实现不了，企业就会在市场竞争中淘汰出局；企业员工群体需求的满足率不能实现，员工就会弃之而去，企业也就无法存在，更无法发展。目标的达成率与群体需求的满足率这一组矛盾，同时获得最大限度的实现是不可能的，企业只能努力在两者间寻求最大公约数的平衡。这就需要通过有效沟通，达到有效协调。为了提升目标达成率，企业要求员工个体按企业的要求参与特定的活动，在企业的统一组织下，整体、共同地努力工作，以实现企业目标；作为群体成员的每一个个体，则要求保持自己的个性，在为企业工作的同时，期望企业满足其需求。双方的这种矛盾实质上是成熟的个性和统一的组织之间的不和谐。这种不和谐是常态的。正是这种不和谐的存在，企业中的沟通与协调就显得格外重要，企业正是在不断地解决这种不断出现的不和谐中获得和谐与发展的。

如何使企业的目标达成率与群体满足率同步、均衡地提高，是企业发展的重大课题，也是经济学界组织均衡论与诱因论研究的核心问题。所谓诱因，是指能够引起及保持个人协作愿望的原因，其实质是将企业与员工的矛盾简述为一种交换关系。员工为企业工作，是因为企业表示了员工同意接受的诱因，这个诱因是员工认可的等于或超过其为企业的工作量的报酬。但企业所提供的诱因,来自员工的工作与企业资本的共同创造。如果失去了员工的工作,企业也就失去了团聚员工的诱因,企业就会解体。这种等价交换,工作与诱因的平衡状态实际上是很难达到的,因为双方都想将支出减少,将收入增多。而且企业所能提供的诱因在质与量上都有一定的度,员工的需求则是多元与无穷的。于是,企业只能通过先进的管理手段来培养员工从全局、从社会的角度来考虑问题的习惯,改变与限制员工的多元化、无止境的需求,通过各种规章制度,使企业员工的活动规范化、统一化,在企业目标达成率的基础上,有条件、有限度地满足员工的需求率。

企业以目标的达成率为基点,这个达成率是随着企业与社会的发展而不断发展的。同时,它必须考虑到员工的需求满足率也要随着企业的发展而不断提高,否则,将可能引发员工的背离,导致企业倒闭。企业必须不断地在目标的实现与修改、员工满足率的实现与修改这个动态的过程中得到发展。在这个动态过程中,企业平衡、和谐发展的关键就在于信息的沟通与员工的协调。"在这个意义来说,组织结构可以看作一个信息处理系统,而不能仅理解为机械和有机体的简单的投影。如何通过这种信息处理系统来解决组织与个人关系上的各种矛盾,这是一个连续的过程,组织的成败命运就寄托在这个过程中。"[①] 这种信息的畅通与否,除了依赖企业制度之外,更主要的是依赖企业社会工作者主动与积极地开展工作。

由于古典经济学与"经济人"理论的影响,人们往往只看到企业的目标与员工需求的经济层面,而忽视了企业目标与员工需求中内含实质性的共同点,即人性的全面发展。

企业集中了工业化的科层体系与机械性要求,但作为人类创建与聚集的组织,企业中也有极为丰富的人性需求。企业在追求

"经济人"又称"理性经济人""实利人""唯利人",该假设最早由英国古典经济学家亚当·斯密提出,认为人的行为动机根源于经济诱因,人都要争取最大的经济利益,工作就是为了取得经济报酬。为此,需要用金钱与权力、组织机构的操纵和控制,使员工服从与效力。

---

① [日] 杉政孝、万成博主编:《产业社会学》,杨杜、包政译,浙江人民出版社1986年版,第31页。

其经济目标（利润）同时，还肩负着一个不可忽视的任务，即为人类与人性的发展提供可能。部分企业主从事企业工作的目的主要不是为了金钱，更多的是为了满足人性中对于成功的追求。比如，比尔·盖茨、巴菲特、曹德旺等人将大量财产捐赠给社会；再如，布什政府提出减免遗产税时，美国绝大多数亿万富翁都公开反对，认为这是一种社会的不公正。这样，他们在实现自己人性发展的需求的同时，也为全社会人与人性的发展作出了贡献。企业目标最终落实到人的发展上，而利润只是人的发展的表象与中介。

同样，在员工需求中，除了物质性需求之外，还有着更为根本的、内在的人性发展需求。比如，发达国家的企业员工在休息日中不愿意为高几倍的工资放弃人性休闲的需求去加班，而选择外出度假，他们的精神需求与物质需求同在，有时甚至超出物质需求。

企业目标与员工需求在人与人性发展的内在一致性，决定了企业与员工是一个利益共同体。部分企业主为了经济利益，片面地追求利润而忽视员工福利与人性发展，实际上是短视的做法，只看到利润这个表层，而忽视了人性发展的根本。如果员工的人性需求长期得不到满足，企业就会遭到员工"以脚投票"、大规模流失的"惩处"，同时，也会受到社会整体的抵制，影响企业的生存和发展。

企业社会工作着眼于员工的福利保障与人性发展，这正是基于企业目标与员工需求在人与人性发展的内在一致性的基础。一切企业管理都是围绕着这个根本而展开的，所以说企业社会工作是企业管理的内涵所在。

三、企业社会工作是企业管理两大体系的有效联结

在以企业为主要载体的"职业场"中，诸多矛盾的实质在于其中的工业化体系与人性需求的对峙与并存。在这两个体系中，工业化体系因适应于"职业场"中对纪律、执行力、效益、利润等目标

的需要而得到重视，从而建立了以科层化为代表的制度化体系保证其运行。相形之下，人性的需求则长期受到忽视，所以马克思才有"人的异化"之说。20 世纪初，特别是霍桑实验之后，人性需求的舒展对生产的巨大促进作用为人们所认识，以人性关怀为主体，以促进人性发展的企业社会工作岗位开始设置，企业社会工作者在关注人性发展的工作过程中，实际上也促进了工业化管理体系的完善，企业社会工作充当了企业管理中两大体系的有效联结。

工业化体系管理在科学管理阶段时，将人视同于机械，将人的动作分解为规定的程式，采取标准化、规范化的方法进行管理，而忽视了人是有思想、情绪的个体。机械、规范的管理扼杀了人的创造性，对人的生命活力是一种压抑。工业化社会中的心理抑郁症状日益增多、自杀率升高，就是这种工业化压抑之下人的异化的反映。企业社会工作能针对这些问题进行有效介入，从而减缓工业化机械式管理对人的压力，使人性与工业化管理能在张力之下取得均衡。企业中众多的矛盾是由工业化（或称技术）系统与人性需求的社会系统的冲突引发的，企业社会工作能实现两个系统的有效联结。

第二节　企业社会工作对企业管理的促进

企业社会工作是企业管理中的有机组成部分，同时又能促进企业管理科学化和效率化的进一步提高。

一、企业社会工作是企业管理的促进器

经近三百多年的发展，企业管理从科学管理到行为管理，再到系统管理，逐步由基于物的"社会物理学"式的管理，进步到基于

人的"社会伦理学"的管理。企业伦理、企业责任成为现代企业管理的重要方面。

企业管理的社会伦理责任，是指在企业管理中不能违背基本的伦理规范，即要遵守公平与正义的基本伦理原则，并将此原则置于其他原则之上，同时，承担相应的社会伦理责任。

随着工业社会的发展，文化与教育的普及与提高，人们对自身权利的认识与追求不断提高，对企业社会责任的认识不断加强，企业的社会伦理责任逐步发展起来。亚当·斯密的古典经济学理论认为，作为"经济人"的个体，其行动动机都是追求自身利益，但由于市场这个"看不见的手"的作用，人们在追求自身利益的同时，也无意中顾全到他人的利益，从而实现社会的公平与正义。"不论是谁，如果他要与旁人做买卖，他首先就要这样提议，请给我以我所要的东西吧，同时，你也可以得到你所要的东西。这句话是做交易的通义。我们所需要的相互帮忙，大部分是按这个方法取得的。"① 按此理论，企业在追求自身利润的同时，也就会予以相应的回报。但现实证明，市场这个"看不见的手"并非是万能的，在很多方面无能为力。如经济学上的公共牧地问题，在没有限制的情况下，每个牧人都会在公共牧地上无限发展自己的放牧能力，最终造成公共牧地的破产。此外，市场失灵也常常发生，"看不见的手"也就会随之失灵。例如，市场以经济效益为资源流通与配置的基准，于是，资源流向回报高的产业与地区，最终不仅造成了全球资源的失衡，而且，由于北美等工业发达地区氟利昂的大量使用，造成了臭氧层空洞，对人类造成了威胁；又如，因石油等能源的使用，造成全球气候变暖的"温室效应"。最重要的是，在"看不见的手"的指引下，企业以追求利润最大化为目标，从而对企业员工无情地剥削，对不同民族、不同性别、不同年龄的员工进行歧视性对待，最终激起了工人阶级与被歧视的族

> 以亚当·斯密为代表的古典经济学派崇尚市场这一"看不见的手"的作用，认为政府是市场的"守夜人"，主要承担国防、司法、公共基础设施建设等功能。

---

① ［英］亚当·斯密：《国民财富的性质与原因研究》（上卷），王亚南译，商务印书馆1972年版，第14页。

群的强烈反抗，使整个资本主义国家与社会陷于深刻的危机之中。于是，欧美发达国家不得不改弦易辙，从古典经济学的自由放任的经济模式，过渡到由市场这一"无形的手"与政府这一"有形的手"结合的混合经济的发展道路。并从只注重企业经济利益与对股东的经济责任的理念，进化到注重企业的社会责任，注重对包含股东在内的所有企业利益相关者负责的社会责任，以及承担促进社会公平与正义的社会伦理责任。

1929年爆发的经济危机，既是古典经济学的古典自由主义的终结，也是以凯恩斯为代表的主张以政府调控与市场自由运行相结合的混合经济的开始。在此时期进行的霍桑试验则从企业管理的角度宣告了古典经济学"社会物理学"管理模式的终结。在这一系列企业管理的进步中，也有着企业社会工作的巨大促进作用。20世纪初，美国开始出现以关注工人福利为职责的福利秘书这一专职的企业社会工作，其工作重点即在于企业的社会伦理方面。

20世纪30年代以来，欧美企业逐渐由只注重对股东的经济责任，发展到关注员工福利、社区发展、环境保护等社会责任，也就是说由只关注经济效益，发展到在关注经济效益的同时关注社会公平与正义，企业在承担相关经济责任的同时，承担了与其相关的社会责任与伦理责任。这是社会发展的巨大进步，是建筑在工业经济发展的基础之上的。"特别是较为发达的工业基础要求日渐增多的有工资差别的、有文化和技艺的并且更易驱使的劳动力。所以，劳动力构成的变化以及劳动者的教育水平的提高就增加了劳动者的政治理解力，并导致劳动者对国家活动提出更多的要求……关键的现象是一大批被雇用的中产阶级的发展，他们在生产体系中的地位（尽管在消费体系中与此不同）逐渐与体力劳动阶级接近……它导致被雇用的中产阶级仿效并超越工人阶级以压迫国家保护'私人'利益。"[①]

---

① ［英］亚当·斯密：《国民财富的性质与原因研究（上卷）》，王亚南译，商务印书馆1972年版，第123页。

正是在新兴庞大的中产阶级的压力之下，西方国家与社会对企业的伦理责任日益关注。各企业内的人权保障、福利保障在政府与社会的压力之下，有了很大的提高，而且，公平对待所有雇员，确保所有雇员享受平等的福利保障，成为企业与社会的共识。企业开始为员工提供较多的福利保障，以取得员工的合作。"有许多工业公司为其雇员建筑房屋或分配公寓，或者他们可以购买他们自己住宅的办法作出安排。他们建筑公共公园、学校、教堂、图书馆；他们安排有音乐会和戏剧演出的旅行；他们经营成人教育课程；他们负责照顾老年人、寡妇和孤儿。换言之，最初由制度化的社会所实施的一系列功能现在不仅在法律上而且在社会学意义上由那些从事非国营活动的组织来承担——大企业'私人'领域的运转完全通过它所在的城市的存在来进行。"① 而企业对员工福利所做的工作，基本上是由企业社会工作者主导完成的。

企业社会工作对于企业管理的促进作用，就是使企业的管理层开始认识到企业除了其经济目标之外，还有社会伦理目标与责任，这种社会伦理目标与责任中，首要的是其员工的福利与发展。企业社会工作成功地将公共服务带进了被视为"私领域"的企业之中，从而使企业管理不仅改善了其工业化体系技术系统的层面，更为重要的是将人性需求的社会层面也列入其管理的必然职责之中。

二、企业社会工作是企业管理的润滑剂

"人们是在一个由他所处的群体构成的社会参考框架中活动……人们在塑造自己行为、形成各种态度时，所取向的常常不是自己的群体，而是别的群体。"在这种取向中，人们很容易产生"相对剥夺感"，"'剥夺'是相对剥夺概念中附加性和特殊化的组成

---

① ［美］贾恩弗兰科·波齐：《近代国家的发展——社会学导论》，沈汉译，商务印书馆1997年版，第125页。

部分，而这一概念更富有核心意义的部分就是强调'相对'的社会体验与心理体验。"① 正是这种相对剥夺感，使员工愤愤不平，甚至做出一些有损于人、无利于己的不理智行为。实际上，由于这种相对剥夺感主要是一种参照物不同的相对的社会体验与心理体验，并非真正被剥夺，所以，经过社会工作者的有效沟通后，是很容易得到化解的。由此，企业社会工作应充分发挥中介、桥梁作用，以化解矛盾，营造和谐稳定的社会环境。

企业社会工作者认为，由相对剥夺感所引发企业内的冲突，根源于工业化技术系统与人性需求社会系统两大体系的对话不畅。企业内的对话不畅，导致员工不能正确地理解环境变化，而与外面的参照物相比较，心理上感觉到受剥夺。这正是企业需要企业社会工作介入的原因所在。企业社会工作能有效地实现企业内部的沟通与对话，从而有效地消除员工的相对剥夺感。

在此问题上，社会工作理论界的意见并不统一。有人认为矛盾的根源在于阶层冲突，在于企业主对员工无人性的剥夺；本书认为矛盾根源在于企业内部两大体系与系统需求的对话不畅，企业社会工作应该是帮助双方实现有效对话的中介与桥梁，而不仅仅是员工利益的代言人、阶层冲突的鼓动者与参与者。应通过企业社会工作的中介作用，实现业主与员工的有效对话，双方实现妥协，取得平衡的双赢。用阶级斗争式的罢工或借助国际跨国公司施压的方法，进行所谓的员工权益维护，这不仅违背了社会工作的中介、咨商的角色内涵，而且极易造成两败俱伤的后果，因为企业是员工与企业主生存与发展的共同体，罢工与借助外力施压最终都会损害这个共同体。

社会工作的价值理念之一是相信人都是有潜能的，企业主的潜能就是人性的良知。他们一些违反人性需求的做法主要是受制于工业化体系中利润最大化这一非情理性目标所引导。如果明

---

① [美]默顿：《社会理论与社会结构》，唐少杰等译，译林出版社 2006 年版，第 396、398 页。

白员工的合法权益受损，其生产积极性就会下降、生产效率就会降低，业主的利润最大化目标不但不能实现，反而还会受损，那么，业主们将会乐于接受社会工作者的指导，而对员工福利与发展予以重视和投入。苏州某电子厂某生产线上的员工是站着工作，而其他员工是坐着工作，这一参考群体取向，使站着工作的员工十分不满。在社会工作者的建议下，业主为每个站着工作的员工每月增发一定数额的工资，不仅较好地化解了员工的不良情绪，并且明显地提高了生产率。实践证明，企业社会工作作为业主与员工对话的中介，是能帮助双方实现良性互动的，而不需要采用施压的方法。企业社会工作的功能就是管理的润滑剂，即在企业管理的系统与系统之间消除摩擦，减少阻力与冲突，实现普遍和谐。

三、企业社会工作是企业管理的提升机

企业管理水平随着时代发展而进步，利益相关者理论与企业社会责任的落实均成为企业管理的有机组成部分，每一个企业都面临着提升管理能力的时代要求，企业社会工作者应发挥其中的重要促进作用，成为一个有形的企业管理提升机。

利益相关者理论认为，企业是开放而非封闭的系统，除了股东与员工等内部人之外，还有数量庞大的、处在企业外部的利益相关者。正是这些数量庞大的利益相关者与企业的互动，才使企业得以生存与发展，如果企业将自己封闭起来，只为内部人士谋利益，忽视了外部众多的相关者权益，企业将因失去外部利益相关者的支持而陷于封闭、萎缩，最终破产、倒闭。

利益相关者理论在 20 世纪 90 年代形成。1993—1994 年先后在欧洲召开了多次理论讨论会，这些会议形成了基本共识：利益相关者理论是推动企业社会责任的重要动力。1996 年，由当时的英国工党领袖，后来的英国首相托尼·布莱尔将这一理论正式提出。他呼吁发展以利益相关者资本主义为特征的经济，而

不是发展以传统的股东资本主义为特征的经济。随之，整个欧美世界都对这一理论进行了热烈探讨。基本结论是：如果企业希望取得可持续发展，必须迎合利益相关者合理合法的需要和期望。由于企业必须要与利益相关者打交道，由此，必须采取合乎社会伦理的做法，尊重与满足利益相关者的要求、权利和愿望。由是，利益相关者理论就成为企业社会伦理责任的指导思想与理论基础。

利益相关者是指在企业中拥有一种或多种权益的个人或群体。他们与企业是一种互相影响、互相促进、互相制约的关系。企业可以通过行动、决策、政策或目标而影响个人或群体；个人或群体也能通过行动、决策、对策等影响企业。这种互动关系在竞争的、经济全球化运作的过程中将更加紧密与剧烈，更需要企业加以谨慎地分析与应对。

利益相关者理论在应用中，首先就是要在众多的社会因素中分析出哪些是企业的利益相关者。

企业利益相关者最显著的是股东、雇员、顾客。在企业科学管理时代，这个层面的利益是企业管理中最优先考虑的。但随着社会的发展，人们开始认识到竞争者、供应商、社区、特殊利益群体、媒体乃至整个社会或全体公众都是企业的利益相关者。这个认识在20世纪60年代成为企业界的共识。20世纪90年代，人们更进一步认识到，不仅是人类现时社会全体是企业的利益相关者，而且整个自然界和人类将来的社会也是企业的利益相关者。所以，企业在发展中也不能剥夺他们的权益。例如，不能对自然资源过度开发，不能"吃祖宗饭，造子孙孽"，将子孙后代的资源都用光用完，最终毁灭的是整个人类。所以，很多欧美企业都将相关者利益的实现作为企业战略发展的追求目标（如图4-1）。

由图4-1可以看出，利益相关者有不同的层面，需对之进行分类、归纳与分析，可以将其分为主要的与次要的利益相关者与非利益相关者四大类（如表4-2）。

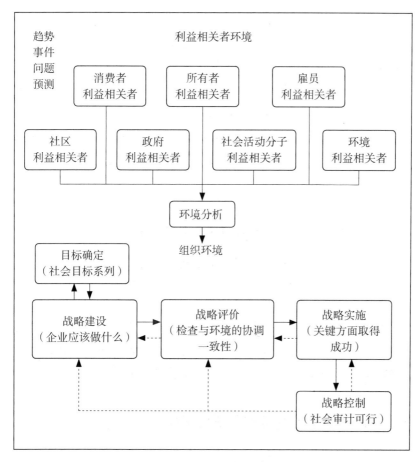

图 4-1 利益相关者理论示意图

表 4-2 利益相关者分类

主要的利益相关者	次要的利益相关者	主要的非社会相关者	次要的非社会相关者
股东与投资者	政府和监管机构	自然环境	环境保护压力群体
雇员与管理者	市政机构	未来几代人	动物福利组织
顾客、客户	社会压力群体	非人类物种	
当地社区	媒体与学术群体		
供应商与其他合作者	贸易团体		
	竞争者		

利益相关者理论在企业管理上的重大突破是将企业从"私领域"的局限开放到"公领域"的视野之中，而这些公共领域中的众多公共服务正是社会工作者的传统工作范围，但对于局限于工业化技术系统的众多企业管理者来说，则是一个全新课题。所以，企业管理中利益相关者理论的实践还有待于企业社会工作者对全体管理人员进行理念灌输与实践指导。这有赖于企业社会工作的全面展开与推行，企业社会工作对企业管理水平具有提升机的作用。

第三节　中国本土企业管理与企业社会工作

中国企业在长期的运营发展过程中，也有管理的理念和经验的积累，特别是改革开放以后，借鉴西方企业管理理论和模式，社会工作逐步介入企业并与企业管理形成了管理合力。

一、中国本土企业管理的历史与现状

1. 中国近现代企业管理的发展历程

作为发展中国家，我国企业管理发展的时间较晚，不少管理学教材中对此语焉不详。但这并不是说中国就没有企业管理，实际上，在学习西方的基础上，中国具有结合本土文化而逐步发展的企业管理的思想与实践。

中国具有近代意义的企业产生于晚清洋务运动之中。曾国藩等洋务官僚在与西方的接触中，认识到工业化是富国强兵的必然之路，于是在"求强"的口号下，先后创建了数十所洋务军工企业。如江南造船厂、福州船政局、天津机器局、金陵制造局等。但这种军工企业完全采用封建军队的管理方法，"每十人以什长一人束之，每五什长以队长一人束之，特派勤能之武弁统焉"，"前此工役有

犯，均按军法从事，历历有案"①。所以，那个时候中国虽然有了现代的工业企业，但还没有现代意义上的企业管理。

洋务派的这些军事工业主要是从军事意义上考虑的，没有严格意义上的商品交换、成本管理、利润考核，所以，这些军事企业都不堪亏损。同时，这些军事企业不但需要大量的资金投入，而且也需要大量的能源、运输、轻工等工业体系支持。19世纪70年代，洋务派官僚又在"求富"的旗帜下，开办了一批以民用为主的、用于市场交换与市场服务的民用企业。如开平矿务局、轮船招商局、天津电报总局、上海机器织布局、湖北棉麻四局等。这些民用企业的产品主要供应市场，在管理体制上与洋务军工企业有着根本的区别。重要的是由完全的官办转为"官督商办"，即所谓的"官为维持""商为承办"，就是由官府指定一些商人组织资金、拟定规则，官府在商人资金不足时，先垫付部分资金，然后从企业利润中逐步归还。这些官府指定的商人绝大多数是与西方国家现代经营公司接触较早，并在这些国家驻中国的洋行中有过工作经验的"买办商人"。如徐润、唐廷枢、郑观应等。这些买办商人在西方洋行的工作经历，使他们对于西方现代企业管理有了一定程度的了解。所以，由他们承办的洋务民用企业中，就开始有了一定的现代企业管理的萌芽。例如，在企业结构上，开始引进西方的股份制，并定期向股东公布账目，定期分配股息。而且，对工人的管理也不是按军法管理，而是实行了把头制、包工头制。尽管这一制度依然带有浓厚的封建制痕迹，但比起洋务派的军工企业还是一个历史的进步。

思考：为何说相较于洋务派军用企业，洋务派民用企业在企业管理上有一定的历史进步性？

在洋务派民用企业的示范作用下，甲午战争中，大批中国民族资本企业开始兴起，如张謇的大生集团、荣氏兄弟的申新集团、华中的裕大华集团等。这些民营企业一开始就置身于激烈的市场竞争之中，所以，企业管理者们不得不注重学习西方的企业管理，并注

---

① 沈葆桢：《机器到工已齐并船厂现在情形折》，《沈文肃公政书》卷四（《船政奏议汇编》卷20）。

意将中国文化中的管理意识融合到现代企业管理中去。由此，中国的企业管理进入新的历史阶段。

在以民营企业为代表的中国近代企业管理的历史新阶段中，以20世纪20年代为界，分为两个时代。在此之前，西方的科学管理规范也未形成，所以，此时的中国企业管理是结合中国实际，将企业管理分为两大部分，即所谓的"文场"与"武场"。这两大部分中，"一为总管，其下有双领班、领班、记账等，专司工资、产品、物料之记载及计算，并督饬工人操作，通称为文场。一为总工头，其下有各部工头、帮修、加油等，专司机器安装、修配、加油及轻重捻度，成形各齿轮之掉换，传动皮带之上下等，通称为武场。前者只能粗通写算，身体强健，熟悉厂中情形者，均可委任。后者须于某部机器具有实地经验，能自动手安装修配，始得派充。以故，后者虽多知识浅陋，性情粗鲁，而厂中实际大权，悉操于若辈之手，即所谓工头制也"[①]。这种"把头制"不适合大机器生产的需要，在20世纪20年代后，美国的泰勒创造的科学管理方法很快传到了中国。中国企业开始抛弃"把头制"而引进科学管理方法。

1911年，泰勒发表了《科学管理原理》，此时，有志于中国企业发展的穆藕初正在美国留学。穆藕初专程去向泰勒问学，探究科学管理的真谛。1914年，穆藕初回国后收购了一家纺织厂，命名为德大纱厂，开始在其企业中推行泰勒的科学管理方法，同年，他将《科学管理原理》翻译成中文版——《学理的管理法》并出版。这对中国企业管理的现代化起了极大的促进作用。穆藕初成为中国系统引进西方科学管理方法的第一人。泰勒的代表作仅隔三年就在中国用中文出版，正说明了中国在近现代企业发展中对科学管理的迫切需求。

穆藕初用科学管理的方法，将计划与执行分开，对企业内的生产以明确的分工、权责、标准化等科学的、可以计量的方法进行

---

① 陈真：《中国近代工业史资料》第四辑，生活·读书·新知三联书店1961年版，第283页。

管理,而且,他以工程师的身份亲自参加管理,以一批工程技术人员取代原来的把头、包工头,用现代的科层管理,取代原来的"文场""武场",在其工厂内取得了很大的效益。1916年,德大纱厂的产品在北京赛会上名列第一。穆藕初一时名声大噪,很多企业主都请他合伙办厂,他一口气办了豫丰纱厂、厚生纱厂、植棉试验场等多个企业。他的这套科学管理方法也不胫而走,为众多企业所仿效,在中国企业中掀起了一个"工程师革命"的潮流,即用工程师负责制取代把头、包工头制。"厂内工程管理,多由工程师、工务主任、公务员等任之,已无文场、武场之别。权责既一,纠纷自少。虽尚未达科学管理及工作合理化之阶段,而于论工论货工资之厘定(并条、粗纱论享司;细纱论木棍及重量计算工资),以及工人之训练考核(招募生手工,由教师指定机台,专事训练,按期考试)均有相当改进。"① 中国企业管理由此迈上了新台阶。

科学管理在中国引进较早,并帮助中国企业取得了很大的成效。可是由于抗日战争的暴发,美国以霍桑试验为代表的行为管理方法,则未能系统地被引入中国。

2. 中国当代企业管理的发展历程

中国当代企业管理以1979年为界,分为两个时期:前期是计划经济框架内的摸索;后期是市场经济改革中的探索。经过前后几十年,尤其是改革开放以来的探索与实践,中国特色的企业管理体系之轮廓已初步呈现。这个轮廓就是在充分学习西方发达国家管理经验的基础上,结合中国文化与实际特色融铸成的企业管理理论体系。

(1)改革开放前的中国企业管理。

中华人民共和国成立之初,在国民经济恢复的过程中,国家就遇到了在工业化建设中如何进行企业管理的问题。对于此,共和国领袖们是缺乏经验的。于是,他们在不同的地区开始了不同的摸

---

① 陈真:《中国近代工业史资料》(第四辑),生活·读书·新知三联书店1961年版,第286页。

索。例如，在东北地区就是按苏联的厂长负责制，即所谓"一长制"来进行管理；在其他地区，则基本上是仿效解放军的方法，实行党委领导下的厂长负责制。"毛主席主张'集体领导'，可由书记、厂长、工会主席组成'三人领导小组'，或者再加一位工程技术人员、一位工人组成'五人领导小组'。华北地区就是照此执行的。"① 由于"一长制"决策及时、指挥统一，符合工业化生产进程的需要，取得了企业管理的较好效果，所以在1954年，这种方式就开始由东北推行到全国。

1956年，随着苏联共产党二十大批判斯大林错误的开始，中国也开始对盲目地全面模仿苏联体制进行了反省。以毛泽东的"论十大关系"为标志，中国开始了计划经济框架内的企业管理的摸索。这个摸索首先是废弃从苏联学来的厂长负责的"一长制"，而代之以"党委领导下的厂长负责制"。但这个"党委领导下的厂长负责制"很快变成了"书记负责制"，而书记又绝大多数不懂生产、不懂技术，于是出现了很多乱指挥的现象。而且，这种摸索由于是在一个没有工业建设经验、小农经济的平均主义根深蒂固、党内游击作风严重的情况下开展的，所以，很快就走上了废弃一切管理制度，废弃一切权威的无政府状况。

1958年"大跃进"以后，持续不断地批判"一长制"，批判"专家治厂""白专道路"，原有的以厂长负责制为首的生产行政指挥系统大多解体了，各种责任制度大多废弛了，厂长和技术人员的说话没人听了，许多人不敢抓工作了。"大跃进"中虽然讲的是要破除束缚生产力的规章制度，但由于对怎样才算束缚生产力并没有科学的解释，也没有规定谁有权最后判断某项规章制度是不是束缚了生产力，结果造成谁感到什么制度不顺眼，谁就可以宣布它束缚了生产力而不加遵守，以致有些单位把规章制度文件像土改中烧地契那样烧毁。这样，一些企业里，各科室无人负责，出现了车间

---

① 薄一波：《若干重大决策与事件的回顾》下卷，中共中央党校出版社1993年版，第963页。

"自由生产",机器"谁都用,无人管",仓库"门户开放""谁要谁拿"等现象。这种无政府主义现象,对中国工业生产带来了灾难性影响,"大跃进"变成了"大跃退","去年大跃进,今年王府井商店的货架上没有东西","去年大丰产,可是农村劳动力却集中去搞大办钢铁和水利,没有把丰产的粮食全部收起来,损失很大,今年一些地方没有饭吃"。①

经过"大跃进"后三年的经济调整、巩固、充实,邓小平指示薄一波等人在充分调查研究的基础上,于1961年颁发了《国营工业企业工作条例(草案)》(原文在"企业"二字后面有"管理"二字,上报毛泽东、周恩来审批时,他们不约而同地划掉了"管理"二字),简称《工业七十条》。这个条例对计划经济框架内的企业管理进行了全面规划。其主要内容有:规定国家与企业的计划执行关系;企业党组织对生产干涉不能过多,车间及车间以下不搞党委领导下的厂长负责制;建立严格的责任制度,即厂长行政负责、总工程师技术负责、总会计师财务负责;"从厂部到生产小组,直到每一个人,都要有明确的分工、有明确的职责。要使每一件事情、每一台设备、每一种工具、每一份材料、每一个产品,都有专人负责";建立职代会制度;明确技术人员和职员是工人阶级的一部分等。这个条例体现了科学管理的一些基本原则,如分工明确、职责分明、强调效率等。它是在计划经济框架内,结合中国具体情况而制定的一个符合实际、符合工业大生产要求的企业管理的纲领性文件。这个文件体现了我国当时企业管理的最高水平,也对我国的工业发展起到了至关重要的作用。可惜的是,它在执行后不久就遭到批判。

(2)改革开放后的中国企业管理发展。

改革开放后,中国国有企业管理迈入一个新的历史时期,这个历史时期也可以1992年为界分为前后两个时期。

---

① 薄一波:《若干重大决策与事件的回顾》(下卷),中共中央党校出版社1993年版,第967、839页。

前期，社会主义市场经济的概念还未提出，"姓资"与"姓社"的争论此起彼伏。所以，这个时期的企业管理主要还是恢复《工业七十条》的各项管理制度。如开始实行严格的党委领导下的厂长负责制、"三总师制"、指标考核制、工资和奖金与效益挂钩、"利改税"、"拨改贷"、产品双轨制等。

这个时期，中国的企业管理主要处在一个恢复最基本的管理秩序的阶段。如当年的海尔（青岛日用电器厂），在张瑞敏1984年12月去上任时，工人"上班8点钟来，9点钟就走人。……到厂里就只有一条烂泥路，下雨必须用绳子把鞋子绑起来……"针对厂里的情况，张瑞敏制定了十三条规章制度，第一条就是"不准在车间里随地大小便"，其他的如"不准迟到、早退""不准在工作时间喝酒""不准哄抢工厂物资"等。从这些维持基本社会道德规范与管理秩序的"不准"中，可以看到当时企业管理难度极大。

1992年，邓小平发表"南方谈话"，正式提出社会主义市场经济的理论体系。中国国有企业管理开始了大步地走向与市场经济接轨的改革。其中最重要的就是通过产权改革，在产权明晰化的基础上，全面引进市场经济的管理方法与理念。如劳动力要素的流动、工资和奖金的浮动、企业职能的强化、企业办社会的终结、资金与管理等生产要素参与分配等。通过这些改革，一大批国有企业改变了身份，数以万计的原国有企业都成为市场经济的主体，以独立的法人实体，与国家脱离了直接的经济隶属关系。即使那些仍然属于国营的企业，也全部解除了原来企业办社会的负担，将其社会性功能交还了社会。正是企业的这种"正名"，产权与职责的明晰，企业才真正成为"企业"，企业管理才能实现与市场经济的并轨运行。

在这个历史时期的企业管理中，一个引人注目的现象，就是在改革开放过程中，我国企业多元化发展，除了国有企业外，还有众多的外资企业、民营企业。在这些外资企业、民营企业的竞争与示范作用下，中国国有企业也进行了大步的改革。

在外资、民营企业的影响下，中国的企业管理出现了新的突破。但由于中国的改革开放是在与世界隔绝数十年后开始的，再加上中国农业人口数量庞大，隐性失业状况严重，劳动力处在绝对饱和的状态下，企业中的劳动者缺乏与资方平等对话的能力。在此背景下，众多的民营企业和相当数量的外资企业，在企业管理上依然停留在科学管理的层面上，基于传统泰勒制逻辑，视员工为"经济人"，构成"低工资—低福利—高强度"的企业劳动状态。

二、中国本土企业社会工作的发展

1. 近代企业员工福利的非自觉性重视

由于种种原因，中国企业管理始终停留在科学管理的层面，而未能系统地引进行为管理以及企业社会工作制度。但这并不是说中国本土企业中完全没有企业社会工作的元素。由于中国儒家文化"仁者爱人"的传统及"家国一体"的共同体文化意识，不少企业家在其企业管理中，都能本着"仁爱"之心，对企业员工的生活与福利予以相当程度的关怀。例如，大生集团张謇就专门告诫其垦牧公司负责人："佃人于各堤办事人犹手足之于头目也。齐之以法，尤须治之以恩；唯用法须平，用恩须公。合人情以用法，则平矣；合事理以用恩，则公矣。须为各办事人详告之。不可专用专制手段"[1]。又如，奠定中国近代化学工业基础的范旭东为首的"永久集团"，在其管理中"坚持八小时工作制，不把工厂的困难转嫁给员工，仍然不断改善员工食堂，兴建员工宿舍，设置员工医院，举办员工子弟小学、员工补习学校等"[2]。著名企业家刘国钧主办的大成纺织染公司的管理则有着鲜明的"行为管理"色彩，"该公司各厂在管理方面亦有其特色：首先是提高职员、艺徒、练习生之管理及工作能力，隔日晚间均在本厂举办的业余夜校上课，由厂内之工程师等担任教师，学习生产管理及技术管理之知识……一般女工，每星期有三四天，每次两小时之文化课，学习文化及技术知识。数

---

[1] 张謇：《张謇全集》（第3卷），江苏古籍出版社1994年版，第455页。
[2] 张帆：《李烛尘生平简记》，引自全国政协编：《文史资料选辑》（80辑），文史资料出版社1982年版，第84页。

年间在本厂就培养出许多技工……每逢有重要之措施或有重要之改革，事前征求一般职员及老师傅的意见，这对发挥老师傅、员工们的积极性也起相当作用"。"大成公司各厂工人之工资，较同业略高。刘所以将工资订得比同业略高一些，福利略好一些，年奖多一些。他有两个想法：其一，熟手工人不想跳厂，愿意长期在大成工作；其二，工资福利部分多一些支出，生产提高效益，不止此数，甚至有数倍、数十倍的收益。一般职员每年有薪可加，工人之工资逐年亦有所提高……此外在福利方面，厂内设有保健所，员工小病可以免费治疗。职员之住房有'房贴'，子女上学之学费，小学部分可向厂内报销，中学部分可以补贴。"①

基于中国儒家仁爱文化基础上的这些管理方法，也蕴含了西方行为科学的内涵，其注重员工福利保障与员工及家属发展的方法，本身就是企业社会工作的范畴，这些对于中国近现代企业管理的发展起到了很好的促进作用。

2. 计划经济时期企业办社会的单位福利

中华人民共和国成立后，尽管国家在企业管理上长期处于摸索阶段，但共和国的社会主义性质决定了其在企业管理中始终注意将员工的福利与发展置于一个相当重要的地步。计划经济时期，企业成为新的"单位共同体"，将员工与家属的福利"从摇篮到墓地"地包揽下来：从医院生产，到托儿所、幼儿园、小学、中学、中专、大学、养老院直至人生终点，一应俱全。有些特大型企业干脆实现政企合一，企业与政府一套班子，如大庆、胜利等油田。员工与家属的福利得到了充分的保障，同时，在企业内部，设置了党、工、团、妇等专职组织，对不同类别的员工进行专门的管理。他们常采用类似于社会个案工作的"交心谈心"、类似"团体方法"的"小组活动"对不同类别员工存在的问题进行适时的介入，对于提高企业员工的生产积极性起到了一定的作用。

---

① 朱希武：《大成纺织染公司与刘国钧》，引自全国政协编：《文史资料选辑》(31辑)，文史资料出版社1980年版，第219—220页。

3. 改革开放后的重新探索

改革开放后，企业开始回归企业本身的经济功能定位，将企业所办的社会事业分割出来。同时，国有企业也开始了"瘦身"，对臃肿的机构与人员进行了大规模的裁减，企业中的党、工、团、妇系统首当其冲，很多失去了常规工作的功能，原有的企业社会工作的元素消失殆尽。同时，伴随改革开放而兴起的民营企业，在管理上毫无经验，往往注重对经济利润的追求，对于工人的安全生产与福利保障极为忽视，安全事故频频产生。

很多国际商家为此将落实"SA 8000"（Social Accountability 8000，社会责任国际标准体系）作为督促中国企业实践其社会责任的重要标准，并以此作为对中国相关商品是否下订单的标准。同时，大批的外资企业因其发展较早，对企业社会工作与企业员工的福利与发展较为重视，这也对中国的本土企业带来了经验与借鉴。在此形势之下，中国很多企业开始重视企业的人性化管理与企业社会工作问题。

4. 当代企业社会工作发展的两个途径

当代中国企业社会工作基本上是从两个途径展开的。

第一个途径是外资及台资等企业社会工作介入。一批外资及台资企业直接沿袭了欧美企业社会工作的传统，关注员工的福利与发展，并直接感受到消费者对于落实企业社会责任的压力。由此，这些企业在20世纪末、21世纪初相继在企业中设置了企业社会工作的部门与专职人员。例如，苏州日资的住友电气株式会社就在其人力资源部之下，设了专职的"员工担当"一职，其职责就是专任企业社会工作；台资的裕元集团专设"员工生活辅导室"，从台湾地区聘请专职社会工作者负责集团内的员工生活福利的保障与发展组织工作，并与云南大学社会工作系联系，接受该专业的学生进行工作实习；苏州的台资企业安信国际投资公司、瑞中电子公司等企业与苏州科技大学社会工作专业建立了实习基地，开展了企业社会工作的实践。这些对于中国内地企业社会工作理论与实践的发展起到了很好的推动作用。

> 企业社工的中国实践，很多是发端于企业与高校社会工作专业的合作与联系。

第二个途径是本土企业的社会工作介入。本土企业凭借中国文化与国有企业中传统的思想政治工作资源，开展了没有企业社会工作之名而有社会工作之实的企业社会工作，其中较为出色的是海尔集团。

海尔集团企业社会工作案例

（请扫二维码）

三、管理者的理念转换是企业社会工作的重点

当前，越来越多的企业开始认识到企业社会工作的重要性，不少企业都将企业社会工作机构与岗位的设置提上了议事日程。

企业社会工作涉及企业内外所有的员工、家属及相关政府部门、社区、社团，所以，企业社会工作的有效开展，需要得到企业内众多管理部门的支持与配合，必须得到企业中众多管理者的理解与支持。企业管理者都要成为企业社会工作的支持者、参与者和志愿者，唯有如此，企业社会工作才能健康持久地开展。

企业管理者因为受技术系统管理理念的影响，对于本系统的技术管理指标、方法等驾轻就熟，但对企业社会工作的理念与方法则相对生疏。特别是企业社会工作往往需要人力、物力、财力等资源投入，他们会认为这是增加了企业的管理成本而心存疑虑。所以，很多台资企业在台湾地区设有社会工作岗位，到了大陆后，为节省成本，则不设社会工作岗位，更不愿为改善员工福利增加新的投入。这种短视行为不仅造成了员工的流失，增加了企业的招聘成本，而且因为熟练员工的减少，企业的残次品率增加，企业的损失远远超过雇用企业社会工作者的投入。因缺乏专业社会工作者的情绪关怀与心理疏导，员工因情绪压力而导致精神问题给企业带来的损失更难以估算。

苏州台资企业A公司两个不同的案例

（请扫二维码）

企业管理人员是企业高层与企业员工的中介，他们是企业员

工日常工作的直接管理者，他们的管理理念与行为，直接作用于员工，对员工的情绪与生产积极性有着直接影响，很多员工情绪以及企业内的冲突，均因管理人员忽视员工人性需求而引发。因此，企业管理人员能否具有企业社会工作价值理念与企业社会责任意识，是企业社会工作能否顺利开展、企业社会责任能否落实的关键。很多有远见的企业家已经认识到这个问题的重要性，而将企业中层管理人员的人文素质培训作为企业进一步发展的重点。

康师傅集团人文素质培训案例

（请扫二维码）

思考题

1. 为什么说企业社会工作是企业管理的有机组成部分？
2. 简述霍桑实验及其基本结论。
3. 简述利益相关者理论及其在企业管理中的应用。
4. 试论述企业社会工作对企业管理的促进作用。
5. 结合案例，分析我国企业管理中的企业社会工作介入。

推荐阅读

［美］弗雷德里克·泰勒：《科学管理原理》，朱智文译，中国科学技术出版社 2023 年版。

张謇：《张謇全集》，江苏古籍出版社 1994 年版。

周三多等：《管理学原理》，南京大学出版社 2020 年版。

第五章

企业社会工作与企业社会责任

企业社会责任是20世纪初以来在西方学术界开始探讨的重要问题，具有较高的学术价值和实践意义，成为经济学、管理学、社会学、法学等学科共同研究的热点问题。本章从探讨企业社会责任的定义、内涵和功能入手，以企业社会工作的新视角切入对企业社会责任的思考，主要考察企业社会工作与企业社会责任之间的内在联系、企业社会工作者在履行企业社会责任中的角色及注意事项，以及企业社会工作与企业社会责任的功能互补等问题，并对企业社会工作如何介入和推动中国企业社会责任的履行进行讨论。

思考：不同学科对于企业社会责任研究的侧重点分别在于哪些方面？

第一节　企业社会责任的定义、内涵与功能

不同的历史时期，人们对企业社会责任的期望不同。即便处于同一时代，由于考察的理论视角不同，以及知识和文化背景的差异，人们对企业与社会关系的理解也不同，对企业社会责任的定义也有所差异。总体上看，学者们对企业社会责任的概念界定和内涵认知随着时间的变化而不断扩大和丰富，企业社会责任的功能也变得越来越清晰具体。

一、企业社会责任的界定

1. 企业社会责任的定义

企业社会责任（Corporate Social Responsibility，简称 CSR）理论出现于 20 世纪初，但真正对其进行系统研究则是近几十年的事。美国学者霍华德·博文（Howard Bowen）在其里程碑式的著作《商人的社会责任》中首次对企业社会责任进行明确界定：商人按照社会的目标和价值，向有关政策靠拢，作出相应的决策，采取理想的具体行动和义务。[1] 其后，一些学者对企业社会责任的定义进行了更加深入的探讨，代表性观点有：美国管理学大师彼德·F. 德鲁克认为："企业对社会的责任来自两个领域：一个领域是企业对

---

[1] Bowe, H. R., *Social Responsibilities of the Businessman*, NewYork: Harper, 1953, p.31.

社会所产生的影响；另一个领域则是社会本身所具有的问题。"① 里奇·W. 格里芬认为："企业社会责任是指在提高本身利润的同时，对保护和增加整个社会福利方面所承担的责任。"② 哈罗德·孔茨和海因茨·韦里克认为："企业社会责任就是认真地考虑公司的一举一动对社会的影响。"③

中国学者对企业社会责任的研究始于20世纪90年代。代表性的观点有：台湾地区学者李政义认为："企业社会责任之根本概念，乃是企业对社会作出适当的贡献，使社会达成安定与发展。"他强调企业社会责任概念有五点倾向："责任对象之扩大，责任自发性之增大，非经济性责任之增大，责任之企业目标化，趋向积极责任的倾向。"④ 刘俊海认为："公司社会责任是指公司不能仅仅以最大限度地为股东们营利或赚钱作为自己唯一的存在目的，而应当最大限度地增进股东利益之外的其他所有社会利益。"⑤ 张兰霞认为："CSR是指企业为所处社会的福利而必须关心的道义上的责任。"⑥ 卢代富认为："企业社会责任就是指企业在谋求股东利润最大化之外所负有的维护和增进社会利益的义务。"⑦ 周祖城认为："企业社会责任是指企业应该承担的，以利益相关为对象，包含经济责任、法律责任和道德责任在内的一种综合责任。"⑧ 梁桂全认为："企业社会责任的本质是在经济全球化背景下企业对其自身经济行为的道德约束，它既是企业的宗旨和经营理念，又是企业用来约束企业内部包括供

---

① [美]彼得·F.德鲁克：《管理：任务、责任、实践》，孙耀君译，中国社会科学出版社1987年版，第412页。
② [美]里奇·W.格里芬：《实用管理学》，杨洪兰、康芳仪编译，复旦大学出版社1989年版，第73页。
③ [美]哈罗德·孔茨、海因茨·韦里克：《管理学》，郝国华等译，经济科学出版社1993年版，第689页。
④ 李政义：《企业社会责任论》，（台北）巨流图书公司1990年版，第37、45—46页。
⑤ 刘俊海：《公司的社会责任》，法律出版社1999年版，第6—7页。
⑥ 张兰霞：《企业的社会责任》，《企业管理》1999年第3期。
⑦ 卢代富：《企业社会责任的经济学与法学分析》，法律出版社2002年版，第132页。
⑧ 周祖城：《企业社会责任：视角、形式与内涵》，《理论学刊》2005年第2期。

应商生产经营行为的一套管理和评估体系。"① 陈维春认为:"中国企业社会责任概念应具有以下四个方面的内涵:第一,向谁负责;第二,为什么负责;第三,责任主张的基础;第四,责任的严格程度。"②

　　国际相关组织对企业社会责任也有界定,世界银行认为,企业社会责任是指企业与关键利益相关者的关系、价值观、法治观念以及尊重人、社区和环境有关的政策和实践的集合。它是企业为改善利益相关者的生活质量而贡献于可持续发展的一种承诺。欧盟认为,企业社会责任是指公司在自愿的基础上,把社会和环境的影响整合到企业运营以及与利益相关方的互动过程中。美国权威的帮助会员公司实施社会责任战略进而实现商业成功的组织(Business for Social Responsibility)认为,企业社会责任就是通过尊崇伦理价值以及对人、社区和自然环境的尊重,实现商业成功。英国的"企业公民公司"(Corporate Citizenship Company)认为,"企业公民"有四项内容:① 企业是社会的一个主要部分;② 企业是国家的公民之一;③ 企业有权利,也有责任;④ 企业有责任为社会的一般发展作出贡献。世界企业可持续发展委员会(World Business Council for Sustainable Development)认为,企业社会责任是企业对经济可持续发展贡献的承诺,保持同员工、他们的家庭、地方社区和广大社会的良好关系,提高他们的生活质量。对社会和环境的关注是企业社会责任的一部分。

　　尽管企业社会责任还没有一个统一的定义,但从总体上说,不同学者之间在企业社会责任定义的表述方面存在以下共同点:① 几乎所有的定义都认为企业的发展离不开社会,企业是社会整体的一个部分,是社会机构之一;② 几乎所有的定义都认为企业的建立应该有合法的基础,即企业应该在法律和规则许可的范围内运行;③ 几乎所有的定义都认为企业是一个经济组织,企业运行应该考虑

---

① 梁桂全:《企业社会责任:跨国公司全球化战略对我国企业的挑战》,《WTO经济导刊》2004年第12期。
② 陈维春:《中国企业社会责任体系的建构》,《WTO经济导刊》2008年第6期。

经济利益；④ 绝大部分定义认为，企业除考虑自身的经济利益之外，还应该考虑社会的利益以及其他利益相关者的利益。[①]

企业社会责任是社会对企业的期望和要求，其行为主体是企业而非社会。因此，站在企业的角度，从企业与社会的关系出发，可以认为企业社会责任是在一定的历史时期，社会期望企业作为一个营利性的社会经济组织，对其利益相关者和社会整体所应该承担的法律、经济、伦理道德和慈善责任，包括遵纪守法、保证员工生产安全、职业健康，保护劳动者合法权益、遵守商业道德、保护环境、支持慈善事业、捐助社会公益、保护弱势群体等。从这个意义上，我们可以认为，企业社会责任就是企业对其生产经营活动影响到的任何个人、单位、群体乃至自然环境所应该承担的责任。

2. 企业社会责任的内涵

对于企业社会责任的内涵，也是一个见仁见智的问题。很多学者站在不同的角度对企业社会责任的内涵进行了讨论。

卡罗尔（Archie B. Carroll）认为，企业社会责任的内涵包括四个递进部分：① 经济责任，即企业要致力于减少成本、创造利润、带动社会经济发展；② 法律责任，即法律是社会对企业行为的最低要求，企业应该遵守法律的规定，包括环境保护、消费者保护、劳动法等相关规定；③ 道德责任，即除了法律的规定之外，企业行为必须合乎公平、正义、避免伤害等原则；④ 慈善责任，即贡献企业的资源以改善社会生活品质。[②]

我国台湾地区学者陈光荣认为，企业社会责任的内涵包括八个方面：① 制造产品上的责任，企业应该制造安全、可信赖及高品质的产品；② 在行销活动中的责任，企业应该做诚实的广告；③ 员工教育训练的责任，企业在使用新技术时，应该加强对员工

[①] 辛杰：《企业社会责任研究——一个新的理论框架与实证分析》，山东大学博士学位论文，2009年。

[②] Carroll, Archie B., "The Pyramid of Corporate Social Responsibility: Toward the Moral Management of Organizational stakeholders", *Business Horizons*, 1991, 34(4): 39-48.

的再训练而不是解雇员工;④ 环境保护的责任,企业应该更多地研发新技术,以减少环境污染等;⑤ 良好的员工关系与福利,企业应该让员工有工作满足感等;⑥ 提供平等雇用的机会,企业在雇用员工时应该没有性别歧视或种族歧视;⑦ 员工的安全与健康,企业应该为员工提供舒适安全的工作环境等;⑧ 慈善活动,企业应该赞助教育、艺术、文化活动,以及弱势群体、社区发展计划等。①

钱宁认为,企业社会责任的内涵包括四个方面:① 对员工的责任,企业应该采取各种措施来激发员工的积极性、主动性和创造性;② 对消费者的责任,企业应该确保产品达到质量要求,能够满足消费者对产品健康、安全等方面的需求;③ 对政府的责任,企业的经营活动必须符合国家和地方的各项法律法规,并积极支持与配合政府的各项倡议和行动;④ 对社区的责任,企业作为社区的一分子要积极参加社区建设,保护环境,促进社区和谐发展。②

崔秀梅把企业社会责任的内涵描述为九个方面,分别为对股东、债权人、员工、政府、消费者、客户、供应商、社区、环境的社会责任,具体内容见表5-1。

> 企业社会责任包括多重内涵,涉及多个相关主体。

表 5-1 企业社会责任的内涵③

社会责任	具 体 内 容
一、对股东的社会责任	(1)完善公司治理结构,公平对待所有股东;(2)选择合适的时间和地点召开股东大会;(3)制定长期和相对稳定的股利分配政策;(4)制定切实合理的分红方案;(5)对可能影响股东投资决策的信息积极进行自愿性披露;(6)股票价格上涨。
二、对债权人的社会责任	(1)对合同条款的遵守;(2)保持值得信赖的程度;(3)及时向债权人通报与债权权益相关的重大信息;(4)配合和支持债权人了解公司财务、经营和管理的需要;(5)不得为了股东利益损害债权人的利益。

---

① 陈光荣:《企业的社会责任与伦理》,《经济情势暨评论季刊》1996年第1期。
② 钱宁:《工业社会工作》,高等教育出版社2009年版,第244—245页。
③ 崔秀梅:《转型经济下的企业社会责任内容框架》,《科技管理研究》2009年第4期。

（续表）

社会责任	具 体 内 容
三、对员工的社会责任	（1）建立包括薪酬体系、激励机制在内的雇佣制度，保障员工依法享有劳动权利和履行劳动义务；（2）尊重员工的人格，不得对员工进行体罚、精神或肉体胁迫、言语侮辱及其他任何形式的虐待；（3）对女员工制定特殊劳动保护制度；（4）建立劳动安全卫生制度，对员工进行劳动安全卫生教育，提供健康安全的工作环境和生活环境，最大限度地减少职业危害；（5）遵循按劳分配、同工同酬的原则，不得克扣或无故拖欠员工的工资，不得采用纯劳务性质的合约或变相试用等形式降低对员工的工资支付和劳动保障；（6）不得干涉员工的信仰自由；（7）建立职业培训制度；（8）制定吸引高层次人才的制度；（9）根据行业特定标准制定特殊劳工政策。
四、对政府的社会责任	（1）对政府号召和政策的支持；（2）遵守法律和规定；（3）纳税。
五、对消费者的社会责任	（1）保证商品的价值（产品价格与质量、性能和服务的关系）；（2）提供良好的售后服务，妥善处理消费者等提出的投诉和建议；（3）公司如发现其提供的商品或者服务存在严重缺陷的，即使使用方法正确仍可能对人身、财产安全造成危害的，应立即向有关主管部门报告并告知消费者，同时采取防止危害发生的措施；（4）不得依靠虚假宣传和广告牟利。
六、对客户的社会责任	（1）建立相应程序，严格监控和防范公司或员工与客户进行的各类商业贿赂活动；（2）公司应妥善保管客户的个人信息，未经授权许可，不得使用或转售上述个人信息牟利；（3）妥善处理客户提出的投诉和建议；（4）诚实守信，不得侵犯客户的著作权、商标权、专利权等知识产权。
七、对供应商的社会责任	（1）建立相应的程序，严格监控和防范公司或员工与供应商进行的各类商业贿赂活动；（2）公司应妥善保管供应商的个人信息；（3）保证付款的时间；（4）诚实守信，不得侵犯供应商的著作权、商标权、专利权等知识产权。
八、对社区的社会责任	（1）在力所能及的范围内，积极参加所在地区的环境保护、教育、文化、科学、卫生、社会建设、扶贫济困等社会公益活动；（2）积极参加捐赠和赞助活动。
九、对环境的社会责任	（1）努力减少各种资源的消耗；（2）努力减少废料的产生；（3）对废料进行回收和循环使用；（4）尽量避免产生污染环境的废料；（5）使用环保的材料和可以节约能源、减少废料的设计、技术和原料；（6）尽量减少由于公司发展对环境造成的负面影响；（7）为员工提供有关保护环境的培训；（8）尽量采用资源利用率高、污染物排放量少的设备和工艺；（9）遵守行业特定标准。

二、企业社会责任的功能

中国企业社会责任的功能表现为五个方面。[①]

1. 推进中国特色社会主义建设的必然要求

倡导企业履行社会责任运动与推进中国特色社会主义建设具有同向正相关关系。社会整体的和谐有赖于社会肌体的每一个组成部分的和谐。企业是社会肌体的重要组成部分,是社会经济的主体,是推动社会生产力前进的动力,承担着为社会创造财富、满足社会需求、依法纳税、促进就业、建立新型劳动关系、维护社会稳定以及环境保护等重大责任。社会则为企业提供了生存与发展所必需的社会环境、自然环境和人文环境。企业与社会紧密相连、共生共荣。因此,良好的劳动关系建设、和谐的企业建设是中国特色社会主义建设的必然要求。

> 思考:为何说企业社会责任的践履是推进现代企业建设的重要内容之一?

2. 形成关系型心理契约,增强企业凝聚力的重要途径

随着知识经济的到来,员工越来越成为企业形成竞争优势和可持续发展的关键,企业对社会责任的重视和是否按社会责任行事对员工会产生很大的影响。根据心理契约理论,员工除与企业确定正式的劳动合同之外,还会形成自己的心理契约。员工的心理契约受到很多因素的影响,除了正式合同中的条款外,企业的各种行为都是影响员工心理契约的重要因素。如果员工感觉到企业勇于承担责任、讲究社会公德、公平地对待员工、尊重员工的人格和权利、对员工负责,员工就容易形成关系型的契约,从而对企业的信任感、归属感和忠诚度将大大增强。员工会感觉有责任回报企业,自发地努力工作。在关系型心理契约下,员工将更重视与企业的长期合作关系,更愿意与企业长期共同发展,不过分地看重短期物质利益。

3. 提升企业的社会形象,提高竞争实力的重要渠道

企业社会责任是一种无形投资,通过生产、分配、交换、消

---

① 李秋华:《和谐社会语境下的企业社会责任浅议》,《学术交流》2008年第12期。

费诸环节渗透到社会的各个方面。"公司诚实经营的好名声会成为一种强有力的竞争优势。从长远来看，符合道德标准的做法与日渐增多的利润是相一致的。"① 这表现在：一方面，企业社会责任可以提升企业的信誉度，降低交易成本；另一方面，企业的社会责任有助于建立良好的客户及员工关系，提高企业的市场竞争力。在讲道德、讲伦理、讲文明、讲效益的社会与市场中，企业的信誉、声誉是一种无形资本和潜在的市场。从这个角度看，企业的伦理形象、伦理素质最终将转化为企业的经济利益和收入，进而提高企业的经济效益。

4. 社会和谐稳定的调节机制

企业社会（伦理）责任从微观的角度提供了一种维护社会和谐稳定的调节机制，是对法律法规的有益补充。如果说法律法规是从刚性的、外在的角度为社会提供了规范性行为准则，是对责任主体的一种"硬约束"，是维护社会基本秩序所必需的最低限度的道德法制化，企业伦理责任则是从柔性的、内在的角度规范了企业实施更多、更好的行为的可能性，其注重的是作为促进社会发展的基本细胞的企业的长远目标与长期利益，以及其对社会的贡献。

5. 企业进入国际市场的通行证

企业履行社会责任不仅能提升企业的社会形象，更能获得进入国际市场的通行证。世界经济论坛强调，具有社会责任是决定企业能否在全球化运作中取得成功的决定性因素之一。在经济全球化浪潮中，对企业社会责任的关注成为企业竞争的新潮流，承担社会责任被列入许多大公司的议程，纽约交易所对申请上市的公司设定的一个重要门槛就是"是否全面履行了企业的社会责任"。在全球化背景下，国际上关于企业社会责任的标准越来越多，社会（伦理）责任已成为对一流企业高标准、严要求的公认指标。

---

① ［美］罗伯特·F.哈特利：《商业伦理——西方经典管理案集》，胡敏等译，中信出版社2000年版，第6页。

三、企业社会责任的历史演变

虽然理论界对企业社会责任的内涵进行了丰富的拓展，但实业界的企业社会责任运动却一直以劳工权利的保护为主线：从18世纪90年代英国消费者抵制东印度公司使用奴隶生产糖开始的第一次企业社会责任行动，到20世纪90年代美国公司的反血汗工厂，莫不如此。在发生了损害利益相关者的若干重大事项后，才逐渐将企业的环境责任、企业的诚信责任纳入其中，这从众多的国际组织颁布的相关标准和跨国公司的生产守则中可见一斑。因此，认识企业社会责任这个概念时，我们无法回避企业社会责任运动的发展对于企业社会责任内涵的丰富和拓展，两者相辅相成。

1. 企业社会责任运动的起因：劳工标准

关于劳工权利保护的劳工标准问题由来已久，早在18世纪，法国国王路易十六的财政部长就表述了劳工标准与贸易利益相联系的观点。早期的劳工标准与国际贸易相联系，是借助国家间的博弈并通过国家权力自上而下地予以强制实施的，这些标准经过多次修正得以沿用。一般认为，劳工标准有广义和狭义之分，狭义的劳工标准是指核心劳工标准。广义的劳工标准除核心劳工标准之外，还包括工时、工资和劳工保护等具体措施。1950—1973年，西方发达国家的经济持续稳定增长，年平均增长率达4.9%，远远超过1870—1913年的2.6%的增长率，开创了被称为资本主义发展史上的"第二次黄金时代"。1970年后，由于国际贸易的巨大发展，发达国家与发展中国家的贸易摩擦剧增，发达国家指责发展中国家劳工标准低（没有提供合理的工资、劳动条件等），造成生产成本低廉，在国际贸易中存在价格优势，势必造成发展中国家向高劳工标准的发达国家进行"社会倾销"。因此，发达国家一直试图把劳工标准问题（有时称"社会条款"或"蓝色条款"）纳入多边贸易体系，但遭到发展中国家的抵制。发展中国家认为，这是发达国家利用劳工劳动条件为借口而实施的贸易"社会壁垒"，因而发展中国家从乌拉圭回合谈判起一直被《关税贸易总协定》（GATT）所拒绝，但发达国家并没有放弃，在区域贸易（如北美自由贸易协定等）和单边贸易（如美国—智利、加拿大—哥斯达黎加等）中依然推行。"社会条款"虽然尚未被纳入 WTO 的多边贸易体系中，但劳工问题与贸易挂钩是难以规避的历史趋势。

2. 企业社会责任运动的发展：自愿劳工标准

伴随劳工标准在多边贸易体制中的巨大阻力，一种自下而上的民间运动对贸易与劳工标准问题发挥了日益重要的作用，西方学者将之称为自愿劳工标准（或民间劳工标准），以与传统的、以国家强制力的劳工标准相区别。自愿劳工标准按照经合组织（OECD）的定义，包括消除剥削性的童工、禁止强迫劳动、反对就业歧视、结社与集体谈判自由四个方面的内容。这种自愿劳工标准以企业责任运动为背景，以消费者运动为动力，以跨国公司为推行主体，以跨国公司的供应链为推行媒介，以生产守则为表现形式，对发展中国家的影响力日益加深。一些劳工组织、消费者团体、人权组织和环保组织等非政府组织以及社会舆论也不断呼吁，要求社会责任与贸易挂钩。迫于日益增大的压力和自身的发展需要，很多欧美跨国公司纷纷制定对社会承诺的责任守则，或通过环境、职业健康、社会责任认证应对不同的压力。

3. 企业社会责任运动的深化：从生产守则到 ISO

（1）跨国公司生产守则及全球契约。

20 世纪 90 年代初期，美国劳工及人权组织针对成衣业和制鞋业发动了"反血汗工厂运动"，因利用"血汗工厂"制度生产产品的美国服装制造商李维斯（Levi Strauss）被新闻媒体曝光后，为挽救其公众形象，制定了"第一分公司生产守则"。在劳工和人权组织等非营利性组织和消费者的压力下，许多知名公司都相继建立了自己的生产守则，后演变为"企业生产守则运动"，又称"企业行动规范运动"或"工厂守则运动"，"企业生产守则运动"的直接目的是促使企业履行自己的社会责任。然而，这种跨国公司自己制定的生产守则有着明显的商业目的，其实施状况也无法得到社会的有效监督。在劳工组织、人权组织等非营利性组织的推动下,"企业生产守则运动"由跨国公司自我约束的内部生产守则逐步转变为社会约束的外部生产守则。

1999年2月,在瑞士达沃斯召开世界经济论坛时,时任联合国秘书长科菲·安南提出了企业界的"全球契约",要求企业界领导人在经营自己的企业时,维护人权、劳工和环境标准。"全球契约"计划号召各企业遵守四方面共十项基本原则。第一,关于人权。原则1:企业应该尊重和维护国际公认的各项人权。原则2:企业决不参与任何漠视与践踏人权的行为。第二,关于劳工标准。原则3:企业应该维护结社自由,承认劳资集体谈判的权利。原则4:企业应该消除各种形式的强迫性劳动。原则5:企业应该支持消灭童工制。原则6:企业应该杜绝任何在用工与职业方面的歧视行为。第三,关于环境。原则7:企业应对环境挑战未雨绸缪。原则8:企业应该主动增加对环保所承担的责任。原则9:企业应该鼓励开发和推广环境友好型技术。第四,关于反腐败。原则10:企业应反对各种形式的贪污,包括敲诈勒索和行贿受贿。当前,联合国全球契约组织已成为世界上最大的推进企业可持续发展的国际组织。截至2024年,已拥有来自近170个国家的2万多家企业和其他利益相关方参与者,其中中国的参与有900多家。这些参与者承诺履行以联合国公约为基础的、涵盖人权、劳工标准、环境和反腐败领域的全球契约十项原则并每年报告进展。联合国全球契约组织持续帮助企业将全球契约十项原则整合到其战略与运营中去,通过合作与伙伴关系共同推进更广泛的联合国目标。例如,2023年2月,联合国全球契约组织在上海发布的《企业"碳中和"目标设定、行动及全球合作》报告显示,截至2022年10月12日,全球已有3821家企业加入科学碳目标倡议,其中,1399家企业作出了明确的净零承诺,有力地推动了温室气体减排。

国际标准化组织(ISO)自2001年起着手进行社会责任国际标准的可行性研究与论证。2004年6月最终决定开发适用于包括政府在内的所有组织的社会责任国际标准化组织指南标准,由54个国家和24个国际组织参与制定，编号为ISO26000。2005年9月在泰国曼谷举行的ISO社会责任标准第二次会议是整个标准开发的一个重要转折点。此次会议确定了ISO26000标准的最终草案完成时间至发布前的工作安排，确定了制定标准的机构和主要内容，使标准的开发进入实质性阶段。2006年5月，在葡萄牙首都里斯本召开的社会责任标准第三次会议拟订了标准的第一稿；2007年1月在澳大利亚悉尼召开的社会责任标准第四次会议确定了标准的核心内容。2010年11月1日，国际标准化组织在瑞士日内瓦国际会议中心举办了社会责任指南标准（ISO26000）的发布仪式。

（2）WTO与社会条款。

"社会条款"在WTO中是一个与劳工标准紧密相关的词汇。如果说WTO重点规定了企业和政府的权利和义务，社会条款所关注的却是劳动者权利。社会条款是对国际公约中有关社会保障、劳动者待遇、劳工权利、劳动标准等方面规定的总称。与社会条款相关的国际公约很多，包括国际劳工组织在内的国际组织制定了100多个国际公约，如《男女同工同酬公约》《儿童权利公约》《经济、社会与文化权利国际公约》等，它们详尽地规定了劳动者的权益和劳动标准。长期以来，各国致力于将国际贸易与劳工标准挂钩，努力推动制定各种国际劳工标准，要求将劳工标准融入各种双边和多边贸易体系，争取最后在WTO的框架下建立贸易与劳工标准的正式联系。同时，它们也在制定各种国内法规，将劳工标准与对外贸易投资联系起来，其最终目的是促进发展中国家提高劳工标准。

4. 企业社会责任运动的产物：SA 8000

社会责任国际标准体系（Social Accountability 8000，SA 8000）是企业社会责任运动的产物，是全球第一个有关企业道德规范的国际标准，它是1997年由经济优先权委员会（Council on Economic Priorities，CEP）的附属组织社会责任国际（Social Accountability International，SAI）所倡议的行动。社会责任国际成立之初，召集一群专家组成咨询委员会，该咨询委员会集合了来自工会、人权组织、儿童权益组织、学术组织、零售商、制造商、承包商、非政府组织、顾问公司、会计公司及公证行的代表，他们根据《国际劳工组织宪章》《世界人权宣言》《联合国儿童权益公约》，协助起草 SA 8000。SA 8000 适用于世界各地、任何行业、不同规模的公司，其宗旨是确保生产商及供应商所提供的产品皆符合社会责任的要求，与 ISO 9000 质量管理系统及 ISO 14000 环境管理系统一样，SA 8000 也是一套可被第三方认证机构独立审核的国际标准。通过向第三方认证机构的上诉程序，非政府组织若有证据支持，可以对某公司的 SA 8000 认证提出异议。

SA 8000 的核心条款包括童工、强迫劳动、健康与安全、结社自由和集体谈判权、歧视、惩戒性措施、工作时间、工资报酬、管理系统九个方面的要求。如果说 ISO 9000 标准针对的是产品质量，ISO 14000 标准针对的是环境质量，那么 SA 8000 标准关注的是人，是员工的生存质量。从 SA 8000 的内容来看，主要是对企业内部社会责任作出了规定，对企业的外部社会责任几乎没有涉及。由于其特定的使命和宗旨，SA 8000 主要的依据是《国际劳工组织宪章》，其内容和范围是特定的，它没有穷尽企业社会责任的各个方面。因此，我们不能简单地把 SA 8000 看成企业社会责任的全部，不能把它作为企业社会责任标准的典范，否则，就会忽视企业对环境、对社会的责任，从而降低企业社会责任的标准。在企业实践中，尤其应注意到这一点。

> 关于 SA 8000，一些学者认为其具有某种贸易壁垒的特性，有的学者称之为"蓝色壁垒"，是指以劳动者的劳动环境和生存权利为借口采取的有关贸易保护措施，是对劳动保障、劳动者待遇、劳工权利、劳动标准等方面规定的总称，其与政治权利相辅相成。

5. 企业社会责任的制度化：欧盟的政策①

20 世纪 90 年代末，欧盟经济受到多方面外部环境的冲击。欧盟及其成员国在内部受到非政府组织对企业和政府的施压，在外部受到美国和发展中国家的经济高速增长的压力，开始进行改革以改变现状，90 年代末，欧盟响应联合国号召开始实施可持续发展战略，并于 2000 年《里斯本战略》里提出了"加强知识经济、增加

---

① 肖丽萍：《欧盟企业社会责任政策研究（2001—2015）》，云南大学博士学位论文，2021 年。

更多更好就业、促进可持续增长和社会融合"的目标。次年，欧盟将企业社会责任政策作为实现《里斯本战略》的重要手段。在历史上欧洲国家就有着政府、企业和社会共同协商以面对社会挑战的传统，欧洲的企业愿意在政府领导的框架下调整发展方向，以适应新的全球竞争。

2001年，欧盟委员会发布《推动欧洲企业社会责任框架绿皮书》。这个文件首次从欧盟层面提出企业社会责任的定义和范围，主要从企业内部范围和外部范围来讨论企业应该承担的相关社会责任。

2002年，欧盟委员会发布《企业履行社会责任对可持续发展的贡献报告》。该报告提出了切实的落实方案和措施，得到了极大的回应，该文件从欧盟层面补充现有的地方和国家政策，建议建立企业社会责任的欧盟层面政策框架，支持企业社会责任可以提高企业竞争力的观点。

2006年3月，欧盟委员会在布鲁塞尔发表《执行增长和就业的合作：使欧盟成为企业社会责任的优秀标杆》，这个公告提出使欧洲成为全球企业社会责任优秀标杆的目标，欧盟将企业社会责任政策从2001年绿皮书框架的四个目标精简为可持续增长和更好更多就业两个目标。在进一步推动企业社会责任的建议中，比2002年增加了支持利益相关者行动、加强成员国之间合作、发展消费标签、增加研究和教育、制定国际企业社会责任标准等多项行动方案。

2011年，欧盟委员会发表《2011—2014年欧盟企业社会责任政策更新战略》。这个公告对企业社会责任进行重新定义，比起2001年绿皮书的定义，2011年的内容更简洁，企业社会责任被重新定义为"企业的责任对社会的影响"。文件总结了欧盟推动政策以来所取得的成就和进步，回顾了国际上一些重要的准则和指南，明确了政府和其他利益相关者的角色，对2011—2014年的行动方案作出了规划。相比较之前的几份公告，增加了努力改善公众对企业的信任、改善自我规制的过程、加强市场奖励和强调国家政策的重要性等方法。尽管这个公告被认为是为了恢复经济危机下消费者对市场的信心，但另一方面，在欧盟和全球企业社会责任取得长足发展的今天，新报告暗含对原有企业社会责任政策加强而不是弱化。

欧盟在其企业社会责任政策的出台、发展、调整与实施甚至监测的过程中，通过"政府-企业-社会组织"三位一体的制度构建方式，听取和吸纳了各个利益相关方的诉求，同时也凸显了既作为政策实践主体又可成为政策实施受众的企业的利益诉求。在欧盟企业社会责任政策出台伊始，未通过强行性规制的"硬法"对企业作出法律规制，而是通过类似于协商合作的"软法"实施"有限治理"，这就是通过政府与企业、社会组织间的不断沟通与协商，以通过不断提高政策的公开性与透明度，加强企业的执行力度和社会的助推与监测力度。至此，企业社会责任议题不限于企业与行业自律，而上升为政策范畴，进一步强化了企业社会责任的保障执行力度。

思考：企业社会责任上升为政策范畴的意义何在？

第二节　企业社会工作与企业社会责任的关系

企业社会工作与企业社会责任虽然是不同时代的产物，而且彼此的产生也没有直接因果联系，但两者之间却相得益彰、互为支撑。

一、企业社会工作与企业社会责任的内在联系

企业社会工作与企业社会责任都将以人为本的理念作为其哲学基础，在社会学层面上追求和谐共生；在伦理学层面协调利己与利他；在实践层面则是目标与执行，企业的社会责任要靠社会工作来

帮助实施，可谓一体两面，相辅相成。

1. 哲学层面：企业社会工作与企业社会责任体现了以人为本的思想

在企业发展的历史中，企业社会责任概念的引入在一定程度上体现了人文关怀的暖色，企业社会责任其实正是对现代工业化大生产所导致的劳动异化的一种弥补，是为了保护工人权益、追求社会公平与正义以及营造适宜人类生存的环境。人文关怀的实质是对社会绝大多数人利益的维护，尊重每一个人的自由选择、价值及权利，发挥每一个人的潜能，追求每一个人的全面发展和丰富个性，而不是仅仅追求个体的和少数人的利益。企业社会责任体现的人文关怀可分为三个层次：第一个层次是重视企业员工的权益，如按时发放工资、保证工作场所安全和预防职业病等；第二个层次是重视社会弱势群体，进行人道主义帮助，如对社会的捐赠、救助贫困人口、帮助失学儿童回到校园等；第三个层次是保护人类自身的无机体，如保护自然环境，尽可能地恢复自然环境的原生态，为人类创造良好的生存环境等。①

众所周知，企业社会工作作为社会工作中的实务领域，完全承袭了社会工作的应有价值观，即人道主义精神和以人为本思想。企业社会责任所倡导的人文关怀思想，与企业社会工作以人为本的思想有着本质的联系。两者都体现了对人的最真诚的关怀，并推而广之到整个人类社会和自然环境。

2. 社会学层面：企业社会工作与企业社会责任具有追求和谐共生的目标

正如人类与自然的关系需要和谐相处一样，企业与社会的关系也需要和谐相处、繁荣共生。企业社会责任正是反映了这一重要的思想理念。社会为企业提供良好的运转环境，努力避免企业的生产经营受到影响；社会为企业提供物质资源，提供矿石、能源等基本生产资料；社会为企业培养合格的员工、高素质的管理人才以及企

---

① 满河军：《企业社会责任的哲学研究》，中共中央党校博士学位论文，2005年。

业家。反过来,企业也可以影响社会,如倡导正确的生活方式,引领社会文化;爱护自然环境,治理空气污染、水污染、土地污染;救助社会弱势群体,帮助解决生活难题;支持社会教育,解决经济困难地区的教育难题等。当然,企业与社会之间也存在矛盾,如资源运用、期望差异等,我们应当承认差异、承认矛盾,彼此协调,共同协商,寻找和谐之道。企业与社会具有一种共生关系,企业的长期生存有赖于其对社会的责任,社会的安宁与幸福又有赖于企业的盈利和责任心。只有通过企业与社会的共同努力,人类生活才会更加和谐、更加繁荣。

企业社会责任所追求的是企业与社会和谐共生的目标,完全符合企业社会工作的努力方向。企业社会工作通过对企业员工的关怀来构建健康的社会人,使人与企业实现和谐共生;通过对企业内部各方利益的协调来构建和谐企业,实现利益相关者与企业的和谐共生;通过对企业社会责任的倡导,来推动企业与社会之间的共同发展,实现企业与社会的和谐共生。

3. 伦理学层面:企业社会责任与企业社会工作表现出利己主义与利他主义的协调

企业社会责任也可以看作企业作为社会公民的义利观。"利"有两种性质:自利或私利、公利。公利也是一种利,一般地说,"义"同公利是一致的,但在传统观念中,以为它同自利对立,现在应该说,"义"并不否定正当的自利。[①]片面地追求利润最大化(利),重利轻义,甚至不讲义,是一种态度。强调自己对义的追求,以义取利,"君子爱财,取之有道",也是一种态度。这种态度可以视为就是承担社会责任。企业社会责任的伦理学实质就是提倡兼顾公利和私利,追求两者的协调与平衡,协调利己主义和利他主义。利他主义有三个层次:第一个层次是绝对利他主义,以他人为中心,完全不顾及或者很少顾及自己的利益,可以说是损己利人;第二个层次是充分利他主义,以自己、他人为二元中心,既考虑自

---

① 董德刚:《哲学与现实》,经济科学出版社 1999 年版,第 132 页。

身利益，也考虑他人利益，可以说是利人利己；第三个层次是兼顾利他主义，以自己为中心，先满足自己的利益，在不损害或者不严重损害自己利益的前提下，满足他人的利益需求，可以说是"利人不损己"。

企业社会工作作为一项职业的助人活动，强调以利他主义原则为指导，在实践过程中无处不展现出助人自助的特征。助人自助有两层含义：一为帮助那些有困难的人解决问题，并进一步使其获得自己解决问题的能力；二为在服务他人的过程中，社会工作者自身也能获得进步和成长。所谓"授人玫瑰，手留余香"，帮助他人其实也是帮助自己。从这个意义上讲，利己和利他本身就是一体，本质上不应该对立起来。

4. 实践层面：企业社会责任与企业社会工作的目标与执行关系

企业社会责任以相关者权益理论为基础，认为企业应承担对员工、社区、消费者、环境的社会责任。企业社会责任是人类社会对企业的期望，也是企业在发展中追求的理想目标。但这个目标的具体执行和操作，有赖于企业社会工作的大力倡导和积极推进。企业社会工作是以社会工作的基本理论与方法，在企业内外从事员工生产适应、环境协调、福利保障、职业生涯发展的管理工作，其目的是在员工职业与福利发展的基础上提升企业效率。它是企业管理的有机组成部分，是社会工作理念、方法在企业管理中的运用。从企业社会工作的内容来看，它从事的每一项工作都是具体的、琐碎的，但就是这些具体而琐碎的工作，最终支持了企业社会责任目标的实现。所以，企业社会责任与企业社会工作是目标追求与实际执行的关系，是"一个铜板的两面"，是当代企业管理的一体两翼。现在一些企业专门设置了企业社会工作岗位，这种专职专岗的特性决定了企业社会工作者就是企业社会责任的专职责任者。[①]

---

① 高钟：《经验研究中的概念澄清与理论拓展——企业社会工作与企业社会责任学术研讨会综述》，《社会工作》2009 年第 5 期。

二、企业社会工作者在履行企业社会责任中的角色及注意事项

1. 企业社会工作者在履行企业社会责任中的角色

企业社会工作者在履行企业社会责任中的角色,取决于他们在帮助企业实现社会责任过程中发挥的功能。企业社会工作者在履行企业社会责任中的功能主要分为三个方面:第一,员工层面的帮助和支持功能;第二,企业内部管理层面的利益协调与沟通功能;第三,企业与社会和谐共生的倡导和推动功能。

(1)支持帮助者——员工的知心人。

员工问题一直以来都是企业社会责任关注的焦点之一,企业社会工作者对企业员工的帮助和支持主要包括如下四个方面。

第一,为企业员工提供咨询服务,以缓解企业员工的心理压力和情绪困扰。企业员工面对着工作与生活压力以及其他方面的压力,心理上的不适必然会通过多种形式表现出来,比如焦虑、郁闷、烦躁、不安、易怒,甚至有厌世轻生或暴力对抗的极端行为。从某种意义上说,一般企业的生产经营性活动对诸如此类的心理不适表现并不会过分关注和重视,因此,这些心理不适表现不仅不能得到有效的控制、缓解和解决,而且还会在问题没有得到解决的情况下变得越来越严重。心理问题的存在和严重化趋势,必然影响到员工的身心健康,这不仅会影响到员工本人的情绪与工作及生活,还会直接影响到企业的工作效率甚至企业形象。[1]

第二,为员工提供平等的就业机会、培训机会、升迁机会。企业为员工提供平等的就业机会,在职业选择上要反对各种各样的歧视。在就业政策中要体现男女平等,少数民族地区企业要主动吸收少数民族人员就业。企业要为不同性别、年龄、民族、肤色和信仰

---

[1] 周沛:《一项急需而有价值的社会工作介入手法——论企业社会工作》,《社会科学研究》2005年第4期。

的员工提供平等的职业升迁机会，不得人为限制。在接受教育的方面，企业要为员工创造良好的条件，使员工在为企业工作的同时有机会提高科学文化水平，促进员工的自我发展和完善。

第三，为员工提供民主参与企业管理的渠道和介入管理企业的机会。员工是企业中主要的劳动者，虽然处于被管理者的地位，但是劳动者一样有参与企业管理的权利，对企业的重大经营决策、未来发展等重大问题有发表意见和建议的权利。企业尊重员工民主管理企业的权利，重视员工的意见和要求，也能够调动员工的劳动热情和工作的积极性，有助于企业工作效率的提高。

第四，为员工提供安全和健康的工作环境。员工为企业工作是为了获得报酬以维持自己的生存和发展，但是，企业不应以为员工提供工作为由而忽视员工的生命和健康。很多工作对员工的身体健康有伤害，如化工、采矿和深海作业等，对于工作本身固有的伤害，企业必须严格执行劳动保护的有关规定。另外，工作环境的安排也必须符合健康标准，工人不得在阴暗潮湿的环境下长期作业，工作间要通风、透气等，这些都是安全健康的工作环境的基本标准。

（2）沟通协调者——和谐企业缔造者。

企业在经营活动中，有很多利益相关者，它们之间可能会存在矛盾和冲突。作为企业社会工作者，其一项重要任务就是沟通协调多方面的利益矛盾体，以确保企业的和谐规范发展。具体而言，可以有如下一些工作内容。

第一，对员工利益的维护与协调。改革开放以来，由于多种所有制共存及某些企业对利润的过度追求，使得员工（包括进城务工人员）的利益遭受损害，企业违反《劳动法》甚至国际相关法规的情况屡见不鲜。维护利益受损员工的权益，成为企业社会工作者的一项重任。但是，如果把企业社会工作当作维护员工利益并向企业主"索债"，那实在是一种误解。其实，美国的福利秘书正是应资方邀请来主动为劳方服务的，第一个福利秘书唐野菊（Aggie Dunn）女士的工作也得到了劳资双方的肯定，被称为"唐妈妈"

(Mother Dunn)。鉴于此,企业社会工作也应该受到企业主的接纳,并为和谐企业建设服务。[①]

第二,对股东、商业伙伴、消费者、政府部门的利益协调。股东作为企业的投资方,商业伙伴作为企业的合作方,消费者作为企业的购买方,政府作为企业的管理者和支持者,都与企业的经营活动发生着直接或间接的联系。他们与企业之间存在对立统一的辩证关系,既是利益的共同体,但在某种特定条件下又有其各自不同的利益重心。当彼此都站在各自的角度维护自己的利益时,矛盾和冲突就难免发生。企业社会工作者除了关注员工利益之外,对股东、商业伙伴和消费者等相关利益者群体的关注,是其沟通协调者功能的一个必要延续。

(3)倡导推动者——企业与社会的桥梁。

企业在社会中生存,从更为宏观的视角看,企业社会责任涉及对社区、环境以及政府的责任;而企业社会工作者为了促成企业与社会之间的和谐共生关系,担任着倡导者和推动者的使命,充当了企业与社会之间的桥梁和纽带。

第一,企业与社区之间是一种相互交叉的、你中有我、我中有你的关系,两者相互影响,不可分离。一方面,社区内的人员素质、文化传统对企业的员工素质和价值观有一定的影响,良好的社区环境和高素质的人群是企业发展的有利条件;另一方面,企业积极主动参与社区的建设活动,利用自身的产品优势和技术优势扶持社区的文化教育事业,吸收社区的人员就业,救助无家可归人员,帮助失学儿童等,不仅能为社区建设作出贡献,而且会变成无形资产,对企业的经营发展起到不可估量的作用。这就需要企业社会工作者关注企业与社区的关系,积极倡导并推动企业对社区建设的贡献。

第二,企业与自然环境的关系如同鱼水关系,两者谁也离不开谁。人类进入20世纪以来,科学技术飞速发展,严重破坏了环境。

[①] 刘七生:《我国企业社会工作的进展与反思》,《社会工作》2008年第10期。

环境的污染、土壤的沙化、奇缺物种的减少，引起了世界各国科学家的关心和重视，环境保护成为人类面临的迫切而严峻的问题。企业在环境污染中扮演了主要角色，因此，企业在消除环境污染、保护环境中肩负着不可推卸的责任。企业社会工作者、社会组织等已经对这个问题高度关注，并试图通过倡导来积极推动企业对于自然环境保护的责任。

2. 企业社会工作者在履行企业社会责任中的注意事项

企业社会工作者在履行企业社会责任中的注意事项包括恪守专业价值、与企业主建立良好关系、方案设计兼顾企业与社会的目标等内容。

（1）恪守专业价值。

企业社会工作者在开展劳工服务、落实企业社会责任的过程中应当注意恪守"以人为本、关怀弱势群体、促进社会和谐进步"的专业价值和专业目标。[1] 然而，企业社会工作者在落实企业社会责任的现实工作中，往往会接收到违背社会工作价值理念的指令，他们被价值冲突所困扰，左右为难，如何能够在不违背社会工作价值理念的前提下将事情处理好，给服务对象和利益相关方一个满意的交代，是对企业社会工作者智慧的一个挑战。

（2）与企业主建立良好的合作关系。

企业社会工作者不论是否在企业任职，都应该注意与企业主之间建立并维护良好的合作关系。企业社会工作者从事的倡导、敦促、推动企业责任的履行工作，可能会面临很多阻力。尤其是在企业经营者对企业社会责任的认识比较模糊、行动比较迟缓的状况下，企业社会工作者势必要花费更多的时间和精力去做说服工作。所以，企业社会工作者既要与企业主维持良好的关系，又要考虑如何有效地说服企业主。

（3）方案设计兼顾企业与社会的目标。

企业社会工作者在开展工作、落实企业社会责任的过程中，应

---

[1] 钱宁：《工业社会工作》，高等教育出版社2009年版，第258页。

考虑到方方面面的利益，同时各项工作的开展也要基于企业的具体情况，量力而行。方案设计虽应立足于专业价值和专业目标，但也要灵活设计，以不与企业的总体目标发生激烈冲突为原则。同时，还要兼顾企业的利益和社会发展的目标。这充分体现出企业社会工作者作为利益协调人的角色和使命。

三、企业社会工作和企业社会责任的功能互补

企业社会工作与企业社会责任之间的关系是一种内在的结合，这种结合主要体现在二者功能的互补性上，具体表现为普遍性与特殊性相结合、原则性与操作性相结合、被动性与主动性相结合。

1. 普遍性与特殊性相结合

企业社会责任是伴随着人类文明的进步而出现的，体现了社会发展对企业经营活动的一种诉求。因此，企业社会责任表现为一种宏观的标准，它适用于所有企业。不论是对于员工的责任、对消费者的责任、对政府的责任、对社区的责任、对环境的责任，也不论是经济责任、法律责任、道德责任、慈善责任，其对所有企业的规定都是一样的，并没有因不同行业、不同规模的企业而有所不同。因此，我们可以认为企业社会责任表现为一种普遍性，是对所有企业履行社会责任的一种要求。而企业社会工作与企业社会责任不同，企业社会工作着眼于具体的企业，它的服务对象是具体的个人、事件、企业主等，因此，企业社会工作体现了一种特殊性。这种企业社会责任的普遍性和企业社会工作的特殊性，恰好形成功能互补。在致力于达成企业与社会和谐共生的目标上，两者各有优势且相互补充。

2. 原则性与操作性相结合

企业社会责任的定义一直在发生变化，其概念内涵越来越丰富，也越来越明确，但依然没有一个学者可以给出一个包罗万象的、完整的界定。这说明企业社会责任反映的是一种原则性的标准，并不能非常具体地给予量化。因此，在具体的操作层面上，企

业社会责任的履行要依赖于企业社会工作的支持。而企业社会工作则恰是一项注重实践和操作的活动，不论是对于企业员工、企业利益相关者，还是对于企业与社区，抑或企业与环境，企业社会工作者所进行的支持、帮助、沟通、协调、倡导、推动等工作，都可以量化和评估。从这个意义上看，企业社会责任的原则性与企业社会工作的操作性形成了很好的功能互补作用：前者是后者的追求目标，后者是前者的执行过程。

3. 被动性与主动性相结合

从企业社会责任的理论与实践的历史演进来看，企业接受并履行社会责任是一个被动的过程。时至今日，尽管社会各界的呼声很高，但是依然有很多企业行动迟缓。在很多国家和地区，企业社会责任对企业并没有足够的约束力，企业社会责任的履行几乎是空白。企业社会工作对企业履行社会责任的介入，对改变这种现状是一个很好的尝试。因为企业社会工作强调积极性、主动性、能动性，能够通过社会工作专业的方法和途径，设计方案、建立关系、努力实践并致力于获得成效。企业社会工作的这种主动性可以很好地改变企业对社会责任履行中的被动性。虽然这个过程可能比较艰难，但只要企业社会工作者持之以恒地努力，就会逐步改变企业对社会责任的认知和行为。

第三节 中国企业社会责任与企业社会工作的介入

目前，企业社会责任的履行与企业社会工作的介入在我国都得到一定程度的重视和发展，但是，对两者之间联系和互补功能的关注和研究并不多。随着社会工作在我国的兴起，企业社会工作介入与企业社会责任的进一步实施，两者之间的内在联系必将越来越紧密。

一、中国企业社会责任的发展历程

1978 年召开的党的十一届三中全会提出改革开放的重大战略决策方针,围绕基本经济制度的完善、现代企业制度的建立以及开放型经济体系建设等方面开启了伟大的经济体制转轨的探索征程,这也伴随着中国企业社会责任探索历程的缺失缺位、引进学习、探索成长与创新发展等阶段。①

1. 缺位错位期(1978—1993 年)

在改革开放初期(1978—1993 年),国有企业改革主要以"放权让利"为核心,如"企业本位论"的提出为赋予企业的基本经济角色功能提供了理论基础。因而这一时期通过扩权让利试点、经济责任制、利改税、承包经营责任制、租赁制、股份制试点等改革举措,促使国有企业开始树立与增强经济责任意识。然而基于扩权让利、两权分离的国有企业改革并没有让国有企业真正成为自负盈亏与自主经营的完全意义上的微观经济主体,国有企业成为兼有生产、社会保障、社会福利和社会管理多种职能的"社区单位"。因此,这一时期国有企业与社会的边界较为模糊,国有企业在现实运行中仍然没有褪去"小社会"的浓厚色彩,企业与社会的关系与边界仍然较为模糊;并且,在社会责任制度供给方面也围绕着国有企业的经济主体性与能动性展开,如 1986 年国务院出台的《关于深化企业改革增强企业活力的若干规定》、1988 年颁发的《全民所有制工业企业法》、1992 年颁发的《全民所有制工业企业转换机制条例》等,都是推进国有企业履行经济责任的制度供给,即加速国有企业对自身所应承担经济责任意识的渗透。但在企业内部的社会责任管理中,对内部利益相关方即员工承担无限责任的同时,对外部利益相关方的责任内容与边界仍缺乏区分界定。总体上,这一时期

> 企业的这类生产运营模式与我国计划经济时期的"企业办福利"的"国家-单位保障型"的社会保障模式相关。

---

① 肖红军、阳镇:《中国企业社会责任 40 年:历史演进、逻辑演化与未来展望》,《经济学家》2018 年第 11 期。

国有企业的政治责任、经济责任、法律责任、社会慈善与环境责任缺乏区分，形成了政府公共责任与企业社会责任的畸形错位形态。

同时，这一阶段民营经济（民营企业、私营经济、个体经济）在计划经济体制下几近消亡的绝境中逐步恢复。1988年6月国务院发布的《中华人民共和国私营企业暂行条例》以及1993年国家工商行政管理局发布的《关于促进个体私营经济发展的若干意见》等，这一系列政策条例与指导意见的出台为民营企业的发展提供了良好的市场政策环境，一定程度上明确了民营企业的经济责任以及隐含式地规定了民营企业应当向政府承担的"政府责任"，如纳税额度与规范经营等。但由于整体上民营企业处于创业起步期，其履责能力极度薄弱，所面向的利益相关方也仅仅是对自身的股东承担经济责任以及对政府承担依法纳税的责任，在更为多元的利益相关方主体如消费者、社区就业与援助、慈善捐赠以及环境治理等方面的社会责任内容极度缺失。

2. 分化探索期（1994—2006年）

经过前期的"两权分离"与"放权让利"两大制度契约性变革与经济利润约束性变革，国有企业逐步地认识到经济责任的重要性，但其仍然受到"企业办社会"的影响，国有企业的社会责任仍然需要得到重新建立。在1993年11月通过的《关于建立社会主义市场经济若干问题的决定》中，提出现代企业制度体系建设成为国有企业改革的主要方向，即通过明晰国有企业产权、明确国有企业的责任与权利，并推进企业政治责任与经济责任的一定程度的分离，使得国有企业真正成为自主经营、自负盈亏、自我发展与自我约束的法人实体与市场竞争主体。从具体制度设计与操作方案来看，八届人大五次会议上通过的《中华人民共和国公司法》，真正意义上的现代公司法律制度得以初步建立。十四届五中全会指出，要通过国有企业的战略性调整，将企业的资本结构与投资结构进一步优化，并在微观领域向控制国民经济命脉的行业加速集聚，使这一时期国有企业的去社会化以及提升国有企业的经济效率与市场活力成为显著的特征。在去社会化的影响下，许多国有企业的社会责任意识与社会责任行为能力严重弱化,在市场逻辑的支配下将产出增长等同于企业的社会责任,且在企业与社会的关系上国有企业很大程度上在市场逻辑的支配下脱嵌于社会之外。总之,这一时期国有企业的社会责任呈现极端化的迷失状态,国有企业的社会责任被定义为政府干预经济与政府参与经济的手段。

同时,这一时期历经"南方讲话"的标准讨论和十四届三中全会通过的《中共中央关于建立社会主义市场经济体制若干问题的决定》以及两次宪法修正案,以国家最高法律的形式确认了非公有制经济(私营经济、个体经济等)在社会主义制度中的地位(市场地位与法律地位)。在民营企业的市场合法性地位得到确立的背景下,民营企业履行经济责任的能力不断加大,经济效益领先全国平均水平;① 民营企业履责管理与实践能力也得到明显增强,主要表现在组织整体的经济价值创造能力、组织内部的责任治理结构、组织的创新能力、政府税收、社会就业、社会公益与慈善等方面。② 在组织的治理结构方面,据全国第七次私营企业抽样调查的数据显示,2005 年私营企业中设立股东大会的高达 58.1%,设有工会组织的占比达 53.3%,设立员工代表大会的有 35.9%。在组织的创新能力方面,据国家知识产权局 2006 年对全国 43 383 家企业申请的专利数据调查,私营企业申请的专利占比高达 41%,大幅超过国有企业、集体企业与外资以及港澳台企业分别占 23%、13.9% 与 11.9% 的比例,民营企业对于社会创新的带动能力明显增强。在社会公益与慈善议题方面,民营企业积极在"光彩事业"中开展社会责任实践。③

3. 快速成长期(2007—2012 年)

这一时期,国有企业延续着国家干预和参与经济的角色定位,

---

① 王海兵、杨蕙馨:《中国民营经济改革与发展 40 年:回顾与展望》,《经济与管理研究》2018 年第 4 期。
② 陈永杰:《2006 年中国民营经济发展分析》,《中国工业经济》2007 年第 11 期。
③ 张道航:《改革开放 30 年与民营企业发展及其社会责任演进》,《企业文明》2008 年第 4 期。

发挥弥补市场失灵的功能，并在控制国民经济命脉的关键行业与关键领域取得了重大的进展。从企业社会责任制度供给特征来看，国务院国资委分别于 2008 年与 2011 年对中央企业（也适用于国有企业）的社会责任进行了明确的内容界定，明确了履行社会责任的五大议题，使得国有企业在经历社会责任的迷失期后厘清了国有企业与社会之间的关系。在这一时期，国有企业被认为是社会大系统的组成部分甚至是子系统，是社会运转的器官，并作为具有整合经济与社会功能的现代意义企业，实现了国有企业真正内嵌于社会之中，并影响着社会价值创造绩效以及成为解决"社会失灵"问题的重要参与者。同时，在国有企业社会责任实践推进主体方面，各级政府、国际组织以及国内的行业协会、非营利组织通过社会责任倡议、社会责任指南以及搭建社会责任理论研究平台，为我国国有企业提升企业社会责任管理与实践能力提供理论支撑和舆论引导，成为多元协同地推进国有企业社会责任发展的至关重要的外部社会力量。这一时期在国有企业社会责任制度供给不断强化的背景下，国家电网、南方电网、中国移动、中远集团等一大批国有企业继续探索和寻找适合自身的社会责任管理模式与社会责任实践应用，在社会责任管理体系建设方面取得了重要进展。

这一时期，随着我国社会主义市场经济体制改革的逐步深入，大量的民营企业不断完善内部治理结构，加强了自身的科学化、规范化与现代化的管理进程。但是由于美国次贷危机爆发并造成了全球性的经济危机，民营企业面对国际市场需求的大幅萎缩以及国际国内的生产要素成本逐步上升的经济形势。国务院于 2009 年以及 2010 年分别发布了《关于进一步促进中小企业发展的若干意见》《关于鼓励和引导民间投资健康发展的若干意见》，为进一步支持中小微企业的健康发展与转型升级制定了一系列政策措施。这一时期的民营企业虽然受到国际金融危机下全球经济低迷与市场萎缩的影响，但是民营企业在经济责任履行方面仍然体现出较强的抗逆性。在社会慈善责任方面，由民营企业作为重要参与主体的中国光彩事业促进会在 2008 年为抗雪救灾捐款贡献力量，还有很多民营

> 思考：企业践履社会责任与企业追求利润之间是否是对立关系？为什么？

企业在参与灾后援助等各项援助活动中展现了良好的社会责任形象。更为重要的是，在这一时期深交所、上交所分别发布了《上市公司社会责任指引》《关于加强上市公司社会责任承担工作暨发布〈上海证券交易所上市公司环境信息披露指引〉的通知》，推动了沪深上市公司探索企业社会责任信息披露的制度规范，此后逐步实现了社会责任披露的诱导性制度向强制性制度相结合的社会责任披露制度体系构建。但这一时期民营企业的社会责任管理与实践在快速发展的过程中也体现出极大的曲折性，如2008年"三聚氰胺"事件、2011年双汇"瘦肉精"事件使得部分民营企业陷入企业社会责任缺失的舆论漩涡，为民营企业的社会责任发展进程蒙上了一层阴影。

4. 创新规范期（2013年至今）

随着中国经济进入新常态，在国有企业分类改革的政策设计下，国有企业与利益相关方及其他社会主体之间形成共同演化的共生系统。国有企业分类改革的背后隐含着国有企业本质上是一个兼具经济与社会功能的现代企业，但是在具体运行上不同类型的国有企业的经济属性与社会属性的整合程度具有异质性。因而，这一时期的国有企业社会责任的内容边界更加清晰。从制度供给来看，这一时期国有企业履行社会责任的制度安排加快完善，强制性制度变迁与诱导性制度变迁齐头并进，企业社会责任法制化与规范化的趋势日益明显。主要表现在《中共中央关于全面推进依法治国若干重大问题的决定》首次将企业社会责任上升到国家战略层次，社会责任议题性质的立法如《环境保护法》《安全生产法》和《食品安全法》都完成修订，社会责任指南与标准本土化进程加快，以及行业性标准不断细化。以上举措使得不管是国有企业还是民营企业都进一步对自身的企业本质与功能角色定位的认知更加清晰，对社会责任管理与实践能力不断增强。从社会责任的实践效果来看，许多国有企业越来越重视企业的社会责任管理。同时，在"大众创业，万众创新"的制度环境下，民营企业的社会责任管理与能力获得了长足发展。在本土化的社会责任指南与标准方面，2015年6月，《社会责任指南》(GB/T 36000-2015)、《社会责任报告编写指南》(GB/T 36001-2015)和《社会责任绩效分类指引》(GB/T 36002-2015)三项国家标准正式发布；行业性的社会责任标准如《中国工业企业社会责任管理指南》《中国信息通信行业企业社会责任管理体系》《中国负责任矿产供应链尽责管理指南》《乳制品行业社会责任指南》等为所在行业国有企业履行社会责任提供了更为具体的规范。

在民营企业的经济责任实践方面，民营经济对于国民生产总值的贡献持续增强，且民营企业对于全国税收收入的政府责任贡献也不断加大。在社会就业议题实践方面，民营企业吸纳社会人员就业的能力显著增强，民营经济（私营企业与个体企业）吸纳就业人数的比重大幅提升。在产业结构层面，民营企业成为推动新时代中国产业转型升级的重要动力来源，在近年来出现的新经济、互联网经济、共享经济等新业态中，民营企业如京东商城、阿里巴巴占据了重要位置。在其他的社会责任内容维度方面，如社会捐赠与慈善方面，民营企业在教育医疗、农村扶贫、救灾以及社会求助等，民营企业的社会责任议题参与度越来越高，2022年入选"中国慈善排行榜"的100家企业多为民营企业。

二、中国企业履行社会责任中的问题困境

改革开放40余年来，我国不管是企业社会责任的理论研究还是社会责任管理与实践探索都取得了很大进展。但由于企业社会责任作为"舶来品"引入我国的时间仍然较为短暂，受制于制度环境供给以及理论研究薄弱，我国与发达国家的社会责任研究与管理实践相比仍然存在着明显的差距，主要体现在企业社会责任理念认知、企业社会责任管理整体水平以及企业社会责任行为实践等方面。

1. 理念认知有待进一步深化

在企业社会责任缺位错位期和分化探索期两大阶段，不管是国有企业还是民营企业，都逐渐意识到作为企业所应承担的基本的经

济责任与法律责任，企业对于社会责任的认知理念有了一个基本的雏形，但缺乏对企业社会责任概念与内容的完整认知。进入企业社会责任的分化探索期后，不管是国有企业还是民营企业，都将企业社会责任理念进一步向前延伸，但我国企业对于社会责任的管理与实践的理念认知很大程度上来源于外部的制度压力以及社会公众的期望，并在一定程度上形成了企业社会责任的认知误区。一些企业只看到企业员工的"经济人"一面，忽视了"社会人"一面，对企业社会责任认识模糊，没有充分认识到社会责任为企业带来的不是负担，而是发展和创新的机会。典型的认知误区有以下三点。

第一，认为企业社会责任与企业营利对立。一些企业管理者认为，利润最大化是企业的使命、目的和第一要务，企业创造出经济效益就实现了社会效益，企业不是政府机构，也非慈善机构，不应承担社会责任。倡导企业社会责任就是重走"企业办社会"的老路，违背了市场经济的基本规律，从而剥夺了企业发展的权利和机会。

第二，认为企业社会责任只是大企业的问题。有些中小企业的管理者认为，中小企业仍然处于原始积累和生存阶段，无暇顾及企业社会责任，目前主要任务是发展，可以等企业发展壮大了再关注和承担社会责任。

第三，认为企业社会责任完全是发达国家实施新型贸易壁垒的工具。一些企业和舆论评价企业社会责任就是发达国家继反倾销和绿色壁垒之后针对发展中国家的新型贸易壁垒，是将劳工标准、环境保护与国际贸易挂钩和联系的一种新型的贸易保护措施，消极地把它看成是不合理的歧视性的市场壁垒。

2. 企业社会责任管理能力有待加强

进入企业社会责任创新规范期后，国有企业与民营企业成为驱动中国企业社会责任发展的重要微观载体。但由于企业社会责任本身概念的模糊以及企业对企业社会责任理念认知的极大差异，使得中国企业社会责任的管理水平呈现出参差不齐的状况。近年来，由于受到中国宏观经济下行以及企业整体上处于转型期等因素的影响，中国企业社会责任发展的总体水平仍然较低，与社会预期相比仍然存在明显差距。据中国企业管理研究会社会责任专业委员会和北京融智企业社会责任研究院共同发布的《中国上市公司社会责任能力成熟度报告（2017—2018）》显示，中国资本市场的社会责任发展成熟度综合指数得分为40.18分，处于弱能级，且中国上市公司的社会责任能力成熟度得分偏低，只有1.8%的上市公司处于本能级，绝大部分企业普遍没有进行社会责任知识管理，社会责任专项培训和专职人员数量严重不足。此外，根据中国社会科学院经济学部企业社会责任研究中心发布的《中国企业社会责任研究报告（2017）》显示，2017年中国企业300强企业的社会责任发展指数达到37.4分，中国企业社会责任整体水平仍然处于起步阶段。责任管理指数自2015年以来呈现不断下降的趋势，在新时代创新驱动发展导向下，大部分企业处于传统要素驱动向创新要素驱动的转型关键期。在整体上处于转型期的背景下，企业运营管理的经济压力日益加大，对于基于社会责任管理与实践的长期可持续型的管理模式的重视程度与推进效果有所减弱。这使得在企业社会责任创新规范期，企业的社会责任管理能力有待进一步加强。①

3. 企业社会责任实践行为存在异化风险

我国企业社会责任实践中仍面临着行为异化风险，主要体现在："口是心非、知行不一"的伪企业社会责任泛滥；社会责任"暗度陈仓"设租寻租；企业社会责任实践呈现"面热内冷"等一系列实践困局；企业社会责任实践目的普遍聚焦微观层面的工具理性。近年来，随着新工业革命的持续演化，人类经济社会由传统的工业经济时代迈入平台经济时代，但其经济价值创造的背后是社会价值与环境价值创造的严重匮乏，社会创新与履责平台也极为少见。企业社会责任异化行为有了新的依托载体，主要表现在各类平台型企业所产生的社会责任实践行为异化问题层出不穷，平台情境

---

① 肖红军、阳镇：《中国企业社会责任40年：历史演进、逻辑演化与未来展望》，《经济学家》2018年第11期。

下的种种社会责任实践行为异化严重破坏了企业社会责任生态圈运行秩序的稳定与可持续发展。

三、企业社会工作介入企业社会责任的可能性

近年来，政府及社会促进企业社会责任的推动力越来越大，专业社会工作的发展方兴未艾，这都为企业社会工作介入企业社会责任创造了可能性。

1. 企业重视

2003年11月10日，《人民日报》刊发文章《别让SA 8000认证绊住脚》，我国媒体和学术界随即掀起对SA 8000的讨论和研究，甚至引发了多视角的不同观点的争论。SA 8000导入中国，一方面引起理论界和社会其他各界对企业社会责任的争论，使国际企业社会责任运动引入中国；另一方面，也给中国的学术界和企业界补了一堂课，使社会各界对企业社会责任的建设重视起来，成为对我国学术界提出的重要课题。《WTO经济导刊》杂志社中国企业社会责任发展中心曾对1 500家各类企业进行的一次问卷调查显示，只有16%的受访企业对"企业社会责任""SA 8000"和"跨国公司'生产守则'"三个概念不太清楚，85%的受访企业认为企业社会责任应该包括法律责任和道德责任，90%的受访企业认为企业社会责任表现为保障员工利益，90%的受访企业认为履行社会责任可以给企业带来长期利益。这四个数据表明，大多数企业了解企业社会责任的概念，认识到企业除承担经济责任外还必须履行法律责任和道德责任，形成了善待员工、以人为本的责任理念，意识到履行社会责任对企业可持续发展的重要意义。企业应该认识到，企业经营把履行社会责任放在重要位置上已经迫在眉睫，企业社会责任建设已经成为中国企业可持续发展的重要因素和我国现代化建设中的一种新型的企业文化，不重视企业社会责任这种新型文化建设的企业或企业家，将在未来的经营活动中面临很大的社会压力，甚至会被社会淘汰出局。

思考：如何理解企业社会责任建设已成为我国现代化建设中的一种新型企业文化？

京东集团的企业社会责任践履①

（请扫二维码）

2. 政府积极推动

在第四届企业社会责任国际论坛上，中国商务部相关人员做了题为《中国政府高度重视企业社会责任工作》的报告。报告指出，中国作为快速发展的新兴经济体，正在积极推进企业社会责任体系的建设，中国政府对此始终给予高度重视，并从制度和政策层面对企业应该承担的社会责任给予了明确规定。中国商务部从贸易环节入手，采取了一系列政策措施。2007年，商务部会同原国家环保总局出台了《关于加强出口企业环境监管的通知》，加大了对排污出口企业尤其是涉及高能耗、高污染企业的环境监管力度。同年，商务部还出台了《关于加强加工贸易管理有关问题的通知》，将环保、能耗、用工、设备水平等指标纳入加工贸易企业经营状况和生产能力的核查范围。在资源型产品出口配额招标中，商务部引入了企业社会责任审查程序，明确规定没有按时足额缴纳员工社会保险和环保未达标的企业将被取消投标资格。商务部还积极开展行业信用建设工作，推动建立行业信用体系，履行社会责任。同时，中国政府还严格要求中国企业在开展境外经济合作活动中坚持互利共赢，遵守当地的法律法规，履行必要的社会责任，重视当地民生和环境保护，与当地人民和睦相处，促进当地的经济发展。②2015年，《社会责任指南》（GB/T 36000-2015）等国家标准正式发布；2016年，国务院国有资产管理监督委员会发布《关于国有企业更好履行社会责任的指导意见》，明确指出"企业积极履行社会责任，以遵循法律和道德的透明行为，在运营全过程对利益相关方、社会和环境负责，最大限度地创造经济、社会和环境的综合价值，促进可持续发展"。中国式现代化的发展目标，为企业履行社会责任提出了新要求，指明了新方向，赋予了新内涵。

---

① 《创业二十年，刘强东带领京东集团创造长期社会价值》，大众网 http://www.dzwwcom/xinwen/jishixinwen/202307/t20230720_12398225.htm，2023年7月20日。

② 王超：《中国政府高度重视企业社会责任工作》，《WTO经济导刊》2009年第7期。

3. 专业社会工作的发展

我国专业社会工作的迅速发展为企业社会工作介入企业社会责任提供了良好的基础条件。尤其是党的十八大以来，专业社会工作取得了突破性发展。[①]2016年10月，民政部等12部门联合出台《关于加强社会工作专业岗位开发与人才激励保障的意见》，率先在民政领域、民政范围开发设置社会工作专业岗位，并积极推动在青少年事务、社区矫正、禁毒戒毒、卫生健康等相关领域设置社会工作专业岗位。截至"十三五"末，在城乡社区、相关事业单位和社会组织等开发设置了44万多个社会工作专业岗位，为广大社会工作专业人才发挥作用提供了重要的平台载体。通过职业水平考试、学历学位教育、在职在岗培训"三位一体"的培养方式，全国社会工作专业人才总量达到160余万人。这支队伍成为社会建设的重要参与者和贡献者，也让社会工作发展的根基更加坚实。

社会工作学历教育的数量和质量持续提升。从2011年年底至2022年7月，开设社会工作专业的专科院校从40所增加到70所，本科院校从269所增加到328所，开设社会工作专业硕士的院校从58所增加到183所。还有22所院校自主设立社会工作与社会政策博士点，其中，社会工作博士点5所，社会工作博士研究方向17所。由专科、本科、硕士、博士构成的学历教育每年培养近4万名社会工作专业的毕业生，是我国社会工作专业人才队伍的重要来源。

全国社会工作者职业水平考试的影响力持续扩大。自2019年以来，考试报名人数以每年十余万人的数量递增，2022年报考人数接近90万人，已跻身国家较大规模的人事考试行列。截至2022年9月20日，全国共有92.9万人取得社会工作者职业资格证书，其中，助理社会工作师72.4万人、社会工作师20.5万人、高级社会工作师约400人，形成了初、中、高级相衔接的社会工作人才梯队。

---

① 闫薇:《十年擘画踏征程　奋楫扬帆再向前——党的十八大以来我国社会工作发展综述》,《中国社会报》2022年9月21日。

4. 社会组织与社会工作机构的发展

广义的社会组织是指由一定数量人群基于共同目标、经由相应程序而聚合的社会群体；狭义的社会组织是基于公益性目标依法登记注册成立的非营利性组织，具体表现为社会服务机构、基金会等形态。[①] 社会组织是供给公共服务及创新社会治理的重要主体。我国社会组织的发展为企业社会工作介入企业社会责任提供了平台和保障。

根据2022年《中国民政统计年鉴》，截至2021年年底，全国社会组织的总量为901 870个。慈善组织与社会服务机构是社会组织的基本形态。近年来，我国的社会工作机构数量日益增多。通过加大政府购买服务的力度、减免税收、降低登记门槛等措施，各地成立社会工作服务机构1.5万余家，涵盖省、市、县的地方性社会工作行业组织达1 200余个。基层社工站（室）发展迅猛。经过广东省"双百计划"和湖南省"禾计划"的先行探索，民政部于2020年10月全面推进乡镇（街道）社工站建设。截至2022年8月底，全国已建成乡镇（街道）社工站2.3万余个，覆盖率超过60%，5.8万名社会工作者驻站开展服务。同时，在城乡社区、相关事业单位和社会组织等设置社会工作服务站（科室、中心）约6.4万个。社会工作服务机构、社会工作服务站点初步形成了广布城乡的社会工作服务网络，让社会工作服务更普及、更便捷，服务效能更高。[②]

思考题

1. 论述企业社会责任的内涵。
2. 论述企业社会工作与企业社会责任之间的内在联系。

[①] 易艳阳：《统合附属与悬浮内卷：农村外源型社会组织的实践检视》，《农林经济管理学报》2022第3期。
[②] 闫薇：《十年擘画踏征程 奋楫扬帆再向前——党的十八大以来我国社会工作发展综述》，《中国社会报》2022年9月21日。

3. 论述企业社会工作者在履行企业社会责任中的角色。

4. 简述中国企业社会责任的发展进程。

5. 结合案例，分析中国企业社会责任践履中的成效与问题。

推荐阅读

刘俊海：《公司的社会责任》，法律出版社1999年版。

王超：《中国政府高度重视企业社会责任工作》，《WTO经济导刊》2009年第7期。

肖红军、阳镇：《中国企业社会责任40年：历史演进、逻辑演化与未来展望》，《经济学家》2018年第11期。

闫薇：《十年擘画踏征程　奋楫扬帆再向前——党的十八大以来我国社会工作发展综述》，《中国社会报》2022年9月21日。

张道航：《改革开放30年与民营企业发展及其社会责任演进》，《企业文明》2008年第4期。

第六章

企业社会工作的主客体系统与行动机制

企业社会工作作为社会工作的一个具体领域,在其工作的过程中涉及工作的主体与客体两个系统,并形成独特的行动机制。主体系统包括政府部门、群团组织、社会组织、企业等子系统。客体系统则主要是企业员工、员工家属、企业管理人员、社区等子系统。两者之间的互动形成企业社会工作的行动系统,并在这个行动系统的运作过程中形成了企业社会工作的行动机制。本章主要针对企业社会工作的主客体系统、行动系统与行动机制进行分析。

第一节　企业社会工作的主体与客体

作为协助企业关系中处理社会功能与人际关系问题的专业手法，企业社会工作的实质是通过特定的福利发送体系将服务提供者的专业技术与手法发送给特定人群或个人，以解决他们的问题或满足他们的需要。其中，服务提供者（主体）与服务需求者（客体）就成为企业社会工作的两个端点，服务发送的过程与机制就成为影响及制约服务效果的决定性因素。通过了解服务过程中的这两个端点，以掌握企业社会工作的主客体系统及彼此间的关系是本节要讨论的问题。

一、企业社会工作的主体

企业社会关系是一个由多要素构成的系统，涉及不同的利益主体。企业社会工作的任务之一就是处理此类不同利益主体之间的关系。企业中不同利益关系的处理者与整个服务的提供者，就构成了企业社会工作的主体系统。

不同的主体在企业社会工作的角色、功能定位、运作逻辑等具有一定的差异，但共同指向员工福利、企业发展等目标。

1. 企业社会工作主体系统中的宏观层面：具有社会工作取向的政府职能部门

人社、卫健等政府部门的工作范围与工作职责中有大量内容涉及企业社会工作，如劳动纠纷仲裁与调解、职业培训与考核、劳动关系与薪资管理、社会保险与相关保障、职业安全与工伤抚恤、生育保障与健康服务等。作为国家行政机关，这些职能部门主要通过制定行政法规、加强行政执法力度等方式，从宏观层面上对企业等组织的相关工作进行指导与规范。从整个企业社会工作服务的发送体系来说，政府职能部门的工作属于宏观社会工作行政的内容，即以政策和法规的形式确定劳动双方的权利与义务，指导执行者具体落实，以维护和保障员工的合法权益。[①]

2. 企业社会工作主体系统中的中观层面：群团组织

工会、共青团、妇联等群团组织是党和政府联系企业界工人、团员及妇女等特定人群的纽带，此类组织的工作在很大程度上扮演着企业社会工作的角色。从企业社会工作的功能发挥角度看，工会、共青团、妇联等组织一直以来是我国传统式"企业社会工作"的主要承载者与实践者，尽管这并没有被称为企业社会工作。在专业社会工作介入企业的过程中，这些组织应该是企业社会工作主体系统中的子系统，能够为企业员工社会福祉的提升与完善发挥重要作用。从社会工作专业化手法的角度看，这些群团组织需要依托原有的工作平台，利用其特有的组织资源，运用社会工作价值观与介入手法，为服务对象提供专业社会工作服务。

3. 企业社会工作主体系统中的微观层面：企业管理部门

企业中的人力资源部和员工发展部负责为员工排忧解难，为员工提供安全生产、权益维护、医疗保健、社会保险及员工文化生活等福利保障项目。此类工作在很大程度上改善了员工的工作环境，提高了员工的福利待遇，对企业的良性发展起到了积极作用。尽管这些不能简单化地被认为是在实施企业社会工作，但是，在社会工作介入企业的过程中，专业社会工作者必须取得他们的支持和帮助，与企业管理部门一起实施好企业社会工作。同时，企业管理层也要有意识地培养及加强相关部门的社会工作取向，以更好地服务于企业员工的需求。

4. 企业社会工作主体系统中的专业层面：社会工作者

企业中的专业社会工作者主要由两方面成员组成：一是社会组织的服务人员，他们具有专业性社会工作的背景，具有专业社会

---

① 钱宁：《工业社会工作》，高等教育出版社2009年版，第39页。

工作的手法；二是企业管理部门中接受过社会工作教育或培训的人员，他们同样可以用专业手法处理企业问题。在企业社会工作的具体实施中，这两部分工作者必须要在企业管理部门的统一组织下加以整合，才可以进行专业性服务。

以上四大服务主体构成了企业社会工作的行动主体系统。同是行动主体，但是该系统内各要素对自身的定位及发挥的功能各有不同。其中，具有社会工作取向的政府部门主要集中在政策制定与执行监督等方面；群团组织则在提供服务、权益维护及联系政府等方面表现突出；社会工作者具有更强的自发性及专业性，他们立足于企业相关群体的特定需求，提供更为细致、更为专业的服务；企业相关职能部门则立足于企业发展及企业社会责任，为员工的福利及发展提供相应的服务。就各主体的服务倾向来看，虽说目前个人发展取向和社群权益取向两种模式各有一定的比重，但是在四大主体中，企业、政府相关部门、群团组织等更多以个人发展取向和综合取向为工作中心，非营利组织及专业社会工作者的工作方向则依据其自身对于企业社会工作发展的理解，具体实践更为丰富、更为多元。

二、企业社会工作的客体

根据服务对象的特征，社会工作可划分为老年社会工作、妇女社会工作、儿童社会工作、青少年社会工作等；根据服务的空间特征，社会工作可以划分为院舍社会工作、学校社会工作、医院社会工作等。前者主要是针对服务人群特定的年龄与生理特征，采取针对性的介入手法；后者则是将该空间内的相关群体的需求作为工作重点与核心。企业社会工作就是依据此类方法将服务对象确定为企业内面临相同或相似问题的各群体及其相关群体，具体包括企业员工、员工家属、企业管理部门和社区。

1. 企业员工

企业社会工作是针对企业生产过程中发生的问题及相关群体的需要而形成的专业服务。企业员工是企业中的最大群体，也是企业社会工作最重要的服务对象。企业福利、员工职业发展、员工情绪调整与管理、劳动关系、企业文化等都在一定程度上影响着企业的生产及员工的归属与认同。企业社会工作要将这些直接或间接影响双方平衡的问题作为工作的核心与重点，通过多种手法，全面服务于该群体，促进员工的环境适应，提升员工的生产效率与精神福利，从而实现员工与企业关系的适应性平衡。

2. 员工家属

企业员工的生产能力与精神状态与其家庭生活密切相关。为员工提供全面服务的一个基本要求就是将员工的家属纳入工作范围。因此，为员工建立个人档案，并将其家庭生活及家庭关系等进行简单记录与更新，可以帮助社会工作者及时有效地了解员工的最新信息，从而在必要时给予支持与帮助。将员工家属纳入服务范围，可以有效地降低企业员工的心理压力和生活压力，提升员工的精神福利与工作福利。同时，这也是社会工作以人为本的服务理念的具体体现。

3. 企业管理部门

员工虽然是企业社会工作最主要的服务对象，但是要更好地服务于这一群体，需要将与之相关的各类群体纳入服务对象的范围。这是社会工作中的"系统理论"及"人在情境中理论"等理论的应用与实践。企业管理层的管理理念、管理价值观和管理水平对员工的直接影响很大，员工福利、生涯规划等大都与企业管理层密切相关，故企业管理部门作为与员工有着密切频繁互动的群体自然成为工作对象之一。社会工作者可以通过改变企业管理层的管理理念与管理方法来改善企业的生产环境，提高管理效率并改善员工福利，增强双方的支持与包容，从而创造一种双赢的工作环境与生活氛围。在具体操作过程中，社会工作者应从高层的决策、中层的管理以及基层的实施三个不同的层次介入，寻求企业与员工之间良好的互动，达到既提高管理效率、又提升员工福利的目的。

4. 社区

企业社会工作的目标就是促进员工与其所处环境的适应性平

衡。该环境既包括员工的家庭生活，也包括企业管理层，还包括企业所在的社区及社区的各类群体。任何一个企业都必须立足于某一特定的社区之内，与社区内各群体之间的关系就成为企业顺利运行与长远发展不可回避的议题。企业的生产必然会对社区的正常生活产生一定的影响，也会对社区环境造成一定的冲击。妥善安排企业的各项工作以协调企业与社区的关系，就成为企业社会工作者的一种重要工作任务。企业社会工作者需要充分了解社区内各群体与企业生产相关的需求，并通过建议、服务、协调等方式改善彼此间的关系，从而为企业的发展提供必要的外部环境保障。

> 思考：企业与社区的关系。

以上各服务对象构成了企业社会工作的客体系统。系统内各要素虽然同为企业生态系统内的各活动主体，围绕着一个特定的目标展开互动，但他们拥有各自的行动逻辑，并因为彼此的立场与倾向不同而有所摩擦。因此，企业社会工作就需要将该系统全部纳入服务对象，将之视为自己的工作客体系统对待，以系统的、动态的、发展的眼光争取整个系统平稳运行与发展。

三、企业社会工作主客体的关系

1. 主客体间的专业关系

社会工作（福利部门和服务机构）针对个人、团体（家庭或小组）、社区、组织、社会等与其外在环境的不当互动而形成的弱势情况，利用专门的方法和技术，协助当事人改变或推动环境的改变，促进两者的适应性平衡。[①] 企业社会工作就是服务主体利用专业的方法和技巧，服务于企业环境中的相关群体，从而帮助服务对象改善环境、提升生活品质。服务主体与客体即企业社会工作者与服务对象之间的关系，就是社会工作的专业关系。社会工作专业关系是服务者与服务对象之间的心理感受和态度的一种动态交互反应关系，通过此种交互作用，以协助服务对象改善和增强社会生活

---

① 顾东辉：《社会工作概论》，复旦大学出版社2020年版，第24页。

适应能力。① 这种专业关系有不同于其他专业关系的独特性，除了强调社会工作所提供的服务是专业性的，也突出了社会工作者与服务对象的关系即助人与被助的关系。这是一种职业关系，而非私人关系，社会工作者与服务对象在职业关系中的关系是相互尊重与帮助、彼此平等的。

社会工作的专业关系兼具工具性和情感性的两重性，但是这两者是兼容的。② 也就是说，社会工作者在工作过程中既要防止过于理性，也要控制情感的过度投入，保持理性与情感的平衡。对于社会工作者而言，平衡不同利益主体（尤其是员工与企业之间的诉求）寻求双赢的效果，既是企业社会工作应遵循的原则，也是实现公平正义的专业理念的可行路径。因此，企业社会工作者需要在专业关系中对工具性与情感性加以平衡，以更好地达到预期效果。

建立良好的专业关系的要素有尊重、接纳、同情心、真诚、保密等，通过工作者与服务对象之间良好的专业关系的建立，形成一种信任、舒适、宽松、和谐的气氛，使服务对象产生安全感和自我开放的心态。这是社会工作者开展专业服务的前提条件。③

2. 特定情境中的主客体关系

社会工作者与服务对象的专业关系（如情感性与工具性）是处理一般问题的通则。但是，在特定的情境中，当某一主体面对某一客体时，必须考虑到企业社会工作者与服务对象的独特性。根据企业社会工作者的特定类型，要充分考虑到特定情境中主客体之间的关系。

（1）企业内部社会工作者与服务对象的关系。

企业内部社会工作者是企业招聘的员工，是企业管理部门中的工作人员，如人力资源部或者员工关系部门的专业工作者，其所服务的对象包括员工、家属、企业管理层及社区、消费者等。当当不同客体之间产生矛盾需要协调时，企业内部社会工作者需要在双赢的基础上妥善平衡两者之间的关系。作为居间调停者，企业社会工

---

① 张洪英：《社会工作教育与专业社会工作关系透视》，《社科界》2007年第1期。
② 王思斌：《社会工作导论》，高等教育出版社2004年版，第159页。
③ 钱宁：《工业社会工作》，高等教育出版社2009年版，第47页。

作者在面对如上矛盾时，不但要发挥缓冲与化解的作用，还要在调解中保持社会工作的理性良知，坚持社会工作的伦理价值观。这是任何社会工作者都必须坚守的职业伦理。但是，企业内部社会工作者作为在企业中工作及生活的个体，其又必须依托企业而生存，尤其是其可能会面对企业的考核系统的约束。这时，社会工作者所遭遇的伦理困境不仅仅是平衡不同的服务对象，还必须权衡自己的选择与立场对于自己在企业中的职业发展的影响。

（2）社会组织中的专业社会工作者与服务对象的关系。

社会组织与企业的关系主要有两类：一类是社会组织完全独立于企业；另一类是社会组织通过与企业合作获得企业员工服务发包的合同。专业社会工作者作为社会组织的工作人员，虽然同样必须坚持与服务对象保持专业关系，但是，在企业通过发包的形式将企业员工服务外包给社会组织，通过企业购买服务的形式委托社会组织实施社会工作的条件下，企业有责任、有权力对服务过程尤其是服务的结果进行监督，甚至可以对服务的方向进行控制。这时，对员工的服务就不仅需要按照服务对象的需求与社会工作者的评估来推进，还必须充分考虑企业及雇主的要求。此时，社会工作者对企业的介入所面对的将是更为复杂的选择与平衡。

思考：企业内部的社会工作者与外部社会组织的社会工作者在角色功能、工作方式等方面有何差异性？

（3）群团组织工作者与服务对象的关系。

企业中的群团组织工作人员也是企业社会工作中的"准社会工作者"，如工会、共青团等组织的工作人员，他们也是企业社会工作的重要力量。作为执政党联系群众的特定组织，他们的工作具有明显的政治及行政色彩，其特定的身份决定了他们调停者和维护者的角色定位。群团组织工作人员需要协助企业管理层，为员工的安全生产、权利维护、福利保障等做好行政管理和协调工作。

分析企业社会工作的主体与客体关系，必须考虑到企业社会工作作为一项保障企业员工福利的服务发送体系，会涉及社会工作者的管理、归属、独立性及社会工作者所在组织的倾向性等一系列问题。这些问题都会在某种程度上影响到社会工作者与服务对象之间的专业关系。尤其是在不同客体之间存在矛盾，而社会工作者作为主体需要对之进行权衡时，就更需要对企业社会工作福利发送系统的设计初衷及服务定位进行全面了解，否则，就会有脱离事实空谈的嫌疑。设计企业社会工作的服务体系，规范与约束企业社会工作者的工作范围和工作方向等，应该是社会工作介入企业的重要前提。

第二节　企业社会工作的行动系统

如同其他社会工作实务一样，社会工作对企业的介入就是一个系统性的行动过程，是对企业及其员工多方位的服务过程，是对员工的赋能增权的过程。

一、企业社会工作的行动系统

行动系统是指一个具有行动主体、组成要素、组织结构，可以独立运行的可调、可控、可测的社会组织管理体系。

在对行动系统进行分析时，必须考虑到系统具有整体性，即系统是各个组成要素相互影响、相互作用的有机整体。其中的每一个要素的变化依赖于所有其他要素，即各要素具有相关性。系统可能是开放的，也可能是封闭的，开放的系统中有要素不断流入，改变着系统的行动过程，但最终也会达到系统的稳定。封闭系统虽然不会有要素流入，但是其内部也会经历调整的过程，最后达到系统的定态，也就是系统的最终平衡。在达到最终平衡之前的系统就处于动态阶段，这也是现实生活中系统的最为常见的状态。同时，要考虑到系统的环境适应性，就是当外部环境发生改变时，系统会自动调整其行动要素的行动过程，并最终达成系统的整体平衡。

系统不是自然既定之物，不是遵循制度演化的普遍规律诞生的，而是建构的结果。建构系统的过程首先考虑的是行动者所要解决的问题，然后选择一套程序或一个模式来应对这个没有已知解决方法的问题，并最终形成一个结构化的人类群体。①该群体以合乎理性的方式在一个既定范围内支配着人们行动的社会控制方式。其中，这套程序或者模式可能是原有的，也可能是新发现的。而这套模式或者程序在系统中发挥着至关重要的作用，其连接起所有行动要素，将之统筹与整合，决定各要素行动的方式与方向，并最终决定问题解决的基本思路与基本框架。

企业社会工作正是这样的系统，内部各要素之间互相关联，彼此牵制，但可以在流动及变化的过程中达成均衡。各要素之间的结构是建构的结果，其建构的方式是根据企业社会工作需要解决的问题来确定的，其可能是原有模式的遗留，也可能是全新模式的创造。内部各要素之间的互动过程如图 6-1 所示。

图 6-1　企业社会工作的行动系统

二、企业社会工作的行动过程

企业社会工作的主体不仅仅是福利分配和输送的角色，还是积极的助人者。企业社会工作者需要通过组织和调动各种资源，将他们与服务客体进行连接，并和服务对象一起去发现问题、解决问题，最终推动人们采取行动改变现状。因此，企业社会工作的行动系统中包括主体、客体等互动性要素，还包括组织协调、资源整合、服务提供等实施性要素。行动系统根据具体的行动机制将所有

---

① ［法］米歇尔·克罗齐耶、埃哈尔·费埃德伯格：《行动者与系统——集体行动的政治学》，张月等译，上海人民出版社 2007 年版，第 273 页。

要素进行组合与统筹，并在具体行动中按照不同的方式和程序推进服务对象与环境的融合。

1. 主体的学习与内化

企业社会工作的四类主体中除了专业组织具有比较浓厚的专业倾向外，其他主体都或多或少地具有一些行政或者经济的色彩。作为企业社会工作者，对于社会工作专业知识尤其是价值理念的学习是必不可少的。故整个企业社会工作的顺利推进需要各主体不断学习和内化社会工作的相关知识与价值理念，掌握更为细致、更为专业的操作手法。他们更需要对自身从事企业社会工作的特点拥有足够的认识及反思，从而更好地满足服务对象的需求，解决服务对象的问题以提升员工的职业福利。其中，行动机制的学习是至关重要的，因为这是企业社会工作者对该项福利的过程和效果是否具有反思及改善能力的前提与条件。

2. 主体的服务

主体的服务并不是单向的，而是双向的交流与互动。社会工作助人自助的基本理念就很好地反映出双向交流和互动过程："助人"需要助人者的"帮助行动过程"，也需要被救助者的"接受行动过程"；"自助"是助人者的"帮助行动"在先，被救助者的"提高行动"在后，这是一个反馈的行动过程。

在服务过程中，需要注意三个步骤和环节：

（1）问题确定。

企业社会工作的主体在进行服务前，首先需要对服务对象进行分析，明确其问题的症结所在。这是接案前的准备工作。这项工作相当重要，因为社会工作者在将相关价值理念、行动机制及技巧等内容学习内化之后，他们将会根据自己的专业知识积累与经验对服务对象进行问题的界定，并根据自己的判断来推进后续工作。也正是在这一过程中，企业社会工作的价值观、伦理选择与功能定位等得以充分体现。同时，该企业社会工作的功能定位是倾向于个体发展、社群权益还是综合发展，将在此诊断过程中得到确定与彰显。

（2）资源整合。

为了达到目标改变，企业社会工作者需要与服务对象一起组织和调动各种资源，推进资源与服务对象的连接并发挥相应的作用，以促进服务对象采取行动改变现状。在此过程中，企业社会工作者将立足于前一环节，也就是问题确定，选择需要和可以调用的资源类型并制定相应的干预方案。问题诊断的方式不同，其面对问题所调用的资源及解决问题的思路也会不同。

（3）服务提供。

这是一个非常注重技术与操作的环节，企业社会工作者将依托行动机制，针对服务对象的问题症结，充分调用各项资源，与服务对象同行，共同促进服务对象目标的达成。该环节看似是整个行动系统中最为重要也是最易为人所见及评估的环节，但是其前两个环节的决定性作用不容忽略。

3. 反馈与效果评估

服务主体与客体的共同行动结果可以通过服务效果的评估予以检验。这种反馈过程既可以对原有的服务技巧进行检测，也可以对行动机制和服务理念进行反省与完善。但是这两者的反省不是在一个层次上进行的，前者是就"操作"反思"操作"，后者则是跳出"操作"，站在一个更高的平台上，省察整个服务发送的体系与机制，从而从根源上理解此操作何以如此的原因，能够从社会政策与社会行政的角度来重新诠释企业社会工作并带来更为深刻、更为系统的改变。

4. 形塑与完善

行动系统不是封闭的，而是一个具有一定权变性的组织体系。社会工作者与服务对象之间的助人自助活动将依托企业社会工作的发送体系及整个企业社会工作的行动机制，通过社会工作者的具有一定自主性的服务及服务对象的配合共同完成整个服务过程。这个过程的终结不是以服务的结束为标志，而是以企业社会工作者对于整个服务过程、服务理念、行动机制及服务手法的全面反思与提升为目标，这是一个螺旋形的不断完善与发展的过程。服务主体将在这一过程中获得成长，而整个服务系统也将同时获得完善。

企业社会工作者通过"服务-反馈-反思-提升"等过程，不断优化企业社会工作服务系统，提升服务质量。

三、企业社会工作行动系统的动态平衡

系统具有极强的环境适应性，尤其是一个开放的系统，其内部各要素在整体系统中的任何变化都会引起其他要素的相应变化。但是，对于整个行动系统而言，却可以通过这种不断改变的过程逐渐完善，最终达到系统的动态平衡。促进系统改变的因素主要包括以下三个。

1. 主观因素

主观因素即主体对于社会工作基本价值理念的认识与内化、主体对于行动目的与规范的理解、主体统筹资源的能力。

系统作为一个具有权变性的组织，内部可能引起或促进系统改变的要素有很多，尤其是组织内部的成员。他们是整个组织系统中具有最大的灵活性及能动性的主体，虽然他们的行动都在某种程度上遵循组织的规则与规范，但是组织却无法从绝对意义上对成员的行动进行完全的限定，尤其是在主体多元化的状态下。[①]

2. 服务对象的反馈

服务主体在服务过程中通过与服务对象的不断互动获知对方对该项服务的态度，这些评价会激发起服务主体对社会工作专业、自身价值观及专业理念的反思与自省，从而促进服务主体（企业社会工作者）的改变。

相较而言，行动机制较为稳定，也是对整个系统的运作发挥着决定性功能的要素。但是，作为行动主体面对问题所建构出来的解决问题的基本思路、框架与模式，其对行动主体的依赖是显而易见的。主体的能动性与灵活性在行动机制的制约下能够被限定在一定的范围内，从而实现系统的动态平衡。行动机制一旦改变，则意味着主体对问题的解决思路的全方位改变，此时，行动主体的众多

---

① ［法］米歇尔·克罗齐耶、埃哈尔·费埃德伯格：《行动者与系统——集体行动的政治学》，张月等译，上海人民出版社2007年版，第275页。

主观因素都会相应发生改变。如此，整个行动系统将会实现更为深刻、更为全面的发展与变化，并最终实现更高层次的动态平衡。

　　整个行动系统正是在主观与客观因素的相互制约下最终实现了整体的动态平衡。但是相较而言，主观因素的变化更多地表现了服务主体的主观能动性及个体差异性，以及因此而带来的服务效果的差异。客观因素（行动机制）的变化则表现为系统的整个行动逻辑的变化，因为这必然带来主体对于整个行动过程的理解及相应的行动的全方位改变。因此，行动机制的变化更是决定性的。

　　无论是主观要素的变化还是行动机制等客观要素的变化，企业社会工作的行动系统能够在这种变化中调整各相关要素，使之能够适应及配合变化，从而达成整个系统的最终平衡。

第三节　企业社会工作的行动机制

　　企业社会工作之所以能作为行动系统运行，是因为其有内在的行动机制。

一、企业社会工作的行动机制

1. 系统中的机制

　　何谓机制？《现代汉语词典》对机制的解释是："机器的构造和工作原理；泛指一个工作系统组织或部分之间相互作用的过程和方式"。了解机制必须在系统中分析，也就是唯有在一个发展变动的整体中理解各要素的变化过程及变化动力、变化方向等，才能够全面分析。机制发挥作用的方式是在系统这一组织中，在特定的结构化空间中，通过限定主体的行动方向与行动规则，并使得系统中的行动主体按照某种特定的框架及在这一框架指导下的某种程序或者某种模式来解决问题。问题解决的路径、效果与该结构、框架及模式都是密切相关的。

之所以将行动机制作为整个系统的重点进行分析与研究，就在于其是能够有效地阐释系统在具体情境中发展、行动的关键性因素。系统是客观的，也是建构的，与此相关联，行动机制也是建构的。系统具普遍性，行动机制作为结构化的力量是系统在特定情境中发展出来的具有强烈适应性的应对框架。这意味着系统的普遍性在面对情境的改变时必然会发生适应性改变。因此，系统是相对稳定的，稳定是建立在环境适应性及逐渐平衡的基础上的，是在流动的过程中达到的稳定状态。促进系统要素流动的原因很多，包括主观行动主体的原因及服务对象的促进，但最重要的、具有决定性影响的还是客观原因，即系统行动机制的改变。

系统的行动机制如何影响整个系统的运作？在整个系统的组成要素中，除了行动主体、客体等有形要素及资源调用、组织安排等无形要素外，行动机制作为一个要素分析特征在于其无形。也就是说，它不是以一种可见的方式存在于系统中，而是作为一种决定性的力量渗透于其他要素中，尤其是渗入价值观、行动规范等环节中，通过组织安排、资源整合等方式影响整个系统的行动过程，并最终直接决定行动效果。行动机制不仅在以上行动系统的正常发展逻辑中影响其中的某些要素，改变整个行动的预期程序或者效果，甚至会颠倒整个系统的程序，直接影响系统中主体对于问题的界定，随后改变整个系统围绕着问题解决而设立的一系列过程，最终直接重构整个系统的行动。行动机制作为结构化的力量，不仅影响着行动主体对于问题的界定、认知，而且也决定着主体解决问题的基本思路，决定着主体所能够调动的资源与组织网络。行动机制作为客观因素，其对于整个系统的改变是通过对主体的显性的及隐性的控制来实现的。

2. 企业社会工作行动机制

何谓企业社会工作行动机制？可以将之理解为：在企业社会工作这一行动系统中，决定各组成要素（服务主体、服务客体、行动、目标、资源、角色等）相互作用的过程和功能，并对整个企业社会工作系统最终问题的解决发挥决定性作用的结构化力量,这种力量转化为行动框架及行动的路径,指导并决定着主体的行动实践。

目前,学术界和实务界关于企业社会工作的探讨大多集中在服务模式、服务领域、服务内容、服务方法等方面,在探讨中,一些话题总会得到普遍的关注,如企业社会工作与一般社会工作的区别、企业社工的伦理困境等。其实,这些探讨如果不能够放在社会工作行动机制这个平台和背景下来考虑,就失去了探讨的意义。因为就中国内地而言,社会工作仍然在起步阶段,各地都在不断实践社会工作的专业化、职业化发展路径。目前,已经形成了以上海市为代表的政府与社会组织结合的模式,以广东省深圳市为代表的社会组织运作为主的模式,以江西省万载县为代表的政府运作为主的模式,以及以广东省珠海市为先驱的企业参与社会工作的模式。但是这些尝试还较少渗入企业社会工作中来,多停留在传统社会工作的服务空间里,即社会工作作为对于社会弱势群体的关注,其首要的对象主要是社会弱势人群,如妇女、儿童、残疾人、老人等,或者社会生活的特殊空间,如医院、学校、监狱等。企业社会工作是一个非常特殊的领域,其特殊性就在于其既不是服务于弱势人群(相较而言),也不是发生在特殊空间。并且,其目标、主旨和一般社会工作又有所区别,即在一个以营利为最终导向的组织中进行的社会工作,这就决定了其必然面对复杂的价值伦理考验。

正如社会工作的发展需要深入思考其服务模式与行动机制一样,对于企业社会工作这一特殊领域的实践就更需要深入细致的梳理。我们发现,机制作为建构的产物,行动主体对于所面对问题的理解及界定直接影响到整个系统中行动机制的建构过程与建构方向。也就是说,系统的建构者如何看待、理解企业系统所面对的一系列问题,如员工福利的提升、员工潜能的挖掘、员工权益的维护、企业效益的改进、企业氛围的创造、管理效能的改善等。对于这些问题的不同理解,将导致企业社会工作的不同定位:或是员工权益维护者的角色;或是企业员工双赢的取向;或是企业维护者的

在此意义上,企业社会工作算是一类常态化的社会工作,具有普遍性与普适性。

角色；或是赋予三者不同的权重。不同的定位自然也就会导致不同的企业社会工作行动机制的设计。因此，企业社会工作行动机制是系统建构者基于对所面对问题的不同认识而相应设计出的解决问题的思路、框架与模式。该机制对于理解不同社会及同一个社会中不同的企业社会工作实践具有决定性意义。

二、企业社会工作行动机制的国际经验

如何建构适合中国国情的企业社会工作行动机制？怎样的机制能够更好地达到整个系统预期的目标？如何分析该机制下相关要素行动的逻辑？如何理解该机制下社会工作者的伦理困境？如何评估该机制的效果？该机制与其他社会工作行动机制的不同在哪里？这些问题是我们研究企业社会工作所必须面对的。在对这些问题进行思考与探索前，学习和借鉴其他社会中的经验就成为必不可缺的一部分。

1. 美国企业社会工作的发展经验

纵观美国一百多年的企业社会工作史，我们会发现虽然在不同阶段企业及工会对社会工作的态度不同，但是最终形成了以企业内部咨商部、与企业订有合同的第三方社会工作组织、工会三位一体的组织框架。其中，各方的价值、立场各有不同。企业内部的咨商部负责咨询、团体工作、帮助企业改革等众多任务，全面提升员工福利与促进企业发展。第三方社会工作机构通过合同或契约关系为企业提供服务，为确保企业的满意度，在签订合同前，将针对该企业制定的咨商方案提交给企业认定。工会较之前两者，其发展定位除针对不同会员的服务之外，还对于劳资关系予以一定的关注。

2. 我国台湾地区企业社会工作的本土发展

我国台湾地区企业社会工作的发展始于20世纪中后期，其行动主体主要包括三方面。一是企业尝试。20世纪60年代，部分企业为了解决员工的休闲娱乐、个人成长等问题，在企业内部设立劳工辅导员，这种尝试极大地改善了员工的生活满意度，同时也提升

了员工对企业的归属感与认同感。这些措施刺激并促使政府部门颁发《厂矿劳工辅导人员设置要点》等系列强制性文件，从而推动了台湾地区企业社会工作的快速发展。二是官方倡导。台湾当局主持的"青年救国团"对于青年的成长及劳动阶层在社会生活中的功能给予了充分的重视，要求各县（市）团委会从事青年服务活动，并把工厂青年的督导工作作为今后的工作中心和重点，同时拨付大量经费予以支持。随后，台湾当局将各工厂根据各自规模设立劳工辅导人员作为一项文件要求与落实，并对企业劳工服务工作进行检查、培训与督导。三是宗教整合。推动台湾地区企业社会工作发展的宗教团体主要是天主教和基督教的青年团体。他们都非常注意在青年中传教，劳工自然成为他们的关注对象。他们的工作方式就是利用宗教的影响，通过系列活动将友谊、尊严、成长、爱等传递到劳工队伍中去。[1]

3. 我国香港地区企业社会工作的本土发展

20世纪中后期，随着香港经济的发展及劳工的出现，对于劳工的相关服务也有所发展并日益丰富。最初，基本物质供给、劳工教育、技能培训等服务占据了主流，20世纪六七十年代，随着贫富分化的拉大及社会矛盾的激烈化，关注劳工权益的组织发展起来。80年代，企业社会工作逐渐走向多元化，服务项目、服务内容、服务理念等都有所发展，企业社会工作被成功地纳入社区工作中，并获得了香港公益金的支持。至90年代，面对香港产业的转移及劳工的结构性失业，政府成立雇员再培训局，为符合资格的雇员提供技术训练，以应付香港经济转型的需要，并协助失业劳工再就业。自此，香港的企业社会工作逐渐走向再培训及就业支持服务。[2]

由上可见，美国社会中的企业社会工作主要由企业自身来提供并获得了企业的首肯；除此之外，企业外部的第三方机构也能对之

---

[1] 高钟：《企业社会工作概论》，社会科学文献出版社2007年版，第82页。
[2] 陈根锦：《工业社会工作参照：香港的案例》，2008年苏州企业社会工作会议论文集。

进行补充。我国台湾地区的企业社会工作则具有非常鲜明的特色，就是在企业主动行动之外，还有官方的积极推动，在经费保障及人员配备上，都有明文规定及法律保障。除此之外就是宗教社团活跃于其中，但是工会却未曾显身其中。我国香港地区从事企业社会工作的主要是第三方机构，基本上是慈善部门及服务机构在提供服务。政府仅在转型期剧烈的压力下采取官方行动，且也是以预防为目的而非以补救为宗旨。

三、中国内地企业社会工作行动机制探讨

企业社会工作行动机制作为整个企业社会工作行动系统中决定所有相关要素相互作用的过程和功能的关键力量，对于整个企业社会工作的实践过程、实践动力、实践方式、实践方向等都起着举足轻重的作用。要构建企业社会工作的行动机制，必须首先明确在中国内地资源配置、权力划分的格局及不同类型主体的定位。具体而言，包括以下三个方面。

1. 明确企业社会工作的行动主体

虽然在某些地区的社会工作发展中，出现了由政府财政预算直接购买社会工作服务并为社会工作纳入事业编制的实践，但是这些岗位覆盖的是中国传统的民政及社区工作的范畴。对于企业而言，由于其营利性特征，政府直接进入推动企业社会工作或设置企业社会工作岗位的可能性很小。企业中的人力资源、员工关系等部门一直以来已经进行了大量社会工作的努力，现在需要的是将社会工作的价值观、理念、方法及技巧移植到那些从事实际工作的员工及部门中，以提升前线工作人员的专业性。工会作为工人阶层社会福利的坚定维护者，在过去和将来都是企业社会工作的主体。作为社会服务提供者及社会福利发送者的非营利机构开始进入企业社会工作领域，他们或以合同的方式为企业团体提供相关服务，或为周边社区有需要的人群提供服务。目前，在深圳、广州和上海等地区已经出现了此类组织。未来，企业社会工作的行动主体将主要集中在企

业、工会和社会组织的专业工作者这三个方面。

2. 明确各行动主体对企业社会工作的认识与定位

在企业社会工作的行动系统中，主体的多元化为企业社会工作的顺利开展提供了多元的路径，各主体如何行动，主要取决于他们对于该项工作的认识。香港企业社会工作主要分为和谐模式、冲突模式和意识觉醒模式，不同模式的背后是各行动主体对社会工作理念的认识及其定位的不同。

企业作为营利组织，取得利润最大化是首要的目标，以其为主体开展的企业社会工作不能促使企业违背这一目标追求，否则，就不可能得到企业的赞同和支持。因此，企业管理者必然要求社会工作者按照和谐模式进行实践。

工会自身的性质及历史决定了其在企业社会工作中的角色是员工权益的维权者，但是，工会又具有明显的行政性以及意识形态特征，工会自身组织形式及其权限都受到一定的限制，只能在一定的范围内努力争取员工与企业的双赢，"准社会工作"的力度还有待加强。

社会组织由于自身的复杂性及多样性，不能对之进行笼统的分析。有些组织比较激进，在权利维护及劳资纠纷方面着力颇多，但有些组织比较温和。因此，此类组织对于企业社会工作定位的差异性必然导致其多样化实践。

> 协同企业、企业工会、社会组织等相关主体的关系，也是企业社会工作的重要工作路径与目标。

3. 明确社会工作者在不同类型主体中所面对的伦理困境

专业工作者接受同一套专业伦理与价值观的训练，但是当他们进入不同的行动主体中时，他们会感受到原来的学习与现实生活中存在很大的距离。这一距离不仅来自中西文化的差异，更来自专业价值与所在机构价值取向的差异。这时社会工作的本土化过程就提上了议事日程。因此，在对企业社会工作者所面对的诸多问题尤其是伦理问题进行剖析时，不能单纯地按照专业伦理要求他们应该如何去做，而必须站在一个更高的层面上理解行动者困境的缘由，必须将他们放置在一个更为真实、具体的情境中去理解，尤其是要充分考虑到所在机构的价值取向与功能定位。

正是在厘清如上三点的基础上，我们尝试着建构中国内地的企业社会工作行动机制，如图6-2所示。

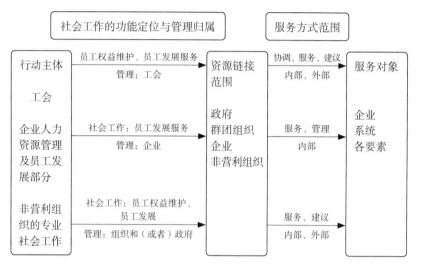

图6-2　企业社会工作行动机制

图6-2是基于中国内地现有企业社会工作实践，同时又充分借鉴其他地区及社会中的经验。该图中的纵向部分分别是行动主体、服务对象及主体所能够动用的资源，横向部分则是主体发挥各自的主观能动性，形成各自独特的服务方式与服务特点的原因，即组织的定位、对社会工作角色的期望、管理归属及服务范围。这些正是行动机制的核心内容，即通过横向部分确定企业社会工作行动系统中各不同要素之间互动的过程。

在中国内地如何推动企业社会工作的进一步发展呢？依托传统的企业"准社会工作"平台，改善及提升原有的实践，并尝试建立及开拓新的服务领域、服务范畴及服务类型。这具体包括三点。

其一，借助于工会工作，发展及提升服务理念与技巧，增强服务意识。工会在企业中是员工的利益维护者，为员工谋利益是工会的最大职责。但是，工会工作并非严格意义上的专业性社会工作，需要在专业社会工作价值观引导下及时更新服务理念及服务手法与技巧，使得服务更为个性化和人性化。同时，工会还要发挥联系群众的优势，在政党、政府及服务对象之间建立稳定的沟通渠道，在政策建议等方面为弱势群体的权益保护发挥作用。如此，工会在企业社会工作中才能够在企业内部员工服务、外部社会网络链接、政府政策建议等方面直接或间接地服务于相关群体。

其二，强化企业人力资源及员工关系部门的服务意识，明确定位，提升技巧。人力资源部作为企业社会工作的主体之一从事着大量的员工服务工作，在专业社会工作还没有全面介入企业的情况下，强化企业人力资源及员工关系部门的服务意识，并将社会工作的专业理念及服务技巧进行内化与移植就成为当务之急。目前非常受欢迎的 EAP（员工辅导计划）就是表现形式之一。企业内部的社会工作主要是在企业内部服务，其定位也限定在员工发展服务上。

其三，发展致力于企业社会工作的社会服务组织。作为社会工作服务载体的社会组织，既可以在企业内部进行员工发展服务，也可以在外部进行建议、倡导、维权等服务，还可以站在中间立场寻找不同利益主体的合作。因此，社会组织的最大特点就是灵活多样，能够丰富及平衡整个企业社会工作领域的不同探索与尝试。

> 目前，我国的社会工作服务主要以特殊人群为主，以企业社会工作为主要业务的社会组织仍需培育发展。

思考题

1. 请论述企业社会工作的主体系统。
2. 请论述企业社会工作的客体系统。
3. 简述企业社会工作的行动过程。
4. 简述企业社会工作的行动系统。
5. 结合案例，分析我国企业社会工作的行动机制。

推荐阅读

顾东辉：《社会工作概论》，复旦大学出版社 2020 年版。

[法]米歇尔·克罗齐耶、埃哈尔·费埃德伯格:《行动者与系统——集体行动的政治学》,张月等译,上海人民出版社2007年版。

王思斌:《社会工作导论》,高等教育出版社2013年版。

张洪英:《社会工作教育与专业社会工作关系透视》,《社科界》2007年第1期。

第七章

企业社会工作与企业内外部的关系

企业社会工作者在开展工作时,不可避免地要与企业内外各部门、社会团体、社区、新闻媒体等发生频繁而广泛的联系,因此,了解企业社会工作与企业内相关职能部门的工作性质的异同以及与企业外组织的联系,对于企业社会工作的顺利开展具有十分重要的意义。本章主要针对企业社会工作与企业内部职能部门、企业外部相关组织的关系进行分析。

第一节 企业社会工作与企业内部职能部门的关系

尽管企业社会工作是专业社会工作在企业中的介入，但是，企业中的服务主体并非完全是专业社会工作性质的。企业社会工作者必须和企业内部的多个职能部门沟通联系并开展工作，与其保持良好的合作关系。

一、企业社会工作与人力资源部门的关系

如同美国企业社会工作开始是从"福利秘书"起步一样，目前，国内相当多的社会工作专业毕业生进入企业后，担任办公室秘书、文员、经理助理之类的工作。其工作职责有不少内容（如员工教育、培训、发展等）与企业人力资源部门相重叠。为此，不少社会工作毕业生进入企业实质上担任人力资源部门的"助理"，该名称很贴切地反映出两者关系的重要方面——企业社会工作是可以"助理"好企业人力资源的发展的。这也就是为什么近年来在苏州等地外资、台资企业中设立的社会工作专门机构与社会工作人员均附属于人力资源部的原因。例如，苏州台资景盟针织企业有限公司的企业社会工作机构即负责人力资源部员工关系课；日资住友株式会社专职的企业社会工作者员工担当也隶属于其人力资源部。

> 目前社会工作在企业尚未有独立的社工部，一般由人力资源代为履行相关功能。

1. 理念的内在契合

人力资源部由人事部变更而来，人事部门原有的如选聘员工、

薪资管理、升迁福利、离职解雇等人事管理职能由之承接下来，针对劳动就业、工会、公平交易、残疾人保障、两性平等就业等方面的政策法规要求有相当的熟悉程度。这些法规政策正是社会工作专业学习的内容。在这个人事部门传统的工作领域内，企业社会工作者是能够对人力资源部门给予"助理"的。

人力资源部与传统人事部门的主要不同是更注重员工在企业中的发展。任何企业的人力资源政策的主要精神都是由此而来，在对员工的选聘、绩效评估、员工福利、员工发展等领域都贯穿着以人为本的精神，这也是企业社会工作者的理念所在。所以，在这些领域的每一项工作中，都活跃着企业社会工作者的身影。例如，在员工选聘中，往往需要企业社会工作者帮助设计招聘方案、评估程序，提供相关法律条文，甚至请其到招聘现场，协助与被招聘者的沟通；在绩效评估时，则需要社会工作者帮助了解相关心理学、组织行为学的知识，提升评估质量并促进员工的职业生涯发展；员工发展中的教育与培训，则更需要企业社会工作者从员工个人心理的自我了解、家庭的支持、沟通方式的提高等方面予以帮助等；至于员工福利，则是与企业社会工作联结最为密切的一项。比较传统人事与现代人力资源在员工福利上的方案区别，就可以清楚地看到企业社会工作者对人力资源的"助理"的重要性（如表7-1所示）。

表7-1 传统人事与现代人力资源的员工福利方案

传统人事的员工福利方案	现代人力资源的员工福利方案
增加薪资	健康方案
加倍付予超时工作者的工资	对员工、配偶、小孩提供教育计划
增加医疗、健康保险	职业生涯咨商
退休计划	家庭计划
人寿保险	财务计划
储蓄选择	法律咨询

在传统方案中，企业社会工作者可以"助理"第三、第四两项内容，而现代方案中所有事项都是社会工作专业的专长所在，都离不开企业社会工作者的"助理"与咨商。大量企业将社会工作专业毕业生冠以"人力资源部助理"的职衔，正是看到了其专业特征并发挥其专长。

2. 工作方法的不同

一方面，由于对社会工作专业缺乏较为全面与深刻的认识，在企业社会工作还不为绝大多数企业运用的条件下，我国社会工作专业毕业生进入企业，从事人力资源"助理"工作，也算得上是专业对口。但是，问题的另一面是，越来越多的员工服务或福利政策及方案，有可能造成社会工作者与人力资源部门固有的人事管理职能发生冲突。因为企业社会工作者主要是以咨商与沟通为方法，发挥出服务的功能，而人力资源部除了咨商沟通之外，还有着行政管理的功能，这是两者的根本区别所在。所以，企业社会工作者在企业还没有建立专门的咨商部门之前，对于人力资源管理应恪守"助理"的界限，不能越俎代庖，否则，不仅迷失了社会工作者的本来角色，而且会失去员工的信任，为以后的工作带来很大的困难。企业社会工作者应该是企业员工与企业管理部门之间的一个中介、一个联结者、一个促进者、一个第三方，而不能将自己等同某一方。社会工作者可以对任何一方进行咨商、"助理"，协助其沟通，但切忌将自己混同为某一方。尤其是在从事人力资源"助理"这个工作时，如果双方的工作有很大的重叠，更要注意于此。在工作方法上，作为行政管理部门，人力资源偏重于行政的科层方法；作为一个咨商中介，社会工作者更偏重于平等协商，而不是行政指令。

二、企业社会工作与生产部门的关系

在任何企业，生产部门都是至关重要的主体部门，它表面上与企业社会工作的关系不大。实际上，企业社会工作是为企业员工服务、解决员工问题的，作为企业中管理员工最直接、最集中的生产

> 很多企业人力资源部门的工作也涉及员工的各种需求及应对性工作，只是没有像企业社会工作介入那样专门化、专业化。

部门，企业社会工作是与生产部门有着众多关联的。

生产部门承担着组织员工按程序、按计划将企业的产品或服务提供给社会的职能，而这些产品与服务能否按质、按量、按时地提供给社会，不仅影响到企业效益目标的实现，更影响到企业的生存与发展。所以，企业生产部门的生产计划严密，生产管理严格，生产纪律严明。大庆精神的"三老四严"（当老实人、说老实话、办老实事；严格的要求、严明的纪律、严密的组织、严肃的态度）正是体现了生产部门的这种内在要求，不但在中国得到强劲推广，而且还传播到日本并为日本企业所用。同时，也正是因为生产部门这种"四严"的特性，成为企业的纪律追求与员工的人性追求矛盾最为集中之处。生产部门由于其对生产计划、控制的职能关注，往往容易忽视对员工心理、情绪等方面的注意，可能对员工造成伤害的同时，也影响到企业的生产与效益，这正是企业社会工作可以补其不足的地方。

1. 生产环境的人性化改善

企业的生产管理是在一定的环境中进行的。作为生产部门的管理者往往注重按生产的工艺特征或按产品的专业化形式安排其空间，按顺序移动或平行移动安排其时间，对于人的情绪与心理状态则往往是忽略不计的。实际上，这种空间与时间所组合成的员工工作环境，对于员工的心理、情绪影响甚大；员工的心理与情绪反过来又影响到生产率的稳定与提高。所以，生产环境如何将影响到生产部门的最终效果。据有关学者统计，劳动环境美化得好，可以提高工作效率15%—25%，可减少劳动时间20%—25%，可减少工伤事故40%—60%。[①] 因此，不少发达国家为避免单调笨重的劳动给员工带来的生理疲劳与情绪烦躁，而有选择地运用音乐、色彩、光线、图画来美化工作环境，调节员工的劳动情绪，使其在整个劳动过程中，有张有弛、有劳有逸，紧张而有序地完成生产任务。这种从员工心理、情绪上着手调节生产环境的工作，恰是企业社会工作

---

① 童星等：《劳动社会学》，南京大学出版社2004年版，第296页。

的专业介入内容。

2. 生产安全的重视

生产部门在其管理中，因为职能的关系，对于生产计划的落实、生产程序的控制关注较多，对于生产安全却容易忽视，这是一个较为普遍的现象。安全管理不到位，其他管理就失去了意义。比如"矿难"等安全生产事故，正是企业生产部门的管理者忽视安全管理的反映。企业安全管理问题，是企业社会工作亟须介入的重要领域。

在安全生产的问题上，企业社会工作者要做的是生产过程中的预防和安全事故发生后的救助。

（1）生产安全的教育与预防。

在生产过程中预防安全事故的发生。首先是要进行充分的安全生产教育，在改善生产环境的前提下，提高对员工的劳动保护措施。如建筑物的坚固程度、采光与照明的情况、防火设施的配套、温度、湿度、空气流通、工作噪声的控制、急救设施的配备等。

部分地区因为安全意识淡薄、工作环境恶劣，造成严重事故的事例并不罕见，其原因除了企业主急功近利外，在生产管理中重物轻人，重生产过程管理、轻安全生产管理是一个重要的原因。

（2）社会保险的办理。

安全事故预防的一个关键就是员工工伤社会保险的办理。工伤保险又称职业伤害保险，是通过社会统筹的办法，集中用人单位缴纳的工伤保险费，建立工伤保险基金，对劳动者在生产经营活动中遭受意外伤害或职业病，并由此造成死亡、暂时或永久丧失劳动能力时，给予劳动者实用性法定的医疗救治以及必要的经济补偿的一种社会保障制度。这种补偿既包括医疗、康复所需的费用，也包括保障基本生活的费用。工伤保险的认定：劳动者因工负伤或因职业病暂时或永久失去劳动能力以及死亡时，不管什么原因，工伤责任在个人或在企业，劳动者都享有社会保险待遇，即补偿不究过失原则。

1996年，我国发布了《企业职工工伤保险试行办法》，建立了适应市场经济的工伤保险框架；2011年7月1日始，我国开始实施《中华人民共和国社会保险法》，以立法的形式规定与保证了包括工伤保险在内的社会保险的推行与实施。考虑安全隐患的因素，企业社会工作者要未雨绸缪，推动生产部门与企业主管在生产管理过程中为员工做好工伤安全事故的预防与保险。

（3）安全事故的预防和处理。

安全事故的预防和处理，是企业管理也是企业社会工作实务的重要内容。任何时间、任何场所都可能有事故的苗头，但是任何时间、任何场所又都可以防止事故。因此，事故预防要警钟长鸣，这也是企业社会工作的重要内容。对于事故处理，需要有较为完善的预案、手段及能力，这些都需要企业社会工作者将其和预防措施作为一个系统而加以推进。

3. 生产积极性的激励

企业社会工作与企业生产管理最直观的联系是员工管理中的激励部分。在20世纪的霍桑实验之后，员工情绪成为企业管理者注意的问题。通过与员工的交流、沟通，了解他们内心的需求，最终选择激励的方法与方案，是社会工作者的专业所长。社会工作者可以在与员工充分沟通的基础上，向生产管理者建议采取何种激励方案，并在方案通过后协助生产管理者推行该方案。

美国著名制造业管理专家理查德·J.雪恩伯尔在《世界级制造业：下一个十年》中指出："在今天有优势的组织中，雇员不仅是制造产品和提供服务，他们掌握多种技艺并且不断地改进自己的工作方式。由于雇员的贡献是多种形式的，他们收到的回报也应是多种形式的'一揽子有价值的东西'。"（如图7-1所示）。

由图7-1可见，除了"基本工资、津贴、奖金、股票"之外，企业员工的需求都是与情绪、心理有关的无形需要。这种无形需要既是多元的，也是多变的，需要与员工密切沟通才能了解与掌握。这些多元、多变、多样、无形的需求，生产部门主管是很难全面了解的，需要社会工作者运用专业手法予以"助理"才能给予满足。

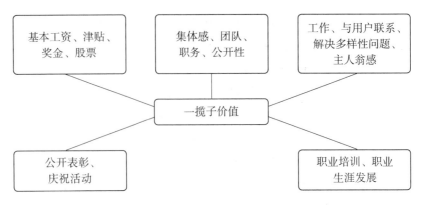

图 7-1 雇员"一揽子价值"回报图

企业社会工作在生产环境的设计、策划，在安全生产的布置与事故发生后的预防，在员工生产积极性的激励诸问题上，均与生产管理部门有着极为重要的关联。这就要求企业社会工作人员要积极主动地与企业中的生产管理部门保持密切的联系，经常性地、制度性地向生产管理部门提出自己对生产环境、生产安全、员工激励诸问题的建议、方案，在生产管理部门同意后督促、检查这些方案的落实情况，并向生产管理部门及时作出反馈。

三、企业社会工作与销售部门的关系

企业效益很大程度上取决于营销部门的工作成效。现代很多知名企业甚至没有生产部门，只有营销策划。如美国耐克、中国恒源祥等注重品牌营销，大批生产厂为其代工生产。海尔集团也提出了"创新是脑，网络是脚，肚子要小，名牌指导"的战略发展思路，即压缩生产部门（肚子），而以品牌为指导进行创新与建设销售网络。

营销部门往往与企业社会工作者没有直接的关系，但由于市场经济的发展，市场日益多元化和个性化，市场营销更多的不仅是营销产品，而是营销服务、营销文化、营销企业理念与人文关怀，这就与企业社会工作有了密切的联系。

事实上，企业社会工作本身也需要进行营销，即向企业管理方、社区、政策、公众宣传企业社会工作的重要性。

1. 市场分析与开拓

市场营销首先是市场分析与开拓。市场分析与开拓的着眼点是在人的需求与需求的满足方面。这就必须针对不同对象的需求进行调查，并进行有效沟通与交流，切实把握住消费者或潜在消费者的真实需求。美国沃尔玛的创始人山姆·沃尔顿发现美国很多小镇没有超市，只有一些小的商店，店中商品种类少、价格贵、服务差。于是，他决心在这些小镇中建立沃尔玛超市。因为这个决策是在充分的市场调查的基础上作出的，而且迎合了公众的需要，很快就遍布美国，同时走向世界，成为世界零售业的巨无霸。

海尔集团的长盛不衰也是他们"以用户的难题为我们开发的课题"，以用户至上的精神，开发满足不同用户需求的产品，从而源源不断地推出新产品，市场越来越大，最终成为巨型家电企业。海尔认识到为用户解决困难就可以创造市场的道理。1998年10月，海尔在其研究院中专门举行了首届"用户难题奖"的颁奖大会，为5位提出过难题的用户颁奖。在此后两年多的时间内，海尔就收到了用户的建议14 000余条，从中开辟了巨大的市场。

沃尔玛与海尔市场分析与开发的成功，其实质则是社会工作理念中的以人为本，注重人的沟通，注重人的需求，最大限度地以服务去满足人们的需求。这样就创建了市场，也培养了忠实的顾客。从心理学、社会学的意义上分析用户的需求，正是企业社会工作可以介入营销部门并能给予帮助的地方。

2. 营销即服务

帮助营销部门与整个企业管理者树立营销即服务的文化理念，是企业社会工作者对营销部门的介入与"助理"。

营销即服务，体现了以人为本、顾客是上帝的经营理念。这个理念在一些国际知名企业中得到了很好的体认，如IBM公司认为自己最好的广告词是"IBM就是服务"。他们认为在当今世界上，产品的价格和技术的差别正在缩小，影响客户购买产品的因素除了品牌和公司形象外，最关键的还是服务品质。从某种意义上说，顾客购买的不是产品，而是某种期望。如果你的服务满足了这种期望,他不但会成为你的忠实用户,还会义务帮企业进行宣传,而这种宣传比企业的广告有力得多。所以,优质服务在提高了顾客回头率的同时,也为企业拓展了广大的市场空间。世界管理学界都认为,IBM公司几十年来并并没有在技术上居于领导地位,它的优势就在于长期形成的"以顾客为中心,为顾客提供优质服务"。

IBM 的经典案例

(请扫二维码)

在确立了营销就是服务的理念之后,还有一个怎样与客户沟通、怎样对待客户的反馈尤其是负面反馈问题,这正是社会个案工作的所长,可以对营销部门的管理人员进行咨商与培训。

对待顾客的反馈尤其是负面反馈,要抱着同理心,耐心地听取其意见,从中分析出其合理部分,对企业工作的不足进行实事求是的评估,并将之反映到有关部门,将其作为企业生产与服务改进的推动力量。这种基于营销就是服务的理念,重视顾客的反馈意见,并将之作为提升企业服务质量的方法,需要具有与顾客有效沟通的个案技巧加以支持。企业社会工作者可以对营销部门进行主动咨商与促进。

第二节 企业社会工作与企业外部的关系

企业发展与其外部环境有着密切的关联。尽管企业社会工作是社会工作对企业及企业员工的介入,但是在工作开展的过程中,企业社会工作不仅是与企业内部员工及管理部门发生关系,而且要与企业外部的各类组织发生关系。

一、企业社会工作与政府的关系

企业社会工作的实质在于在私领域的企业中开展公共服务,以企业的员工福利与发展为追求目标。公共福利与公共服务均是受国家的福利政策与发展政策所影响的。所以，企业社会工作不应局限于企业内部，而必须积极主动地与政府沟通，寻求政府的支持与认可。同时，企业社会工作者还要积极主动地参与宏观公共福利政策与公民发展政策的制定，争取用自身的活动影响政府的福利政策与发展政策的制定，从而在为企业员工争取到良好的福利与发展环境的同时，也能使企业得到更好的发展。

1. 争取政府政策资源

政府是各种社会资源的最大拥有者和掌控者，也是社会福利政策的制定者与主要实施者。企业作为主要的社会经济组织，其运行与活动离不开政府的支持与保护，尤其是其员工的福利享受与个人发展，更是在政府的宏观福利政策与国家、公民的发展政策的引导下运行。因此，争取政府的公共福利与发展资源，为企业员工争取到更多的福利所得与发展机遇，是企业社会工作者最为重要的任务。

思考：政府在公共福利供给中的角色有哪些？

（1）争取政府的各项福利政策资源。

企业社会工作的主要任务是为员工福利与发展提供服务，除了企业自身的资源之外，福利服务还需要借助政府的各项政策性资源。政府的福利政策资源体现在两个方面：其一，政府要求企业为员工提供的各项福利资源。例如，政策规定企业必须为员工交纳的住房公积金、医疗保险金、失业保险金、养老保险金、员工技能再培训等，这实际上是政府为企业员工提供的间接福利与发展资源。其二，政府为企业员工直接提供的各类公共福利与公共服务，这是政府手中最大的资源，也是企业社会工作者要为本企业员工极力争取的福利。

企业员工福利除了其自身的各类失业保险、医疗保险、退休保障等福利之外，还应包括子女教育保障、家属医疗保障、病残生活保障等一系列福利，这些都是政府应予以提供的社会公共福利与公共产品。但这些公共福利与产品是稀缺资源，如何争取政府的这部分资源的合理配置，也就成为企业社会工作者要全力关注的重要工作。因为它关系到企业员工个人与家属的安全保障与健康发展，直接影响到企业员工的劳动积极性与企业的生产效益。

比如交通问题，由于不少企业偏离主城区，企业周围往往没有公交线路与车站。很多企业或租或买大巴车，解决员工的上下班问题。而设置公共交通是政府应该为公民提供的公共服务，是公民应享受的公共福利。企业社会工作可以通过各种方法与渠道，呼吁政府在员工与企业集中的地方增设交通线路与车站。

又如医疗问题，医疗保健是政府应提供的社会公共服务。我国医疗卫生资源配置存在不平衡、不充分的矛盾，大部分优质资源集中在城市，在城市中也主要集中在老城区，而在企业相对集中的新城区，医疗资源较为紧缺。大型企业可能自设卫生所，中小型企业则面临医疗资源获取不便的难题。争取政府在企业相对集中的地方增设医疗网点，成为企业社会工作者可介入倡导的方面。

还如员工的职业培训问题。现代技术革命日新月异，很多企业都面临着员工的技能提高与转换的培训问题，有很多技能的培训与转换是本企业内难以解决的，需要政府提供相关的培训场地、设备、师资、资金等。能否得到这些支持，也是企业社会工作者工作成效的表现之一。

（2）政府政策对企业的支持。

政府政策对企业的支持案例[①]

（请扫二维码）

为实现企业发展和员工利益保护，除需要企业和员工的共同努力之外，运用好政府部门的政策，得到政府部门的支持，也是极为重要的。企业社会工作者要认识到，企业社会工作的介入，不仅仅是协调好企业和员工的关系，与政府的沟通也是保证企业社会工作得以顺利开展的重要因素。

2. 参与并影响政策

企业社会工作者要很好地争取政府政策资源的支持，必须创造

---

① 《人民日报》客户端，2022年11月1日。

条件，积极参与政府相关社会政策的评估，用社会工作的理念，从企业社会工作的特殊视角，去影响政府官员、社会舆论与社会民众，使政府政策能更好地代表和体现企业员工的福利与发展要求。

（1）政策评估。

政策评估即按一定的理念、程序，对政策的目标、设计、实施、影响、效果等进行科学的评价、估量的社会行为，是国家民主化进程中的一个重要体现。改革开放以来，我国政府在提高执政能力，变管理型政府为服务型政府方面做了大量的工作，政策评估公开化是其中的一项重要内容。如近年来春节铁路运费调价听证会以及不少地方政府的水、电费调价听证会等，实际上就是一种最基本的政策评估。

目前，各类听证会主要局限在事关社会大众生活福利方面，专注于企业员工福利与发展的还比较少。实际上，在事关企业员工的薪酬、保险、医疗、子女教育、交通等方面，有许多政策是需要听证、公议、评估的。如最低工资、医疗、教育资源配置、交通线路设置、廉租房建设等。不少地方政府也开展了这类政策评估工作，但主要是通过政协、人大等传统途径在做，缺乏进一步的拓展，更没有企业社会工作者的参与。由此，出台的相关政策无法体现社会工作自助助人的理念，更因缺乏对企业的具体了解而带有很多局限性。企业社会工作者参与事关企业员工及其家属福利与发展事项的评估，就是要用企业中具体的经济数据，以法律为依据，从社会公平、和谐发展的角度对即将出台或已经出台的政府政策进行评估。

（2）企业社会工作介入政策评估的领域与方法。

在事关企业社会工作政策性的问题之中，影响较大、事关全国的就是进城务工人员的问题。近些年来，不少省市在进城务工人员政策上作了很大的改进，如强调完备劳动合同、吸纳进城务工人员进入工会、改善进城务工人员子女教育条件等。这种以具体的政策、渐进式地解决进城务工人员这一社会问题的方法是可行的。企业社会工作者就是要利用各地的不同条件，积极地参与到这些政策的评估、听证、商议、制定的过程中去，以期最终为企业解决这一最大的后顾之忧。

此外,有关女工的生理保护、青年员工的职业培训等,都需要社会工作者的关注与介入。总之,一切有关企业员工福利与发展的政策性问题,社会工作都要争取尽早地介入其政策评估的过程之中,争得政策倾斜,以利于本企业员工的发展。

企业社会工作者要有效地参与政策评估、听证、商议、制定的过程,必须注意介入方法的科学性与有效性。要从两个方面努力:一方面,从传统机制着手,积极游说政协委员、人大代表、政府官员、社会贤达等,将社会工作的理念、企业员工的要求通过他们渗入政策的制定过程中去;另一方面,要努力拓展思路,按社会发展的趋势,前瞻性地从社会舆论媒体、社会团体、社区民众等方面努力,促使社会协调机制完善,促使各类听证会广泛化、制度化,最终通过这种新型的机制,参与到社会政策的评估与制定过程之中。

(3)游说政府,影响政策。

对政府政策进行评估,本身就是参与政策、影响政策的过程,但仅此还不够,必须争取进一步对政策的形成进行直接或间接的参与,使之能更全面地反映企业独特的福利与发展要求,这也是企业社会工作应该做的。在这方面,美国的企业经历了一个摸索的过程。美国一些企业开始也不重视企业社会工作,例如,微软公司开始只有一个企业社会工作者做有关公关工作,后来在遭到政府反垄断法的指责时才意识到问题,从而增加大量的社会工作者游说美国国会议员、政府官员,最终取得对自己有利的政策。除了这种大公司自己设置企业社会工作机构与人员对政府进行公关外,很多美国中小企业主要是通过商会与行业协会,组织起来对政府进行游说,影响政府的政策对之倾斜。

我国企业社会工作者虽难以直接仿照美国的经验,通过游说对政府政策产生直接的影响,但毋庸置疑,游说是企业社会工作者影响政府政策形成的一个重要方面。政府官员、政协委员、人大代表、新闻媒体、社会贤达等都是社会工作者的游说对象。

(4) 联结社会网络，形成同盟。

除了游说之外，企业社会工作者还要注意与其他企业、社区、民众等利益相关者结成联盟，共同对政府政策形成影响。例如，美国 NFIB 对 50 万利益相关者发出"行动警报"，对众多的利益相关者进行情况说明，论证政策可行与否，及其对利益相关者的利弊得失，使利益相关者与企业社会工作者采取共同的行动，从而使政府充分感受到民意并重新审视政策的利弊。

由于国情的差异，国内的社会工作不能采取一些过激行为对公共部门实施压力。社会工作者可以有意识地寻找与建立社会支持网络，发挥专长，为企业员工与企业建立广泛的社会支持网络，以影响社会政策向着更加科学和符合民意的方向调整。

二、企业社会工作与社区的关系

社区是企业赖以生存和发展的空间区域，是企业社会工作必须联结的重要外部环境。企业作为社区中的辖区单位，是社区的有机构成，也是社区成员之一，其对于社区的和谐与发展，有着不可推卸的责任。处理好与社区的关系，是企业社会工作得以顺利开展的重要条件。

1. 负责任的社区成员

企业作为一个社区成员，必须负起两个方面的责任：为自己的经济活动对社区环境的影响负起责任；作为社区成员，为促进社区和谐发展负起应尽的社会责任。

企业在其运行过程中，可能会对所在社区的环境、人际关系带来不同程度的影响，有些甚至会给环境带来破坏，给社区居民的生活带来不良影响。这些都要求企业要站在以人为本、以社区和谐发展为追求的立场上，负起企业的社会责任与伦理责任。

企业社会工作在协调社区关系中，需要代表企业，运用社区工作方法，科学地制定企业与社区和谐发展的计划，找准影响企业与社区发展的不利因素，通过多种形式，促使企业与社区居民之间的

目前，社区工作者主要关心的是社区治理中有关民生的工作，对于社区内企业员工的诉求还没有很好地加以关注。

企业是社区内部的重要组织，作为辖区单位的企业与社区关系密切。社区工作也常以企业为资源链接对象。

互动和沟通，以达到既推动企业发展，又能负起社会责任的目的。

2. 有爱心的社区成员

企业作为社区的成员，要与所有成员一起，对社区及民众献一份爱心，尽一份社会责任。美国诺顿公司主席罗伯特·库什曼对企业参与社区活动列举了六条原因：

① 生意人是有效的解决问题者；

② 员工们从社区计划的参与中获得了满意，提高了士气；

③ 社区的正面形象有利于企业雇聘员工；

④ 公司积极参与社区建设事务，可获得好声望，有利于公司产品被民众接受；

⑤ 企业的社会责任有利于政府认同而获得法律与政策支持；

⑥ 企业通过支持其生存所必要的机构来帮助自己。

显然，参与社区建设，为社区提供爱心服务，就是帮助自己，就是服务自己。这是一种典型的助人自助式的循环。企业的社区活动能够给自身带来利益，企业的双重目标（利润与社会）在此都能得到有效的实现。在社区受益的同时，公司也从中受益，因为公司也是社区的成员。它在享受社区进步成果的同时，还另外分享了经济成果，因为社区整体环境的改善有利于企业经济的健康运行。美国 Eli Lilly 公司在其《2001 年社区服务报告》中说得很清楚："我们认识到我们有特别的责任要成为社区的好公民。在社区中我们经营企业，并为子孙后代保护环境。成为好公民的承诺反映了企业基本关注的内容以及它为了人们的健康和有质量的生活而组建起来。这是一种分享 Eli Lilly 成功，在未来投资并回报于社会的方式。这是公司使命一个必不可少的组成部分。"①

显然，这些经验是值得我们借鉴的。特别是在强调企业社会责任的今天，社区活动作为企业社会责任的组成部分，日益得到企业管理层的重视，在他们的支持下，企业社会工作者能够使企业通过公益活动成为有爱心的社区成员。

---

① 资料来源：Eli Lilly 公司网站：https://www.lilly.com/。

3. 企业社会工作者对社区活动的管理

美国的企业从社区参与及慈善中收获了很大的效益,这与企业社会工作者对企业社区活动的管理是分不开的。

企业社会工作要有效地投入社区建设和发展,就必须对企业的社区活动与投入进行有效的管理,否则,将可能事与愿违,导致企业投入大量的人力和物力,而社区民众不满意。这种管理大致有四个程序:

(1)了解社会。

即了解社区的历史、文化与现实的需求。首先是对社区的特征、民众、领导、群体、资源等进行调研与评估。在这个基础上分析社区最迫切需要的援助需求。美国企业社区建设一般首先进行下列调查(如表7-2所示),该经验可以作为借鉴。

> 思考:参照美国的社区调查清单,试列举中国企业社会工作的社区调查清单。

表 7-2 社区调查清单

人口概况	性别、教育	民族	贫困、失业	邻里特征	犯罪、老人
基础设施	道路、桥梁	广场、停车	水电设施	卫生系统	交通模式
休闲娱乐	公园等设施	文艺设施	购物设施	饭店宾馆	
本地教育	小学、中学	职业教育	大学与学院		
健康服务	社区、家庭	医院设施	酒精滥用	药物滥用	
环境与土地	住宅存储	商业占地	工业占地	空地规划	环境质量
领导	企业	政府	公民团体	社区团体	
本地经济	税基、税率	生活成本	经济规划	就业状况	劳动力特征
本地政府	结构状况	财政能力	治安管理	行政效率	

(2)盘点企业资源。

即本企业有哪些资源可用于支援社区建设。在对将要援助的社区作出详细调研,了解社区需求之后,列出一个详细清单,根据清单情况,对本企业的资源与竞争力作综合分析评估,找出本企业能满足社区需要的资源,以实现资源与需求的最佳整合。

（3）选择项目。

即根据社区需要，选择好发展项目。选择既能解决社区需要，又能发挥本企业资源与竞争优势的项目。项目选择要把握好几个原则：

① 对社区事务要有整体的规划与组织，坚持长期性原则；

② 社区项目要有成本、有效性标准，投入要有产出，坚持社会效益原则；

③ 重点要放在对员工有影响、员工感兴趣的项目上，坚持员工参与原则；

④ 选择的项目要与已在进行的项目有相互促进的衔接，坚持连续性原则；

⑤ 项目要能够帮助社区形成自我发展的能力，坚持助人自助原则。

（4）监管项目。

即对实施的项目实行监管，以取得预定的绩效。社区建设项目的监管如同企业运行监管一样，主要是通过跟踪项目的进程，检查项目进展中与原计划的偏差状况、分析原因，并将之反馈到企业相关主管，对计划与预算作出相应的调整。

最后是监管项目的成本有效性、成本与产出的比率、社会效益的情况、社会各界的反映等。将这种企业管理的方法运用到社区建设中，能有效地提高社区建设的速度与效益。

三、企业社会工作与社会团体的关系

除了与社区进行沟通外，企业及企业社会工作者还要与社会团体发生众多的互动、协调关系。

1. 与社区工会、共青团、妇联等半官方性质社会团体的关系协调

社区工会、共青团、妇联是企业社会工作者经常要进行工作协调的组织。这些组织虽然有着半官方的地位，但从性质上看还是属

于群众团体。而且随着改革的深入，其群众团体的性质将进一步强化，是企业社会工作需要常态化联系的外部组织。

（1）地方工会。

我国的工会系统是按地方组织的，即每个企业的工会都隶属于地方工会领导。所以，企业社会工作者除了要与企业内的工会协调好之外，还要与企业工会的上级领导——地方工会进行工作的沟通与协调。尤其是企业内员工与退休员工的福利服务，很多都要得到地方工会的支持。工会系统内的有关企业员工的福利政策，有待于企业社会工作者与企业工会一道去争取。同时，企业社会工作者也可借助地方工会广泛的横向联系网络，为本企业员工的福利与发展争取一个更广阔的空间，尤其是企业因经营或其他原因要减裁员工时，更需要工会予以支持，对之进行转岗培训，以及利用工会的网络进行再就业介绍与安排。

（2）社区共青团系统。

同工会一样，企业的共青团组织也隶属于地方团委领导。共青团系统是最广泛的青年组织，企业是一个以青年劳动力为主体的经济组织，所以，在计划经济时期，共青团是企业内青年员工活动与学习的主要组织者。企业进入市场化运作后，原来那种占用工作时间进行活动的做法因影响生产而受到排斥。很多外资企业与民营企业对共青团活动的支持力度不够，企业中的共青团活动陷于沉寂状态。实际上，作为企业的主体的青年员工的学习与生活，是应该有一个团体予以具体的组织与领导的，这个组织非共青团莫属。为此，企业社会工作者要借助共青团系统的力量，对企业青年员工的学习与发展进行组织与领导，要让这部分精力充沛的青年员工的工余时间能有书读、有事干、有追求、有娱乐、有团体、有友谊、有发展。

企业社会工作者要组织企业的青年员工到社区举行活动，要积极、主动地与地方共青团系统取得联系，同时，也要借助共青团系统的网络与资源，为本企业的青年员工融入社区创造条件。企业的青年员工来自各地，不少是企业所在社区的外来人，在本社区有一个融合的过程，而在这种融合中，企业社会工作者要组织他们参与社区的各种建设与娱乐活动，为他们创造融合的条件，尤其是与社区中的青年伙伴建立友谊，共青团系统就成为一个最好的渠道。

（3）地方妇联组织。

妇联是与工会、共青团并列的中国三大群团组织。在一些服装类和加工装配类的企业，女工占很大比重，"打工妹"是企业中的弱势群体，需要更多的关爱与帮助。因此，做好企业女工的工作是企业社会工作的重要介入内容。

企业女工的权益维护与个人发展中，很多问题不局限在企业内部，而是牵涉到国家的妇女儿童保护政策，如生育支持、带薪产假、妇科病例行检查等，这就要求企业社会工作者积极、主动地与地方妇联组织进行联系与协调。在地方妇联的支持下，做好女工这个弱势群体的"充权"工作，使女工们应有的权益得到充分的保证与落实，并对女工进行文化、技术、法律等方面的培训，帮助她们由弱转强，自强自立，得到提升与发展。

2. 与其他社会团体的关系协调

企业社会工作面临的问题牵涉到方方面面，很多问题仅靠社会工作者本身无法得到很好的解决。因此，在解决企业内员工问题时，企业社会工作者还要链接其他社会团体的资源，以取得他们的专业支持。

（1）与社会服务机构的关系。

目前，我国社会服务组织发展蓬勃，在社会服务中起到十分重要的作用。企业社会工作因为与社区社会服务机构有着专业上的互通性，加上性质的相近性，二者的合作与协调将是企业社会工作者的重要工作内容。

企业员工中的特殊弱势群体（如忧郁症患者、酒精滥用者、药物滥用者）、员工的家属子女、退休员工等，除了企业社会工作者予以关怀帮助之外，更需要专业的社会服务机构予以专业服务。企业将成为政府之外的另一类社会服务的购买方，而怎样购买、购买哪些服务、购买多少等具体的操作，有赖于企业社会工作者作出评估与计划。除了购买社会服务机构的服务之外，企业社会工作者还要组织和鼓励员工参与这些团体的社会服务活动。同时，企业中相当数量的捐赠也是捐赠给社会服务团体的，这些工作都是由企业社会工作者承担，企业社会工作与社会服务团体由此有着紧密的合作关系。

(2) 精神健康服务机构。

现代企业竞争激烈，员工长期处在激烈的竞争状态下工作，精神高度紧张，压力得不到缓解，忧郁症成为其中一个严重的问题。抑郁症患者的主要表现为：其一，对工作感到厌倦。这主要是由于员工对其工作的重复性、机械性等感到枯燥无趣而产生厌倦；其二，容易自我制造"假想敌"。这是因为工作压力过大、竞争激烈产生了过度的"自我保护"意识而对他人、他物形成对抗和敌意；其三，情绪失控。在前两点及更多因素的影响下，员工的情绪管理不稳定，很容易超越常态而爆发失控；其四，难以满足，常常抱怨。这是一种自我调节能力低，只能通过不良情绪宣泄的现象。调研表明，随着生活节奏的加快及竞争压力的增大，患忧郁症的员工有所增加且呈年轻化趋势。忧郁症在企业员工中的发病率较高，国际劳工组织将忧郁症列为继心血管疾病之后的造成企业员工失去工作能力的第二大原因，并称之为"职场杀手"。

忧郁症等心理障碍成为影响企业员工正常工作的重要因素。尽管一些企业社会工作者具备一些心理咨询与精神健康的知识，可以对轻微的忧郁症或精神问题予以疏导、排遣，但对于比较严重的个案，则必须转介于以职业心理医生为主体的心理救助组织，如心理咨询所等。在员工的状态缓解、减轻之后，则要及时帮助他们返回正常的工作与生活。所以，企业社会工作者需要与社区各类心理与精神健康服务机构等保持密切的合作关系，企业社会工作者不仅要经常将员工的情况转介，也要与其保持联系，了解转介员工的情况。精神健康服务机构也需要从企业社会工作者那里了解服务对象的文化、生活、工作背景，以利于对服务对象的病因作出正确的诊断。

(3) 慈善基金会。

社会工作者以自助助人的理念帮助社会弱势群体，这一点与西

> 慈善基金会是以私人财富用于公共事业的合法社会组织。慈善捐赠自古就有，慈善基金会于20世纪在美国兴起，一般为自治机构，旨在资助诸如教育、科学、医学、公共卫生和社会福利方面的科学研究和公共服务项目等。

方宗教慈善的理念有历史渊源，也与一切慈善团体有共通之处。随着现代化的推进，公众日益认识到，慈善公益事业是应对社会问题、维护社会和谐稳定的必要渠道。效率与公平的平衡，是实现社会和谐的重要途径。众多慈善团体开始运用企业化管理进行慈善救助活动，显著地提高了其功效。例如，我国台湾地区的慈济基金会是一个以佛教为背景的慈善组织，但其运作则完全是按照现代企业管理的模式进行的。运用企业的管理模式进行慈善救助，正是企业社会工作者之所长。

企业社会工作者承担了企业与社区协调的代表和使者的角色，企业的社区工作主要是以社区成员的身份向社区贡献人力资本与财物资本，这两者都需要企业社会工作者予以组织。无论是人力资本还是财物资本，其中的大部分是通过向社区的慈善组织捐赠，再通过他们转向服务社区内最需要的人群。即使企业的员工是专职的社会工作者，也不可能长期参与社区的活动，故对于社区中弱势群体的跟踪服务，还是要通过社区的慈善团体与其他服务组织进行，企业只是对其提供财物与人力的支持，并对其进行企业模式管理的指导。

在与慈善基金会的合作中，企业社会工作者作为企业代表，对慈善团体提出的活动计划、要求、组织状况，都要以调研为基础，进行详细评估，拟出可行的计划与预算，上报企业主管部门。得到批准后，在实施的过程中，还要不断地检查计划执行的情况，搜集反馈信息。活动项目完毕后，要写出详细的总结报告存档，总结经验，以利发展。

3. 与社交媒体协调

（1）社交媒体的重要性。

社交媒体也称为社会化媒体、社会性媒体，指允许人们撰写、分享、评价、讨论、相互沟通的网站和技术。如微博、微信、抖音、小红书等。社交媒体对企业的好处主要表现为：推动企业信息透明化；提升企业的品牌和产品质量；可以提供优秀的客服渠道；能够创造消费者真正需要的产品。大型企业可借社交媒体提供有趣的资讯，实实在在地参与到社交媒体互动中。总之，社交媒体可以提升企业口碑营销的高度，对企业的发展非常有帮助。

为此，社会工作在企业的介入中，需要充分认识到社交媒体对于企业发展运营的敏感性与重要性，社会工作者要善于链接好企业方、企业员工以及相关媒体，解决好企业员工的需求，推动企业高质量发展。

（2）企业文化建设。

企业文化是企业长期生产、经营、建设、发展过程中所形成的价值理念、管理思想、管理方式、管理理论、群体意识以及与之相适应的思维方式和行为规范的总和。企业文化建设是对企业发展过程中自然形成的各类价值观及其物化形态进行系统整理、提炼、升华，使之由自然状态逐步向自觉状态转变的过程，是企业发展到一定阶段以后，对自身理念、行为、制度和形象自觉调整的过程。此外，它还受制于企业所在的社区文化与员工群体文化的影响，也与企业领导层主动倡导与积极建设有着密切的关系。通过建设企业文化，能够使企业价值观成为企业所有员工的共识，员工的人文素质得以优化，生产积极性得以提高，从而促进企业经济效益的增长。所以，企业文化建设对形成企业内部凝聚力和外部竞争力有着无可替代的积极作用。

> 参与企业文化建设，也是企业社会工作的重要功能。

（3）企业文化建设的内涵。

企业文化建设可分为物质外形、管理模式、价值观念建设三个层面，价值观念是其核心层，这个核心层的建设与策划正是企业社会工作者的主要职责。企业价值观建设实际上就是要解决企业发展的终极目标问题，即企业生产最终是为什么的问题。

企业生产表面上是追求利润，但很多企业家积极投身慈善事业，将大量财富捐献给社会，如比尔·盖茨、巴菲特、曹德旺等。这些亿万富翁的善举，是慈善导向的企业文化理念使然。他们认为，企业的利润最终是为人类的自由发展与幸福服务的。为人类服务，救助社会弱势群体，实现社会公平是企业文化的核心，这正是社会工作的"以人为本、助人自助，实现社会可持续、高质量发展"的价值观的体现。所以，社会工作价值观可以成为企业文化建设的核心组成部分，企业社会工作者应成为企业文化建设与策划的参与者。

在企业文化建设的总体策划中，企业社会工作首先要着眼于其价值目标的营建。在充分了解企业所在社区文化传统与员工文化背景的基础上，结合社会工作的价值理念，总结出能为企业管理层与员工共同认同的价值目标，提炼出简洁明了、通俗易懂的企业信条，使之内化于全体员工的思想之中，并在工作中得以实践。

价值目标确定之后，需要建设的就是行为目标。要以价值目标内涵的文化理念，教育与提升全体员工的人文素质与道德涵养，提升其责任心与自律能力，塑造出积极向上、阳光进取的行为规范。这些行为规范一旦形成之后，即能全面改善与提升企业的管理模式，形成全新的管理规范，最终塑造出鲜明的、一目了然的企业品牌形象。

（4）企业文化与媒体的关系。

企业文化的内涵确定后，要建立起识别体系，运用各种符号识别体系将之表现出来，得到社会的广泛认可，这就需要宣传与包装，从而离不开新闻媒体的作用。各类新闻媒体的多样化宣传推广，是企业文化识别并获得公众认可的必要条件。企业文化的价值目标形成之后，需要新闻媒体将之进行符号性转换，同时通过新闻媒体的传播力与扩散力，将符号传送到千万民众的视野中，打造出企业文化的识别系统。这个识别系统形成之后，企业文化才能变无形为有形，使人们一眼即能识别。所以，新闻媒体实际上是企业文化的助产士与酵母菌，经此助产与发酵，企业文化才能顺利地建设。这些都是企业社会工作者需要掌握的常识。

第三节　企业社会工作与企业

企业是社会的经济组织，企业内外关系的协调状况如何，在很大程度上影响着企业的生存与发展。为此，作为企业润滑剂的企业社会工作，在协调企业内外关系层面具有十分重要的意义。

一、企业社会工作在企业内部关系协调中的地位与作用

1. 企业内存在两大系统

企业社会工作的宗旨是消除企业内存在的矛盾与问题，实现企业和谐平稳地运行。以企业为主要载体的"职业场"中的诸多矛盾的实质在于其中的工业化技术管理体系与人性生活需求的对峙与并存。在这两个体系中，以科层化等制度为表征的工业化体系，因适应于职业场中对纪律、执行力、效益、利润等目标的需要而得到重视。相形之下，人性的生活需求则因其要耗费企业一定的资源，且对生产的影响并不直接表现出来，故而长期受到忽视。重物不重人，重利润不重员工成为企业的一个通病，所以马克思才有"人的异化"之说。正是这种"人的异化"与人性的长期压抑造成了抑郁症，成为企业员工的最大杀手。同时，也造成了企业内的矛盾冲突。

2. 企业社会工作是两大系统的联结者

企业社会工作是科层化管理的有机组成部分，同时，企业社会工作者又是从关注员工的人性需求入手工作的，所以，企业社会工作者是企业内科层化系统与人性需求两大系统的沟通者与对话者，是协调二者平衡发展的中介与桥梁。

要有效地实现沟通对话的职能，有效地起到中介与桥梁的联结作用，企业社会工作者就必须深入两个系统之中，对两个系统的组成与需求进行细致的了解。这样，才能准确地对双方的需求作出评估，最终有效地在双方的需求中求得平衡点。例如，日本住友株式会社要求其"员工担当"在完成入职培训后，用8个月的时间走访完所有的处室、车间、班组，了解整个企业的生产程序与组织架构，并与每个处室、车间、班组的管理者建立良好的人际关系，这实际上就是让企业社会工作者对整个科层的技术系统作一个全面了解。同时，利用员工休息时间，对所有员工宿舍进行访问，了解他们的

需求,这实际上是对员工人性需求的关怀。此后,员工才真正进入工作状态。这一案例正是社会工作在企业两大系统之间的中介作用的体现。

二、企业社会工作在企业外部关系协调中的地位与作用

企业社会工作的专业背景与专业沟通能力,以及企业文化建设中的核心地位都使之在企业与外部关系协调中起到不可替代的作用。

1. 企业与政府的联系者

企业与外部的关系中,首要的是与政府的关系。与政府的关系中,有很多方面是关系到企业员工的社会政策福利享有、公共服务覆盖等社会工作范围的问题,所以,企业社会工作者往往成为企业与政府的联系者,代表企业与政府联系有关的社会福利政策、公共服务等问题,以争取公共福利与公共服务政策对本企业的支持。

企业社会工作者除了在企业内设置机构与专职人员之外,还有在企业外专职服务于企业员工的第三方的社会工作机构。第三方机构往往代表中小企业员工向政府提出增加其公共福利与服务的需求。20世纪六七十年代,我国香港地区这方面的社会工作组织很多,往往起到一种准工会的作用,如公教职工青年会、天主教劳工中心等。目前,内地的社会工作机构中专门从事企业社会工作服务的较少,在此方面仍有很大的发展空间。

2. 企业资源与社区资源的联结者

社区关系是企业外部关系中仅次于政府的重要关系。企业社会工作者在此关系中是企业的代表者,代表企业对社区概况与需求作全面的调查与评估,在全面了解社区资源分布与需求的基础上制定企业参与社区建设的规划,并组织实施企业参与社区共建的具体计划安排。

思考:试比较社区工作与企业社会工作中的社区关系。

企业社会工作者因受过专业训练,对社区工作驾轻就熟,而且在企业中长期从事管理工作,对于企业管理中注重绩效与成本、注

重投入产出比、注重时间与纪律等管理常识烂熟于心,所以,他们参与社区工作时对于社区的策划有着不同于社区工作人员的视角,容易取得更好的成效。这也是社区欢迎企业社会工作者介入的原因所在。

企业社会工作者代表企业参与社区建设与服务,企业人力、物力、财力的支持是他们强大的后盾,而这往往是社区所缺少的,同时,对于时效性的关注,使他们能改变社区缺乏时效性管理的惯性,再加上他们可以组织大量企业员工、青年志愿者队伍投入社区治理,所以,他们能对社区治理与社区服务予以强大的推进力量。

企业社会工作者在参与社区活动中,还是社区资源与企业资源的联结者。任何一个社区都有其独特的资源,如社区历史、社区文化等,这一部分资源往往是企业缺乏且需要的。同样,企业很多资源也是社区所缺乏的,如上述的人力、物力、财力等。企业社会工作者正处在这两种资源的联结点上,他们能将社区所有而企业需要的资源引入企业内,同时,将企业的相关资源引入社区,企业社会工作者便是实现两者联结的联结者与组织者。

3. 公共信息发布者与公共资源的整合者

在企业社会工作与企业外的关系协调过程中,需要经常将企业中重大的、与社区有关的公共信息通过新闻媒体向公众发布,也要将新闻媒体中有关本企业的相关信息搜集起来,在进行初步分析的基础上,作出评估,上报决策层,供决策者参考。在与新闻媒体的关系中,企业社会工作者是企业的形象代言人、企业文化的建设策划者、企业对外信息的发布者。其作用就是有效地将新闻媒体的信息资源组合到企业发展的体系之中,充分运用新闻媒体的社会影响力,为企业扩大社会影响作出贡献。

企业社会工作者在工作开展过程中,还需要与众多的社会组织合作,这种合作需要双方资源的合理整合与有效配合。企业社会工作需要借助于这些机构的专业人员、专业技术等资源解决本企业员工发展中的问题,这些组织也需要企业内的市场、经济资源、企业社会工作专业等资源的配合才能解决问题。双方是一种合作互补的关系，企业社会工作者在这种关系中是联结者与合作者，其作用在于调动社会专业资源为企业与员工的发展服务。

三、企业内外关系合力的营造者

企业社会工作者在企业内外关系的重大意义，就在于他们力图在企业内外各种不同方向的作用力之间加以协调，将之营造成一股有利于企业与社会共同发展的合力。企业社会工作者就是这种合力的营造者。

1. 企业内不同机构合力的营造者

在企业内部，各个处室、车间、生产线之间，因为其直接的生产目标、任务不同，也会有不同的部门利益，这些部门利益如果得不到有效协调与平衡，可能形成大大小小的相互不一致的甚至是互相冲突的力量，由此引发企业内部的很多问题。由于企业社会工作在企业中的主要管理职责不产生直接的经济效益，而主要是对员工的情绪与人性发展的关怀，这样，企业社会工作者相对于各处室、车间、生产线上的管理者而言，具有一种较为超脱的、中立的地位。而且，企业文化的策划者与主要建设者的角色，也使企业社会工作者对于整个企业的发展有着更加全局性、前瞻性的战略高度，这就使之能从企业整体发展的视角出发，对企业内各处室、车间、生产线等不同利益主体有着独到的理解，并对之进行综合与协调，从而形成企业发展的合力。

2. 社区民意的引领者

企业作为工业化和信息化社会的经济组织，其生存与发展均受制于其所处的社会环境，社会环境中的各类机构及居民作为企业的利益相关者，他们都对企业发展有着大小不同的影响力，这些影响力可能是自发的和盲目的，需要加以引导，企业社会工作者就扮演着引导者的角色。

企业社会工作者因其社会学背景，对于社会环境和居民对企业的意识与变化有着专业的敏感性，这种敏感性可以使之觉察社会环境与居民行为的微小变化，并从中捕捉到有关企业与员工发展的信息。同时，社会工作者对于社会资源的综合整合能力，也使其能对关于社会环境与居民等多元散乱的力量进行综合协调引领，使之达成共识。

3. 综合关系的协调者

企业处于社会大系统之中，在社会系统中存在众多的支系统，同样，在企业内部系统之中也有着众多的分支系统。这些支系统与分支系统因资源占有不同，利益需求不同，可能会产生摩擦与内耗，这种摩擦与内耗不仅不利于这些支系统本身的发展，而且会损害社会或企业整个大系统的发展。对这些摩擦与内耗进行协调和化解，正是社会工作者的专业职责。

社会工作因社会分化剧烈而生，社会工作在解决这些问题时也发现自身资源与能力的有限性，所以，社会工作将整合社会资源作为自身最重要的工作方法之一。企业社会工作作为社会工作的一个分支，同样要把整合企业内外资源、协调各系统关系、营造社会合力作为自身工作的基本点。

思考题

1. 分析企业社会工作与企业人力资源管理部门的关系。
2. 分析企业社会工作与企业生产与营销部门的关系。
3. 分析企业社会工作与政府的关系。
4. 分析企业社会工作参与企业文化建设的路径。
5. 结合案例，分析企业社会工作与社区的关系。

推荐阅读

卢美月、张文贤：《企业文化与组织绩效关系研究》，《南开管理评论》2006年第6期。

王思斌:《社会工作导论》,高等教育出版社2013年版。

童星等:《劳动社会学》,南京大学出版社2004年版。

周沛、易艳阳:《社区社会工作》(第二版),社会科学文献出版社2019年版。

第八章

企业社会工作的价值伦理与实务过程

社会工作者被称为"价值注满的个体",企业社会工作的实务同样必须以专业价值伦理为基础和指引。企业社会工作作为社会工作的实务领域,其实务过程的开展可依循专业社会工作的通用模式,主要包括建立专业关系、预估、计划与介入、评估与跟进四个环节。本章主要介绍企业社会工作的价值伦理与实务过程。

第一节　企业社会工作的价值观

价值观是社会工作实践的根基，社会工作是一个充满价值判断的职业，包括一系列"应该做和怎样做"的取向与偏好。社会工作的方方面面都包含着价值观和伦理层面的东西，既体现在对人、对事的判断中，也体现在工作者的行动取向和机构的专业目标上。[①]

一、企业社会工作的价值观

企业社会工作的价值观是建立在社会工作价值观基础上的，是企业社会工作者行动的依据和出发点。

1. 企业社会工作价值观的含义

（1）社会工作价值观。

价值是一个哲学概念，是人们对社会中一切事物的是非善恶的一种评价和判断。稳固、系统的价值就是价值观。价值观是指一个人对周围的客观事物（包括人、事、物）的意义、重要性的总评价和总看法。

社会价值观是为所有社会成员共享的社会基本价值或一般价值。它是社会工作价值体系的基础，对社会工作专业价值具有导向作用。

专业价值观受社会价值观的影响，同时具有自身的独特性。它是支撑和规定专业实践的哲学基础，需要经过系统的学习才能掌握

---

① 王思斌：《社会工作导论》，高等教育出版社2004年版，第84—85页。

并内化。

个人价值观是个人所秉持和依从的判断标准。个人价值可能与社会价值和专业价值出现不一致的情况，专业工作者应该选择遵循专业价值观。

社会工作价值观是社会工作实践的灵魂，是社会工作者的精神动力。作为一种专业价值观，其基础是社会主流价值和社会工作专业的独特追求。一般而言，社会工作价值观是指一整套用以支撑社会工作者进行专业实践的哲学理念。社会工作价值观以人道主义为基础，充分体现了热爱人类、服务人类、促进公平、维护正义和改善人与社会环境关系的理想追求，激励和指导着社会工作者的具体工作。

社会工作价值观的最基本信念就是相信每个人都有与生俱来的价值和尊严，这种价值和尊严带给每个人不可剥夺的社会权利。针对人，社会工作价值观涉及价值与尊严、权利、潜能、独特性以及责任等方面；针对社会，社会工作价值观涉及公平与正义、对人的责任、满足人的需求等。

（2）企业社会工作价值观。

以企业及其员工为主要工作对象的企业社会工作，其价值观应该首先符合社会工作的基本价值观，同时，从企业及员工的特点与现状出发对之界定，应包含以下内容：

其一，相对于员工。员工是企业的主体，也是企业社会工作开展的主要对象，企业的管理与运行如何，直接影响着员工的工作积极性与生活条件。尊重员工的价值与尊严，即每一名员工无论在企业中处于何种地位，均具有与生俱来的价值与尊严，都应该得到尊重与接纳；认同员工追求自我价值实现的权利，即企业生产力的提高是广大员工和社会大众的愿望，追求自我实现也是每一名员工的愿望，员工都渴望通过工作实现自身的价值；相信员工具有解决自身问题的潜能，即每一名员工都具有发挥自身潜能、解决自身问题的能力。

其二，相对于企业。企业应提供机会给每一名员工，使他们能够发挥潜能，在工作中完成自我实现；企业应提供资源与服务，以满足员工的健康、生活、工作、学习、发展等方面的需要；企业要为员工提供健康、安全的工作环境，确保员工在无危害或在现有科技发展水平下危害最低且采取了保护措施的环境下工作。

> 思考：相对于员工与相对于企业的价值观之间的关系。

2. 社会工作价值观在企业社会工作中的作用

企业社会工作价值观不同于个人价值观，它是一种专业群体价值观，在企业社会工作的理论研究与实践中发挥着重要的导向作用。

（1）企业社会工作价值观是构成企业社会工作的必要条件之一。

社会工作本身是一项以价值为本的专业和服务，价值观是社会工作的灵魂，社会工作理论和实务都离不开社会工作价值观的指导。企业社会工作作为各类社会工作服务的一种，不同于传统意义上的工会工作和人力资源管理等工作，它是依托社会工作的专业价值观，运用社会工作方法、技术与技巧所开展的专业服务。企业社会工作的价值观是社会工作价值观在企业管理领域的具体体现，是开展企业社会工作的理念基础，因此是构成企业社会工作的必要条件之一。

（2）企业社会工作价值观是确定企业社会工作使命和目标的根据。

价值观对社会工作的目标、理念、工作态度和方法发挥着指向性的作用。企业社会工作是以社会工作的专业理念和工作手法，去关注劳动人士就业及与工作生活相关的种种需要，策划及推行适当的介入与服务，促进他们的工作与生活素质及职业福利。此时，企业社会工作的价值观就成为企业社会工作者确定企业社会工作使命和目标的根据，以及在行动中选择理论与工作方法及运用技术与技巧的出发点。

（3）企业社会工作价值观是企业社会工作者的实践动力。

社会工作是一门应用性社会科学，有着很强的实践性。经过多年发展，社会工作形成了一些独特的工作方法、技术及工作技巧。这些方法、技术及技巧均是以社会工作价值观为基础。

企业社会工作的价值观是企业社会工作实践的基本前提和操作

指南。其不仅规范了企业社会工作的目标和意义,并且规范了企业社会工作的基本技巧和方法,以及企业社会工作者的行为和态度。同时,企业社会工作价值观又指导企业社会工作者根据具体情况选择和运用合适的方法、技术和技巧。因此,企业社会工作价值观是企业社会工作者的实践动力。

(4)企业社会工作价值观是维系社会期望和企业社会工作专业服务关系的关键。

企业社会工作价值观要求企业社会工作者平等地看待处于弱势地位的劳动者和处于强势地位的企业方,在给予劳动者足够尊重的同时,缓解或化解劳动冲突,维护处于弱势地位的劳动者的正当权益,帮助劳动者享受正当的社会福利,从纠纷的困扰和忧虑中回到正常的生活轨道上来。这样的价值理念必然使企业社会工作的价值观成为维系社会期望和企业社会工作专业服务关系的关键。

二、企业社会工作的专业伦理

企业社会工作专业伦理在企业社会工作实践中发挥着重要作用。如果说专业价值观是灵魂,专业伦理就是这个灵魂的具体展开。

1. 伦理的含义

伦理是人们在人际关系方面所持有的价值信念和行为准则,它包括个人的自我行为控制和调节以及对他人的行为期望标准。伦理可分为个人伦理、社会伦理和专业伦理三个层面。个人伦理是人们对个人行为的特别控制和调适。社会伦理是人们在社会交往中所持有的共同的、基本的行为期望。社会工作专业伦理是社会工作价值观的具体化,是社会工作专业对社会工作从业人员所提出的行为标准和道德理想。

2. 社会工作专业伦理的主要内容

社会工作专业的伦理标准主要包括以下六个方面。

(1)社会工作者对当事人的伦理责任。

社会工作者对当事人的伦理责任主要包括:对当事人的承诺,

帮助当事人解决问题；尊重服务对象的自决权；尊重服务对象知情同意的权利；在自己的能力范围内提供服务；妥善处理工作过程中可能发生的利益冲突；尊重服务对象的隐私权并加以保密；尊重服务对象取得记录的权利；谨慎对待与服务对象的肢体接触，不得对服务对象进行性骚扰；不能使用诽谤性语言；确保服务收费公平合理；采取合理的步骤协助缺乏行为能力的服务对象；努力确保服务中断后的持续服务；遵守服务终止的原则等。

（2）社会工作者对同事的伦理责任。

社会工作者对同事的伦理责任主要包括：社会工作者应尊重同事；遵守共有资料的保密责任；妥善处理跨学科的合作与可能引发的伦理议题；妥善处理发生在同事与服务对象间或同事间的争议；寻求同事的建议与咨询；当有必要时将服务对象转介给其他同事；不得对同事进行性骚扰；帮助同事妥善处理个人问题；协助同事提高工作能力；妥善处理同事有悖伦理的行为等。

（3）社会工作者对工作机构的伦理责任。

社会工作者对工作机构的伦理责任主要包括：社会工作者应对被督导者提供符合自己能力的咨询与督导；对学生提供自己能力范围内的指导并作出公正的评价；对其他人的表现给予公平审慎的绩效评估；工作记录须正确、讲时效、重保密和妥善储存；遵守合理的服务收费与管理制度；落实当事人转介制度；担负行政工作责任，以确保资源的充足和公平分配；强化继续教育与员工发展等。

（4）社会工作者作为社会工作专业人员的伦理责任。

社会工作者作为社会工作专业人员的伦理责任主要包括：社会工作者应注重自身能力的强化，提高服务技能；个人行为不干扰专业任务；诚实、不欺诈、不诱骗、不诱导或操纵服务对象；不让个人问题影响专业判断和表现；不使言行超越自身能力与机构授权的范围；不邀功等。

（5）社会工作者对社会工作专业的伦理责任。

社会工作者对社会工作专业的伦理责任主要包括：社会工作者

应致力于专业知识、技巧和价值的追求，促进专业的发展；坚守评估和研究的相关伦理原则，促进和提高评估与研究的能力等。

（6）社会工作者对社会的伦理责任。

社会工作者对社会的伦理责任主要包括：社会工作者应积极参与公共事务；积极参与社会和政治行动；促进社会公平和正义；协助解决公共紧急事件等。

3. 社会工作专业伦理的特点

社会工作专业伦理具有以下四个特点：

（1）服务对象利益优先。

优先考虑服务对象的利益，保护和发展服务对象的利益。这是社会工作专业伦理区别于其他专业伦理的最重要的特点。

（2）专业价值高于个人价值。

当个人价值与专业价值不一致时，个人价值要服从专业价值。在社会工作实践中处理具体案例时，可能会产生个人价值与专业价值之间的冲突。换句话说，专业的要求可能有悖于社会工作者的个人价值。在这种情况下，专业价值应取代社会工作者的个人价值。

（3）约束和鼓励并重。

对与专业价值相背离的行为进行严格约束，对与专业价值相符的行为则给予积极鼓励。

（4）权威性。

社会工作专业伦理是由行业团体共同认可和制定的一种自律规范，对业内人士具有权威性和强制性。

4. 社会工作专业伦理的作用

社会工作专业伦理集中反映了社会工作专业的价值，是社会工作制度化的内容和标志之一，其作用主要在于以下五个方面：

① 社会工作者自我约束和自我鼓励的道德规范；

② 社会工作者对服务对象的准则，也是服务对象要求社会工作者协助的依据；

③ 社会工作者与服务对象之间共信的保护和保障的标准，也

是与其他专业者共信互信的媒介；

④ 社会公众评价的标准；

⑤ 社会工作专业文化的重要组成内容，是从业人员团结合作的基础。

5. 企业社会工作者的专业伦理

在满足社会工作专业伦理要求的基础上，结合企业社会工作的自身特点，还发展出了企业社会工作者的专业伦理。

（1）员工利益优先。

员工利益优先是企业社会工作最基本的伦理要求，也是一般社会工作伦理守则关于服务对象优先原则的具体体现。但是，员工利益优先不等于在企业开展社会工作仅以员工利益为准，而完全忽视企业其他方面的利益。企业本身是一个完整的体系，各种利益是相互牵制的，在强调员工利益的同时，要对利益相关者的情况加以评估，把握在什么样的情况下可以使员工利益得到实现。

（2）为服务对象保密，尊重服务对象的隐私。

在企业社会工作的实务过程中，服务对象不仅仅是企业员工个人，也包括管理者、企业所有者乃至企业本身。社会工作者的服务会涉及很多个人隐私、组织机密或企业敏感问题，替他们保密就成为工作人员必须遵守的基本原则。

（3）尊重服务对象的知情权。

不论是员工个人还是企业组织，当社会工作者向他们提供服务时，必须让他们明白自己的处境、问题和服务方案的内容与方法。在不违反安全保密原则的情况下，社会工作者有责任向个人或组织告知服务方案的内容和方法、服务的进展情况等。对服务对象而言，无论社会工作者提供何种服务，他都有权利了解服务的内容、方法程序和可能发生的各种情况，以及所受到的服务有哪些局限等。

（4）服务的非歧视性。

在社会工作的伦理价值观中，服务对象是平等的，为他们提供的服务也是平等的。企业社会工作所强调的服务的非歧视性，是指对服务对象而言，无论他的诉求或遭遇的问题是什么，在提供服务时，不能对其本人或家庭有任何歧视。此外，企业内的员工无论其地位高低、所处环境或个人状况如何，都应得到同等对待。现代企业是一个结构分层明确、等级秩序森严的组织体系，科层式的管理往往使其成员在地位上存在不平等。但是，社会工作者不应以员工或管理者的地位不平等而对他们的服务有任何区别对待；不能因某个求助者在企业中的地位低于一般员工而忽视他（她）的诉求，拒绝或不积极回应他（她）的问题；要以平等地提供服务来回应包括管理者和一般员工在内的所有服务对象的需求，以减少组织内的不平等。①

（5）不断提升自身的专业能力，保证服务品质。

社会工作者自身的专业能力是提供有效服务的基础，在企业社会工作领域，专业能力包括企业社会工作的价值观、专业理论、专业方法和技巧等。此外，企业社会工作者还应了解相关领域的基本知识。企业社会工作是一个特殊的服务领域，社会工作者在服务实践中不断学习相关领域和专业基本知识的情况下，还要扮演一个主动的协调者、支持者的角色，保证其服务品质。

> 提升服务质量，保证服务品质，是专业社会工作履行职责的基本义务，是其本心与良心的体现。

三、企业社会工作的伦理困境

专业伦理是企业社会工作者实务工作的指引，然而，企业社会工作者常常置身于各种矛盾之中，可能面对各种各样的伦理困境与抉择。

1. 伦理困境

审视社会工作实践就会发现，几乎所有的实际工作原则都涉及伦理价值，或者是建立在伦理原则基础之上。当代社会的特征就是存在多元和相互矛盾的价值观，因此，当社会工作者面对两个同时存在的价值观或伦理时，常常会因为无法决定两个价值观或伦理的

---

① 钱宁、张默：《工业社会工作》，高等教育出版社 2009 年版，第 53—54 页。

优先次序而面临伦理价值的两难困境。

伦理困境的产生通常源自社会工作者面临的两个或更多相互冲突的价值观。

(1) 当事人价值观的不兼容。

例如，当事人自决、为当事人保密、保护人的生命、增强生活质量、追求正义平等都是社会工作认可和接受的价值观念。但上述几种观念出现在同一个服务对象身上时，社会工作者不能够同时运用，有可能运用其中一个会影响另外一个或几个价值观的实现。

(2) 多重当事人系统。

社会工作者在开展工作时面对的服务对象常常是多重的。首先是自己直接帮助的服务对象，但同时也有间接影响的对象的存在，如服务对象的家人、邻里、社区、单位、相关福利机构等。而社会工作者自身及其所服务的机构的权利也是不可忽略的。虽然社会工作者应优先考虑服务对象的利益，但其他各方的利益并不总是与服务对象的利益一致，也有可能会遇到伦理抉择的困境。

(3) 不同群体价值观的差异。

当社会工作涉及两个或更多的群体时，不同群体间价值观有时会存在互不相容或互相冲突的情况，而每一个群体又都要求社会工作者服从，从而产生伦理困境。最常见与典型的就是社会工作者同时代表雇佣自己的机构和服务对象，而这二者的价值观常常是有冲突和矛盾的。

(4) 事情的不确定性。

一般而言，社会工作者开展社会工作都是由表及里，解决问题往往需要一个过程。然而，在某些特殊情况下会要求社会工作者马上作出抉择，而此时的情况并不清楚，事情可能的发展方向也不确定，社会工作者因此而面临伦理抉择的困境。

(5) 法律与专业伦理的不一致性。

伦理和法律都可以被看作社会控制的手段，但法律的控制力远远大于伦理。法律会通过不同的途径影响社会工作实践。社会工作实践在法律规定的框架内进行，因此也受到法律的保护。社会工作者也有守法的责任和义务。但社会工作的伦理原则与法律常常会产生冲突，特别是关于社会成员的安全与保密原则之间，社会工作者必须作出抉择。①

2. 社会工作常见的伦理困境

社会工作者在面临价值和伦理的两难困境时，经常会因为价值观的冲突而难以作决定。

1967年，美国学者麦克雷德（McLeod）和梅耶（Meyer）从社会工作者的角度，将社会工作过程中涉及且要处理的价值冲突归纳为十个方面：个人价值与体系目标之间的冲突；个人自由与社会控制之间的冲突；群体责任与个人责任之间的冲突；安全、满足与奋斗、刻苦之间的冲突；相对论与绝对论之间的冲突；变革创新与传统主义之间的冲突；异质性与同质性之间的冲突；文化决定论与自然遗传论之间的冲突；相互依赖与个人自治之间的冲突；个别化与类型化之间的冲突。②

3. 企业社会工作的伦理困境

企业社会工作是以企业界为服务领域的一种社会工作。面对以营利或追求效益为目的的工商企业组织，企业社会工作者必须要坚持其专业伦理，把服务对象（员工）的利益放在首位，为他们争取合理公正的待遇，帮助他们实现自己的生活与职业期望。但是，企业社会工作者有可能是企业编制内的，即使不是隶属于企业组织，也必须与其保持良好的关系。处在一个庞大的"营利"工商业组织体系内，社会工作者常常要面对"一仆二主"的难题。因此，当社会工作者处理与员工权益、工作环境、劳动条件或组织管理相关的问题时，他所承担的伦理责任常常会出现两难困境。分析这些困境，对社会工作者承担伦理责任，更好地服务于员工的福利，有着重要意义。

（1）社会工作者的自我认知与社会组织对社会工作者角色认知

> 如何把企业社会工作的伦理和企业运行中的实际状况结合起来加以统筹考量，需要企业社会工作者在实务工作中加以探索和研究。

---

① 马洪路等：《残障社会工作》，高等教育出版社2007年版，第104页。
② 黄维宪等：《个案社会工作》，（台北）五南图书出版公司1986年版，第36页。

的冲突。

对于受雇于企业的社会工作者来说，他属于组织编制内的一员，也有职级的待遇，如存在基层员工、中层技术和高层管理人员等区别。因此，组织在认知社会工作者的角色时，往往会从不同的角度来定位。有的把社会工作者看作专业工作者，有的则把社会工作者看作一个管理职位；从社会工作者隶属的部门来看，他们可以被安排在不同的部门并在职责上各有不同，如劳动安全、人力资源、公共关系、员工关系等部门。由于这些部门的职能不同，社会工作者的工作内容也会有很大差别。员工对社会工作者角色的认知乃至社会工作者的自我认知都会产生混乱，从而影响到其专业作用的发挥。

（2）保护员工与维护企业利益之间的冲突。

从企业社会工作的服务范围看，它的服务对象是多元的，彼此存在一定的利益差别或对立，由此决定了这些服务对象对社会工作者的期待是有很大区别的。比如，普通员工希望通过社会工作者来为他们争取权益，管理者则希望社会工作者帮助他们摆脱员工的干扰，以维护企业的利益。在对待消费者或遵守企业社会责任的问题上，企业与消费者的利益也会发生冲突。社会工作者究竟需要维护消费者的利益还是企业的利益，这也是伦理抉择的职业难题。在员工与企业发生利益冲突时，社会工作者应站在何种立场上是一个巨大的挑战。如前所述，企业社会工作的服务对象既包括企业员工，也包括企业及其管理者和所有者。但是，在企业组织体系中，他们的利益却是不同的。从社会工作维护公平正义的理念来看，社会工作者应为员工利益工作，但作为企业的雇员，他又不能以对立的方式来维护员工的权益。因此，社会工作者需要掌握平衡员工与企业之间权益的技巧，在矛盾冲突中不仅充当员工权利维护者的角色，也要充当调停者，在双方利益的连接中寻求解决问题的办法。否则，社会工作者有可能卷入组织内部的权力斗争，也可能被置于工会和企业主都反对的尴尬境地。按照专业伦理的要求处理好各方的权益，争取双赢局面，固然是理想的结果，但如果两者发生冲突，应以员工利益为先。毕竟，对组织和雇主来说，员工始终处在弱势的位置。特别是对普通员工而言，在冲突中的弱者总是最容易受到伤害。

（3）社会工作者的专业职责与企业管理职责之间的冲突。

企业社会工作者在企业组织的职级体系里，通常被置于专业技术层和管理层，因而他们会被赋予两重职责：专业助人者和企业内的行政管理者。这就使他们在履行专业职责时，常常需要在两者间作出抉择，从而引起职责冲突。此外，由于社会工作者中的绝大多数隶属于特定的企业管理部门，他们必须按照部门行政管理的目标行事，他们的行为也要受到相关管理制度的约束。比如，社会工作者在为员工服务的过程中，必须恪守替服务对象保密的原则；但是，行政主管为了有效地管控，要求社会工作者必须上报个案记录或工作日志资料，以掌握员工动态。又如，企业作为营利组织，追求业绩是它的根本目标，受雇于企业的社会工作者也不例外；"社工可能为追求业绩只注意短期容易看到具体成果的工作，却忽略了一些需要整体规划或长期发展的方案"[1]。这些情况表明，在专业伦理的坚持上，企业社会工作者不得不面对这些困境，并在其中不断挣扎。

（4）社会工作者的专业投入与工作成效之间的冲突。

企业社会工作者是在特殊的环境里开展服务的，他经常面对的是各种遭遇不幸或不公平待遇的人的求助。然而，在一个组织严密、人际关系复杂的体系里，社会工作者常常不得不顾及各种规章制度和他所处的环境，顾及企业的需要和他所掌握的有限的资源。在各种压力面前，当社会工作者不得不面对日复一日无法解决的问题时，他对服务对象的问题和需要的情感投入就会逐渐减少，变得麻木、冷漠，行为上则表现为缺乏工作激情和公事公办的态度。当社会工作者出现情感怠倦时，不仅服务对象会在求助的活动中受到

---

[1] 徐震、李明政主编：《社会工作伦理》，（台北）五南图书出版公司2002年版，第451页。

伤害，社会工作的专业性也会受损。及时给予情感倦怠的社会工作者以督导和其他方面的支持，助其摆脱不佳状态是处置这类情况的主要办法。但是，由此而产生的伦理困境却不是可以轻易摆脱的。因为在企业环境中，面对强大的企业组织和复杂的权力关系，社会工作者也常常会感到脆弱和无能为力。①

第二节　企业社会工作的实务过程

企业社会工作实务是一项非常复杂的工作，它以一套理论为基础，为企业社会工作者的实务过程提供了服务技巧和服务程序上的指导。

一、企业社会工作实务过程的理论依据及特点

1. 企业社会工作实务过程的理论依据

（1）泰勒的科学管理理论。

弗雷德里克·温斯洛·泰勒（Frederick Winslow Taylor）是美国古典管理学家和科学管理理论的创始人，被管理界誉为"科学管理之父"。在米德维尔工厂，他从一名学徒工开始，先后被提拔为车间管理员，技师，小组长，工长，设计室主任和总工程师。在这家工厂的经历使他了解工人们普遍怠工的原因，他感到缺乏有效的管理手段是提高生产率的严重障碍。为此，泰勒开始探索科学的管理方法和理论。

泰勒从"车床前的工人"开始，重点研究企业内部具体工作的效率。在管理生涯中，他不断地在工厂实地进行试验，系统地研究和分析工人的操作方法和动作所花费的时间，逐渐形成其管理体

---

① 钱宁、张默：《工业社会工作》，高等教育出版社 2009 年版，第 54—55 页。

系——科学管理理论。泰勒在《科学管理原理》中阐述了科学管理理论，使人们认识到管理是一门建立在明确的法规、条文和原则之上的科学。泰勒的科学管理理论主要有两大贡献：一是管理要走向科学；二是劳资双方的精神革命。

泰勒认为科学管理的根本目的是谋求最高劳动生产率，最高的工作效率是雇主和雇员达到共同富裕的基础，要达到最高的工作效率的重要手段，是用科学化的、标准化的管理方法代替经验管理。

古典管理理论的杰出代表泰勒、亨利·法约尔（Henri Fayol）等在不同的方面对管理思想和管理理论的发展作出了卓越的贡献，并对管理实践产生深刻影响，但是他们共同的特点是，着重强调管理的科学性、合理性、纪律性，而未给管理中人的因素和作用以足够重视。他们的理论是基于这样一种假设，即社会是由一群无组织的个人组成的；他们在思想上、行动上力争获得个人利益，追求最大限度的经济收入，即"经济人"；管理部门面对的仅仅是单一的员工个体或个体的简单总和。基于这种认识，工人被安排去从事固定的、枯燥的和过分简单的工作，成了"活机器"。

基于泰勒的科学管理理论，企业社会工作的切入点可以在企业管理者与企业员工间的关系上。一方面，企业社会工作者应试图改变管理者对员工的看法和态度；另一方面，要改变企业员工对于企业及其管理者的看法和态度。让他们彼此接纳，发现并认识彼此间的共同利益，形成和谐的工作氛围。

（2）人际关系理论。

从20世纪20年代美国推行科学管理的实践来看，泰勒制在使生产率大幅度提高的同时，也使工人的劳动变得异常紧张、单调和劳累，因而引起了工人的强烈不满，并导致工人的怠工、罢工以及劳资关系日益紧张等事件的出现；另一方面，随着经济的发展和科学的进步，有着较高文化水平和技术水平的工人逐渐占据了主导地位，体力劳动也逐渐让位于脑力劳动，使得资产阶级感到单纯用古典管理理论和方法已不能有效地控制工人以达到提高生产率和利润的目的。这使得对新的管理思想、管理理论和管理方法的寻求和探

1924—1932年，梅奥教授在美国芝加哥郊外的西方电器公司霍桑工厂进行了一系列实验，包括照明实验、福利实验、访谈实验与群体实验。实验发现：工人不是只受金钱刺激的"经济人"，而是"社会人"。

相对于正式组织，非正式组织是指以情感、兴趣、爱好和需要为基础，以满足个体的不同需要为纽带，没有正式文件规定而自发形成的一类开放式的组织类型。

索成为必要。霍桑实验的研究结果否定了传统管理理论对于人的假设，表明工人不是被动的、孤立的个体，他们的行为不仅仅受工资的刺激，影响生产效率的最重要因素不是待遇和工作条件，而是工作中的人际关系。据此，梅奥提出了自己的观点。

第一，工人是"社会人"而不是"经济人"。乔治·埃尔顿·梅奥（George Elton Mayo）认为，人们的行为并不单纯出自追求金钱的动机，还有社会方面的、心理方面的需要，即追求人与人之间的友情、安全感、归属感和受人尊敬等，而后者更为重要。因此，不能单纯地从技术和物质条件着眼，而必须首先从社会心理方面考虑合理的组织与管理。

第二，企业中存在非正式组织。企业中除了存在为了实现企业目标而明确规定各成员相互关系和职责范围的正式组织之外，还存在非正式组织。这种非正式组织的作用在于维护其成员的共同利益，使之免受其内部个别成员的疏忽或外部人员的干涉所造成的损失。为此，非正式组织中有其核心人物和领袖，有大家共同遵循的观念、价值标准、行为准则和道德规范等。梅奥指出，非正式组织与正式组织有重大差别。在正式组织中，以效率逻辑为其行为规范；在非正式组织中，则以感情逻辑为其行为规范。如果管理人员只是根据效率逻辑来管理，而忽略工人的感情逻辑，必然会引起冲突，影响企业生产率的提高和目标的实现。因此，管理当局必须重视非正式组织的作用，注意在正式组织的效率逻辑与非正式组织的感情逻辑之间保持平衡，以便管理人员与工人之间能够充分协作。

第三，新的领导能力在于提高工人的满意度。在决定劳动生产率的诸因素中，置于首位的因素是工人的满意度，而生产条件、工资报酬只是第二位。工人的满意度越高，其士气就越高，从而生产效率就越高。高的满意度来源于工人个人需求的有效满足，这种个人需求不仅包括物质需求，还包括精神需求。

人际关系理论对于企业社会工作的重要意义主要是它对于企业内部人际关系重要性的强调，尤其是企业内部非正式群体的力量。

（3）马斯洛的需求层次理论。

马斯洛的需求层次理论也称基本需求层次理论，是行为科学的理论之一，由美国心理学家亚伯拉罕·马斯洛（Abraham Maslow）于 1943 年在《人类激励理论》论文中提出。

马斯洛需求层次理论把需求分成生理需要、安全需要、社交需要、尊重需要和自我实现需要五类，依次由较低层次到较高层次排列。各层次需要的基本含义如下：

其一，生理需要。这是人类维持自身生存的最基本要求，包括对呼吸、水、食物、睡眠、生理平衡、分泌、性等的需求。如果这些需要中的任何一项得不到满足，人类个人的生理机能就无法正常运转。换言之，人类的生命就会因此受到威胁。在这个意义上说，生理需要是推动人们行动最首要的动力。马斯洛认为，只有这些最基本的需要满足到维持生存所必需的程度后，其他的需要才能成为新的激励因素，而到了此时，这些已相对满足的需要也就不再成为激励因素了。

其二，安全需要。这是人类对人身安全、健康保障、资源所有性、财产所有性、道德保障、工作职位保障、家庭安全的需求。马斯洛认为，整个有机体是一个追求安全的机制，人的感受器官、效应器官、智能和其他能量主要是寻求安全的工具，甚至可以把科学和人生观都看成是满足安全需要的一部分。当然，当这种需要一旦相对满足后，也就不再成为激励因素了。

其三，社交（情感和归属）需要。这一层次包括对友情、爱情、性亲密的需求。人人都希望得到相互的关系和照顾。感情上的需要比生理上的需要来得细致，它与一个人的生理特性、经历、教育、宗教信仰等都有关系。

其四，尊重需要。该层次包括对自我尊重、信心、成就、对他人尊重、被他人尊重的需求。人人都希望自己有稳定的社会地位，要求个人的能力和成就得到社会的承认。尊重的需要又可分为内部尊重和外部尊重。内部尊重是指一个人希望在各种不同的情境中有实力、能胜任、充满信心、能独立自主。总之，内部尊重就是人的自尊。外部尊重是指一个人希望有地位、有威信、受到别人的尊重、信赖和高度评价。马斯洛认为，尊重需要得到满足，能使人对自己充满信心，对社会满腔热情，体验到自己活着的用处和价值。

其五，自我实现需要。该层次包括对道德、创造力、自觉性、问题解决能力、公正度、接受现实能力的需求。这是最高层次的需要，它是指实现个人理想、抱负，发挥个人的能力到最大限度，达到自我实现境界，接受自己也接受他人，解决问题的能力增强，自觉性提高，善于独立处事，要求不受打扰地独处，完成与自己的能力相称的一切事情的需要。也就是说，人必须干称职的工作，这样才会使他们感到最大的快乐。马斯洛提出，为满足自我实现需要所采取的途径是因人而异的。自我实现的需要是在努力实现自己的潜力，使自己越来越成为自己所期望的人物。

马斯洛认为，在人的各层次需求中，已经满足的需求不再是激励因素。人们总是在力图满足某种需求，一旦一种需求得到满足，就会有另一种需要取而代之。大多数人的需要结构复杂，无论何时都有许多需求影响行为。一般来说，只有在较低层次的需求得到满足之后，较高层次的需求才会有足够的活力驱动行为。满足较高层次需求的途径多于满足较低层次需求的途径。

马斯洛需求层次理论对于企业社会工作的启示主要是它强调了人的需求的复杂性与层次性，不同的人以及相同的人的不同发展阶段都会出现不同的需求，这就要求企业社会工作者在面对服务对象时，首先要调查和评估服务对象可能具有的不同需求，然后有针对性地帮助服务对象去实现这些需求。

（4）系统理论。

在社会工作实务中，系统是指社会各个成员之间的相互交流，如夫妻、家庭、邻居、医患关系、小组、机构、照顾系统等。在系统理论的视角下，环境是工作者介入和改变的场域，这个场域里的所有因素（系统的各个部分）都彼此相互交错和影响。

系统视角的社会工作实务强调：

第一，注重个人的整体性和完整性。强调人与环境是交叉互

> 企业社会工作实务需要社会工作者从整体而不是部分、从联系而不是孤立的角度去看待和处理各种人与事的关系。

动、相互影响的，强调整体环境中完整的人。

第二，强调社会系统特别是家庭系统在塑造和影响人的行为及生活状态中的重要作用。

第三，注重运用社会资源（包括正式和非正式的社会网络资源），帮助人们解决问题，满足需要。

2. 企业社会工作实务过程的特点

企业社会工作是运用社会工作的理念与方法，主要在企业内外从事员工的生产适应、环境协调、福利保障、职业生涯发展的管理工作，其目的是在员工职业与福利发展的基础上提升企业效率。它是企业管理的有机组成部分，是社会工作理念、方法在企业管理中的运用。企业社会工作实务过程与其他领域的社会工作实务过程相比较，有如下特点：

（1）企业社会工作的服务对象是一个体系。

在企业社会工作的服务体系中，其服务对象不是单个员工或其家庭，而是活动于企业组织体系中的员工、管理者、企业主、工作团体、家庭和社区等。这一服务体系与其他领域社会工作的最大区别为：企业社会工作的助人对象一方面是在企业内处于弱势地位的员工或地位较低的员工群体，帮助他们从各种困难或不利的处境中解脱出来，以增加他们的工作与现实生活福祉；另一方面也服务于企业或组织，帮助实现其组织目标或发挥其积极的功能，以创造好的效益。[1]

（2）企业社会工作服务具有福利性、公益性及利他性。

企业社会工作是社会工作专业服务，其职责除了为员工提供法律咨询、权益保障、劳动关系协调外，更加注重解决员工在个人生理、心理、家庭与社会层面遭遇的生活危机和职业压力，使员工稳定身心、平衡发展、提升潜能、增进福利，更好地适应工作，促进企业人力资源的高度发展，从而最大限度地实现企业目标，实现员工和企业的和谐共处与发展。

---

[1] 钱宁、张默：《工业社会工作》，高等教育出版社2009年版，第36页。

（3）企业社会工作服务手法的多样化。

企业社会工作是社会工作实务的一个新领域，所有社会工作方法（如个案、小组、社区、社会行政和社会工作研究等）对于企业社会工作都同样适用。为兼顾社会工作专业的价值与使命及企业的营运目标，企业社会工作者应注重主动、弹性、借力、发展、客观五个原则，根据主体的能力、认识、知识水平、影响力的情况，工作对象的客观情况，工作任务及服务目标的不同来灵活选取工作方法，切实实现企业社会工作介入的动态平衡。

（4）企业社会工作实务过程工作任务的阶段化。

企业社会工作的实务过程可以划分为逻辑上前后相连的几个阶段，各阶段具有不同的特点，但彼此并不是截然分开、各自独立的，在实际工作中，不同的阶段可以交叉和重叠。

在企业社会工作的实务过程中，助人的每一个阶段对服务对象都是重要的，都有与之相联系的具体任务，企业社会工作者完成每一项任务都需要专门的技巧。一个阶段的任务完成不好，会直接影响到下一个阶段任务的完成。

（5）企业社会工作实务过程更加注重价值观的整合。

企业社会工作实务过程整合了社会工作的核心价值观，在每一个阶段的工作中都强调服务对象的参与，以及社会工作者对服务对象的接纳。同时，企业社会工作实务过程还强调社会工作的伦理守则，强调对服务对象负责，让服务对象参与持续的、定期的评估和总结。整合的社会工作价值有助于企业社会工作者专业责任的履行。

二、企业社会工作实务过程

企业社会工作的实务过程是由一系列有计划的工作步骤构成的，必须依照一定的程序进行。由于服务过程中具体使用的个案、小组、社区工作方法的不同，服务步骤会有些许差别，但总体来说，可以分为建立专业关系、预估、计划与介入、评估与跟进四个主要环节。下面简要地介绍这四个步骤。

基于社会工作通用过程，企业社会工作的实务过程也基本包括这几个环节。

1. 建立专业关系

在企业社会工作实务的实施过程中，企业社会工作者与服务对象的关系包括两个层面：一是同事层面的关系；二是社会工作层面的专业助人关系，即专业关系。这两层关系具有不同的特点：同事关系具有随意性、自由性，社会工作者与服务对象同在一个企业中，他们的同事关系是自然形成的；专业助人关系则建立在社会工作者与服务对象相互信任与合作的基础上，其建立需要经历社会工作者与服务对象互动的过程。

企业社会工作者与服务对象在同事层面上的关系是由同属于一家企业的事实决定的。对他们而言，这种关系非常明了，且为自然形成，因此不存在关系建立的问题。专业助人关系则是在企业社会工作者与服务对象的互动过程中，双方通过平等的、伙伴式的交往形成的关系，是建立在企业社会工作者和服务对象双方相互信任、相互合作的基础上的关系。因此，这种关系的形成一般都需要一个过程，有时还会受到彼此间同事关系状况的直接影响。

（1）企业社会工作者与服务对象的专业关系特点。

① 企业社会工作专业关系中的形式非平等性与不对称性。

在企业社会工作的过程中，社会工作者与服务对象（员工）之间的专业关系是以员工生活需要和工作诉求为基础的。它围绕着员工如何适应工作环境并在其生涯活动中实现其工作目标、获得自我实现与生活福祉这个中心形成。在这种专业关系中，社会工作者与服务对象之间是一种非平等的互动关系，工作者与服务对象之间的互动存在明显的不对等性。作为超越于企业劳动关系的第三方，社会工作者具有某种专业权威，往往会因为它的专业主导性而使服务对象自觉或不自觉地陷入某种依从或受支配的地位。这就要求社会工作者对这种助人过程中的专业不平等保持警惕，注意避免因互动中的非平等地位变成专业操控。

② 企业社会工作专业关系的两重性。

一般来说，社会工作者与受助者之间的专业关系兼具工具性和情感性，两者是兼容的，具有两重性。如何平衡这两重属性，防止过于理性而导致助人过程中的冷漠，或者因过度的情感投入而陷入情绪化状态，既是一个技巧问题，更是一个职业伦理问题。在企业中，员工与管理层的关系通常是不平等的，这是由企业的结构和内部分工体系造成的。这种不平等往往使员工处于被动的地位，容易遭受伤害。因而，维护员工的合法权益、争取他们的合理待遇是社会工作者的责任。但是，在实际过程中，问题并不是简单的公平问题，它可能牵涉员工关系、工作的适应能力、对管理制度的理解以及个性和人格方面的问题，也可能是不同利益的冲突、不合理的制度甚至剥削和压迫的问题。

面对复杂的企业组织内部关系，社会工作者在确立与服务对象的专业关系时，既要有必要的情感投入，与受助者形成充分的情感交流，表达对其诉求的关切和关注，形成同理心，以便于建立彼此间的信任和理解；又要注意到理解的客观性，客观地对待受助者的诉求，帮助他们建立理性的解决问题的态度。对社会工作者自己而言，平衡员工利益与企业利益的诉求，寻求双赢的结果，既是企业社会工作应遵循的原则，也是实现公平正义的专业理念的可行路径。要达到这样的理性目标，必须对专业关系中的工具性与情感性因素加以调适，以便于与服务对象建立良好的专业关系。①

（2）专业关系建立的主要阶段。

一般来说，建立专业关系是指在企业社会工作实务过程中，企业社会工作者成为服务者，企业员工成为被服务的对象，他们彼此对角色的期望和义务都有所承诺。

这个阶段可以分为两个时期：一是接案阶段，即当一个人寻求服务但还不是服务对象时，他便处于接案阶段。在这个阶段，企业社会工作者和服务对象都在估量能提供的服务和想获得的服务是否吻合。二是关系建立阶段，只有当服务对象和企业社会工作者对服务的含义有了一致看法时，专业关系才开始建立，才可以说进入了第二个阶段。一般来说，专业关系建立主要包括以下三个方面的工

---

① 钱宁、张默：《工业社会工作》，高等教育出版社2009年版，第46—47页。

作内容。

① 了解服务对象的来源和类型。

服务对象的来源与寻求服务的类型不仅影响着社会工作者的角色，也影响着其与服务对象专业关系的建立。面对不同的服务对象，企业社会工作者需要有不同的工作技巧，了解服务对象的来源和类型是专业关系建立时的一项重要工作。

在社会工作的一般服务领域，服务对象的来源主要有主动求助、外展、转介三种途径。主动求助是指服务对象主动要求社会工作者为其提供服务；外展则是社会工作者通过自己的活动获得对象，即社会工作者主动与对象接触，为可能的对象提供服务；转介是指服务对象由另一个服务机构或社会工作者介绍而来。根据服务对象的来源，可以将其按寻求服务时的意愿分为两种类型，即自愿性服务对象和非自愿性服务对象。

在对服务对象的来源情况和类型进行分析后，就可以有针对性地采取不同的策略，为专业关系的建立打下良好的基础。

② 初步预估服务对象的问题、需要和任务。

初步预估的主要任务是识别服务对象求助的问题是什么，最关心的问题是什么，问题的来龙去脉及服务对象对问题的看法是怎样的。了解服务对象关心什么十分重要，一旦企业社会工作者通过初步预估发现自身无法回应服务对象的需求，就需要安排转介。企业社会工作者进行初步预估的目的在于保证服务对象所要求的服务符合自己的工作范围，帮助企业社会工作者考量是否有能力处理服务对象的问题并决定问题解决的优先次序。同时，确定可供利用和调配的社会资源，明确服务工作的任务。

③ 确立专业关系。

在经过初步的接触和准备后，企业社会工作者开始与服务对象确立专业关系。这是一个十分重要的环节，因此，要注意以下三个方面的问题：第一，工作者与服务对象沟通想法和感受，工作者充分实践真诚原则；第二，工作者要力求与服务对象建立信任；第三，工作者与服务对象彼此明确各自的责任。

2. 预估

所谓预估，即搜集与服务对象有关的详细资料、了解服务对象问题形成的过程，是依据既定情境中的事实与特点推论出有关服务对象问题含义的暂时性结论的逻辑过程。

（1）预估的主要任务。

了解服务对象存在的主要问题以及问题的性质、成因、程度及对服务对象的影响；了解服务对象个人生活经历及行为特征，包括服务对象的人格特征、能力、优势和弱点；了解服务对象与环境的互动状况，及其对自身问题的认识和改变的动力与能力；了解服务对象所处的环境系统的状况，包括家庭、朋友、工作单位、邻里及社区的情况，从中找出有利于和不利于服务对象改变的因素。

（2）预估的步骤。

① 资料搜集。

企业社会工作的基本目标是增进服务对象解决所面临问题的能力，促进形成良好的工作环境，从而提升组织运作的效率。为了达到这个基本目标，有必要对个人在环境中发挥角色功能的情况进行了解。

根据"人在情境中"的理论观点，企业社会工作者对服务对象基本情况的了解和资料搜集，不仅要根据服务对象呈现的问题，更要探索服务对象及其与周围环境互动的情况。因此，资料搜集也要从这些方面入手。资料搜集的基本内容包括：

第一，个人层面的资料搜集。主要包括：个人的基本资料，如年龄、工作部门、工作年限、职位等；服务对象对于现状和问题的主观看法，如求助的问题是什么、问题的原因是什么、问题存在多久、希望如何解决问题等；服务对象解决问题的动机；探索服务对象生理、心理、情感、智力等方面的能力。

第二，环境层面的资料搜集。主要包括家庭状况和社会环境两个方面。如服务对象的家庭背景、生活现状、经济状况、家庭关系、邻里关系、同事关系、保障现状、就业情况等。

第三，个人与环境交互作用层面的资料。主要包括服务对象个人与周围环境的关系，也包括组织环境、社会的体制、服务对象的社会网络环境等。

② 资料分析。

资料的分析是在广泛搜集服务对象个人资料、环境资料、服务对象与环境互动等各方面资料的基础上，采用一系列科学的方法，对搜集的资料进行加工并使其系统化、规范化的过程。

通过运用科学的资料分析方法，企业社会工作者可以对服务对象形成比较全面而又有一定深度的认识，由感性认识上升到理性认识，由对现象的认识上升到对本质的认识。这种理性的、本质的认识，使工作者能够抓住服务对象问题的实质，从而准确地把握服务对象的根本问题，这就为研究服务对象的问题、制定服务方案奠定了基础。

通过对服务对象资料的分析，了解服务对象问题形成的过程，是依据既定情境中的事实与特点推论出有关服务对象问题含义的暂时性结论的逻辑过程。

③ 认定问题。

在掌握了丰富的资料后，社会工作者就要探究服务对象的情况、问题与需要。主要完成以下三个方面的任务：一是确定服务对象的问题与需要，明确问题的性质及其产生的原因；二是明确服务对象的处境及其社会系统的情况，探究服务对象问题得不到解决的原因；三是了解服务对象系统的发展阶段，鉴定服务对象系统的资源状况。

3. 计划与介入

在明确了服务对象的问题后，企业社会工作者需要与服务对象一道就认定的问题制订计划和相关措施，并正式介入和实施服务计划。因此，计划与介入包含企业社会工作者必须要完成的核心工作，对企业社会工作实务的开展具有关键性作用。

（1）拟定计划。

计划阶段是在服务对象基本状况评估基础上的延续，它是一个理性思考及作决定的过程，包括制定目标及选择为了达到目标而采取的行动。所以，计划是为下一步的介入行动服务的。主要包括以下内容：

① 目的和目标。

目的和目标是社会工作介入要达到的成果。目的是介入工作的长远目标，目标则是每个阶段的近期具体计划。目的和目标是经过资料分析和问题认定后确定的。目的和目标表达了服务项目中服务对象可以改变的方向，明确了社会工作实务工作的核心任务，因而在实务过程中具有极其重要的作用。

② 关注的问题与对象。

计划不仅要确定目的和目标，还要详细说明关注的问题和对象。它是社会工作者和服务对象在预估阶段共同认定的问题。关注对象主要指介入行动所要改变的系统，即目标系统，它是整个介入工作的核心焦点。一般说来，可以包括个人、家庭、群体、组织和社区等。由于企业社会工作的服务对象是一个服务对象体系，因此，所关注的对象不能仅仅局限在直接服务对象本身。

③ 介入策略。

对每一个关注对象的介入，都必须有相应的实施策略，它主要指的是社会工作者介入服务对象的需要与问题的整体方案，是改变服务对象态度和行为的一套方法。在制定介入策略的过程中，企业社会工作者需要注意介入过程对企业的利益相关者可能产生的影响。

（2）企业社会工作的介入。

针对服务对象的问题，制定服务计划后，企业社会工作者和服务对象需要按照所制定的目标和策略将服务计划付诸实施，这一阶段是整个企业社会工作实务的重心。

① 企业社会工作介入的程序。

企业社会工作者可以从以下几个方面着手：协助服务对象排解积压的情绪；协助服务对象澄清不合理的观点；协助服务对象修正偏差行为；支持服务对象肯定自我，发挥潜能，调整社会关系；寻求社会资源，改善环境；在治疗和干预的过程中继续预估，修正和补充治疗计划与策略。①

② 企业社会工作介入的方法。

第一,根据服务所涉及的层面不同划分。

根据企业社会工作者在开展实务时涉及服务对象及其环境的不同层面,可以把企业社会工作介入分为直接介入和间接介入。

企业社会工作的直接介入是针对服务对象采取的行动和直接的服务介入。从直接介入的主要内容看,主要包括针对服务对象个人的介入和针对服务对象群体的介入。

企业社会工作的间接介入是针对服务对象以外的其他系统采取的介入行动,它也被视为改变环境的工作。它可以包括针对服务对象所处组织环境的间接介入、针对服务对象所处社区环境的间接介入和针对服务对象所处社会环境的间接介入。

第二,根据企业社会工作者所使用的具体工作方法划分。

企业社会工作是社会工作在企业范围内的具体实施和应用,其主旨和方法与社会工作是一致的。鉴于此,企业社会工作依然可以使用传统的个案、小组和社区工作的方法。

a. 个案工作方法。就员工个体而言,个人面对的问题不尽一致,特别是在心理问题的缓解和处理上,社会工作者宜采用专业的个案工作手法加以实施,因为个案工作由专业社会工作者采用面对面的沟通和交流,运用人与环境互动的理论和方法,协助个人或家庭减轻压力,解决问题,达到个人和社会的良好福利状态。在个案工作中,社会工作者在与服务对象彼此信任合作的和谐关系中,充分调动服务对象本身的潜能与积极性,共同探讨、研究服务对象的问题,服务对象的家庭及社会环境,运用服务对象本身及外部资源,增进其解决问题的能力,达到帮助服务对象成长的目的。

b. 小组工作方法。企业员工同在一个部门或场所工作,他们工作的外部环境一样,所以,他们所面对的问题往往也具有共同的一面。为此,企业社会工作的第二种介入方法就是小组工作。社会工

---

① 高钟:《企业社会工作概论》,社会科学文献出版社2007年版,第123页。

作者在小组工作的过程中，通过调动小组成员团结协作，共同面对环境，以此增进小组成员与他人配合解决问题的能力，达到用团队的力量来共同解决问题的目的。

c. 社区工作方法。任何企业都是坐落在特定的空间区域即社区之内，企业的运行和员工的工作与生活都与社区以及社区建设、社区发展有着千丝万缕的联系。企业社会工作者通过发动和组织社区成员参与集体行动，确定社区的问题与需求，动员社区资源，争取外力协助，有计划、有步骤地解决和预防社会问题，调整或改善社会关系，减少社会冲突，加强社区的凝聚力，提高社区的社会福利水平，促使社区进步。因此，在企业社会工作中，对企业员工的服务不能脱离社区而孤立地实行，企业和员工所面临的问题并非单一地可以在企业内部解决，必须调动和运用社区的资源和力量才能得到最佳整合，从而达到解决问题的目的。

4. 评估与跟进

通过建立专业关系、资料的搜集与分析、预估、拟定计划及介入等阶段，企业社会工作实务开展了大量的工作，但这个工作的过程和效果如何，就需要对企业社会工作者的工作进行评估。企业社会工作实务的评估是在服务计划实施后对实务过程进行的整体性反思。通过评估，企业社会工作者不仅对实务效果、过程进行思考，而且要对企业社会工作实务的未来作出相应的跟进计划。

（1）评估的过程。

① 评估前的准备。

评估前的准备主要有三项工作：第一，明确评估的目的；第二，确定评估主体；第三，评价评估条件。

② 设计评估方案。

对实务活动的评估是科学的活动，因而实施评估要在全面准备的基础上，经过严格、科学的设计后进行。

评估方案的主要内容应包括四个方面：第一，评估要解决的问题；第二，评估解决问题的方法和程序；第三，明确评估者与参与评估的各个方面的关系；第四，评估成果的主要表现形式。

③实施评估方案。

当评估方案设计完成后,评估者进入实施评估方案阶段。实施评估方案的过程大体包括:第一,搜集和分析评估资料;第二,指定评估指标体系;第三,实施评估;第四,评估分析及总结。

(2)跟进。

实务工作完成评估阶段后,一般就会进入结案及跟进阶段。根据结案方式的不同,跟进方式及跟进内容也各有不同。主要有服务项目结案后的跟进、转介后的跟进和服务关系结束后的跟进。

从建立专业关系到评估和跟进,企业社会工作完成了一个周期。但需要指出的是,企业社会工作的周期并不是一次性的,既可能是多周期的,也可能具有不完整的周期性。而且,企业社会工作实务过程中每一个阶段的划分也具有相对性。实务过程中的各个环节往往相互交织、相互渗透、相互依赖,绝对不能将这一过程僵化和绝对化。

三、企业社会工作实务案例

(请扫二维码)

第三节 企业社会工作的评估

企业社会工作者秉持助人价值观,运用专业方法,帮助服务对象走出困境、发挥自身潜能,促进其与环境的相互协调。但企业社会工作者的努力是否达到了预期的目标,今后如何改进服务以期更好地实现目标,企业社会工作评估就成为重要的衡量手段。

社会工作评估是实务过程中的基础性步骤,在很大程度上决定着助人活动的最终成效。

一、企业社会工作评估的含义

社会工作评估是指运用科学的研究方法和技术,系统地评价社会工作的介入结果，总结整个介入过程，考察社会工作的介入是否有效以及是否达到了预期目的与目标的过程。

需求目的不同，评估的方法也不一样。不同类别的评估代表不同的评估目的，根据香港学者陈永泰的统计，在社会工作服务活动中，应用比较广泛的评估方法如表8-1所示。

表8-1 社会工作评估法

评 估 方 法	评 估 目 的
认可性评估（accreditation evaluation）	服务活动是否已经达到最低要求的标准，进而可以获得官方认可或许可？
成本效益分析（cost-benefit analysis）	以"元"为度量单位，衡量成本与效益之间的关系如何？
成本效应评估（cost-effectiveness evaluation）	不以"元"为度量单位，衡量成本与成果之间的关系如何？
判断标准的相关性评估（criteria-referred evaluation）	衡量指定目的在什么程度下根据预期的判断标准去达到？
"决定"为焦点的评估（decision-focused evaluation）	衡量在指定时间内作出一个明确决定需要什么样的资讯？
说明性的评估（descriptive evaluation）	活动内曾经发生过什么事情？（完全没有"为什么"的问题或者因果关系的分析）
效应评估（effectiveness evaluation）	活动目的所达到的效应程度如何？
效率评估（efficiency evaluation）	资源的输入可否减少而仍能获得相同的输出？或者可否获得较大的输出而无须增加资源的输入？
经费评估（effort evaluation）	活动总共投入多少人员？工作人员与服务对象人手的比例如何？经费有多少？
可评估性估计（evaluability assessment）	不同评估方法的可行性有多高？
广泛性评估（extensiveness evaluation）	衡量活动能处理整体问题到达什么程度？目前所提供的服务水平和实际需要的服务水平相较如何？
外部性评估（external evaluation）	评估工作由执行程序以外的人担任，所增加的客观性如何？

（续表）

评 估 方 法	评 估 目 的
形成过程评估 （formative evaluation） （i.e.built-in evaluation）	活动是怎样改良的？
以目的为根据的评估 （goal-based evaluation）	活动目的达到什么程度？
无目的的评估 （goal-free evaluation）	活动对服务对象产生了什么实际效果（完全不涉及程序本身想完成什么）？
影响性评估 （impact evaluation）	活动有什么直接和间接的影响？
内部性评估 （internal evaluation）	评估由执行程序人员担任会如何？
延续性长期的评估 （longitudinal evaluation）	在一个长时期内，有什么会发生在参与者身上？

评 估 方 法	评 估 内 容
评估工作的评估 （meta-evaluation）	衡量评估工作是否做得好？值不值得做？
需求评估 （needs assessment）	服务对象真正需要什么？如何才可以满足这些需要？
规范的相关性评估 （nom-referred evaluation）	在一些被选定的变数内，程序所针对的人口在不同规范与参考群体中适用程度分别如何？
成果评估 （outcome evaluation）	预期成果被达到的效果如何？服务活动对参与者或接受者有何影响？
参与者的表现评估 （performance evaluation）	当活动参与者在参与之后，实际上所能做到的是什么？
程序人员评估 （personnel evaluation）	活动的负责人员怎样有效地执行所派的任务，如何达成目的？
过程评估 （process evaluation）	在日常运作过程中，活动有何优点与缺点，这个运作过程怎样才能得以改善？
产品评估 （product evaluation）	为了完成某种产品评估，调查它的成本、利益与市场需求怎样？

(续表)

评 估 方 法	评 估 内 容
品质保证 （quality assurance）	最低可接受的护理标准是否按规定有系统地提供给病人与服务对象？而这些护理品质是怎样被测试和演示出来的？
总结性评估 （summative evaluation） （i.e.post-mortem evaluation）	活动是否继续进行？如果继续对话，应以什么水平进行？
效用性为焦点的评估 （utilization-focused evaluation）	活动决策者、使用者和监督者需要什么资讯作为活动改良和活动决定之用？（因此，效用性为焦点的评估能够包括任何一种评估类型在内）

资料引自陈永泰：《社会服务评估法》，香港基督教服务处，1991年版，第15—20页。

二、企业社会工作评估的目的与作用

企业社会工作的评估是对服务项目的检查和总结，是对社会工作实务过程的评估，是检查介入行动是否实现了介入目标、总结经验、发展社会工作的实务知识的过程，也是整个社会工作助人活动中的重要环节。

1. 企业社会工作评估的目的

企业社会工作评估的目的包括：考察服务对象的主要问题与需求；考察企业社会工作介入效果、服务对象进步情况及介入目标的实现程度；总结企业社会工作者的工作经验，改善工作技巧，提升服务水平；验证企业社会工作方法的有效性；进行企业社会工作研究，寻求企业社会工作的未来发展方向。

2. 企业社会工作评估的作用

企业社会工作评估的作用有如下三方面。

（1）把握服务项目的实施过程，考察项目的实施效果。

这是企业社会工作评估的主要作用。一般情况下，无论是企业社会工作者、企业还是其他机构，都会对企业社会工作的实务效果有一个直观的、经验的认识。但这种直观的、经验的认识只是一种表面的、凌乱的、没有得到证实的看法，而要对服务项目实施的效果有一个科学、系统、本质的认识，必须经过系统的评估研究才能得到。

由于任何一个服务项目的实施效果都是通过服务过程中的具体阶段、环节而被表现出来的，因此，要了解服务项目实施的效果，首先要对项目实施的过程进行评估。通过对项目实施过程的评估，评估者才能够了解到服务项目实施的具体情况，了解到服务对象的问题与需求以及服务对象自身及其周围环境的变化情况，从而对项目实施效果有一个科学的认识。

（2）提高企业社会工作者的工作能力和服务品质。

这是企业社会工作评估的另一个重要作用。工作能力的提高需要有一个过程，这个过程在不断的理论学习和实践中得到实现。企业社会工作评估的过程既是一个了解和调查项目实施及其效果的过程，也是企业社会工作者重新反思、总结自己工作的过程，同时还是将工作者在评估过程中的经验和问题与同事、专家分享的过程，这一互动过程是促成企业社会工作者工作能力提升的一个重要契机，必然带来社会工作者服务品质的提升。

（3）寻求企业社会工作的未来方向，改进服务成效。

企业社会工作评估的另一重要作用是要通过对企业社会工作实务过程与效果的评估找到未来工作的发展方向。通过了解企业社会工作的实务过程、考察服务效果，势必会发现服务过程中存在的问题，并提出相应的对策和措施。而社会工作者对这些问题的把握可能成为设置下一服务项目的基础。更重要的是，通过评估，人们还可能发现开展企业社会工作实务的新方法、新手段、新空间，这无疑会成为下一服务项目设置的重要依据。

三、企业社会工作评估的类型

根据不同的标准，可以把企业社会工作评估区分为不同的类型。

1. 以评估的目标为依据划分

一是过程评估。过程评估是整个介入过程的监测，包括社会工作介入进行中的评估，它对工作过程的每一步骤、每一个阶段分别作出评估，关心的重点是工作中的各种步骤和程序怎样促成了最终的介入结果，方法是了解和描述介入活动的内容，回答服务过程中发生了什么以及为什么发生。

二是结果评估。结果评估是在工作过程的最终阶段进行的评估，包括目标结果和理想结果两个部分。目标是指介入要努力达到的方向；结果评估是检查计划介入的理想结果以及这些结果实现的程度及其影响。相对而言，目标是比较概括的，结果则是具体并可以度量的。

2. 以评估的对象为依据划分

一是对企业社会工作者的评估。针对企业社会工作者的评估，即企业中参与服务项目前线执行和内部管理的工作人员是否有令人满意的表现。

二是对服务项目的评估。企业社会工作者针对服务对象所开展的服务项目的情况是否令人满意。它用来评价服务项目的设计、执行及项目的作用及影响。

3. 以评估的执行主体为依据划分

一是由社会工作专业机构实施的评估。社会工作专业机构为了解企业社会工作者的服务状况而提出的评估要求。

二是由企业实施的评估。企业为了解企业社会工作者的服务状况而提出的评估要求。

三是由企业社会工作者进行的评估。企业社会工作者为了解自身的服务状况及成效而实施的评估。

4. 以评估实施的时间为依据

一是前期评估。前期评估是开展企业社会工作实务的基础，有需求评估和方案评估两种。

二是中期评估。中期评估就是评价实务过程中相关活动的状况，涉及实务过程的诸多方面。

三是后期评估。后期评估是对实务效果进行评判，有结果评估和效率评估两种。

四、企业社会工作评估的策略方法与技巧

就社会工作评估而言，不同的评估类型所采用的方法也不尽相同。在企业社会工作的实务过程中，最常采用的评估方法主要是由企业社会工作者为了解自身的服务状况及服务成效而实施的过程评估和结果评估。

1. 过程评估的策略方法与技巧

企业社会工作实务是一个完整的过程，它包括如前文所分析的建立专业关系、预估、计划与介入、评估与跟进四个主要阶段。不同的阶段由于目标不同，评估的内容也有较大的差异。

（1）对建立专业关系阶段的评估。

在建立专业关系过程完成后，企业社会工作者在对此阶段进行评估时，关注的焦点应该是此阶段的目标是否完成，即社会工作者与服务对象之间是否建立起了专业关系。评价专业关系是否建立起来的重要指标是社会工作者与服务对象之间的相互信任情况，因此，可以把信任操作化为更多具体的指标进行测量。当然，还有其他指标可以反映专业关系的建立情况，在评估的过程中除了搜集有关社会工作者与服务对象关系现状的资料外，还要注意搜集关系建立过程中社会工作者所采用的方式、方法、理念等资料，以及在这一过程中服务对象的反应、工作者的经验、教训和主观感受等。

（2）对预估阶段的评估。

预估阶段完成后，企业社会工作者在对预估过程及效果进行评估时，应重点考虑预估过程中资料搜集的信度与效度，以及对服务对象问题认定的准确性。在所搜集资料的信度与效度的评估上，需要考察资料掌握的现状、资料的来源以及资料的搜集方法、相关人员的配合情况等。对服务对象问题认定准确性的评估，是此阶段评估的重中之重。企业社会工作者需要重新回顾服务对象有哪些不良的表现，这些表现反映出他所具有的哪些问题，这些问题中的哪些是当前急需解决的，还有哪些重要问题是社会工作者可能还没有发

现的，这些问题的认定都运用了哪些方法，服务对象对问题的认知情况如何，社会工作者是否与服务对象对问题的认定达成了一致等。

(3) 对计划与介入阶段的评估。

企业社会工作实务过程中的计划与介入阶段实质上是对预估阶段所认定问题的全面应对。在此意义上，服务计划制订的情况很大程度上决定了介入水平与效果的高低。因此，服务计划制订的针对性与全面性将是评估计划的重要内容。针对性即评估服务计划是否是针对预估阶段所认定的问题而制订的；全面性则是评估服务计划是否能较为全面地解决服务对象的问题。因此，企业社会工作者应围绕这两个方面设计评估指标，对服务计划的制订情况进行评估。此外，服务对象对服务计划的认同情况也应作为评估的一项指标，因为得到服务对象的配合无疑是顺利完成计划的重要条件。对服务对象问题的应对，计划只是第一步，还需要对计划进行具体的落实，即介入。介入是对服务方案的具体实施，因此，对介入的评估主要应评估工作者介入的理念和方法。可分解的指标包括：介入过程中所运用的理念和方法是什么；为何运用这些理念和方法；这些理念和方法对介入过程给予了哪些帮助；服务对象的认同度如何；反应怎样、是否给予积极的配合；在这一过程中又出现了哪些新的问题等。

(4) 对评估与跟进阶段的评估。

针对评估与跟进阶段的评估，可以与服务项目完成后的结果评估合并进行。也就是说，企业社会工作者在完成了服务项目所有内容后，对项目总体的实施效果进行评估，同时包括此过程。

2. 结果评估的策略方法与技巧

企业社会工作的实务过程虽然可以被分解成目标各不相同的若干阶段，但各个阶段之间彼此联系，互相影响，最终构成了完整的社会工作实务过程。在实务工作完成的最终阶段，还需要对这一实务过程的实施效果进行评估，即结果评估。

结果评估不同于过程评估的重要之处是它的综合性。过程评估是针对各个具体的工作阶段进行评估，相对比较单一，结果评估则是针对实务过程的整体而言，针对实务过程的所有阶段进行评估，因此，它具有很强的综合性。在这一阶段，企业社会工作者可以重点从以下方面进行评估：

① 企业社会工作服务的总体目标是否达到，资源调动与整合的情况如何，是否能够满足整个服务过程的需求。

② 对服务对象的预期目标是否达到，主要包括是否达到了对服务对象的改变，以及这些改变表现在哪里、变化情况怎样等。

③ 服务对象在服务过程中的表现如何，企业社会工作者如何与服务对象进行互动并最终完成服务过程，服务对象在此期间是否出现其他问题，工作者又是如何解决的等。

④ 服务过程是否实现了服务对象周围环境的改变，这种改变表现在哪里，改变对于服务对象来说会产生哪些积极的影响等。

⑤ 企业社会工作者在整个服务过程中都运用了哪些理念、方法和技巧，还存在哪些不足，还有哪些方面需要改进，值得总结的经验和教训有哪些，是否形成了新的认知和获得了哪些启示等。

> 评估方法具有多样性，可综合运用量化与质性的方法来操作。

思考题

1. 简述企业社会工作的价值观。
2. 简述企业社会工作的专业伦理。
3. 结合系统观，分析企业社会工作实务的基本要求。
4. 结合案例，分析企业社会工作实务的过程。
5. 简述企业社会工作评估的类型。

推荐阅读

马洪路等：《残障社会工作》，高等教育出版社2007年版。

钱宁、张默：《工业社会工作》，高等教育出版社2009年版。

王思斌：《社会工作导论》，高等教育出版社2013年版。

童敏：《社会工作实务基础》，社会科学文献出版社2019年版。

第九章

企业社会工作介入员工福利服务

员工福利是企业薪酬体系的一个重要组成部分，是企业以福利的形式提供给员工的报酬。员工福利不仅具有保障功能，可以提高员工的生活质量，更重要的是它的激励功能。因而，随着现代企业制度的逐步建立和完善，越来越多的企业把员工福利作为企业管理的重要手段之一，它对企业改善和丰富员工物质和精神生活、提高员工素质、激励员工、增强单位凝聚力有着巨大的促进作用。本章主要介绍企业社会工作介入员工福利服务的具体领域与路径方法。

据统计，美国企业为员工所提供的福利与员工所获得的直接薪酬之比大约是30%—40%。

第一节　员工福利与企业社会工作

企业社会工作是社会工作在企业中的具体实施，通过专业的介入手法为企业员工提供物质和精神等福利服务，对于员工福利的改善与提升，有着极为重要的意义和功能。

一、员工福利的定义与内涵

员工福利（employee benefit）不同于一般性的社会福利，有其特定的内涵。

1. 员工福利界定

西方国家主要从福利计划的角度给员工福利下定义。美国商会对员工福利计划（Employee Benefit Plan, EBP）采用广义解释，认为员工福利计划是相对于直接津贴（direct wages）以外的任何形态津贴而言的。美国社会保障署对员工福利计划则采用狭义的定义，认为员工福利是由雇主和员工单方面或共同赞助创立的任何形态的给付措施，必须有雇佣关系，并且不是政府直接承担和给付。其内容只限于私人对死亡、意外、疾病、退休或失业所提供的经济安全保障，而带薪假日、员工折扣优惠、工作期间的休息、免费进餐等项目则不属于此，同时也不包括国家的老年、遗属保险，工作能力丧失的收入，健康保险和失业保险等。[①]

员工福利有广义和狭义之分。根据国内学者刘钧的观点，广义

---

① 仇雨临：《员工福利管理》（第二版），复旦大学出版社2010年版，第4—5页。

的员工福利是指用人单位、政府或社会为了满足员工的生活需要，在工资收入以外，向员工本人及其家属提供各种形式补偿的制度或计划。员工福利提供的补偿，既可以以货币的形式支付，也可以以非货币的形式支付。例如，用人单位发放给员工的企业年金就是以货币形式支付的；用人单位提供给员工的免费午餐、免费旅游、心理咨询，用人单位向员工及其家属提供的免费服务等，就是以非货币形式支付的员工福利。狭义的员工福利计划是指工资收入以外，由用人单位、政府或社会，有组织、有计划地向遭遇死亡、意外事故、疾病、退休或失业等困境的员工提供经济、安全保障的制度。狭义的员工福利的核心是社会保险和商业保险提供的保障。① 仇雨临认为：员工福利是一个综合性的概念，是企业基于雇佣关系，依据国家的强制性法令及相关规定，以企业自身的支付能力为依托，向员工所提供的，用以改善其本人和家庭生活质量的各种以非货币工资和延期支付形式为主的补充性报酬与服务。②

思考：员工福利与社会福利的联系与区别。

综合上述观点，员工福利可以被定义为：员工福利是依据国家的强制性法令及相关规定，各用人单位基于劳动关系和自身的支付能力，向员工提供的工资收入以外，用以保障员工及其家庭基本生活和提高生活质量的各种物质、行为及精神支持等形式的劳动报酬制度。

2. 员工福利的内涵

员工福利定义的内涵可以总结为如下四点：

（1）员工福利建立的基本依据是国家强制性法令及相关规定。

员工福利的建设和发展，会受到来自组织内部和组织外部的多方面因素的影响。其中，国家的法律法规是设计员工福利的基本依据。通常，与员工福利相关的法律文件有《宪法》和《劳动法》以及行政性法规。我国宪法规定，实行各尽所能、按劳分配，在发展生产的基础上，提高劳动报酬和福利待遇；社会保险是国

---

① 刘钧：《员工福利与退休计划》，清华大学出版社2009年版，第1页。
② 仇雨临：《员工福利管理》（第二版），复旦大学出版社2010年版，第7页。

家立法强制实施的社会政策，被保险人必须参加，承包人（企业）必须接受；企业自办的福利待遇必须在国家或地方出台的法律法规的范围内来实施，或由于要获得政府最为优惠的税收待遇而必须满足某些条件，或受到一些重要规章制度的约束，如各项企业补充保险等。

（2）建立劳动关系是员工享受福利待遇的前提条件。

用人单位与劳动者在劳动过程中建立的平等社会经济关系即劳动关系。员工只有同用人单位建立了劳动关系，才有资格享受员工福利待遇。建立劳动关系是劳动者享受员工福利待遇的前提条件。

（3）员工福利不属于工资的范畴。

员工福利是员工劳动报酬的一部分，但是不属于员工工资的范畴。劳动报酬也称薪酬，是指员工从事用人单位的劳动而得到的货币形式和非货币形式的补偿，是用人单位支付给员工的劳动补偿。薪酬是用人单位按照劳动要素的贡献和需求进行分配和补偿的，主要包括工资和员工福利两部分。工资称直接薪酬，是用人单位在一定时期内根据劳动者提供劳动的数量和质量，直接支付给员工的劳动报酬。员工福利也称间接薪酬，是工资以外，由用人单位向员工本人及其家属提供的各种形式的补偿。

（4）员工福利提供形式的多样性。

员工福利可以是现金、实物等物质形式类福利，也可以是服务等非物质类福利。随着人们物质文化生活水平的提高，健康服务、心理咨询辅导与关爱、精神慰藉等需求愈显重要，因此，员工福利的提供形式呈现多样性的特征。

二、企业社会工作介入员工福利服务的缘起

企业社会工作介入福利服务是社会工作者运用社会工作的专业理念、知识和方法，以企业员工及其单位为服务对象，以预防和解决企业员工福利问题为目标，调动和利用各种资源，在企业里有计划、有系统地帮助员工争取与维护基本福利权益、改善与提升经济

福利、提供行为与精神福利服务，从而促进员工和企业和谐发展的专业化介入手法与工作过程。企业社会工作介入员工福利服务经历了一个较长的发展过程，在此基础上，形成了专门化的企业社会工作。

19世纪后期，美国企业界发生了一场福利运动。人们开发了各种计划和服务来帮助工作领域的员工以及解决其个人与家庭问题。这种运动稳步发展到20世纪20年代。到1926年，美国最大的1500家公司中的80%为其员工至少提供了一项福利。①

美国福利运动出现的主要背景是：企业的迅速发展，致使员工个人与劳动人事部门之间的矛盾加大；女性劳动者的增多以及不懂管理的非英语移民的比例不断增加；员工对资方的仇视及员工的流失，刺激了管理层对福利运动的兴趣；政府有关员工福利的规章制度的威力，影响了企业界的行动。

在这种背景下，出现了所谓的福利秘书或社会福利秘书。在没有任何专业社会工作知识基础的情况下，福利秘书摸索了一些方法，积累了一些经验。其中一个流行的方法就是小组工作。实践发现，那些以社会化为目的的小组增强了员工士气，有利于工作的完成。除了与工人直接打交道外，这些秘书还履行行政管理的职责，如处理退休金和保险计划。因此，社会福利秘书提供的服务可以视为企业社会工作福利服务的最早形式或起源。

20世纪30年代，由于各种原因，社会福利秘书职位的数量明显下降。劳工领袖一般反对这种职位，因为他们感到这些秘书是反对工会的（管理层常敦促福利秘书们把员工培养成忠诚的工人并且与工会斗争）。工人们对这个职位的干涉主义的特征终于变得反感。随着20世纪30年代的大萧条，许多企业被迫削减其福利计划。

20世纪60年代至70年代早期，许多大公司为那些没有经验的、长期失业的以及少数人群开设培训计划。这些培训计划的主任们了解到这些受训者需要各种培训，如照顾孩子、人际交往技巧、

---

① Popple, Philip R., "Social Work Practice in Business and Industry (1875-1930)", *Social Service Review*, 1981(55): 257-269.

家庭问题、个人问题以及充足的住房与交通等。许多企业越来越多地在这些领域雇用社会工作者来提供服务。[①] 这可视为对企业社会工作介入员工福利服务的逐步发展。

在企业经营全球化、国际化、多元化的趋势下，企业的工作环境变得非常复杂，职场劳动者正面临着许多无法由个人独自解决的问题，必须借由专业知识与技术予以协助的需求日益增加。近几十年来，国内外不少社会工作人员已投入企业社会工作领域，以社会工作的专业理念与技术，为企业组织提供专业的服务，使得企业社会工作越来越受重视及不断发展。员工援助计划（Employee Assistant Programs，EAP）目前盛行于西方企业界，该计划通过企业社会工作者等专业人士帮助企业员工解决问题（如员工福利等），帮助企业降低经营风险和提高生产率。菲舍曼（Fishman）认为，员工援助计划是以员工为导向的福利管理。员工援助计划是美国20世纪70年代在企业界所发展出来的工业社会工作新方案，其最初源自20世纪40年代的美国。当时员工酗酒风气盛行，造成怠工、旷职、意外事故的增加，对公司的生产力及成本有很大的影响，企业开始正式推动各种戒酒方案，通过组织内外部不同的渠道与方式，借由社会工作人员的专业知识与技术协助员工从事复健工作。在戒酒方案推动后，企业界发现员工除酗酒问题外，包括健康、婚姻、家庭、财务等问题与工作绩效有密切关系，于是将服务范围扩大，提供各种协助方案的服务。它一方面协助员工解决问题，使其全心投入工作，维持工作质量；另一方面能提升组织绩效及竞争力，而逐渐成为现今的员工协助方案。员工协助方案有别于一般的福利措施，它是专业人员（如企业社会工作者）运用适当的知识和技术与企业内有关人员联袂提供的诊断、辅导、咨询等服务，旨在协助员工处理个人、家庭与工作上的困扰与问题。因此，20世纪80年代到21世纪初可以视为企业社会工作福利服务进一

[①] ［美］查尔斯·H. 扎斯特罗：《社会工作与社会福利导论》（第七版），孙唐水等译，中国人民大学出版社2005年版，第423—424页。

步发展的阶段。

三、企业社会工作介入员工福利服务的意义

首先，有利于企业吸引并留住人才。在知识经济时代，企业提供高薪固然是吸引人才的重要手段，但良好的福利待遇也是吸引人才和保留人才的一个关键。在经营管理中，单纯靠增加工资已无法让员工感受到企业的远景和关怀，同时，高涨的工资可能使企业劳动力成本过高而不堪重负，从而在市场竞争中失去优势，最终可能面临痛苦的裁员。如何让员工感受到企业的凝聚力，如何更加有效地稳定和留住人才，提高员工对职务的满意度，福利制度的探索与创新比单纯提高工资能起到更好的作用。因此，必须开展企业社会工作福利服务，以专业性的服务手法，设计科学合理的薪资福利，为企业员工提供与改善福利保障，吸引并留住人才从而提高企业的凝聚力，实现企业的长远发展战略及科学管理。

其次，有利于激励员工的劳动积极性，有利于提高员工对企业的忠诚度。企业社会工作根据员工需要，动员企业为员工建立企业年金、健康保障、风险保障、精神疏导等福利制度，提高了员工的福利待遇，在一定程度上解除了员工的后顾之忧，提高了员工的生产积极性，增强了员工对企业的忠诚度。

最后，有利于节约企业管理成本，提高员工福利设计的质量。通过企业社会工作的专业化和人性化的福利服务，可及时了解不同员工对于不同福利措施的偏好程度，充分考虑不同员工的需求差异，增强员工福利计划的针对性和灵活性。例如，企业社会工作采取自助式福利方案，提高员工福利设计的质量，从而使福利计划更好地发挥激励效用。

总之，积极推动企业社会工作介入员工福利服务，可使得员工获得更多的福利供给，在基本需求获得满足的基础上，充分展现自我价值，获得更大的满足感，从而激发员工的工作积极性，促使企业生产效率提高。

第二节　企业社会工作介入员工福利的构成

根据马斯洛需求层次理论和福利的内涵，可以从三个层次来划分员工福利：一是为员工提供实物或货币的基础型福利；二是为员工提供家庭援助、健康服务、生活服务的支持型福利；三是为员工提供心理咨询与援助、文化休闲等的发展型福利。

> 思考：三个层次的员工福利的逻辑关系是什么？

一、基础型福利

基础型福利是以实物或货币给付方式提供的，旨在维持员工基本生活和恢复其基本社会功能的一种经济福利支持方式，它是除了工资和奖金外，对员工提供其他的经济性补助的福利项目。如各类补充保险（企业年金、人寿保险、补充健康保险）、住房援助计划（住房补贴、无息低息借贷款）、各种现金福利（结婚礼金、交通补贴、通信补贴及膳食补贴等）、利润分享和员工持股计划、假期福利、带薪休假制度等。基础型福利项目可以减轻员工的负担或增加额外收入（现期收入或未来收入），进而提高士气和工作效率。

1. 企业年金

企业年金也叫企业补充养老保险、职业年金计划等，是指企业及其员工在依法参加基本养老保险的基础上，自愿建立的补充养老保险制度。它是由国家宏观指导、企业内部决策执行。企业年金目前被越来越多的企业引用，它作为老年收入的一个补充来源，已经成为多层次养老保险体系中的一个重要支柱，对于企业来说，它已经成为人力资源管理战略福利体系的一个重要组成部分。大多数发达国家都建立了企业年金制度，甚至有些国家通过立法，把企业年金变成国家强制性的养老金制度。一般而言，符合下列条件的企业，可以建立企业年金：依法参加基本养老保险并履行缴费义务；具有相应的经济负担能力；已建立集体协商机制。建立企业年金，应当由企业与工会或员工代表通过集体协商确定，并制定企业年金方案。企业年金一般由雇主缴费，也有的是雇主和雇员共同缴费建立保险基金，经过长期积累和运营，作为退休雇员的补充养老金收入。

我国致力于构建多支柱的城镇职工养老保险体系，其由基本养老保险、企业年金和个人储蓄性养老保险三个部分组成。企业年金被称为"第二支柱"，是城镇职工养老保险体系的"三个支柱"的重要组成部分，在企业的经营管理中发挥着不可替代的重要作用。2004年，劳动和社会保障部相继出台了《企业年金试行办法》和《企业年金基金管理试行办法》；2017年，人力资源和社会保障部和财政部联合印发了《企业年金办法》，各地区也出台相应的关于促进企业年金发展的指导意见，这些都标志着我国企业年金制度已走向规范化运作。

> 目前，企业年金在我国仍是非强制性的，民营企业较少为员工设立企业年金计划。

但是，不同于社会基本养老保险，企业年金并不是强制性实施的补充性养老制度，具体要由企业根据自身条件决定。作为与企业员工有密切关系的福利，企业社会工作者要与有条件的企业方做好沟通工作，把它作为员工福利服务的重要内容来加以展开。

2. 人寿保险

人寿保险是以人的生命为保险标的，以被保险人的生存或死亡为给付条件的一种人身保险。团体人寿保险则是以团体为保险对象，由保险公司签发一张总的保险单，为该团体的成员提供保障的一种人寿保险，是市场经济国家比较常见的一种企业福利形式。由于参保人数较多，相对于个人来讲，可以以较低的价格买到相同的保险产品。在美国，大约91%的大公司向雇员提供人寿保险。如果由于意外事故造成雇员死亡或伤残，就可以从保险公司获得一笔经济补偿。为了鼓励员工为企业长期工作，几乎所有的公司在雇员离开企业时都会取消雇员享受该项福利的权利。

3. 住房援助计划

包括住房贷款利息给付计划和住房补贴。前者是针对购房员工而言的，指企业根据其内部薪酬级别及职务级别来确定每个人的贷款额度，在向银行贷款的规定额度和规定年限内，贷款部分的利息由企业逐月支付，也就是说，员工的服务时间越长，所获得的利息给付越多；后者则指无论购房与否，每月企业均按照一定的标准向员工支付一定额度的现金，作为员工住房费用的补贴。此外，有些企业为员工提供员工住宿设施福利，即企业为员工提供低租价或低售价的住宿设施，如家属住宅、集体宿舍、倒班宿舍等。

目前，我国施行强制性的住房福利制度，即住房公积金制度。我国的住房公积金是指国家机关、国有企业、城镇集体企业、外商投资企业、城镇私营企业及其他城镇企业、事业单位、民办非企业单位、社会团体及其在职员工缴存的长期住房储金。雇主（员工所在单位）和员工都要按照员工工资的一定比例（5%或以上）缴纳住房公积金，计入员工的公积金账户。住房公积金用于员工购买、建造、翻建、大修自住住房、租房等，任何单位和个人不得挪作他用。员工退休时若没有动用公积金，或公积金账户有余额的，按规定应将相关金额返还给员工。住房公积金制度实际上是一种住房保障制度，是住房分配货币化的表现。单位为员工缴存的住房公积金是员工工资的组成部分，单位为员工缴存住房公积金是单位的义务，享受住房公积金政策是员工的合法权利。

二、支持型福利

支持型福利指适应家庭结构变迁与自我保障功能弱化的变化，为员工提供各种因生活、工作适应困难导致的需求服务的福利项目。如家庭援助福利、员工生活服务福利、员工健康服务福利等。

> 以家庭为整体服务对象的福利理念，也逐渐体现在以政府为主体的公共福利中。

1. 家庭援助福利

企业向雇员提供的照顾家庭成员的福利，主要是用于照顾老人和儿童。由于老龄家庭、双职工家庭、单亲家庭的增加，员工照顾年迈父母和年幼子女的负担加重。因此，为了保障员工安心工作，企业向员工提供家庭援助福利，主要有儿童看护服务和老人照顾服务。

① 弹性工作时间和请假制度。弹性工作时间是允许压缩每周的工作时间，这样就可以每周多出 1 天到 1 天半时间用于照顾家庭。请假制度是允许雇员在上班时间请假去照顾亲属或处理突发紧急事件。此外，有些企业还允许雇员延长法定福利规定的事假时间。

② 向雇员提供老人照顾方面的信息，推荐合适的老人护理中心。

③ 公司对家有老人住养老机构的员工出资进行补偿或资助。

④ 企业向员工提供儿童看护服务补贴或直接向员工子女提供日托服务，自办托儿所看护儿童。

2. 员工生活服务福利

有些企业为方便员工而提供各类生活服务性福利，主要有饮食服务福利、交通服务福利等。饮食服务福利是企业为员工提供免费或低价的工作餐、休息间免费饮料、食品发放、集体折扣代购食品等形式的饮食服务。此外，有些企业提供接送员工上下班的班车服务、车票订票服务、个人交通工具的看护或保养服务等。

3. 员工健康服务福利

人们罹患某些疾病的可能性随着年龄的增长而增加。健康体检则是预防疾病的有效手段之一。通过健康体检，可以了解自身的健康状况，发现一些不易察觉的早期疾病，以便及时干预、及时采取预防和治疗措施，终止疾病的发生发展，收到事半功倍的效果。许多企业定期或不定期地为员工提供体检服务，有条件的企业通过自办医院为各种年龄阶段的员工进行体格检查，特别是为中老年、妇女、从事特殊工种的员工提供定期健康检查，还为一些患疾病或工伤等的员工提供康复、护理等福利服务。另外，有些企业通过建立健身房、聘请教练等方式为员工提供各类健康服务。

三、发展型福利

除了基本的物质经济支撑与家庭生活支持以外，伴随着各种竞争的日益激烈，企业员工面对工作压力时，容易出现挫折感、信心不足等不良心理状态。在这种情况下，发展型福利成为满足员工需求的良药。发展型福利指通过语言沟通、心理咨询辅导、培训教育等方法，在情感、心理、精神上为员工提供支持安慰、关爱照顾及增强其发展能力的一种福利服务模式。此类福利项目的设计是基于重视员工的管理理念，以满足员工参与感、被接纳、被认同的社会性需求以及自我价值的实现。

1. 员工心理援助福利

员工心理援助计划也称员工援助计划、员工心理援助项目、全员心理管理技术，被形象地称为"精神按摩"。员工援助计划的服务，就是帮助组织成员克服压力和心理方面的困难。它是企业为员工设置的一套系统的、长期的福利与支持计划。通过专业人员对组织的诊断、建议，对员工及其直系亲属提供专业指导、培训和咨询，旨在帮助解决员工及其家庭成员的各种心理和行为问题，提高员工的工作绩效。在行为科学的基础上，员工心理援助专家可以为员工和企业提供战略性的心理咨询，确认并解决问题，以创造有效、健康的工作环境。

一般说来，员工援助计划项目包括企业调查研究及建议、宣传推广、教育培训、心理咨询与治疗四个方面。企业调查研究旨在发现和诊断职业心理问题及其影响因素，并提出相应的建议，减少或消除不良的组织管理因素。宣传推广就是宣传心理健康知识，提高员工的心理保健意识。教育培训一是要进行管理者培训，使管理者学会一定的心理咨询理论和技巧，在工作中预防、辨识和解决员工心理问题的发生；二是对员工开展压力管理、保持积极情绪、工作与生活协调、自我成长等专题的培训或团体辅导，提高员工自我管理、自我调节的技能。心理咨询与治疗则是员工援助计划解决员工心理问题的最后步骤，如开通热线电话、建立网上沟通渠道、设立咨询室等，使得员工能够顺利、及时地获得咨询及治疗的帮助和服务。

此外，企业向员工提供广泛的雇员咨询计划服务（类似于员工援助计划）。咨询服务包括财务咨询（如怎样克服现存的债务问题）、家庭咨询（包括婚姻问题等）、职业生涯咨询（分析个人能力倾向并选择相应的职业）、重新谋职咨询（帮助被解雇者寻找新工作）以及退休咨询等。在条件允许的情况下，企业还可以向员工提供法律咨询。这些服务的目的是使雇员在其个人或家庭生活出现问题时，将工作表现保持在一个可接受的水平上。

2. 文化与休闲福利

文化与休闲福利是员工福利中容易被忽视的，需要企业社会工作者的积极争取与组织。这类福利是为了增进员工的社交和康乐活动，促进员工的身心健康及增进员工的合作意识，提供娱乐性的福利项目。如举办各种有组织的集体文体活动（晚会、舞会、戏曲表演、展览、讲座、报告会、体育竞赛等），企业自建文体设施（运动场、游泳池、健身房、阅览室以及书法、棋牌、台球等活动室），郊游、野餐、旅游等。

3. 教育福利

教育福利即对员工的教育援助计划，是企业通过一定的教育或培训手段使员工获得素质提升和能力提高的福利计划。这是针对那些想接受继续教育或完成教育并希望能够实现个人发展的、实施于员工的一种普遍的福利计划，如企业培训性福利服务、再就业技能培训等。相对其他福利而言，发展性福利是一种积极的福利。这是因为教育培训会使员工的能力得到提升，在相应岗位上学有所用，发挥所长；在使企业效益大幅提高的同时，使员工个人的收益得到大幅增长；即便员工离职，其在本企业学到的知识和能力也将使他终生受益。

教育援助计划分为外部援助计划和内部援助计划两种。外部援助计划主要是指外派员工在各类教育培训机构进行学习以及提供学费报销的计划。内部援助计划主要是指企业内部的培训。例如，一些企业尝试在企业内开设自己的大学课程（如 MBA 课程），并聘请大学教师、大公司经营管理的专家来企业讲课等。有能力的企业甚至自己开办大学，如摩托罗拉公司等。

部分企业将员工教育福利从员工本人拓展至员工子女。例如，阿里巴巴集团投入 5 亿元设教育基金，以共同办学或与已有学校合作的方式帮助员工解决子女学前和小学教育问题；向基层员工发放一次性物价和子女教育补贴，缓解物价上涨的压力；开展"iBaby"子女教育关心项目，为员工提供子女教育的政策咨询、资讯传达、教育方法、亲子沟通等服务。

发展型福利属于非法定性福利，具有非强制性和自愿性，是企业根据自身的能力及财务状况而实施的。然而，在实际运行过程中，一些企业不仅对员工最基础的物质福利难以保证，支持型福利和发展型福利也得不到有效开展。鉴于此，企业社会工作者要在资方和员工之间架起福利的桥梁，积极为员工争取精神性和发展性福利。通过专业的知识和手法，整合和运用各类社会资源，为企业员工设计、实施、监督与评估企业福利，为企业员工提供各类福利支持与福利服务，以增强企业员工的归属感，提高企业的管理水平和生产效率。

第三节　企业社会工作介入员工福利服务的手法

社会工作是以利他主义为指导，以科学的知识为基础，运用科学的方法进行的助人服务活动。社会工作的本质是一种助人活动，其特征是提供服务。更确切地说，社会工作是一种科学的助人服务活动，它不同于一般的行善活动。[①] 因此，作为专业的企业社会工作者，可以通过自身的专业理念和利用科学的知识、技能方法为企业和员工开展有效的福利服务。

一、企业社会工作介入法定福利服务

法定福利由国家的法律法规作出明确规定，具有强制性，企业

---

① 王思斌：《社会工作概论》，高等教育出版社2006年版，第13页。

只需按相关规定执行即可。但是，还需要企业社会工作在此领域发挥功能。一方面，社会保险等法定福利政策为企业社会工作实务提供法理依据。企业社会工作可基于现行的社会福利政策，为企业员工或其他有需要的人士提供必要的帮助，如提供信息政策咨询、辅导及建议；另一方面，企业社会工作者是法定福利政策的重要实践者和推动者。他们不仅促进这些政策的具体实施，而且积极参与这些政策的制定、实施、监管和评估。

1. 企业社会工作者推动有关法定福利的实施

企业社会工作福利服务有赖于政府立法、行政、资金及人力的投入，因此，企业社会工作的重要任务就是积极推动政府在养老、医疗、失业、工伤、生育社会保险等法定福利方面的立法，敦促政府出台与完善各项社会保险制度，并积极为政府出谋划策，提出更多关于法定福利方面的改革建议和意见，推动政府进行改革。

企业社会工作者应运用其专业身份和专业知识积极参与或影响一切关系企业员工生活质量的就业、社会保障政策和措施的制定，表达他们的需要，体现他们的权利，反映他们的问题与危机，增进政策的信度与效度，避免在执行和落实政策的过程中出现不应有的偏差甚至无效的现象，维护企业员工的切身利益。比如，在现阶段，企业社会工作者应推动政府加快有关劳动法律法规和社会保障法律制度的建立健全和完善；推进进城务工人员的社会福利制度的建设与施行。

2. 引导与监管法定福利的实施及费用征缴

社会保险费的分担主体是国家、企业和个人。三个主体的不同组合产生了不同的费用分担方式。即便处于同一国家，在不同的社会保险项目中可能使用不同的保险费用分担方式，其中，以雇主和雇员双方供款、政府负最后责任最为普遍。目前，我国社会保险缴费存在一系列问题，例如，部分参保单位从自身利益出发，加上信息不对称及职能部门监管不力，少报员工的工资总额，以达到少缴养老、医疗等保险费的目的。为此，企业社会工作者要宣传法定福利政策，积极宣传相关制度和措施，引导企业和员工积极参保，让雇主明白社会保险属于强制性保险，其目的是维持劳动力的再生产，任何以高工资或其他方式规避参与社会保险的行为都是不符合国家福利政策的行为，任何以某种借口剥夺或缩减员工法定休假时间以及不提供加班工资的行为都是违法行为。

3. 参与法定福利政策评估

所谓政策评估，就是依据一定的价值标准，通过一定的程序和步骤，对政策的效益、效率及价值进行判断。目的在于取得与利用这些政策的相关信息，对政策的未来走向作出基本的判断，作为决定政策变化、政策改进和制定新政策的依据。在公共政策评估研究中，价值是一个不可回避的重要领域。同样，法定福利政策评估也存在一系列价值标准，如公平、公正、共享等普适性价值观。政策评估的主体一般有政府官员和政治家、非政府组织及政策公众等。目前在我国，严格遵循政策评估规律，按照系统的政策评估程序进行的正式和规范的政策评估是较为薄弱的一个环节。企业社会工作者作为法定福利政策的实践者和推行者，自然也应该参与国家福利政策评估，基于以人为本、助人自助等价值观，参与福利政策方案的制订、推行以及效果评估。

二、企业社会工作介入非法定福利服务

非法定福利是企业自行设定的福利计划，带有更多的独立性和随意性。然而，企业为了在激烈的竞争中谋生存、求发展，就需要企业社会工作者合理地利用企业福利，通过专业服务来激励员工、增强企业的凝聚力和竞争力，使企业立于不败之地。

1. 企业社会工作介入非法定福利服务的职责

企业社会工作介入非法定福利服务的职责具体包括介入福利方案的计划、组织、实施、调节和控制及评估等。

（1）企业社会工作介入企业福利方案的计划。

企业社会工作者以员工福利专家的身份出现，在开展福利服务之前需要对企业福利进行整体规划。企业福利规划作为一个宏

观的行动纲领需进一步细化，分解为具体的员工福利计划，以指导员工福利的具体实践；员工福利的执行和实施又离不开员工福利计划，计划是否周全和详细，在很大程度上决定着员工福利的实施效果。

① 企业福利受益对象的确定。

不同于工资和奖金，员工福利与员工个人及团队的工作绩效没有直接联系，企业的所有员工都应该是福利的享受者。但在实践中，很多企业并不作如此安排。原因就在于企业在竞争激烈的市场环境中，利用一切可能的手段来吸引人才、使用人才、挽留人才已经成为企业共同的做法，其结果自然是越来越强化员工福利的激励性，淡化员工福利的补偿性和平等性。希望所提供的员工福利既能挽留某些骨干员工，又能使大多数员工感到满意。这就意味着不同的员工得到不同的福利组合，一些福利项目有可能只是企业中的一部分人享有，或在享受这些福利项目的基础上，又额外享受其他类型的福利项目。一般来讲，确定不同员工的福利有两种办法：一是福利项目的差别，即不同级别、不同部门或不同工作特点的员工享受各异的项目种类；二是福利水平的差别，即全体员工享受相同的福利项目种类，同一级别的员工享受相同的福利水平，级别更高的员工享受更高水平的福利。在实践中，相对而言，第二种做法使用得更加普遍，因为操作起来比较简单、容易管理。① 企业社会工作者应协助企业管理人员根据企业实际的承受能力、发展目标和人力资源有效激励管理的需要以及员工福利需求，合理地确定企业福利的受益对象及其享受的福利项目种类和水平。

② 进行员工福利需求调查。

不同企业，由于其所处地域、经营业务和员工组成等情况不同，其员工对福利项目的需求也具有差异性。例如，大城市中的企业外来务工人员对"解决当地户口"这项福利的需求比地处小城市企业的员工更强烈。因此，企业社会工作人员在设计员工福利项目

---

① 仇雨临：《员工福利管理》（第二版），复旦大学出版社2010年版，第183页。

时应对企业员工进行福利需求调查,以使福利项目设计更加契合员工需求。福利需求调查的方式可以是企业社会工作者发放调查问卷,也可以是由企业社会工作者对相关员工进行访谈。

思考:试设计一份企业员工福利需求调查问卷。

③ 注意与企业的战略发展目标相结合。

福利项目的实施需要成本,而且如果按照传统普惠的做法,福利属于保健因素,只可以消除员工的不满,却不能带来更大的激励作用。因此,企业社会工作者在设计福利项目时应具有针对性,一方面,要考虑员工的福利需求,以提高其对员工的激励;另一方面,要与组织的战略发展相结合,以保证企业目标的实现。如果某企业实现其战略发展目标的途径是加大新产品的研发力度,与此相适应,在人力资源管理方面,就要吸引新的研发人员加盟,降低现有研发人员的流动率,因此,企业社会工作者在福利项目的设计和方案的实施范围上,就应向公司研发人员有所倾斜。

④ 从员工的角度出发对福利项目进行分类。

企业社会工作者在进行福利项目设计时,可从员工的角度出发,对各项福利项目进行分类,如"温馨家居""幸福生活"等。一方面,不仅表达出企业设置该福利项目的意图与作用;另一方面,也使得员工容易理解各项福利项目的内容及意义,以提高福利的激励作用。

(2)企业社会工作介入企业福利的组织与实施。

企业社会工作在介入福利的组织与实施过程中,应做好如下工作:

① 代表企业宣传福利支持计划。利用各种有效的渠道宣传各项福利,做好福利沟通工作,如宣传企业的福利项目和内容。

② 组织实施福利计划。指导与督促企业与员工定期按时缴费,落实每项福利计划与支出,定期检查实施、反馈、改进、监督企业福利的执行情况。

③ 提供弹性福利计划。弹性福利计划也叫"自助餐计划",就是由员工自行选择福利项目的福利计划模式。在实践中,通常是由企业提供一份列有各种福利项目的"菜单",然后由员工从中自

由选择其所需要的福利进行咨询与指导。非选择福利项目（如法定的社会保险）一般不需提供咨询与指导，但因存在信息不对称及员工选择过程的盲目性和随意性，可能产生选择性福利资源的浪费现象。因此，可以通过企业社会工作者为员工提供必要的弹性福利计划指导，指导员工根据实际情况和不同需要选择福利组合或福利"套餐"。

（3）企业社会工作介入企业福利的调节和控制。

调节职能是员工福利服务的重要职能。企业福利的实施可以依照计划行事，但计划与实际情况难免发生偏差，实践过程难免会出现一些特殊情况，如企业员工数量的突然增加、企业时间安排的突然变动等，所有这些都有可能使计划难以执行。因此，企业社会工作者应当根据变动情况对既定的计划进行调整。

控制职能是对企业福利的实施进行全面控制，最终达到控制成本的目的。为了实现成本控制，企业社会工作者应对福利受益对象、服务的时间进度、项目种类、福利成本进行把握和控制，如告知员工福利是有成本、有限度的，杜绝浪费或福利依赖现象。

（4）企业社会工作负责对企业福利实施效果的评估。

评估方法可采用过程评估和效果评估相结合的方法。过程评估就是针对方案设计及执行进行全程跟踪、评价；效果评估属于调节职能的一个重要内容。评估的方法有问卷调查法、访谈法等。评估的主要内容应该是评估员工对福利系统的反应和满意度，目的是改善员工福利的实施效果。评估的具体内容包括：物质、行为与精神福利服务的效果；服务对象的改变情况；服务工作目标的实现程度；服务介入工作的人力、物力和其他资源的投入等。

企业社会工作者采用问卷调查法时涉及的主要内容有：员工福利项目种类是否丰富；员工福利水平是否高低合适；员工对福利的满意度如何；对员工福利的管理人员、管理方式是否满意；对整个员工福利系统有何建议等。

评估主体可由服务对象评估福利服务工作的开展状况以及对服务工作的满意度；或由企业社会工作同行评估福利服务工作的开展状况；或由服务机构评估企业社会工作者的福利服务工作开展状况。

2. 企业社会工作介入非法定福利服务的具体内容

（1）企业社会工作介入物质性福利服务。

① 企业社会工作介入企业年金服务。

根据建立企业年金的自愿性特征，企业社会工作者应当引导企业主对企业设置补充养老保险的资质、资金实力、办理条件等进行分析，经由系统的调查和研究，向所在企业建议决定是否建立企业年金制度，并可为此组织福利委员会举行相关论证会议或员工代表大会，对有条件的企业给出建立企业年金的必要性和可行性报告。在建立企业年金之后，企业社会工作者应该负责企业年金计划的具体方案设计及管理运作，根据企业具体情况设定合理的缴费比例及员工养老给付计划。另外，企业年金作为一笔巨大的非即期享受基金，是员工的第二道"保命钱"，具有较大的保值增值压力。其年金缴款可以交给信托管理人或其他受托投资管理机构，企业社会工作者可以定期监督受托机构对基金的运营情况，以保证年金的安全性、长期受益性、可兑现性。

② 企业社会工作介入人寿保险服务。

古典经济学假设经济运行完全理性，完全信息对称，不存在外部性。但实际情况并非如此，存在着非理性、信息不对称、外部影响，以致市场并非万能，市场也会失灵。人寿保险属于商业性保险。对保险公司而言，它具有较强的营利性，在市场竞争中以追求利润为目标。商业保险也存在着市场失灵的风险，主要表现为保险"逆向选择"。市场交易中的一方（主要是投保人）由于信息不对称，难以判断另一方（主要是保险公司）所提供产品或服务的品质、成色，投保人往往作出不利于保险合同规定的选择。企业社会工作者应代表企业和员工的利益进行科学的分析和比较，为其选择优质的保险公司，合理选择"价廉物美"的保险项目或人寿商业保险组合，避免因信息不对称、"逆向选择"及道德风险等问题给企业及员工的养老带来不可预见的风险。

③ 企业社会工作介入住房援助计划服务。

住房是人类的基本需求之一，因此，住房福利保障是各国福利

> 保险市场中的"逆向选择"是指：从投保人选择的角度，投保人所做的不利于保险人的选择；从保险公司的角度，由于投保人私有信息的存在，保险人可能得到一群"逆向选择"得来的投保人。在保险市场上，想要为某一特定损失投保的人实际上是最有可能受到损失的人。由此，保险公司的赔偿概率将会超过公司根据大数据法则统计的总体损失发生费率。

制度的重要内容。企业社会工作者应为企业留住人才制订合理的住房援助计划。通过个案工作及时了解员工的住房需求和存在的困难与障碍，为企业中有困难的员工拟定住房援助计划，如发放住房补贴、提供无息借款或低息贷款、代缴首付款、代为办理缴纳月供等烦琐事务。

住房问题一直是我国社会各界关注的重要问题。在大城市，对于部分低收入的员工来说，想拥有自己的住房并非易事，因住房问题引发的社会经济和精神健康问题（如"房奴"所折射出的压力问题）也是企业社会工作者需要介入的领域。

（2）企业社会工作介入支持性福利服务。

① 企业社会工作介入家庭援助福利。

针对家庭援助福利，企业社会工作者可以为员工拟定合理的弹性工作时间和请假制度，允许有需要的员工在规定的制度范围内去照顾老人和儿童；帮助员工查找或提供有关老人、儿童看护服务方面的信息；推动有条件的企业链接老年与儿童照护资源，为员工亲属提供看护服务。另外，对于已婚的员工，企业社会工作者可以为其配偶和子女提供专门的福利计划，比如夫妻不在一个城市工作的，企业可以为其提供定期的家庭聚会时间，甚至可以在一些特殊的时期（如结婚纪念日等）为其安排"偶然"的相聚等，以增进家庭成员间的感情，这能给员工带来工作动力和精神支持。

② 企业社会工作介入生活服务福利。

为方便员工生活，企业社会工作者不仅要催促企业为员工提供饮食、交通服务，还需要根据不同员工的性别、年龄、个性和生活习惯为其拓展与设计多种多样的生活服务福利，为员工提供各类咨询性的服务。例如，为时尚爱美的女性员工提供美容、高级时装等方面的相关信息与资料，提供有关劳动法律法规咨询指导及社会资源的介绍，提供各类权益法律咨询服务等。

③ 企业社会工作介入员工健康服务福利。

企业社会工作可以通过个案或小组工作等方法组织员工进行身体锻炼活动。这类活动既为身体欠佳的在职员工及退休员工提供适当的运动，也为健康的在职员工提供锻炼机会，保持身心健康。企业社会工作者在设计这类活动时应仔细考虑员工的身体状况，根据员工需要及参考有关专家的意见购置相应的运动器材和设备。

（3）企业社会工作介入精神性福利服务。

出于工作的性质，企业员工的工作压力和紧张度比较大，加之企业中的资源与权限以及利益分布存在着不对称，员工处在相对弱势的一端，他们会面临一些问题，如工作环境恶劣、工资待遇偏低等问题导致的生理、心理不适等。相对不利的地位处境使得他们很难单独通过自己的力量或者企业的力量来解决问题，企业社会工作的介入则能够提升他们解决问题的能力和效果。

① 企业社会工作介入员工心理援助福利。

企业社会工作者利用员工援助计划为员工提供心理援助福利服务，帮助员工解决个人问题，其目的在于帮助员工应对个人问题，管理和减轻员工的压力，维护其心理健康。

企业社会工作者介入员工援助计划的方法包括：设置放松室、发泄室、茶室等设施，用以缓解员工的紧张情绪；建立员工心理健康档案，制订员工健康修改计划和增进健康的方案，帮助员工克服身心疾病，提高健康程度；开展拓展训练等。

最为重要且应用广泛的还是心理培训，将个案工作、小组工作、心理咨询的理论、理念、方法和技术应用到企业管理和训练活动中，设置系列课程（如"职业心理培训""员工心理管理""员工心理帮助计划"等），对员工进行心理卫生的自律训练、性格分析和心理检查等，以更好地解决员工的动机、心态、心智模式、情商、意志、潜能及心理素质等方面可能出现的一系列心理问题，使员工心态得到调适、心智模式得到改善、意志品质得到提升、潜能得到开发。大多数的素质管理训练、团队训练、领导力训练、心理旅游、体验培训和户外展能，都把心理培训贯穿其中。实践证明，良好的心理教育、疏导和训练，能够增强员工的意志力、自信心、抗挫折能力和自控能力，还能提高员工的创新意识、贡献意识、集体意识和团队精神。如联想集团、TCL、实达公司等定期邀请心理培训机构的专业人士为员工做压力管理等心理培训。

②企业社会工作介入文化休闲性福利。

企业社会工作者可以通过专业技能及利用工会现有的组织架构为员工提供和组织娱乐休闲性活动。

第一，企业社会工作者通过小组工作来组织开展读书、评书、文学、书法、音乐、摄影、技艺研习班等各种形式的文化活动，不断地满足员工休闲娱乐等精神福利需要。

第二，组织表演性活动。企业社会工作者在企业中组织员工进行音乐、戏剧、艺术和工艺等表演性康乐活动，为员工提供审美和宣泄情绪的机会。组织乐队和音乐表演，有平息、抚慰、振奋和鼓舞员工情绪的作用；组织绘画、书法和工艺活动，可以调节员工单调的工作生活，又能起到怡情逸兴的作用。

第三，组织季节性活动。这包括各种时节庆祝和郊外旅游等活动。企业社会工作者组织这类活动，可以锻炼员工的组织技巧和才干，并加深彼此间的友谊和人际关系。

第四，组织游戏性活动。企业社会工作者利用小组活动进行游戏，可以有效地促进员工增强自信和保持生理心理健康。

③企业社会工作介入发展性福利。

企业社会工作者为员工设计与提供各类发展性福利服务。

第一，办理演讲座谈，增进员工的知识，或者组织学习小组、成长小组，并运用小组动力增进员工的人际关系，加强自我了解，促进人格的成熟。

第二，协助员工进修，参加各种学习活动。

第三，提供教育培训服务。企业社会工作者有组织地对新老员工开展职业技能培训，引导员工掌握符合自身工作及发展需要的技术技能，促进员工人尽其才、合理择业就业和适应社会发展。

第四，组织员工发展会议，以会议的方式培训员工，促进员工了解自己的特点，并对员工的发展有一个长远规划，为员工发展创造更好的发展环境。

随着科学技术的突飞猛进，知识呈现爆炸性增长的发展趋势，劳动者在新的时代面临着新的挑战。解决问题的必要途径之一就在于发展员工业余终身教育，提高员工的文化程度和技术水平，以适应科学技术进步的要求。企业社会工作主要与工会组织、劳动人事管理部门合作，通过各种途径开展多种形式的员工业余教育，举办各种技术培训班和技术竞赛，组织员工参加各类成人教育等。虽然企业工会也有类似的工作内容，但企业社会工作的小组工作等专业方法能使这些工作内容更有方向性和目的性，能结合员工的需要来开展，并且有利于员工的个人发展和人格完善。另外，个案工作等专业方法的运用，可以为劳模、工会干部和有需要的员工提供个性化的发展服务，更有专业针对性和效果，为员工教育培训和发展提供更加灵活、合理而有效的服务。

三、社会工作专业方法在企业员工福利服务中的应用

在企业社会工作福利服务领域，个案工作、小组工作、社区工作等社会工作方法均得到了广泛运用，是员工福利服务的直接援助技术与方法。同时，由于员工享有的社会保险与福利又源于国家社会福利政策的强制性规定和规范性要求，因此，宏观性的社会行政与社会政策在企业社会工作福利服务中也得以应用，是员工福利服务的间接援助技术与方法。

1. 个案工作的应用

个案工作依据服务对象的状况，提供个性化辅导。个案工作是以一对一方式，运用社会工作专业知识，帮助遭遇问题或困难的员工或家庭，实现其自身及所处环境之间的调适和发展。其特点是：一对一面谈；重视服务对象的潜能和参与，重视授人以渔；注重整合或创造社会资源。

员工福利服务中的个案工作方法则是企业社会工作者以员工及其家庭为工作对象，以专业社会工作的价值理念为基础，运用各种专业知识和技术（通过提供经济援助与行为服务、咨询与辅导、家庭治疗等），针对员工的福利需求及所遇困难，以个别化的方式帮

> 企业个案工作的介入过程与环节与其他社会工作领域无异，只是介入的问题与对象存在一定的特殊性。

助员工及其家庭获得各类福利权益、减轻其压力、调适社会关系，利用社会资源促进员工恢复社会功能，提高其生活质量和工作满意度。通过个案工作方法，可以使法定福利及企业福利更好地传递给员工，并随着福利政策及企业经营状况的变化及时提升员工的整体福利水平。

企业社会工作者需要考虑员工因性别、年龄、工龄、民族、种族、文化程度等个体差异性而造成的对福利需求的差异性。员工在遇到困难时所表现的行为及心理特征也不尽相同，所以，对员工进行福利服务的时候完全可以运用个案工作来帮助企业员工。具体步骤包括接案、搜集资料与分析、制订服务计划、提供服务、评估和结案等环节。

（1）接案。

接案是企业社会工作实务过程的开始，指企业社会工作者与潜在服务对象开始接触，通过沟通达成初步共识，一起来解决问题的过程。接案阶段的重点在于通过有效的沟通了解潜在服务对象的员工福利需要或问题，与其建立起信任和合作的关系，确认能否提供相应的服务，最终达成初步共识。在与员工的面谈中，可以运用尊重、真诚、倾听、共情等技巧来建立良好的专业关系。

（2）搜集资料与分析。

与员工建立专业关系后就是对服务对象问题的资料搜集及预估工作。资料搜集除了从服务对象及其相关人员处直接搜集资料外，还可以通过阅读过往辅导记录、该人群研究文献等获得有用信息，可利用调查问卷、电话、互联网等搜集员工福利服务需要的各种资料。例如，企业社会工作者可以通过网络聊天工具与服务对象建立关系、保持联系、传递关系，了解一些员工在企业不敢说或暂时不愿当面说出口的信息、福利需求以及对公司的福利建议等。在搜集资料后，企业社会工作者要整合所有信息，通过对员工、家庭、企业等进行预估，为形成服务介入计划做好准备。如预估服务对象的需求和问题是什么，是属于物质需求、行为支持还是精神福利服务需求。一般而言，物质需求包括经济与物质层面的，如协助办理社会保险手册、领取失业金或医疗保险费等，服务对象的问题相应地可能表现为面临失业、经济困境等；行为支持需求包括医疗护理、家庭生活服务等，服务对象问题可能表现为缺乏医疗资源、家庭成员照护需求、希望构建和谐的家庭关系等；精神需求包括提升自尊、降低心理压力、减少非理性情绪等，服务对象问题可能表现为服务对象缺乏自信心、情绪低落、急需获得某种发展机会等。

（3）制订服务计划。

制订服务计划是企业社会工作者在预估阶段的基础上，为解决服务对象的问题和达到目标所进行的一系列解决方案的思考和决策。该阶段关注设定合理的目标，制定适恰的行动机会，并最后与服务对象达成服务协议。目标一般分为总体目标（服务对象想要达到的整体的、长期性的福利状况）和具体目标（服务对象在其物质、行为和情境等福利需求方面想要发生的明确变化）。设定目标是建立在服务对象的福利需要之上的，其过程是企业社会工作者与服务对象共同合作、达成共识的结果。同时，明确福利服务任务与责任也是构建整体行动方案的过程，它规定了一定时间内企业社会工作者、服务对象及相关人员所承担的角色、任务及所用的方法、模式和技巧，进而形成一个整体性的行动架构，以实现先前设定的总体目标与具体目标。

（4）提供服务。

实施员工福利服务计划是企业社会工作者对服务对象的具体介入和干预过程，是企业社会工作者个案工作过程最重要的阶段。个案工作有许多介入模式，如心理社会模式、危机调适模式、行为修正模式、任务中心模式、家庭治疗模式等，每一种介入模式都有侧重点，这在具体操作步骤和方法上也产生了明显的差异。此外，根据服务对象的不同特征以及企业不同的特点，具体服务模式的展开也可能会发生灵活调整，这就要求企业社会工作者不能简单地生搬硬套，应融会贯通使用。

（5）评估和结案。

评估是利用各种方法和技术对企业社会工作者在前一段时间内

提供服务情况的总结、评价和反思。比如，企业社会工作者提供了哪些福利服务，服务对象获得了哪些福利需求、发生了哪些改变、工作的满意度及对企业的归属感如何等。因此，从一个更为技术性的角度来看，评估应该被视为一种系统的资料搜集和分析活动，其目的是检查和评估企业社会工作福利服务实现预定目标的情况。企业社会工作者评估的时候，一般需要经历明确评估目的、制定或选择评估指标、选择适当的评估方式和方法、实施评估以及最后得出评估结论等具体步骤。

结案期是企业社会工作者进行福利服务的最后阶段，伴随着评估的结束而来。在评估的前提下，作出明确的结案决定，即继续服务还是中断专业关系。当评估结果已经显示出服务对象实现了所设定的福利服务目标，企业社会工作者就应该考虑和服务对象结束专业服务的各种事项。具体的操作步骤有提前通知结案时间、对福利服务过程进行回顾和总结、巩固服务对象的改变、企业社会工作者和服务对象双方彼此反馈、处理未完事宜等。另外，企业社会工作者还可以在结案一段时间后对服务对象提供跟进服务，进行后续跟踪和联络，了解其进展情况，以评估介入的真正效果，并适时地向服务对象提供必要的咨询。

从介入技巧的角度看，个案工作的治疗模式主要有心理社会模式、危机调适模式、行为治疗模式、人本治疗模式、任务中心模式、个案管理模式等。这些工作模式可以应用于企业社会工作福利服务领域，成为化解矛盾与冲突的重要方法。从中国的实践看，广东裕元集团的"生辅室"可谓成功的典型案例。1998年，随着云南大学专业社会工作的介入，广东裕元企业成立了社会责任部门（SOE），该部门主管是社会工作硕士出身，他组织专业社会工作者组建了"生辅室"，用个案工作方法协助员工解决生活辅导及精神福利服务等方面的问题。

2. 小组工作的应用

小组工作是一种以两个或两个以上的个人组成的小组为工作对象的社会工作方法，由社会工作者通过小组活动和组员间的互动与支持，帮助小组成员参与集体活动，从中获得小组经验，处理个人、人与人之间、人与环境之间的问题，改善他们的态度、人际关系、应付实际生存环境的能力及获得个人的成长。企业社会工作福利服务中的小组工作是指企业社会工作者运用社会工作的理念和方法，通过小组互动、小组经验分享、小组活动等方法和技巧，建立处于困境的员工之间的互助网络，促进其成长，并增加其参与社会活动的机会，以帮助他们解决共同的福利需求问题和提升企业整体的福利水平。其主要内容包括：组织员工职业技能培训；员工的素质和能力提升训练；员工的兴趣爱好培养；员工志愿者队伍建设；针对遭遇家庭暴力、社会歧视的女工进行团体心理辅导和能力建设等。

在员工福利服务中，对于有困难和某种福利需求的员工，可以通过建立自助互助小组来解决。该小组应以组员自己的资源作为支持，以达到态度和行为转变的目的，或者达到解决社会问题的目的。

首先，企业社会工作者可以把不同背景下有共同成长和发展需要的员工组织起来成立小组。在企业社会工作者的带领下，员工之间彼此交谈，鼓励他们大胆地开口说话，在此基础上让大家消除顾虑，彼此认识。

其次，可以将那些曾经有过相似问题，但目前已取得成效的员工加入小组中，通过他们对亲身经验的讲述，增加其他员工的自我发展意识和行动。

最后，随着组员之间认识能力的提升，小组的形式也应该相应地发生改变，从低级不断地向高级转变，更好地适应组员的发展，最终达到助人自助的目标。利用小组工作，社会工作者可将特征相近的员工聚集起来形成团体，通过有目标的小组活动，让他们分享经验，发展面对问题和解决问题的能力，学习如何改变环境，增强适应能力，恢复和提高自信，协助个人增强社会功能。

3. 社区工作的应用

社区工作是社会工作的三大方法之一，企业坐落在一定的社

> 社区被界定为是以一定的地域为基础，由具有相互联系、共同交往、共同利益的社会人群与组织所构成的社会实体。地域、人口、社会心理、社区组织与公共设施构成了社区的基本要素。从社区的定义与要素来看，企业也构成一类特定的功能型社区。

区中，企业的运行和员工的状况都离不开所在社区的建设和发展，因此，发展企业社会工作必须要与社区保持密切联系。此外，企业是一个现代意义上的社区，也是一定空间区域内人群的聚集。企业是一个以经济形态出现的、以人的合作为主体的组织与特殊的社区，在企业社区中，员工与企业管理者共同面对着一些公共事务和公共问题，需要在企业这个宏观层面来解决。如改善企业的制度、管理，规范工作分配及工作流程，改善工作环境等。要把企业当成一个整体，运用社区工作方法对企业社区内的事务和人际关系进行有效有序的协调，使企业型社区保持健康的状态和良性发展。

（1）社区工作在企业中运用的领域与功能。

一是改善问题及满足需要。社会工作者可运用地区发展模式、社会策划模式和社会行动模式的方法与技术帮助改善企业的制度与管理，帮助规范工作分配及工作流程，帮助改善工作环境，从而解决企业、员工、管理者共同面对的公共问题，满足员工的需要。

二是促进企业人性化管理。社会工作者在企业中促进企业改善管理方式，建立人性化的管理方式。社会工作者可以帮助缓和矛盾纠纷，促进雇主与雇员之间的交流，帮助建立沟通机制；可以帮助开展企业文化建设，建立健康、和谐的企业氛围；能够帮助制定企业内部的合理政策，让政策更好地为员工服务，维护员工合理的权益。

（2）社区工作应用于企业的实施过程。

一般而言，社区工作的方法在企业中的实施有以下五个阶段。

第一，建立专业关系。社会工作者进入企业后，要认识企业员工并让企业员工了解工作者的角色，并建立起初步的专业工作关系。建立专业关系一般从拜访企业的重要人士与企业相关机构开始，如人力资源部、工会等。关键是要获得重要组织与人士的了解和支持。

第二，搜集与企业生产、运作相关的资料。社会工作者要了解的情况主要包括三方面：一是企业社区的生活。社会工作者可以通过查阅档案资料和了解企业的变迁历程，或与企业的资深员工进行交流，了解企业的生产方式、员工的生活方式和人际关系等，把握该企业的结构。二是企业的需求。社会工作者可以采用问卷调查法与访谈法来了解企业中员工的需求，这两种方法可以互补、取长补短，是重要的调查方法。另外，可以采用观察法、文献资料法、社会指标法、会议等方法搜集资料。三是企业社区的资源。社区工作方法的要义之一是充分地挖掘与利用社区资源，以促进社区的发展。因此，搜集企业在这个社区内的资源就成为社区工作实施的重要步骤。社区资源包括三个方面的内容。一是社区的基本资料，如企业的地理位置、生产规模、员工数量、产品结构、人力资源体系、组织结构等内容；二是内部的各种设施以及被利用情况，包括教育、医疗卫生、娱乐与休闲、社会福利、宗教、体育等方面；三是企业文化与企业员工的价值观。

第三，拟定企业发展计划。计划是社区工作中的干预方法，是通过系统分析技术以解决社区问题与引导社区变迁的理性方法。企业社区发展计划必须根据全体居民的愿望与需要，广邀各方代表共同参与制订。在计划制订的过程中，应考虑其适合性、可行性和可接受性。计划中应该有明确的目标，对企业的发展作出整体规划。

第四，采取社区行动。社区行动是实施社区计划的过程，包括会议、协调、财政、宣传等方面。一是会议。会议由企业各方代表参加，企业代表交流意见、分享经验、达成共识，兼有教育与组织的双重功能。可以让员工代表、工会、人事部门的代表、企业总经理等人参加会议，在会议中说出各方的想法与要求，促进良好的沟通，化解矛盾，就某些共同关注的问题作出妥协退让，最后达成共识。二是协调。协调是企业内人与人之间、各部门之间或各方案之间的协同合作，避免不必要的重复与冲突。社会工作者必须对各方面的情况有深入详细的了解，以争取在最少资源投入的情况下最大限度地完成工作任务，实现预定目标。三是财政。财政包括募集资金、编制预算与使用资金。社会工作者可以为解决企业中员工面对的共同问题，制定政策或者采取社会行动为员工维护合理权益，在工作的过程中，工作者可以在企业内或企业外募集资金，合理、透明地使用资金，要编制方案的预算，确定资金的使用条件，发挥资金的最大效能。四是宣传。宣传的目的是向相关机构或社会人士报告事实，以引起人们对某一事件或某一问题的重视，改变相关机构或人士对某一事件或问题的态度，并采取行动改变现状。具体可以运用广播电视、报纸杂志、新媒体等各类传播媒介，也可通过口头宣传、海报宣传、油印传单等传统方式。

第五，成效评估。企业社会工作的计划实施效果如何，在工作开展了一个阶段以后需要进行成效评估，以检视企业社会工作的计划落实与目标达成情况。成效评估有四个作用：一是有助于及时修正企业社会工作方案，使之更加切合企业发展与员工需求；二是通过成效评估，取得服务对象的信任和支持，也可以使社会工作者具有成就感；三是测定企业的发展变化状况；四是有助于提升后续企业社会工作服务方案的合理性与有效性。

（3）员工福利中的社区工作。

员工福利社区工作是企业社会工作者以企业社区中的员工及其管理者为对象，充分了解分析企业社区中员工的需要及相关问题，利用社区内外的资源，有计划、有步骤地解决在企业社区范围内与员工有关的福利问题。组织企业社区中的员工参与到改善自身所处的外部环境的行动中来，在此过程中积极培养企业社区中的员工领袖，以此来维护员工福利权益的获得和提升。

员工福利社区工作应用方法如下：从社区工作的社区行动模式角度看，企业社会工作者要结合社区力量，寻求权利资源的再分配以推动社区发展，改善工作条件，提升企业员工的福利水平。企业社会工作者应该把社区（企业）中的弱势群体（有困难和福利需求的企业员工）组织起来，与企业管理层沟通，为他们寻求更多、更大的权利和资源，以达到改善他们的工作环境和工作条件、提升他们的福利水平的目的。例如，企业社会工作者要善于利用社区资源以满足员工的需要,并与这些资源单位随时保持联系;向在职员工或退休员工介绍社区有关健康、福利、休闲娱乐、教育等活动;企业社会工作者可以动员企业利用本地社区的居家养老机构、社区日间照料所等为退休员工及员工家属提供养老等服务。

4. 社会福利行政与社会福利政策的应用

企业社会工作者要运用社会政策及社会工作行政等宏观方法为企业员工谋福利,保障员工的基本福利权益和基本生活需求,并通过挖掘和利用社会资源,推动政府以及其他社会力量参与到提高企业员工生活质量与整体福利水平中。

(1)社会福利行政。

员工福利行政是政府机关或公共团体促进员工福利权益及生活质量提高的行政活动,是面向企业员工的社会福利行政,具体可以分为宏观与微观两方面。宏观的员工福利行政主要是指关于推进企业员工福利的相关立法,动员、分配、管理、监督全社会的福利资源和企业社会工作福利服务的有效利用与落实。微观的员工福利行政主要是为员工提供行政管理支持,包括执行员工福利服务计划、调查员工福利服务需求、完善员工福利服务组织、培训员工福利服务人员、筹集员工福利服务的资源以及对员工福利服务的效果作出评估等。

(2)社会福利政策。

在宏观政策层面,企业社会工作者为劳动者争取各种福利权益,充任福利倡导者、社会运动者、政策制定参与者的角色。企业社会工作者运用社会政策的理论和方法,将企业的员工福利政策转变为实际的服务;企业社会工作者还可以协助企业组织及员工了解国家的劳动政策,并监督相关部门切实执行这些政策。[1]

其他援助技术和方法如社会福利调查和访谈方法、个案管理技术、督导技术等,均可为企业社会工作福利服务所利用,为员工物质福利、行为支持和精神福利需求的满足和提升作出贡献。

---

[1] 钱宁:《工业社会工作》,高等教育出版社2009年版,第126页。

第四节　中国的企业社会工作介入员工福利服务

近年来，我国社会工作伴随着社会发展与社会建设得到快速发展，走进社会生活的方方面面，专业领域不断拓展。其中，企业社会工作作为社会工作的一个重要领域所发挥的重要功能逐渐为公众所认识。企业社会工作是当前中国社会福利事业发展中的一个亟待加强专业介入的新领域。然而，关于企业社会工作福利服务问题的理论研究十分薄弱，相关的助人服务实践工作缺乏专业性，无法适应新的形势需求。在新时代中国式现代化建设中，企业社会工作专业介入在企业发展中的意义越发重要。

一、企业社会工作介入员工福利服务的现状

在社会工作的专业化与职业化发展进程中，在企业等用人单位对社会介入的重要性认识还不足的情况下，我国企业社会工作介入员工福利服务尚面临着局限性。

1. 员工福利工作专业人员缺乏

员工福利工作主要是通过企业人力资源部门来开展的。目前仅有少数企业设有社会工作专职岗位，大部分企业还没有建立专业的工业社会工作者队伍。在一些特殊行业中，部分员工的婚姻问题难以解决，已经成为影响员工情绪、妨碍企业发展的重要因素。甚至个别私营企业、"三资"企业出现虐待员工的情况，更需要企业社会工作的介入，参与协调、解决劳资双方的矛盾，为员工提供各类福利服务，促进企业的健康平稳发展。

员工福利工作是集社会工作、人力资源管理、心理咨询与企业管理等于一体的综合管理和服务领域。员工福利工作不仅需要具备

相关的保险知识,还需要有企业管理方面的经验,懂得人力资源管理和社会工作方面的知识。随着员工福利被越来越多的企业所重视,我国员工福利发展面临的挑战是:社会需要大量的员工福利专业人员,但精通员工福利的专业人员匮乏,通晓员工福利和社会工作专业知识的复合型人才的数量不能满足客观需求。员工福利专业人员缺乏且专业性不高,是制约员工福利服务质量提升的瓶颈,企业社会工作者需要提升自身的专业水准,高质量地做好员工福利服务工作。

2. 企业社会工作福利服务职业标准尚不规范

社会学家韦伯指出了在现代社会中认证资格在职业获得过程中的重要性。这种认证资格的过程,源于某种职业对人类生活的重要性及技术获得的非自然性。有些专业人士认为,缺少专业评估机构对社会工作的实践进行科学有效的评估和缺乏对社会工作者的职业资格的确认,是两大影响社会工作发展的主要因素。迄今为止,有关社会工作专业的国家专门法律尚未确立,专业的企业社会工作的职业岗位还缺乏明确定位,企业社会工作职业规范体系尚未健全。这些情况都将极大地影响着企业社会工作在员工福利等领域的服务开展。

3. 员工福利服务缺乏企业社会工作的本土化理论指导

社会工作的本土化是指,发端于西方的社会工作模式进入中国并同其相互影响,进而适应中国社会需要并发挥功能的过程。由于中国社会工作教育具有"后生快发""教育先行"等特征,在中国社会工作教育恢复重建之初,社会工作界对产生于西方文化脉络和社会制度下的社会工作理论、知识、方法和技巧,基本上采取"拿来即用"的态度,而较少考虑它们在中国的适用性。尽管当时也有人提出"本土化"的概念,但那是在"把西方的东西移植到中国'本土'来"的意义上使用"本土化"概念的。[①] 中国的社会工作的内部专业分工尚未形成,故企业社会工作的教学与实践都还处在探

---

① 史柏年:《新世纪:中国社会工作教育面对的选择》,《北京科技大学学报》(社会科学版)2004年第1期。

索之中。[①] 因而，企业中的员工福利服务也自然缺乏本土化的理论指导和专业技能的引入。

4. 员工福利建设相对重视物质福利，轻视支持性行为服务与精神性福利服务

近年来，员工福利计划的不健全成为我国企业发展的短板之一。除了对员工的法定福利以外，多数企业对非法定福利普遍不太重视。甚至对于法定福利，企业执行的力度也不够，员工利益得不到保证。为了节省成本，部分企业在开展员工福利时忽视了员工的福利需求，仅提供物质性经济福利，比如逢年过节发放实物或微薄的津贴待遇等，对于员工的生活服务、健康服务、工作适应、精神健康等则采取漠视回避的态度。这种状态既影响了员工福利工作的有效开展，也限制了企业社会工作对员工福利服务功能的发挥。

二、中国企业社会工作的员工福利服务模式

党的十六届六中全会首次提出了要在中国各个部门与各个领域都要"构建一支宏大的社会工作队伍"的号召和指示。2023年，中央社会工作部成立，企业社会工作福利服务迎来了发展机遇。党和政府对构建社会安全网络日益重视，社会各界也对保护弱势群体利益、拓展就业机会及维护基本人权更加关注。党的二十大报告指出，"完善中国特色现代企业制度，弘扬企业家精神，加快建设世界一流企业。支持中小微企业发展"。同时，全球化以及社会工作教育的发展也为发展企业社会工作福利服务提供了可能性。

1. 促进企业社会工作职业化，建立和完善职业资格认证和注册制度

费孝通先生指出，社会工作要最终成为一个专业的职业，就要确立其社会地位。首要的是要在制度安排上将企业社会工作作为一

---

① 高钟：《企业社会工作：社会工作专业的重要发展方向》，《苏州科技学院学报》（社会科学版）2007年第3期。

个社会职业，这样才能为专业企业社会工作提供发展平台。这就要求政府部门应当重视企业社会工作的发展，把企业社会工作作为一项职业来开放、扶持和建设。一种职业要获得社会的承认和国家的保护，就必须组织起来，培训从业人员，实行职业准入制度，有严格的职业规范和专业化的职业技能，以实际行动赢得信誉。为了保证其符合特殊行业的职业伦理要求，专业社会工作者与医师、律师一样，必须建立健全一套资格认证和注册制度，这是一种职业获得社会认可的基本前提。

我国目前初步建立了从助理社工师、中级社工师到高级社工师的社会工作者职业水平考试制度。

2. 促使企业社会工作福利服务理念的本土化

要形成具有中国特色的社会工作的理论方法，建构适应中国式现代化发展需求的社会工作专业理论和实务体系，既需要合理吸收西方的社会工作模式，适应中国本土现实的发展需要，更重要的是要研究总结具有本土文化传统特色的社会工作实践和专业教育模式（如民政服务、劳动与社会保障工作、儒家文化等），将西方社会工作的理念与中国文化传统、生活习俗与社会基本要求相结合，形成一套特殊的工作原则与方法。如以人为本理念的引入和应用。所谓以人为本，就是以人的生存、安全、自尊、发展等需要为出发点和归宿点，以"人"本身为宗旨和目标，以尊重人的价值和尊严，承认人格的平等和能力的差异，关心人的生存、发展、命运和前途，开发人的潜能，促进以人的全面、和谐、充分、自主发展为内在价值尺度的一种价值取向、思维方式和人本文化。因此，企业社会工作者在员工福利服务中更应该树立平等和以人为本的观念，研究员工的福利需求，设计人性化的企业福利方案，提供专业优质的福利服务。

3. 加强企业社会工作福利服务的教育和实务

社会工作教育是推行专业社会工作的根本，欲使企业社会工作能为企业界、社会大众所接受并顺利地开展福利服务，应首先开展人才培养工作。目前，我国企业社会工作教育尚属探索和发展阶段，存在诸多问题，如教材缺乏、专业师资力量有限、实务教学滞后等，这些都不利于企业社会工作福利服务的有力开展和良性发展。

应大力加强企业社会工作教学与实践的开展。学术界要加强对企业社会工作的研究，推进企业社会工作教材的建设；加强企业社会工作师资力量的建设和培养；加强企业社会工作理论和实践教育的相互结合，注重体验式教学，如将体验式户外拓展训练等活动引入企业社会工作课程的实训项目，积极拓展企业实习基地，为学生提供更加宽广的体验式教学平台；加强社会保障（包括员工福利、社会福利、社会保险等）与企业社会工作在教学、研究及实务等方面的相互交叉与整合，积极培养企业社会工作福利服务的复合式人才，例如，社会工作系可逐渐开设企业社会工作课程，并鼓励有志于企业社会工作的学生修习相关课程，如社会福利、员工福利、劳工问题、工业社会学、企业管理等。

4. 积极推动企业社会工作从物质福利服务到支持性福利、精神性福利服务领域的拓展

首先，国家应加强在法定福利制度方面的建设。不仅要健全物质保障领域社会保险及各项福利补贴的制度完善，还要积极加强法定服务福利及精神福利制度的设计与安排。

其次，在非法定福利方面应注重对员工的行为、精神福利的服务。积极利用企业社会工作的专业技能和方法为员工提供更加人性化、柔性化的服务，拓展福利服务的范围与领域，以此促进社会工作中增能和赋权目标的达成。

三、中国企业社会工作在员工福利服务中的角色定位

作为社会学的基本概念，社会角色是指与人们在社会关系体系中所处位置相适应的一整套的行为规范，是反映人们社会位置的一套行为模式。其指出了处于社会某一位置的人应该如何去做，反映了处于该地位的社会成员的责任、权利、义务和行为方式，是社会对处于特定地位的人们行为的期待。[①] 企业社会工作在员工福利服

---

① 王思斌：《社会工作概论》，高等教育出版社2006年版，第166页。

务中一般要承担如下角色。

第一，需求评估者。针对企业所面临的福利保障问题，企业社会工作者要深入、充分、客观地了解与反映员工的实际福利需求，认真评估其福利需求的数量与质量。比如，员工希望通过不断学习来提高自己，企业社会工作者就应该为他们提供适当的学习和培训机会，在完善自身的同时也为企业带来更高的绩效。

第二，企业福利的倡导者。一方面，企业社会工作者要推动企业的社会意识和企业社会责任意识，协助企业改善不适当的福利条件；另一方面，企业社会工作者要倡导员工提升福利权益保护意识。

第三，企业福利制度的设计者。厘清企业内部机构的职责，形成"企业社工主导-人力资源部门参与"的企业福利的规划与管理模式。人力资源部门的工作重点应集中在征选雇用、绩效考核、离职解雇等人事行政程序的管理方面，将传统的薪资管理、福利设计与改善等事权让渡给新加盟的企业社会工作者，给予企业社会工作者施展专业技能的机会与空间。企业社会工作者应该成为企业员工福利委员会的主要负责人（福利专家身份），负责企业福利方案的设计。在充分了解员工福利需求和企业实际情况的基础上，合理设计福利制度，避免重复、浪费和冲突等现象的发生。

第四，福利资源开发者。企业社会工作者通过调查，了解企业及社区内的可利用的人力、物力和财力，充分利用企业和社区的资源，建立相关福利项目。如社区内的企事业单位、个人对项目的资金支持、社区已有设施、志愿者队伍等情况。

第五，指导者。企业社会工作者要指导企业参加合适的团体商业保险、员工选择合适的自助福利（弹性福利）或项目组合，避免信息不对称而带来选择的盲目性和随意性。

第六，协调者。企业社会工作者充当员工与雇主之间因福利纠纷引发矛盾的润滑剂和中间调解人。一方面，倡导企业主为吸引员工提供合理的企业福利；另一方面，向员工宣传企业福利的各项规章制度，避免因信息不对称而引发的误解和矛盾。

第七，员工福利的监督者。企业社会工作者要对员工福利的管理、实施、执行过程进行监督，及时评估员工福利效果，并进行反馈和改革。

此外，企业社会工作者要充当牵线搭桥者的角色，帮助交流信息，促进企业主与员工之间的沟通对话。由于资源拥有、利益关系等方面的差异，员工与企业主之间常存在矛盾纠纷。如何认识和处理矛盾，构建劳动者和企业的有效沟通网络，是企业社会工作的重要职责。在一些企业，劳动者的物质、精神需求不能得到企业经营者的重视和满足，企业经营者的管理举措也不能得到员工很好的理解，其主要原因就是劳动者和企业方缺乏有效的沟通手段与沟通渠道。企业社会工作的介入，可从保护劳动者权益和维护企业利益的角度出发，运用多种手法和技术，促使员工与企业经营者建立一种信任和伙伴关系，达到提升员工福利、提高企业工作效率的目标。

四、资源整合：企业社会工作介入员工福利服务的基本路径

企业社会工作应该整合利用各相关主体的力量与资源，为员工福利的维护与提升提供服务和支持，在学习与借鉴西方经验的基础上通过本土化过程，形成中国特色的企业社会工作介入员工福利服务的基本路径（如图 9-1 所示）。

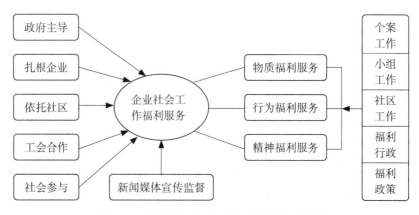

图 9-1　企业社会工作介入员工福利服务的路径

1. 主导：可持续性福利制度政策的支持与发展

国家层面应该制定可持续性（满足当代人与后代人的需求）福利制度。可持续发展思想的核心是人的长期发展以及社会福利在几代人中间都能得到社会保证，其基本目标是在尽可能长的人类生存时间内，保证最大多数人的基本生活。为达到这一目标，必须对人口发展、人均消费以及不可再生资源的使用进行科学规划。在不减少后代人福利的条件下，增加当代人的福利，其目标是保证资源和福利在代际间实现公平分配。

政府是员工福利政策的主导者。政府的主导性力量主要体现在社会政策支持，政府应努力创造让企业员工共享社会文明发展的福利条件，制定一系列社会政策以保障员工利益。在政府发挥主导作用的过程中，企业社会工作要充分发挥其提供与配置资源的功能，在企业与政府之间建立一个有效的互动平台和沟通渠道，代表企业员工向政府表达福利保障诉求，引导政府为企业员工谋福利，引导员工争取自身的合法权益和资源。

2. 推行：企业作为员工福利的顾问和推行者

既然是企业社会工作，其工作重心就应当以企业为根基，将其工作锁定在企业。企业社会工作者的服务对象是企业主和员工。企业社会工作应当在企业主和员工之间协调双方的利益：一方面，要向企业主晓之以情，动之以理，说明为员工提供福利给企业带来的向心力和凝聚力的好处；另一方面，要充当企业员工福利的顾问和推行者，维护与协调企业员工的利益，积极为员工设计与谋划各项福利，包括法定和非法定福利。

3. 合作：工会共同维护员工利益

工会是企业员工的利益代表和代言人，是调和与解决员工与企业经营者矛盾的法定组织，因此，企业社会工作的开展要主动取得企业工会组织的理解和支持，并以工会组织为依托，与工会形成合力，充分发挥企业社会工作在企业运行中的整合作用。企业社会工作者应积极在企业中开展工作，尤其是向企业中的工会开展说服工作，运用工会的合法权利来切实保障员工的合法权益，与工会合作并代表工人与相关部门谈判，促使企业和雇主给予受侵害员工合理补偿，并制定相应的规章制度来保障员工的生存和生活权益。

4. 依托：挖掘与利用社区资源

在改革开放的背景下，"单位人"向"社区人"转型，社区逐渐成为人们的利益共同体。社区服务就是适应这一形势而发展起来的自助、互助与他助的服务方式。推进社区服务，不仅可以分担政府与企业在福利保障方面的压力，而且可以把企业员工的一部分福利需求问题解决在基层，通过动员社区力量、开发社区资源去解决福利服务问题，以缓解社会问题与社会矛盾，维护社会稳定。企业社会工作要积极培育和促进社区社会组织的良性发展，以开展志愿服务活动、社区居民互助活动为主要方式，实行各种福利服务和便民生活服务，以无偿或低偿的形式，满足企业员工在困难时所需的生活帮助及心理需求。

> 社区是企业运营发展的外部环境，社区也是企业社会工作实践的场域。尤其是针对"两新"人员的企业社会工作介入，更加强调社区层面的专业介入。

5. 参与：鼓励第三部门参与企业福利服务

福利多元化是国际社会福利的发展趋势。福利多元化在强调政府福利重要性的同时，提倡社区、企业、社会团体、家庭、个人都是福利的提供方。在员工福利领域，在强调国家承担主导职责的同时，还要大力培育社会公益组织，朝着福利多元化的模式发展。

大力培育并发挥第三部门（社会组织）的支持性作用。第三部门承担着政府退出并转交给社会的部分社会化职能。相较于政府支持，社会组织具有自身特有的资源优势、效率优势、应变优势、机制优势等，对政府起到监督与补充的作用。因此，应鼓励第三部门参与企业员工福利服务，形成政府、市场、社会"三位一体"的良性互动局面，倡导政府、企业、社会共同为员工谋福利。

6. 宣传：媒体辅助福利的推行与实施

一方面，企业社会工作者须积极利用新闻媒体的力量，加大宣传力度，倡导报纸、电视等主流媒体与工会、妇联等有关团体配合，对企业福利进行正面引导，宣传员工福利的典型案例。另一方面，利用新闻媒体监督企业福利服务的实施。企业社会工作者通过媒体的力量来监督员工福利的具体落实力度和实际效果，同时，杜绝福利依赖、工作人员的优亲厚友等不良现象。

美国堪萨斯大学社会福利学院教授丹尼斯·萨利贝指出："作为一种发轫于帮助有需要人士的有组织推动的专业，长期以来，社会工作对人类问题都非常熟悉。随着时间的推移，它对问题关注的焦点却与过去有所不同，其范围广泛且具包容性。实际上，人类的任一困扰都为社会工作所包容或触及。"① 现代社会职业群体面临的压力可能进一步加大，人们对福利保障的需求也可能日益丰富乃至亟须提升。雷洁琼认为，"民政工作是中国特色的社会工作"。香港学者周永新曾指出："社会工作在稳定社会方面所产生的意义，应是社会工作能够不断发展的原因之一。"正因如此，社会工作必然会介入企业这一社会经济领域，企业社会工作能够利用专业的手法提供员工福利服务、提升员工福利水平。社会工作界需以极大的勇气和毅力，发展中国企业社会工作福利服务教育与实务，努力开创企业社会工作福利服务本土化、专业化与职业化的新局面。

思考题

1. 简述员工福利的内涵。
2. 简述企业社会工作介入员工福利的基本构成。
3. 简述社会工作介入员工非法定福利的具体领域。
4. 论述社会工作的三大方法（个案、小组、社区）与企业员工福利介入的关系。
5. 结合实际，分析我国企业社会工作介入员工福利服务的路径。

---

① ［美］丹尼斯·萨利贝：《优势视角——社会工作实践的新模式》，李亚文、杜立婕译，华东理工大学出版社2004年版，第85页。

推荐阅读

丹尼斯·萨利贝:《优势视角——社会工作实践的新模式》,华东理工大学出版社2004年版。

仇雨临:《员工福利管理》,复旦大学出版社2010年版。

刘钧:《员工福利与退休计划》,清华大学出版社2009年版。

王思斌:《社会工作导论》,高等教育出版社2013年版。

第十章

企业社会工作介入员工心理服务

作为企业的主体,员工在激烈的市场竞争中可能遭受各种情绪冲击和心理困扰,影响其工作主动性与积极性,进而影响企业效率的提高。为此,对员工进行心理服务,是企业社会工作介入的重要内容之一。本章主要介绍企业社会工作介入员工心理服务的实践,并重点分析员工帮助计划及其应用。

第一节 企业员工、管理者的心理健康状况及管理

企业员工、管理者以健康的心理状态投入工作，是企业运行的基本要求。但是事实上，任何人都有不同程度的心理健康问题，需要去"保健"和"治疗"。

一、企业员工、管理者的心理健康状况

> 传统的健康观是"无病即健康"，现代健康观是整体健康，包括：躯体健康、心理健康、社会健康、智力健康、道德健康、环境健康等。

从生理和心理、个人和社会的角度全面考虑而形成的"健康"概念，至今已经广泛地为研究者所接受。有关员工心理健康的问题受到了管理界和学界的广泛关注，有关员工的心理健康和治疗也成为现代企业工作中的重要课题之一。

1. 心理健康概述

（1）心理健康的含义。

国内外专家学者从多个角度对心理健康的概念进行了深入的研究，给出了不同的界定。

《简明不列颠百科全书》将心理健康解释为：心理健康是指个体心理在本身及环境条件许可范围内所能达到的最佳功能状态，但不是十全十美的绝对状态。

1946年召开的第三届国际心理卫生大会将心理健康定义为："所谓心理健康是指在身体、智能以及在感情上与他人的心理健康不相矛盾的范围内，将个人心境发展成最佳的状态。"[1] 随着"生

---

[1] 王登峰、张伯源：《大学生心理卫生与咨询》，北京大学出版社1992年版，第1页。

物-心理-社会"医学模式的建立,健康的概念有了新的内涵。1948年,世界卫生组织在其宪章中指出:"健康不仅是免于疾病和虚弱,而且是保持身体上、精神上和社会适应方面的完美状态。"1989年,世界卫生组织对健康的定义是:"身体无疾病不虚弱,心理无障碍,良好的人际关系和适应社会生活能力,只有当这三方面的状态都达到良好时,才是完全意义上的健康。"此定义指出心理健康是健康概念的重要组成部分。[1]

心理学家英格利希(H. B. English)指出:"心理健康是一种持续的心理状态,当事者在那种状态下,能做出良好的适应,具有生命的活力,而且能充分发挥其身心的潜能,这是一种积极的状态,不仅是免于心理疾病而已。"[2]

心理健康可以从广义和狭义两方面来界定。广义的心理健康是指一种高效而满意的、持续的心理状态。在这种状态下,人能作出良好的反应,具有生命的活力,而且能发挥其心身潜能。狭义的心理健康是指人的心理活动和社会适应良好的一种状态,是人的基本心理活动协调一致的过程,即认识、情感、意志、行为和人格完整协调。

(2)心理健康的标准。

世界卫生组织对健康的定义细则是:有足够充沛的精力,能从容不迫地应付日常生活和工作的压力而不感到过分紧张;处事乐观,态度积极,乐于承担责任,事无巨细不挑剔;善于休息,睡眠良好;应变能力强,能适应外界环境的各种变化;能够抵抗一般性感冒和传染病;体重得当,身材均匀,站立时,头、肩、臂位置协调;眼睛明亮,反应敏锐,眼睑不易发炎;牙齿清洁,无空洞,无痛感,齿龈颜色正常,无出血现象;头发有光泽、无头屑;肌肉、皮肤有弹性。[3]其中,前四条为心理健康的内容,后六条则为生物学方面的内容(生理、形态)。

---

[1] 刘远我:《职业心理健康:自测与调节》,经济管理出版社2004年版,第18页。
[2] 朱敬先:《健康心理学》,(台北)五南图书出版公司1992年版,第56页。
[3] 李蔚:《心理健康与教育》,山西教育出版社2004年版,第18页。

北京大学王登峰教授等曾提出 8 条关于健康的标准：了解自我、悦纳自我；接受他人、善与人处；正视现实，接受现实；热爱生活，乐于工作；能协调与控制情绪，心境良好；人格完整和谐；智力正常，智商在 80 以上；心理行为符合年龄特征。①

综合以上观点，心理健康者的主要表现有：

① 智力正常。智力是人的各种认知能力的总和，包括感觉能力、记忆能力、思维能力、想象能力和实际操作能力，它是保证人们学习、工作和生活的最基本的心理条件。

② 情绪稳定、心境乐观。人们的情绪是伴随其他心理过程的体验，也是所有心理活动的背景条件。

③ 意志坚定、行为协调。意志坚定表现为在行动上的自觉性、果断性、顽强性和自制力。人的意志通过行动表现出来，而行动又受意志的支配。心理健康的人意志与行为是统一的、协调的。

④ 注意力集中。注意力是心理活动对一定对象的指向和集中。一切心理活动都有注意力，它是判断心理健康与否的一个有效指标。

⑤ 完整统一的人格。心理健康的人有相对正确的信念体系和世界观、人生观，并以此为核心把动机、需要、态度、理想、目标和行为方式统一起来。

⑥ 面对现实，适应社会。有较好的社会适应能力，这是国际上公认的心理健康的重要标准。具体表现在三个方面：各种环境的适应能力；人际关系的适应能力；处理、应付家庭和社会生活的能力。

⑦ 自我认知。自我认知是对自我目前所处状态和环境、自我未来的发展方向有一个清醒的认识，能正确地认识和客观评价自己，摆正自我的位置。

⑧ 创造性、成就感。马斯洛认为，人的内部存在向一定方向成长的趋势或需要。这个方向一般可以概括为自我实现或心理的

---

① 王登峰、崔红：《心理卫生学》，高等教育出版社 2003 年版，第 23 页。

健康成长。自我实现者就是使自己成为自己理想的人，到达个人潜能的最高峰。也可以说，自我实现是一个人对实现自身人生潜能的不断追求。这通常可以通过创造力的发挥程度和成就感的高低来衡量。

2. 企业员工、管理者的心理健康状况

实践表明，心理疾病威胁个人生命健康，也可能降低企业组织效率。如果员工心理健康存在问题，就会导致员工工作积极性和工作热情的下降，以及工作绩效和工作满意度的降低，还会引起企业间人际关系的紧张，导致离职现象。企业管理层的心理问题更可能导致决策失误而引起严重的经济损失，特殊行业员工的心理问题甚至还可能给社会和环境造成灾难，从而给企业带来严重的形象损失和经济责任。因此，企业社会工作应该多关注企业员工、管理者的心理健康及心理问题的解决。

企业员工常见的心理困境表现在以下四个方面。

（1）人际冲突与交往厌烦。

企业中的人际关系问题表现在人际冲突和交往厌烦两个方面。人际冲突是企业中常见的情况，人们对其危害有较清楚的认识。但是对于交往厌烦，却没有引起人们足够的重视。

人际关系表现在员工与客户、同事以及上下级之间的关系。如员工怎样与客户建立良好的人际关系，怎样让员工保持和谐的合作而避免恶性的冲突，管理者怎样对员工进行个性化、有成效的管理，这些都是非常重要的课题。

心理学家做过一个有趣的实验，把彼此相悦的被试人员成对关在一个小屋子里，随着相处时间的延长，被试者彼此交往的时间随之减少，到最后，竟视而不见，一言不发，屋子里充满着沉寂、肃穆的气氛。这个实验说明，人的机体作为一个信息加工和综合性的需要系统，不仅需要使自己接受的刺激总量保持最佳水平，也需要保持各种刺激总量的匹配和平衡。人际交往对很多员工与管理者来说都是重要的，但同时，人们对它的需要有一定的限度。一些做客户服务的员工由于白天接触客户太多，晚上回到

家里就不愿意和家人进行交流了,影响了家庭关系,甚至其人格特征都发生了变化。企业家则是对频繁的应酬苦不堪言,这些都是人际交往厌烦的表现,原因是他们社会交往太频繁而没有独处的时间与机会。

(2)时间管理失当。

时间对人们来说可能是最宝贵同时也是最缺乏的东西。但有些员工,特别是很多企业管理人员都不能很好地管理、安排时间,他们感到千头万绪,焦头烂额:这件事必须做,那件事不做不行,这种混乱、无序的感觉倘若产生,便是一种心理困扰。

> 时间管理是指通过事先规划和运用一定的技巧、方法与工具,实现对时间的灵活以及有效运用,从而实现个人或组织的既定目标的过程。

造成这种心理问题的主要原因是事先没有缜密的计划,以及缺乏执行计划的勇气。事实上,凡事如果有计划,人们都会有充足的缓冲时间。我们不妨做个实验,你把第二天可能要做的事情详细地列出来,并且按照轻重缓急标上等级,再把完成每件事情所需要的时间标在对应的事情后面,你就会惊奇地发现,原来一天的时间有这么多。

(3)沟通障碍。

企业中的沟通不良主要来自两个方面:一是从上到下的沟通障碍(从管理者到员工);二是从下到上的沟通障碍(从员工到管理者)。向下沟通容易出现信息膨胀效应。传递环节越多,越容易出现信息膨胀和歪曲。

有这样一个有趣的例子。老板告诉其秘书:查一查我们有多少人在上海工作,星期三的会议上董事长会问到这一情况,我希望准备得详细一点。公司的秘书打电话告诉上海分公司的秘书:董事长要一份在你们公司所有工作人员的名单和档案,请准备一下,我们在两天内需要。分公司的秘书又告诉其经理:董事长要一份在我们公司所有工作人员的名单和档案,可能还有其他材料,需要尽快送到。第二天早晨,四大箱航空邮件到了公司大楼。

自下而上的沟通有下级提供的工作绩效报告、意见箱、员工态度调查、申诉程序等。向上沟通容易出现信息压缩效应。一般是好消息向上报,坏消息被过滤。结果导致高层不了解下情,作出错误决定。企业的沟通误差存在着潜在的破坏因素，它像一张无形的大网，有时甚至会引发极端事件。

（4）员工与管理者的不良职业心理。

在现代人力资源管理中，员工的职业心理健康状况对员工个人和组织带来的消极影响已受到越来越多的关注。其实，任何与个人生活和个人工作相关的事件都可能影响员工的职业心理健康。概括起来，典型的职业心理问题可归纳为以下三方面。

① 行为异常：对烟、酒、茶、咖啡的依赖性增加；性欲衰退；出现强迫性行为；做事拖沓不主动，难以作决定；缺乏自我控制力；有暴力倾向；有自杀念头；婚姻家庭失败；环境适应困难等。

② 认知障碍：注意力不集中；记忆力下降；阅读困难；学习理解能力下降；创造力下降等。

③ 情绪困扰：习惯于紧张，不能放松；经常担忧，烦躁不安，焦虑；自卑；情绪低落；易伤感、抑郁；对任何事情都没有兴趣等。

除此之外，很多身体上的症状也是由于压力和心理问题导致的，比如肌肉紧张、消化不良、心因性肥胖、尿频或者便秘、呼吸急促、头晕或者偏头疼、口干、心悸、免疫力下降等。有时候，我们会觉得自己的身体状况下降仅仅只是身体上的原因，其实并非全然如此，应当从压力和心理方面来寻找身体不适的原因。

企业的心理问题还包括员工的个人问题，比如恋爱、婚姻家庭、子女教育、人格因素、过往经历等。这些个人问题也是影响员工压力和情绪的重要因素，与员工的整个身心状况相关，而且很多时候这些问题也是由于工作性质造成的，比如工作繁忙导致婚姻家庭破裂，工作原因引起的人际交往厌烦而导致夫妻关系疏远等，因此需要引起企业的重视。

3. 企业员工与管理者心理健康问题的疏导方法

为了解决员工的心理健康问题，现代企业工作引入了心理治疗技术。心理治疗是指应用心理学的原则和技巧，通过服务人员的言语或行为以及人际关系和来往，改善情绪，提高认识，解除其顾虑，增强其战胜疾病的能力和信心，从而改善服务对象的心理状态和行为方式。

常用的心理治疗技术有以下两种。

（1）认知-行为修正技巧。

认知疗法是新近发展的一种心理治疗方法，着眼点在服务对象的非功能性的认知问题上，意图通过改变患者对己、对人或对事的看法与态度来改变并改善所呈现的心理问题。改变认知的技巧有认知重建、转移技巧和再造。

根据认知协调理论，员工的情绪问题部分原因是员工自身的认知出现了不协调。解决此问题，需要协助员工用全新的、肯定的眼光看待人和事，打破原有的思维方式，重新审视问题、定义问题。

艾美每天要打200个电话，因为她是公司的电话销售员。这个星期以来，她的情绪很糟，前四天几乎每天都愁眉苦脸，其实最近也没有发生什么不愉快的事，她就是觉得沮丧，并且时常有辞职的冲动。她向社会工作者抱怨说，自己是企业管理专业的本科生，可是现在每天的工作都是打电话，太不公平了，市场部不是缺人吗，为什么不能调去市场部做？她还告诉社会工作者，这两个星期的电话名单质量很差，打了快两个星期了，一个人都没有约到，不像上个月的名单，几乎每天都能约到一个肯来见面的潜在客户。社会工作者告诉艾美，她毕竟是刚毕业的大学生，现在本科生已经很多了，公司的经理层可都获得了硕士学位，而且其实公司的CEO最早也打过陌生拜访电话的，至于艾美所在公司的主管，那更不用说了，每个人几乎都打过陌生拜访电话。

就艾美来说，她的情绪问题其实是由于个体认知出现了问题，通过认知重建的方式，可帮助艾美重新认识现实、审视问题，进而解决情绪困扰。

转移技巧是用来治疗那些有孤独、痛苦、压抑、沮丧和愤怒等强烈的非意愿性情感的服务对象的。当拥有非意愿情感的服务对象参与体育活动、工作、社交或者游戏的时候，他们常常将负面认知转向与他们新的转移行为相关的不同的认知。一旦他们把自己的思想聚焦于他们发现有意义的、令人享受的转移活动时，他们会体验到开心的情绪。

再造可以用来帮助服务对象改变形成非意愿情绪或功能失调行为的那些认知。认知类型能够被再造，如正面思考和去中心化思维。

正面思考是指当不愉快的事情发生时（如考核成绩不理想），我们常常面临正面思考和负面思考的选择。假如我们持有正面的观点并把焦点对准问题的解决，就容易判断和争取改善环境的行动。然而，如果负面地思考，就常常形成非意愿情绪（如沮丧和压抑），并且无法针对问题进行有效解决。当服务对象负面思考时，治疗师要提醒服务对象负面思考与正面思考的利弊，通过要求服务对象确认情景中某些积极的方面，治疗师就能帮助服务对象更积极地思考。然后，每当他们消极地思考时就告诉自己"停止"。

去中心化技巧主要针对错误地认为他们是每个人的关注焦点的那些服务对象。中国寓言中的"杞人忧天"也是一种中心化思维，解决的技巧就是去中心化。

（2）理性情绪疗法。

针对员工的各种情绪问题，可以采取理性情绪疗法，协助员工疏导不良情绪。理性情绪疗法（rational emotive therapy, RET）是阿尔伯特·艾利斯（Albert Ellis）于20世纪50年代创立的，他认为人的情绪和行为障碍不是由于某一激发事件（activating event）直接引起，而是由于经受这一事件的个体对它不正确的认知和评价所引起的信念（belief），最后导致在特定情景下的情绪和行为后果（consequence），这被称为ABC理论。通常认为，情绪和行为后果的反应直接由激发事件引起，即A引起C，ABC理论则认为A只是C的间接原因，B（个体）对A的认知和评价而产生的信念才是直接的原因。该治疗方法以理性治疗非理性、帮助员工改变其认知，用理性思维的方式来替代非理性思维的方式，最大限度地减少由非理性信念所带来的情绪困扰的不良影响。

理性情绪治疗法的操作过程分为四步。

第一，与问题员工、管理者建立良好的工作关系，帮助员工建立自信心。摸清员工所关心的问题，将这些问题根据所属性质和员工、管理者的情绪反应进行分析，指出其思维方式、信念的不合理之处。例如，"我感觉压力太大了，我真的不能胜任这个任务，我感觉自己快崩溃了。我如果不能完成这个任务的话，领导会怎么看我呢？我会不会被降职？"或者要求自己完成自己不能胜任的工作，过分地苛求自己的尽善尽美，如"我一定要在其他同事之前把这个任务完成，让领导对我刮目相看"。

第二，让员工明白，不良行为和郁闷、耗竭感等情感体验不是自己造成的，而是不合理的信念造成的。

第三，让员工与不合理的信念进行辩论，认识到自己原有信念的不合理性，运用夸张或挑战式的发问，要员工回答他有什么证据或理论对事件持与众不同的看法，进而帮助其产生认知上的改变。

第四，帮助员工以合理的思维方式代替不合理的思维方式。例如，"我将不会放弃。我已经应付了过去的挑战，我也能应付目前的挑战。一步一步来，这是我必须做的。虽然工作条件不好，但我必须工作"；"我在努力工作，相信我也在不断进步，至于结果，不用太计较"。

二、企业员工、管理者的工作压力与管理

> 如当前流行的"白加黑""五加二""996"等情况。

随着科学技术的发展和社会变迁的加剧，企业员工的生活面临越来越多的不确定因素，感受到的生活、工作压力也越来越大。"井无压力不喷油，人无压力轻飘飘"，这句话说明了压力是一把双刃剑：轻度的压力可刺激机体处于紧张状态，提高人们的工作业绩；持续高水平的压力却能使机体内用以适应和调节压力的能量和精力耗尽，造成机体平衡失调，导致身心疾病，还会造成一些组织问题，如缺勤、高流动率、事故。企业员工与管理者

的职业压力与心理健康，以及对企业造成的影响越来越多地受到关注。压力与情绪的释放已成为企业社会工作者的重要工作内容之一。

1. 压力概述

压力（stress）的概念最早是由汉斯·塞尔耶（Hans Selye）等人在20世纪30年代提出并进行研究的，他认为，压力就是身体为满足需要所产生的一种非特定性反应，或生活环境不能满足个人需要、个人学习，经验无法与现实生活的要求相互配合所导致的生理或心理失去平衡的一种紧张状态。

自从塞尔耶将压力引进社会科学领域，压力问题吸引了医学、心理学、生理学、社会学、管理学等学科的注意，学者们从各自不同的学科领域、不同的视角对压力进行研究和探讨，从不同的角度对压力进行定义。

（1）塞尔耶的压力三阶段模型。

汉斯·塞尔耶是最早研究压力的权威之一。他发现，人类对压力有三个阶段的反应：警觉阶段、阻抗阶段和枯竭阶段。

在警觉阶段，人体注意到压力，准备与之对抗或回避。我们的生理反应是复杂的。身体把来自大脑（下丘脑）的信息发送到垂体下腺以释放荷尔蒙。这些荷尔蒙促进肾上腺释放肾上腺素。肾上腺素增加呼吸和心跳的速率，增加排汗，提高血糖水平，膨胀瞳孔并降低消化。上述过程导致能量的大量释放，提高视觉和听觉，加强肌肉扩张——所有这些反应将增加应对情境的能力。在警觉阶段，身体的免疫系统功能迅速降低（免疫系统用来克制细菌和病毒，有助于体内痊愈）。

在阻抗阶段，人体自行克服压力造成的损害。身体变得放松了，这时免疫系统功能会处于适宜的水平，在这一阶段，免疫系统会修复任何由第一阶段造成的创伤。

但是，如果压力没有消失，人体就因不能克服所受的损害而要保持高度警惕。这时，身体就不能修复损伤，人体就会进入第三阶段——枯竭阶段。第二阶段出现的某些器官或系统的适应机制所产生的能量已消耗殆尽。这就是为什么在持续的高压力下人容易患病和衰老的生理机制。在这种情况下，会出现两种结果：一是返回到警觉阶段，再动员其他系统或器官去应付造成压力的因素；另一种就是导致个体的死亡。

（2）压力是一个动态的过程。

压力是一个过程，是一个从刺激（压力源）到反应（生理或心理的症状）的动态过程。斯蒂芬·P. 罗宾斯（Stephen P. Robbins）提出的压力模型为：压力源—体验到的压力—压力结果。[1] 压力源区分为环境因素、组织因素和个人因素。这三个压力源和个体差异共同作用产生压力体验，进而导致生理症状、心理症状和行为症状等结果。库珀和威廉姆斯（Cooper & Williams）的工作压力模型认为，相同的压力源在不同的个性特征和应对机制作用下会产生不同的结果：或是积极成长促进的结果，或是消极的结果。因此，压力源、应对机制和个体特征共同的交互作用导致了压力结果。[2]

在此过程中，存在多种中介因素，如控制、社会支持和个性变量等。在整个压力的动态过程中，个体对压力的主观认知始终起着决定性的作用。现代压力理论认为，压力是有机体对压力源应答的综合表现，是个体在环境适应过程中认识到的要求，外界的刺激只能作为潜在的压力源存在，只有当个体把这种潜在的压力源评价为一个压力事件时，它才会成为一个真正的压力源。同时，许多影响压力反应的中介因素正是通过影响个体对潜在压力源的主观认知而发生作用的。以此为依据，有学者提出了压力的认知评价理论。

（3）压力模型。

耶克斯和多德森（Yerkes & Dodson）认为压力与业绩之间存在

---

[1] ［美］斯蒂芬·P. 罗宾斯：《组织行为学》，孙健敏、李原等译，中国人民大学出版社1997年版，第67页。

[2] Cooper, C. L., Cooper, R. D., Eaker, L. H., *Living with Stress*, London: Penguin Books, 1988, p.124.

关系。此模型认为，压力与业绩之间存在一种倒 U 型的关系。这个模型认为适度的压力水平能够使业绩达到顶峰状态，过小或过大的压力都会使工作效率降低。压力管理应找到一个压力最佳点，并以此为标准，当压力较小时，应适当增加压力；当压力较大时，应缓解压力（如图 10-1 所示）。①

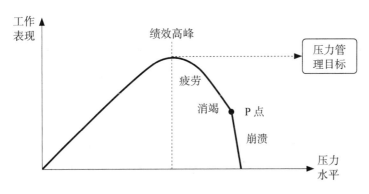

图 10-1　工作压力与工作绩效的关系

2. 企业员工、管理者压力源的分析

工作压力来自压力源。工作压力源是指导致工作压力的刺激、事件或环境，可以是外界物质环境、个体内环境。关于压力源有"主观说"和"客观说"之争："主观说"认为主观感知造成了压力体验；"客观说"认为压力源超越个体的认知和属性，是客观存在的。客观压力源分为工作中人际关系的压力、角色基本的压力、职业生涯发展的压力、组织结构和氛围的压力、工作本身的压力和工作家庭分界面的压力六个方面。主观压力源主要是指个体因素，能够解释为什么工作压力会因人而异、因事而异。

（1）客观压力源。

① 人际关系。

人际关系是最重要的压力源。企业工作中的人际关系尤为重要，企业中的人际关系问题表现在人际冲突和交往厌烦两个方面。

---

① 黄希庭：《心理学导论》，人民教育出版社 2007 年版，第 69 页。

人际冲突在企业中比较常见,是由于竞争、不公平待遇、个体差异等因素造成的对某个问题的认识不同或者是暴力冲突造成的。现在的企业既要求竞争又要求合作协调,员工在单位中的人际关系比较复杂,处理得不好就会引起矛盾。而个体在工作中是否能得到他人的支持直接影响个体对工作压力的体验。在具有压力的环境中与一个善于支持、鼓励的同事一起工作,有助于员工减少压力和发挥潜能。相反,与关系紧张的同事共事可能使人更焦虑,加大工作压力。与同事关系紧张,缺乏同事的社会支持,会给员工造成较大的心理压力。同时,不理想的工作和社会支持体系,同事之间存在政治竞争、嫉妒或生气,组织领导缺乏对员工管理的关心等因素,都会造成员工心理上的压力。

相对于人际冲突,交往厌烦往往被人们忽略。例如,一些员工由于白天接触客户太多,回到家里不愿意与家人进行交流,影响了家庭关系,甚至其人格特征都发生了变化。一些管理者虽然不情愿,但不得不忙于很多交往与应酬,感到人际厌烦,影响了家庭关系与工作绩效。

② 角色冲突和角色模糊。

角色冲突和角色模糊是组织中普遍存在的现象,是与工作相关的特别重要的压力源。角色冲突指个体所体验到的难以调和的同时来自环境的不同期待,如必须与别人相处的压力、运用人力方面的困难、接到不同的相互有所抵触的指示信息或资料等,个体不仅是企业的员工,同时还在社会中扮演着多种角色。这些角色常常会与工作角色形成冲突,导致压力产生。

角色模糊是指个体所体验到的角色环境的不确定性,主要是指对自己在工作中应充当的角色把握不准,或者是不同的上司对工作的期待不同,以致产生角色模糊。员工不清楚所分配的工作内容和相应的责任,使得工作难以开展,员工就会因角色模糊陷入压力之中。调查发现,普通员工的低技术使用程度和角色模糊程度均显著高于中层及以上的领导,普通员工的角色模糊程度也显著高于班组长。这可能由于普通员工从事最基层的工作和重复的操作工作,知

角色理论认为,演员在舞台上的表演,即按剧中人的方式行动,或以剧中人的态度对待周围的事物及自己,是由剧本、场景、导演的指示、同伴演员的表演、观众的反应以及演员本身对角色的理解和扮演技能等决定的。在现实生活舞台活动着的人,也类似于戏剧表演中的角色。一个社会是由许多具有不同身份和地位的人组成的,按照社会功能产生互助关系的大系统。当一个人履行某一地位的权利与义务时,他就在扮演一个角色。角色理论有一系列相关概念,如角色期望、角色获得、角色扮演、角色冲突等。

识和经验日趋增加而工作无挑战性，管理者又忽略了其具体工作责任和岗位职责的制定；班组长以上的领导直接了解工作任务和工作绩效，对自己的角色非常清晰。

③ 职业生涯发展。

首先是晋升困难或受挫，这对以高权力为动机的个体是巨大的压力。组织的重组与裁员不断挑战员工的自信，员工对自己是否能够胜任新工作与对新环境的适应感到信心不足，因此产生压力。其次是对失业及提升、调转和发展的机会的担心。对员工而言，最大的威胁是失业，而后是降职；提升不足或提升过度也可能会给员工带来压力；调转和发展的机会关系到员工未来的职业发展。这些对员工来说非常重要但又十分不确定，因此成为员工工作压力的重要来源之一。

企业白领则更加关注自己的兴趣爱好与职业的匹配程度。他们关注个人的职业发展因素，寻求更好的职业发展是白领工作变动的最主要原因。职业发展的具体内容包括：工作是否有保障；能否获得公平的晋升机会；能否不断学习新知识、不断提高工作技能；自己的潜能和愿望能否得到实现等。他们通常对自己有很好的预期，希望在工作中不断获得工资的增长及职位的提升，如果这种期望不能满足，则会产生压力。

④ 组织结构与规章制度。

包括组织层次分化的水平、组织规章制度的效力、决策在哪里进行等。如果组织规章制度过多，而员工又缺乏参与决策的机会，员工在工作中就会因此受到影响。如果企业组织制度僵化，也会影响员工的工作效率，进而可能成为压力源。

公司的组织管理与员工的工作压力直接相关，员工很容易抱怨公司死板的结构、办公室之间的矛盾、不健全的经营监督机构，而且对参与受阻以及行为约束有负面态度。个体在工作要求高且控制程度低的情境中，工作压力和紧张度最高，即工作要求与决策维度之间存在着交互作用。高工作要求与低控制和员工的职业健康状况不良以及免疫功能下降有显著的正相关关系。

⑤ 工作特征。

研究显示，工作量过大是压力来源之一，而工作量不足也会使员工产生压力，难以满足员工自我实现的心理需求。工作质量、工作数量的超载，使员工长期工作负荷过重，并且随着人们生活节奏的加快，工作紧张度也越来越高，工作紧张度的增加又导致生活节奏的加快，如此恶性循环，会加重职场人士的心理承受负担。

企业员工存在着较高的工作压力，其中，工作负荷过重最为严重。与女性相比，男性容易工作负荷过重，并感到工作的挑战性过小，产生低技术使用感。对于分配的同样工作，已婚员工可能会比未婚员工更易感到工作负荷过重，原因是已婚员工的工作与家庭冲突和更多的工作外事务占据了部分精力与时间。

工作条件的简陋或工作环境恶劣（如温度过高、噪声过大等）都是工作压力的来源。尤其是在恶劣的劳动条件下（如卫生条件差、粉尘多、有毒化学物质、照明欠佳、缺乏安全保证等）工作的员工一般都会感受到很大的压力，产生不安全感、焦虑甚至恐惧。尽管近年来这方面已有明显改善，并且政府和企业仍在致力于改善，但工作环境不良仍是导致员工焦虑和压力产生的一个重要原因。

⑥ 工作与家庭冲突。

工作与家庭是成年人生活的两个基本方面。这两个方面也经常发生矛盾。一个有压力的职业在一定程度上可能引起家庭压力与冲突。

父母去世、丧偶、家庭开支过大，这些问题都会给员工带来压力感，直接或间接地影响他们的工作。有研究发现，单身男女的工作压力主要来自婚姻状态。未婚者比已婚者更容易出现强迫、人际敏感、焦虑和恐惧症。与单身的未婚女性相对而言，单身男性的未婚状态更容易引起抑郁。显然，仅仅改善工作场所的环境很难减少单身男女的心理问题。

（2）主观压力源。

主观压力源主要是指个体因素，包括对变化的容忍、低自尊、自我中心主义、坚强个性、A型性格和自我效能感，以及个体的动机、态度、能力的不同等，都会对工作压力产生不同的影响。主观压力源分析主要是从个体的差异这种内在因素上来解释为什么工作压力会因人而异、因事而异。比如，A 型性格的人的特征是热衷于奋斗，以求用较少的时间获得较多的成果。因此，A 型性格的人相较其他人群对压力比较敏感，容易患心脏病。

员工的压力感受与心理预期、适应能力、过去经历有着高度的相关性。一般来说，员工的期望与压力感受成正比，对同一事物的期望程度越高，员工感受压力的程度也越强。员工的适应能力与工作压力感成反比，也就是说，员工的适应能力越强，压力感受越弱，因此适应性较差的员工心理压力更大。员工过去的经历对压力起强化作用。员工是否感到工作压力的存在，与该员工是否有过相关的紧张经历有关，负面的强化会加剧压力；相反，员工成功的经历能使其面对工作压力时充满信心。

3. 企业管理者的职业压力

（1）企业管理者的职业压力状况。

中国科学院心理研究所的一项"社会转型期不同职业群体主要社会应激源与心理健康研究"的调查显示，人们心目中社会地位较高的群体压力较大；职位越高者，压力越大。不同职业群体的压力分数从高到低依次是：管理中层 80 分；经理层 75 分；教职员工 75 分；一般管理技术人员 72 分；医务工作者、社区人员、失业人员 68 分；矿工 60 分；一般企业工人 59 分。企事业单位内部也是如此，企事业单位中，职位越高者的压力越大，他们的身心健康水平相对越低。[①]

2022 年的一项关于上海市职业经理人压力的调查结果表明：职业经理人工作压力的分值高于平均分值，表明职业经理人存在一定程度的工作压力，并且压力显著高于普通员工。年龄、职级以及工作年限均是职业经理人心理健康的影响因素。年龄越低、职级越

---

① 陈龙：《社会转型期间不同职业群体社会应激源及心理健康》，中国科学院心理研究所，2004 年 1 月。

低、工作年限越短的职业经理人的心理压力越大。①

　　这两个调查都显示出最高级管理者的压力感最大。他们的主要压力来源依次为：经常作出涉及众人利益的重要决定，并承担可能出现的严重错误后果（个人责任）；面对不受自己控制的组织因素，担忧员工士气（组织气氛）；担心公司管理水平差，自己被孤立（人际关系）。不过，最高级管理者来自工作负荷、组织气氛和角色冲突方面的压力则在缓解。

　　初中级管理者最大的压力源是担心个人没有发展机会（职业发展）；其次是缺乏上司指导或鼓励，个人贡献得不到认可（人际关系）。

　　男性管理者压力水平比女性管理者高，但女性管理者更易受到压力的伤害，更易感受到人际关系方面的压力。与男性管理者相比，女性管理者更多地感受到来自人际关系（如得不到上司的指导，受无形歧视）、工作负荷（如工作时间过长）、工作家庭冲突（如缺乏家人的支持）和职业发展（如晋升机会少）等方面的压力。

　　（2）管理者的职业倦怠。

　　职业倦怠又称职业枯竭（job burnout），是工作压力达到一个临界程度的状态，是一个世界范围内普遍存在的现象。1974年，纽约临床心理学家弗罗伊登贝格尔（Freudenberger）首先提出了倦怠这一概念，他认为职业倦怠是个体因对自己所从事的职业抱有不现实的高期望和无法缓解的巨大压力而导致的情绪、社会性和自我认知等方面的不良状态。②

　　马斯拉奇（Maslach）揭示了职业倦怠的三个核心层面：① 情绪衰竭，是枯竭的个体压力维度，表现为个体情绪和情感处于极度疲劳状态，工作热情完全丧失；② 去人格化，是枯竭的人际关系维度，表现为个体以一种消极的、否定的、麻木不仁的态度和情感去对待自己身边的人；③ 个人成就感降低，是枯竭的自我评价维

---

① 陆佩文等：《上海市部分职业经理人心理健康状况及影响因素分析》，《职业与健康》2022年第3期。
② Freudenberger, H. J., "Staff Burn Out", *Journal of Social Issues*, 1974, 30(1): 159-160.

度，特征是产生不胜任感，表现出对所从事工作意义的评价下降、自我效能感弱化、体会不到成就感、不再努力工作。[①]

一些企业管理者在长期紧张的高压工作下出现了生理、心理与行为等一系列的变化，产生了不同程度的心理倦怠，出现了工作没干劲、人生价值迷惘、工作激情不足、工作绩效降低等问题。

4. 缓解压力的策略

对于压力，若管理得好，它就能变成积极的动力，激发员工主动工作，提高效率，增强其成就感。加强员工的压力管理可从个人、组织、社会三个角度着手。

（1）个人角度的对策。

① 改变观念，正确认识压力。

一个人的心态与思维方式很大程度上决定了他对某一事物的态度和看法。乐观、积极、自信的人面对挑战会适当地调整自己的行为，缓解压力，迎难而上；而悲观、消极的人遇到困难会犹豫徘徊、焦躁不安。要正确看待压力，客观地评价自己，在尊重事实的基础上，要充分认识到现代社会的高效率必然带来高竞争性和压力，同时又要认识到危机即转机，变压力为动力，以轻松的心态工作。

② 学会对时间进行管理。

确定目标和时间管理。时间就是生命，浪费时间就是浪费生命。很多员工因为在工作中不曾制定目标而消极度日，经常无法高效地工作和完成任务，产生挫折和厌烦。时间管理方法可以帮助员工确立目标，并有效地利用时间去达到短期和长期目标。

时间管理使用者首先要确定长期目标和短期目标。对于高度优先的目标，写下来会有助于目标的完成。然后，根据重要程度确定任务以完成每一个目标。高度优先（高回报）的任务首先完成，而且一般不完成低度优先（低回报）的任务。低度优先任务浪费时间

---

① Maslach, C., "A Multidimensional Theory of Burnout", in Cooper, C. L., *Theory of Organizational Stress*, London: Oxford University Press, 2001, pp.68−69.

并干扰高度优先任务的完成。简单地说，就是将要完成的工作任务按其轻重缓急程度，排出高、中、低的优先次序，并按此次序逐步完成，而不是盲目地眉毛胡子一把抓，结果手忙脚乱，耗掉不少精力，效率却极为低下。

③ 养成良好的生活方式。

饮食状况良好可以保持健康的身体，从而减轻压力的影响。定期的体育锻炼可以保证健康的心脏和良好的血液循环系统，消除压力应激中产生的有害荷尔蒙，而且有效地训练人的意志、耐力和韧性。锻炼健身不但能释放工作压力，还培养了在遇到压力时的自我调节能力。每天进行体育锻炼，会使人充满活力、精力充沛。总之，爱好和兴趣可以成为减轻压力的一个建设性的方法。

（2）组织角度的对策。

① 改善环境，消除应激源。

企业要致力于消除恶劣的工作条件，创设有利于缓解员工过度疲劳的工作环境，提高工作场所的安全感和舒适感，这些都是从工作条件上消除员工压力的有力措施。

工作丰富化是帮助员工克服压力的有效措施之一。工作丰富化能够克服工作的单调性，使人消除工作厌恶感。在工作的再设计中，可以通过让员工担负更大的责任、为员工提供长期发展的机会等措施使工作丰富化；也可以通过改进核心的工作特性，如促进技能多样化、增强工作自主性等措施使工作丰富化。

② 完善岗位制度，加强过程管理。

岗位职责的界定明确、工作负荷适当，是工作过程中重要的减压措施。岗位职责的界定明确，有利于发挥员工的主动性和积极性，自主预测并安排应激活动，减少不确定性带来的压力。工作负荷恰当也是重要的减压措施。当管理人员与员工承担过于复杂（如高级主管职位）、时间紧迫或力不从心的工作时，就会造成工作负担过重。这时，一般的适应性综合征就会乘虚而入，因此，需要根据情况适当地减少负荷。工作太少或工作单调（如装配线工作）时，由于工作负荷低，也会产生压力。一个人整天无所事事，会出现无聊、烦闷、抱怨、自尊心下降等不良情绪，并感到身体乏力和精神疲劳，因此需要适当增加工作负荷。

企业要建立科学合理、操作性强的员工绩效评价指标体系，并让每个员工都知晓，以减少评价过程中的不确定性，并促进员工自我评价与自我管理能力的提高。在绩效考核公平的基础上，实现报酬的公平。厘清工作程序、保持岗位的相对稳定是减少员工压力的过程性措施之一。在某些特殊的情况下，规章制度的执行需要有一定的弹性，过分刚性的做法往往会使一些具有特殊理由的员工感到不满。

③ 建立压力咨询组织或机构，实施员工帮助计划。

压力咨询机制是在一定的人员、组织制度以及权力支持下，通过咨询方法降低和消除员工压力的一整套方法和措施。咨询可以给处于压力之下并因承受压力而患病的员工提供忠告和安慰，以减轻其精神紧张程度，帮助其厘清思路、疏通关系。日本的许多企业建立了情绪发泄室。解决员工压力和心理问题的最有效、最全面的方法是员工帮助计划。社会工作者可以直接参与中心的工作，协助个人缓解心理困扰，提供压力舒缓课程，对青年员工进行进入工作领域的职业教育、技能培训以及职业心理咨询和人际关系训练等。

④ 创新工作方式，营造轻松的工作气氛。

创新工作方式，营造轻松的工作气氛，从而可以缓解员工的工作压力。比如，允许员工在工作时间开展更多交流。这样有利于增强员工的创造力，提高工作效率。还可以采用弹性工作时间，用更灵活的工作方式来激起员工的工作热情，帮助他们调整最适合自己作息习惯的生物钟，以保证有充足的休息时间来"降压""解压"，让自己时刻保持高度的清醒。

（3）社会角度的对策。

社会各界应致力于社会压力氛围的减轻，倡导社会和谐与发展。可以从制度上、法律上给压力过大的员工以保护，例如，有人提出以立法的形式将"过劳死"纳入工伤范畴，以防止"过劳死"；

也可以在全社会开展压力管理的教育活动，在观念上提倡万事皆有度，建立节约型社会；还可以运用舆论提倡宽容与真诚，以缓解转型期人与人之间的紧张关系。

要创设一定的环境，注重人们更高层次的需求，使人们变压力为动力，积极努力地工作。例如，建立企业家市场，形成一种公正的、竞争性的企业经营者的筛选淘汰机制，使优秀企业家能够脱颖而出；取消企业的行政级别及经营者的行政待遇，使经营者规范化、市场化，以企业效益为衡量经营人员业绩的主要标准，给企业经营者减压。还要从制度上及舆论上营造多劳多得、承认合理收入差距的社会环境，减少现有体制给员工带来的压力等。

第二节 社会工作方法在企业员工心理服务中的应用

员工心理服务可以通过多重渠道开展，其中，社会工作中的个案工作与小组工作方法是主要的专业化服务手段。

> 员工心理服务是微观取向的工作，由此，社会工作介入员工心理服务主要涉及微观层面的个案工作与小组工作方法。

一、个案社会工作方法在员工心理服务中的应用

个案社会工作是由专业社会工作者运用有关人与社会的专业知识和技巧，为个人和家庭提供物质或情感方面的支持与服务，目的在于帮助个人和家庭减低压力、解决问题，达到个人和社会的良好福利状态。

在个案工作中，社会工作者在与服务对象彼此信任合作的和谐关系中，充分调动服务对象本身的潜能与积极性，共同探讨和研究服务对象的问题以及家庭和社会环境，运用服务对象本身及外部资源，增进服务对象解决问题的能力，达到帮助服务对象成长的目的。

1. 个案社会工作在企业中的应用领域

（1）一般咨询问题。

职员对企业的各项作业程序、企业内外的相关资源及社会保障法规等不清楚，需要得到帮助。这些问题主要存在于新进员工中，新员工对企业内部的各项规定、企业内外有关资源及其运用不了解，对企业所在地有关福利保障法规及申请条件和程序也缺乏了解等，需要社会工作者给予帮助。

（2）人际交往与家庭问题。

员工或管理者遇到的同事、上下级之间人际关系紧张、人际冲突等问题；某些员工或管理者遇到的人际厌烦等问题；员工交友范围小，感觉孤独，不能融入企业氛围与文化的问题；企业职员家庭关系紧张、代际冲突、家庭暴力等问题。

（3）员工适应问题。

① 工作适应不良。有的员工一进车间就会头晕，一上班就精神紧张，越紧张越出错，所以想离职；有的员工不习惯企业严格的规章制度。

② 生活环境适应不良。例如，有些企业位于城市近郊，地段较偏僻，生活上不太方便，员工可能会产生一些抱怨；有些员工来自农村，不习惯城市的生产和生活方式；一些外地员工难以适应工作地的气候与饮食习惯等。

③ 人际关系适应不良。有些员工刚从学校毕业就进入企业工作，面对复杂的人际关系网络，他们有些无所适从。

（4）情绪问题。

员工和管理者因工作或生活事件引起的焦虑、紧张、无助、想家、沮丧、忧郁等情绪困扰。因为处理不当的感情、较高的工作强度引起的恐惧、害怕等问题。

2. 个案社会工作的工作流程

个案工作由一系列有计划的工作步骤构成，须依照一定的程序来运作。对于个案工作运作程序的具体步骤，学界的看法不尽相同，有认为三个步骤的，即访问、诊断、治疗；有认为四个步骤的，即申请和接案、调查与研究、预估与诊断、治疗与服务；有认为五个步骤的，即在上面这四个步骤的基础上增加评估与结案一项；也有认为六个步骤的，即请求、调查、诊断、计划、治疗与记录。本书认为，企业中的个案工作应采取五个步骤。

（1）申请和接案。

当服务对象前来申请帮助时，社会工作者和服务对象之间就建立了专业关系。对于初次申请帮助的服务对象，可以设置专门的接待人员负责接案。接案时进行约1小时的会谈，重点了解求助员工或管理者以下方面的情况：年龄、婚姻状况、工作部门、职位、进本企业工作的年限等基本资料；生活状况、家庭背景及个人特质；是本人前来求助还是由部门主管或其他人员介绍而来的；求助的问题是什么，问题的来龙去脉及服务对象对问题的看法。

（2）调查与研究。

针对申请帮助的员工的问题和情况，深入了解服务对象的经济状况、与同事之间的关系、人际关系网络、工作态度、生活适应能力、成长历程、感情经历、可用的资源等，列入调查的范围。涉及的人群可以是服务对象所在部门的主管及员工、室友、老乡、关系亲密的朋友、恋人或配偶及家人等。社会工作者在调查过程中必须谨慎客观，避免偏见。

（3）预估与诊断。

预估的作用主要是分辨服务对象问题的性质，估计服务对象需要帮助的程度和时间。诊断主要是探究问题的真相、特质、原因及症结所在，判断问题与服务对象人格之间的相互关系，以了解服务对象的能力、态度和改变的可能性；同时，确定可供利用和调配的社会资源，拟定治疗计划和目标。

（4）干预与服务。

干预是整个个案工作的重心。社会工作者可以从以下六个方面着手：① 协助服务对象排解积压的情绪；② 协助服务对象澄清不合理的观点；③ 协助服务对象修正偏差行为；④ 支持服务对象肯定自我，发挥潜能，调整社会关系；⑤ 寻求社会资源，改善环境；

⑥ 在干预的过程中继续预估，修正和补充治疗计划与策略。

（5）评估与结案。

评估的项目包括：治疗与服务的目标是否达到；工作者的服务方式是否合适；服务对象改变的程度是否令人满意。评估可以促使社会工作者修正诊断，使服务达到令人满意的结果。在下列情况发生时，社会工作者可结束个案服务：① 个案的主要问题已经获得解决；② 问题的解决已经告一段落，服务对象显然有能力自行解决问题；③ 剩下的问题已经超出了社会工作服务的范围，应该由其他机构提供协助。

在企业中，社会工作者可以运用个案社会工作的方法，针对员工的心理困扰、工作和生活困难、劳动纠纷等问题，为员工开展个别化服务，提供物质、情感、资讯等方面的帮助，争取相关资源的支持，帮助服务对象发掘潜能，提高解决问题的能力，促进服务对象问题的解决及对环境的适应。

二、小组社会工作方法在员工心理服务中的应用

小组工作强调个体只有在群体中才能生存，才能获得社会意义；个体只有通过群体才能达到发展的目标，才能实现自身能力提升。职场压力使得企业员工面临共同的心理困扰，使得相关人员面临同样的问题，用小组工作进行介入是一种较为有效的方法。

1. 企业小组工作中的小组类型

在企业中可以组建的小组类型很多，以团体的性质为分类标准，可以对企业中的小组进行分类。

（1）成长小组。

企业员工成长小组旨在让员工了解或改变他们对自己及他人的思想、感觉、行为的机会，洞察自己，即通过小组体验，促进员工的成长。强调自我改善和人类的潜能，特别强调改善与他人的关系。小组领导充当催化员及角色示范者，小组成员通常要为团体沟通承担责任，要求中度至高度的自我揭露。成长小组着重促进成员

在社会情绪上的健康,而不是要治疗社会情绪方面的疾病。如"真善美"研习班、员工价值评价小组等。

(2)兴趣娱乐小组。

兴趣娱乐小组的目标是丰富员工的休闲生活、增加员工的生活乐趣,员工学习自己感兴趣的娱乐技巧,陶冶性情。例如,由社会工作者领导,为员工组织插花、剪纸、跳舞、健美操等娱乐小组。

(3)社会支持小组。

社会支持小组的主要目标是协助成员应对压力型生活事件,并恢复原有的应对能力。小组领导者运用同理心的技巧,扮演催化员的角色。小组的焦点集中在成员应对压力的能力,成员间的沟通及相互帮助,分享有压力的或创伤性的经验。例如,为失恋的员工组成的小组,为尚不能适应新环境的员工组成的小组,为处于职业倦怠中的员工组成的小组等。

(4)教育小组。

教育小组最主要的目标是帮助成员学习新知识与技巧,这些技巧通常是较为复杂的。领导一般是受过系统训练并且在某一领域具有专长的专业人员,也可以是社会工作者。例如,对企业中层管理人员进行的管理技能的教育训练,对基层管理人员进行的会议技巧训练,对操作工进行的专项技能培训,对一般员工进行的自我发展训练和沟通技巧训练等。

(5)治疗小组。

治疗小组的主要目标是协助成员改变他们的行为,改善个人问题,恢复生理、心理和情绪上的创伤。虽然也强调支持,但是与支持团体不同,治疗小组更注重改变、治疗与恢复。小组领导担任专家、权威人物或催化者,要求成员有中度至高度的自我揭露。例如,为那些长期有情绪问题的员工、有酗酒行为的员工等组成的心理治疗小组。

2. 小组工作在企业中的实施过程

(1)计划阶段。

计划工作是工作者开始涉入小组或团体的一项行动。工作者在计划小组时，有三方面要素需要注意：一是个体成员，社会工作者要明确每个成员的动机、期望和加入小组团体的目的；二是小组本身，社会工作者要确定整个小组的目标；三是小组的环境因素，社会工作者要估计到影响团体功能发挥的外部环境因素。具体说来，要就以下问题与相关人员进行探讨：第一，在本企业实施这次团体工作的动机何在？第二，哪些员工或部门主管比较适合接受团体方式的协助？第三，员工或部门主管共同的需要是什么？第四，这次团体工作的具体目标如何界定？第五，在团体活动过程中，哪些地方需要员工所在部门的协助？部门主管及其他同事对这次团体活动的了解程度如何？第六，这次团体所需要的经费及来源如何？场地和时间的安排是否妥当？

在考虑以上情况的基础上，拟定小组计划大纲，主要内容包括小组名称、小组成立的动机、小组目标、小组成员、方案设计、活动的时间和地点、工作进度、经费预算等，形成书面的小组工作计划书。

（2）组织阶段。

组织阶段的主要任务是：① 社会工作者通过与潜在成员进行个别交谈或问卷调查等方法来搜集资料，进一步了解潜在成员的问题及需要，深入了解他们加入小组的动机；② 集合所有潜在成员，向他们说明小组性质及发展方向，并与成员共同确定小组的目标、活动方式、聚会时间和地点、期限等。社会工作者可以通过这些方式来了解潜在成员对小组目标的看法。

（3）执行阶段。

这一阶段主要是社会工作者运用小组工作的技巧以尽力实现小组的目标。经过准备阶段的计划和筛选，小组工作就正式开始了。一般来说，它要经历开始阶段、形成阶段、冲突阶段和维持阶段。这一阶段的工作任务主要有：对每一次小组聚会做好清楚的记录；对每一次小组聚会进行评估，在此基础上修改计划。

（4）评估与结束阶段。

评估是团体聚会中重要的一部分。一般来说，其始于小组组成，终于小组结束，贯穿于小组工作的全过程。从实务的观点来看，小组工作评估的项目有：第一，小组目标是否实现；第二，每个小组成员的需要是否得到满足，个人目标是否实现；第三，对小组活动过程及小组行为的评估；第四，小组社会工作者使用专业技术和方案活动的评估。这一阶段的工作任务有：举办小组结束的活动仪式；小组成员填写自我评估表和小组评估表；对有个别需要或特殊问题的成员进行追踪辅导。

第三节 员工帮助计划及其在企业中的应用

员工帮助计划（Employee Asisstance Programs, EAP）是美国19世纪70年代以来在企业界推行的一种福利方案，以帮助员工解决社会、心理、经济、健康等方面的问题。

一、员工帮助计划

1. EAP 的含义

EAP 的中文翻译有多种，如我国台湾地区习惯翻译为员工协助方案、员工援助计划，大陆习惯称之为员工帮助计划。

员工帮助计划是为员工设置的一套系统的、长期的服务与支持项目；专业人员通过对企业的诊断，通过对管理者、员工及其直系亲属提供专业咨询、指导和培训，帮助改善组织环境和氛围，解决员工及其家庭成员的各种心理和行为问题，提高组织的工作绩效。

2. EAP 的推行模式

按服务来源划分，员工帮助计划可分为以管理为基础的内部模式、以契约为基础的外部模式、以资源共享为基础的联合模式、以专业化和灵活性相结合的混合模式四种。

> 不同的模式体现出不同服务主体或其主体组合在 EAP 服务中的主导作用。总体来看，多主体协同是 EAP 服务的重要模式。

（1）内部模式。

内部模式是指组织内部设置专门机构或在人力资源部等相关部门新设职能，由内部专职人员负责员工帮助计划项目的策划和组织实施。此种为公司模式（company programs）或厂内模式（in house programs）。

自20世纪70年代起，美国电话电报公司就运作着一家类似的内部EAP机构。机构中共有41名全职咨询员和15名兼职咨询员，他们都是公司内部的员工，承担着与员工协商、接待有困扰的员工、搜集数据和协调信息等任务。

该模式的优点有：专职人员对公司独特文化、潜在问题和员工特性有着更深的理解和把握，拟订方案更加富有针对性；更加有助于借助内部资源去执行和实施项目计划；公司高层更关注员工帮助计划对组织需求的适应性，内部模式在此方面显示出更大的弹性。该模式的主要缺点是：专职人员因为身处同样的环境，在设计方案中难免带有主观性；向同事直接提供帮助可能因为察觉个人隐私受到威胁而影响服务的使用；组织要消耗一定的人力资源、时间、精力来执行计划。

（2）外部模式。

外部模式是指企业组织将员工帮助计划项目外包给社会服务机构，并与之订立契约，由具有社会工作、心理咨询辅导等知识和经验的专业人员提供员工帮助服务。此种为契约模式（contractor auspice programs）。

这种模式的优点在于组织人力资源的耗费最少，组织只需支付一定的购买服务费用就可以得到全套服务；同时，由于工作人员完全是组织之外的第三方，员工在接受服务的时候能感到个人隐私的安全性。该种模式的缺点在于工作人员可能对组织的了解不够，费用也相对较高。

（3）混合模式。

混合模式是指组织内部员工帮助计划实施部门与外部专业机构联合，共同为组织员工提供帮助项目。这种方式应该说是最理想的，既能保证服务者的专业性和员工的信任度，也有组织内的联系人可以协助推进整体项目，并对质量进行监督。

3. EAP 的要素

（1）政策与程序。

每个公司必须建立一套明确的员工协助方案政策，充分支持员工对自身问题的治疗与康复；政策必须确保他们的职位安全不受威胁；还要有执行程序的相关说明，如方案如何运作、有何步骤、享受服务的注意事项、相关工作流程等。

（2）教育与培训。

为了顺利地推行项目，要让与员工直接接触的基层主管认识EAP 的重要性。要对基层主管进行培训，提升他们发现与应对员工问题的能力；其他管理者也要接受培训，使其充分了解EAP 的程序、功能与做法，协助他们更有效地提高部门的管理效能。此外，还要让员工及其家属了解EAP 的政策、程序、方案等内容。培训时可采取角色扮演、影片赏析、讨论等方式。

（3）提供服务。

员工协助方案有的直接由方案工作人员提供治疗，他们必须具有专业知识、良好的诊断治疗技巧，如对酗酒问题的认识与治疗、对婚姻和家庭关系问题的治疗、咨询技巧和个案管理等。有一些较严重的问题则需转介服务，此时，工作人员必须充分了解社区社会服务机构的基本情况。

（4）记录、追踪和评估。

首先，每项服务都要保留及时、准确、完整的记录，完备相关资料；其次，要有适当的追踪服务，包括向服务对象了解成效、关注转介员工的后续情况等；对整体项目的执行情况及相关人员的表现要进行定期评估，并将成果呈报给管理层。

二、EAP 的由来及发展

EAP 从萌芽到成熟，经过了一个发展过程。

1. 国外 EAP 的发展历程

（1）EAP 萌芽（20 世纪初）。

EAP 源于 19 世纪中期美国工人的过度饮酒行为。当时，在工作场所饮酒是一种普遍现象，包括雇主在内的大多数人都普遍接受了这种风气，管理者们对此也多持放任态度。虽然其间也有一些组织为消除这种现象付出过或多或少的努力，但是一直到 20 世纪初期，这种状况仍然没有明显改善。

随着员工怠工、装病、离职和工作事故等问题层出不穷，人们渐渐地发现酗酒正是引发这些问题的首要原因。到了 20 世纪初，禁酒观念开始在美国蔓延，这直接促使了 EAP 的萌芽。1935 年，EAP 的前身酗酒者匿名团体（Alcoholics Anonymous, AA）在俄亥俄州成立，这一团体的建立初衷是为那些有严重酗酒行为的员工提供帮助。从此，人们把酗酒问题看作一种疾病而不是某种道德上的缺陷，这也最终成为酗酒者匿名团体成立的基础。

（2）EAP 的初步发展（20 世纪三四十年代）。

第二次世界大战爆发前，各种工作场所的禁酒方案开展，战争爆发也对禁酒运动起到了重要推动作用。

战争时期，为了使本国军队的物资供应充足，各个国家的产品需求量不断增加，各工厂都增加员工的工作时间，同时提高工作强度。战争的需要迫使管理者采取各种手段帮助酗酒工人恢复工作能力，这样，如何对工作场所的酗酒问题进行有效干预，逐渐引起各个行业的管理者和医疗工作者的高度重视。EAP 的前身是酗酒者匿名团体，作为以为酗酒者提供帮助为初衷而建立起来的组织，EAP 在这段时期快速成长了起来。

1938 年，在美国一共只有三个酗酒者匿名团体小组和大约 100 名成员，而第二年这一组织就已经遍及美国中西部和东北部地区。到了 1944 年，酗酒者匿名团体在美国和加拿大总共拥有 300 多个小组约 1 万名成员。一些管理者开始将类似的酗酒者恢复工作引入企业内部，职业戒酒方案（Occupational Alcoholism Program，OAP）随之出现。

第二次世界大战期间及战争结束后,一些企业陆续开始以非正式的方式实施职业戒酒方案。例如,太平洋电话电报公司(Pacific Telephone and Telegraph Company)和英格兰电力公司(England Electric Company)都把因酗酒直接或间接导致的工作问题正式纳入计划之中,并开始对存在酗酒问题的员工提供正式的、有计划的干预治疗。

纽约联合爱迪生公司(Consolidated Edison Company)开展的戒酒方案标志着职业戒酒方案正在从早期的非正式形式向正规化转变。1947 年年初,联合爱迪生公司正式承认酗酒是一种疾病,并建立了三层治疗程序,帮助酗酒员工恢复健康。公司将这项方案公之于众,从某种角度来讲,这已经可以被看作一项正式的职业方案(occupational programming)。

(3) EAP 快速成长(20 世纪 50 年代)。

进入 20 世纪 50 年代,越来越多的职业戒酒方案开始出现。此时的职业戒酒方案是公开的,并且长期在公司内部实施。

这一时期,工会对戒酒方案产生了越来越浓厚的兴趣,甚至已经有一些工会开始直接参与方案的实施过程。1948 年,美国劳工联合会和产业组织联合会(AFLCIO)的社区服务将酗酒作为该部门的服务项目之一。1950 年,美国劳工联合会和产业组织联合会社区服务部门的主管利奥·佩里在该部门成员的帮助下,实施了一项全国范围的职业方案。

由于有了工会的参与,这段时期的职业戒酒方案更加正规化和公开化。最为知名的方案包括威斯康星州的阿利斯·查默斯公司(Allis Chalmers Company)和加拿大的贝尔电话公司(Bell Telephone Company)实施的职业戒酒方案。

(4) EAP 发展成熟(20 世纪六七十年代)。

20 世纪 60 年代,越来越多的政府与法律机构采取相关行动,推动了职业方案的发展,一些专业组织的作用也不容忽视。

1962 年,坎波集团(Kemper Group)启动了酗酒员工再就业计划,并将计划的涉及面扩大到员工家属以及那些有着其他生活问题的员工。该计划增加了帮助方案的服务内容,将婚姻与家庭问题、情绪问题、经济与法律问题以及其他与饮酒过量相关的问题也列入此项服务之中,开启了现代员工帮助计划的历史。

1970年,美国通过了《酒精滥用和酗酒者的预防、治疗和恢复法案》(也称"休斯法案")。根据此法案,联邦政府于1970年设立了美国国家滥用酒精和酒精中毒研究所,主要负责对酒精成瘾及其预防和治疗方法进行专门深入的研究。该研究所在成立后采取了一系列措施,积极参与工作场所的戒酒活动。1972年,美国国家滥用酒精和酒精中毒研究所(NIAAA)几乎在每个州都设立了两项关于戒酒行动的专业项目咨询(OPC)基金。同时,他们还为负责戒酒活动的人员提供专业训练,帮助企业建立起完整的内部EAP服务,并对这些项目的执行提供必要的协助。

(5)EAP的新挑战与新机遇(20世纪80年代至今)。

20世纪80年代,美国政府在社会福利上的资金投入减少,使得大量公立的酒精和药物成瘾研究机构及心理健康服务机构不得不另外寻找出路,他们逐渐把服务对象转向各大企业。EAP服务机构之间的竞争变得越来越激烈,这推动了EAP自身向更加专业化的方向发展。

进入80年代,劳动力市场供过于求,越来越多的熟练工人失业。大多数企业管理者也认为他们企业中并不存在酗酒员工,使得EAP遇到挑战,在服务领域面临着拓展和深化的困难。

更多人逐渐认识到员工健康问题不局限于单一躯体健康,而涉及员工各方面的整体健康,包括员工的压力管理以及其他更为广泛的成瘾问题,如吸烟、暴食等。通过改善员工的整体健康,有助于帮助其保持良好的工作状态。除了服务方向上的变化之外,时代的发展、科技的进步以及社会环境的改变,也导致EAP在具体服务内容上的变化。

随着经济全球化进程的加快,企业规模不断扩大,跨国企业层出不穷,领导层流动性增加。由于管理者的领导方式在很大程度上影响着该员工对工作的满意程度,因此,管理人员持续不断的更迭，会给员工的工作带来更多的变化，也带来更多的不确定性，最终导致员工工作压力的增加。跨国公司的出现还会带来文化多样性的问题。如何处理文化多样性带来的问题逐渐成为 EAP 的工作重点之一。

新技术与新的经济社会模式在推动生产力发展的同时，也为管理者带来了新的挑战。EAP 不断与其他员工福利项目融合，逐渐形成了综合型的 EAP 的概念。世界财富 500 强的企业中，有 90% 以上的企业实施了 EAP 项目。美国有将近四分之一企业的员工享受 EAP 服务。经过几十年发展，EAP 的服务模式和内容已涵盖工作压力、心理健康、灾难事件、职业生涯困扰、婚姻家庭问题、健康生活方式、法律纠纷、理财问题、减肥和饮食紊乱等方面，全方位帮助员工解决个人问题。

2. 我国香港和台湾地区 EAP 的发展

我国香港和台湾地区的 EAP 发展较早，是从一些社会工作的工作形式开始的。20 世纪 90 年代初，香港地区一些非营利性机构开始提供一些工作社会服务和 EAP。台湾地区最早从事劳工辅导工作（EAP）的是天主教会的天主教职工青年会，主要以促进青年劳工人格发展、引发公众对青年员工的重视为服务目的，其服务内容包括休闲娱乐、工作技能和生活知识等。

台湾地区企业实行 EAP（企业内称之员工咨询）则是从松下电器台湾地区分公司于 1972 年成立"大姐协助组织"（Big Sister，简称 BS）开始的，该组织的成员是由部门主管与组织代表推荐的资深且服务热忱的女性组成，经培训后，她们在员工与主管之间担任沟通桥梁的角色，并举办社团活动、座谈会，与新进员工或离职员工面谈，帮助离职员工分析原因，提供就业协助等，为员工提供各种形式的帮助。之后，许多企业陆续在其公司内部提供此项员工服务，甚至聘请专业人员协助员工。例如，1974 年，美国无线电电子公司（RCA）以美国的 EAP 为蓝本，在公司内部成立了名为"温馨家园"的生活辅导组；1976 年，东元电机股份公司设立了"情桥"信箱，协助员工解决生活及工作中的问题。随后，越来越多的员工帮助项目陆续在我国台湾地区涌现。

之后,为解决劳工人口急剧增加所产生的许多问题,开始尝试运用社会工作方法来解决工业社会的问题。1981年,台湾地区颁布了"加强工厂青年服务要点",以加强对青年劳工的联系与辅导,并在同年根据这个要点订定了"厂矿劳工辅导人员设置要点",推动厂矿事业单位在内部设置劳工辅导人员,办理各项劳工服务工作,并协助解决劳工生活与工作的问题。1997年,第一本关于EAP的书籍在台湾地区出版,第二年当地开始积极地在企业中推广EAP。EAP也由初期的以福利服务及员工辅导为重点,演变为全面完整的EAP方案。统一企业于1998年为了更加有效地解决员工在工作和生活上的问题,使员工能以健康的身心专注工作并提升工作绩效,在公司内部开始推行员工协助方案,并将原有员工咨询服务中心更名为员工服务中心,与公司现行的福利措施整合,并扩展了服务的范围。此后,EAP逐渐受到越来越多管理者的重视,其服务的覆盖范围也更加广泛。

3. 我国大陆地区EAP的发展

中国企业很早就有关注员工身心健康的意识,强调用行为科学的方法关注员工管理问题。但是,采用EAP模式来关注员工职业心理健康和组织发展是在21世纪初才开始的。一方面,在改革开放的背景下,外资企业来华投资,设立分支机构,同时带来包括EAP在内的各种现代管理理念和方法;另一方面,EAP在西方国家发展了几十年后,随着全球经济一体化的步伐加快,我国大陆地区也开始了对EAP全球化的关注。在这种背景下,惠普、摩托罗拉、思科、阿尔卡特、诺基亚、爱立信、北电网络、可口可乐、杜邦、宝洁和亨斯曼等外资企业,尤其是IT行业的外企纷纷开始启动在中国境内的EAP项目。

本土化的EAP是从心理培训开始的。在中国境内接受EAP服务的对象除了少数外籍员工外,绝大多数是中国的本地员工。由于文化背景、员工观念或意识等的差异,面向本地员工的EAP服务内容和方式需要进行必要的调整。在此背景下,心理学者逐渐接触和了解 EAP，并认识到企业对这项服务的潜在强大需求，他们开始努力尝试着寻找一条适合中国本土企业的 EAP 道路。2001 年 3 月，北京师范大学心理学院在联想集团有限公司客户服务部开展了我国大陆地区企业的第一个完整的 EAP 项目，这也是第一个由国内心理学专家主持的 EAP 项目。这一项目完全打破了国外 EAP 的固定模式，创立了适合中国企业的独特心理帮助模式。2001 年 10 月，国内成立了第一家 EAP 专业服务机构——北京易普斯企业咨询服务中心。[①]

由于 EAP 在企业运营中对员工的工作条件改善、物质待遇提升、心理健康服务、生活环境适应等方面的积极作用，越来越多的 EAP 服务机构被建立起来，很多企业也采纳和引用 EAP 模式来推进企业管理。随着本地企业对员工关注的日益加强，相关的意识或理念越来越清晰，加上各类专业服务机构的推动和来自本地高校和研究单位的支持等，中国本土 EAP 被接受、被应用的程度越来越高，EAP 成为面向企业员工的普遍性服务。

与此同时，在 EAP 实践的基础上，相关学会、协会或机构也经常召开学术研讨会，2003 年，中国首届 EAP 年会在上海召开，更多企业开始关注 EAP 以及职场员工的心理健康。[②] 相关研讨会的召开提供了学术研究、经验交流的平台，吸收更多相关人员参与到这项事业之中，推广扩展了 EAP 的积极功能。

员工援助师已被纳入我国职业认证体系。2010 年 12 月 13 日，我国职业技术培训中心批准"员工援助师课程发展中心"，挂靠中国科学院研究生院社会与组织行为研究中心，由心理学家、人力资源管理专家时勘教授担任主任，联合中国科学院心理研究所、清华大学、北京师范大学等高等学校的组织与员工促进专家，开展我国员工援助师的职业标准、培训教材与培训方法，以及职业资格和鉴定的科学研究和实践服务指导工作。

---

① 曹溪禄：《员工帮助计划的本土化探索与实践》，《山东社会科学》2016 年第 4 期。
② 同上。

2016年12月，国家卫生计生委等22个部委联合发布《关于加强心理健康服务的指导意见》，该文件明确指出，普遍开展职业人群心理健康服务。各机关、企事业和其他用人单位要把心理健康教育融入员工思想政治工作，制定实施员工心理援助计划，为员工提供健康宣传、心理评估、教育培训、咨询辅导等服务，传授情绪管理、压力管理等自我心理调适方法和抑郁、焦虑等常见心理行为问题的识别方法，为员工主动寻求心理健康服务创造条件。对处于特定时期、特定岗位、经历特殊突发事件的员工，及时进行心理疏导与援助。在此政策背景下，聚焦于提升企业员工身心健康水平、帮助企业打造健康职场环境的 EAP 计划受到更多的关注。越来越多的企业开始注意到员工心理问题对于组织的影响，对于如何应用心理学等相关学科的方法技术落实企业文化、提升企业绩效感兴趣。越来越多的企业人力资源管理人员开始将用"心"管理作为重要的工作方法引入企业战略中。2017年3月，《员工帮助计划：中国经典案例集》出版。作为国内第一部基于十余年中国 EAP 本土服务经验撰写而成的案例集，书中所有案例均来自真实的 EAP 服务，如南方电网、胜利油田、贵州移动等知名企业的 EAP 项目。

当然，囿于多重原因，EAP 在我国的发展还不平衡，总体水平仍有待提高，需要更多专业人士的参与，需要更多的相关实践和理论提升。

三、EAP 的功能及具体应用

EAP 的实施不仅有助于发现员工的心理问题，提升员工素质与能力，也有助于发现组织气氛、企业文化和管理等方面的问题，这对企业的决策、管理、改进、开发都很有意义。

1. EAP 的功能

（1）降低企业管理成本，提高生产效率。

通过帮助员工缓解工作压力、改善工作情绪、提高工作积极性、增强员工自信心、有效处理同事与客户关系、迅速适应新环

> EAP 的功能具有综合性，对企业员工个体、企业具有多重功能效用。

境、克服不良嗜好等，使员工的人力资源得以充分利用。EAP 在很多方面发挥了重要功能：节省招聘费用及培训开支；减少错误解聘及赔偿费用；降低缺勤（病假）率；降低管理人员的负担；提高组织的公众形象；改善组织气氛；提高员工士气；增加留职率（尤其对关键职位的员工）；改进生产管理；提高生产效率。通过提高企业"生产-管理"效能，使人力资本得以升值；能帮助企业预防与干预风险管理问题，降低企业的管理成本。

（2）帮助企业员工解决困扰、提升素质、预防问题。

EAP 帮助组织识别员工所关心的问题，并且提供解决方案，促进员工的成长与发展。

其一，解决困扰。企业中的少部分员工（10%—15%）会受到心理困扰，EAP 能够帮助他们解决困扰问题，恢复身心健康的状态。

其二，预防问题。大部分员工会受到压力等因素带来的威胁，但他们还没有出现困扰。EAP 的实施可以帮助这些员工树立正确的观念，掌握相关的知识与技能，预防这些问题对个人产生负面影响。

其三，提升素质。企业员工都有提升心理素质的需求。拥有高心理素质（或称高心理资本）的员工，能更好地应对当前社会快速变化带来的压力。EAP 可以提升员工的心理素质，让所有的员工受益。

2. EAP 的具体应用

如今，EAP 已发展成综合性服务，其内容包括压力管理、职业心理健康、裁员心理危机、灾难性事件、职业生涯发展、健康生活方式、法律纠纷、理财问题、饮食习惯、身材管理等各方面，全面帮助员工解决个人问题。

EAP 项目的具体做法如下：

第一，评估员工职业心理健康问题。由专业人员采用专业的心理健康评估方法评估员工心理生活质量现状，分析导致问题产生的原因。

> EAP 涉及多方面的内容，其在企业中的应用，需要企业社会工作者根据具体情况加以设计与推进。

第二,职业心理健康宣传。利用海报、自助卡、健康知识讲座等多种形式树立员工对心理健康的正确认识,鼓励员工在遇到心理困扰问题时积极寻求帮助。

第三,改善工作环境。一方面,改善工作硬环境与物理环境;另一方面,通过组织结构变革、领导力培训、团队建设、工作轮换、生涯规划等手段改善工作的软环境,在企业内部建立支持性的工作环境,丰富工作内容,指明员工的发展方向,消除问题诱因。

第四,开展员工与管理者培训。通过压力管理、挫折应对、保持积极情绪、咨询式的管理等一系列培训,帮助员工掌握提高心理素质的基本方法,增强对心理问题的抵抗力。管理者掌握员工心理管理的技术,能在员工出现心理困扰问题时,很快找到适当的解决方法。

第五,开展多种形式的员工心理咨询。对于受心理问题困扰的员工,提供咨询热线、网上咨询、团体辅导、个人面询等丰富的形式,有效地应对员工的心理困境。

思考题

1. 简述企业员工常见的心理困境。
2. 简述个案工作方法在员工心理服务中的应用。
3. 简述小组工作方法在员工心理服务中的应用。
4. 简述EAP的发展历程。
5. 论述EAP在企业社会工作中的应用。

推荐阅读

曹溪禄:《员工帮助计划的本土化探索与实践》,《山东社会科学》2016年第4期。

刘远我:《职业心理健康:自测与调节》,经济管理出版社2004年版。

李薇:《心理健康与教育》,山西教育出版社2004年版。

王登峰、崔红:《心理卫生学》,高等教育出版社2003年版。

刘钧:《员工福利与退休计划》,清华大学出版社2009年版。

叶心宇:《企业知识型员工的压力管理》,《金融经济》2007年第16期。

第十一章

企业社会工作介入员工职业生涯服务

职业生涯管理是企业人力资源管理理论与实践的重点、热点与难点,也是企业社会工作的重点、热点与难点。当前,我国对该领域的研究还处在跟踪、引进、消化、吸收阶段,相关实践处于探索期与实验期。本章介绍职业生涯概念及其理论基础和历史演进,考察企业社会工作与员工职业生涯之间的关系,并重点探讨企业社会工作中员工职业生涯的服务领域、服务手法和具体应用。

第一节　员工职业生涯规划概述

企业员工职业生涯规划在我国企业中的应用时间不长，作为一个新兴的服务领域，需要对相关概念、理论基础和历史演进作一个完整而系统的介绍。

一、员工职业生涯规划的基本概念

1. 生涯和职业生涯

对于"生涯"一词有诸多解释，目前较为适用的是美国生涯理论专家唐纳德·E. 舒伯（Donald E. Super）的观点，他认为生涯是生活里各种事件的方向；它统合了个人一生中各种职业和生涯的角色，由此表现个人独特的自我发展形态；它也是人生自青春期至退休所有有报酬或无报酬职位的综合，除了职位之外还包括与工作有关的各种角色。生涯发展是以人为中心的，只有个人在寻求它的时候，它才存在。[1] 舒伯认为，生涯是个人终其一生所扮演角色的整个过程，由三个层面构成：一是时间，即个人年龄或生命时程，又可细分为成长、试探、建立、维持、衰退等时期；二是广度或范围，即每个人一生所扮演的各种不同角色；三是深度，即个人投入的程度。

对于职业生涯（Career），《牛津辞典》（*Oxford Dictionary*）给出的定义为："人一生的经历、谋生之道、职业，或称为事业、前

---

[1] 罗双平：《职业生涯规划的含义及其形态》，《中国青年研究》2003 年第 8 期。

程、生涯。"我国《现代劳动关系辞典》的定义是:"一个人一生中在职业活动上的全部经历。"职业生涯是现代职业生涯管理理论中的一个核心概念,它有以下两个特点:① 职业生涯只是客观地表示了一个人一生工作活动的连续经历,它不包含成功或失败的含义;② 决定职业生涯的因素有主观因素和客观因素。主观因素是指个人的动机、性格、才能、价值观等与个人有关的因素;客观因素是指组织的经营目标、工作条件、工作要求、组织的文化、组织的奖励制度等与职业生涯的外部环境条件有关的因素。每一个人都关心自己的职业生涯发展道路,希望自己能有一个成功的职业生涯,实现自己的职业生涯目标。当一个人开始他的第一份工作时,就开始了职业生涯。一个人的第一份工作可能会关系到其整个职业生涯道路,但并不一定会决定今后的职业生涯发展。一个人所拥有的知识水平及工作技能会影响其工作选择,从而也会影响其职业生涯。在现代工业社会中,职业活动已经成了人们生活内容中的主要方面,占据了人们相当多的时间。一个人是否有令人满意的职业,在职业生涯发展道路上是否顺利,在很大程度上决定了他的生活质量,所以,人们都很关注职业的选择。人们应该根据自己各方面的具体情况(主观因素),结合各种可能的工作机会(客观因素)来挑选职业及工作单位,同时,明确自己今后的职业生涯发展道路和奋斗目标。①

2. 职业生涯的规划与管理

职业生涯规划(简称生涯规划)又叫职业生涯设计,是指个人与组织相结合,在对一个人职业生涯的主客观条件进行测定、分析、总结的基础上,对自己的兴趣、爱好、能力、特点进行综合分析与权衡,结合时代特点,根据自己的职业倾向,确定其最佳的职业奋斗目标,并为实现这一目标作出行之有效的安排。

企业员工的职业生涯规划是指企业与员工共同制定,基于个

---

① 苑茜、周冰、沈士仓等:《现代劳动关系辞典》,中国劳动社会保障出版社2000年版,第210—211页。

人和企业需要的个人发展目标与发展道路的活动。从立场的不同可以分为两类：组织职业生涯规划和员工职业生涯规划。前者是一项系统的、复杂的管理工程，它涉及企业未来的发展、组织机构的设置、培训机制、考核机制和晋升机制等。这一过程可用于帮助员工检查其职业生涯，评估其教育培训需求，并发展一些特殊的行动计划来维持、增强及再评估他们在工作环境中的专业与管理技能是否适合，以面对快速改变的局势。后者是个人根据自己的能力、兴趣、较可能的工作机会，选择职业及组织，规划发展途径及从事有关个人发展的整个过程。职业生涯规划的内容主要包括职业选择、职业生涯目标（可分为人生目标、长期目标、短期目标）的确立、职业生涯路径的设计，还包括与人生目标及长期目标相配套的职业生涯发展战略、与短期目标相配套的职业生涯发展策略以及职业生涯的评估与修正。确立职业目标及其发展策略，既是员工个人的需要，也是企业的需要。因而，通过职业生涯规划可以把员工个人利益与企业组织利益有机地结合起来。

> 职业生涯规划显然不是仅针对入职后的职场员工的。职业生涯规划开始于学生阶段，尤其是大学阶段，该阶段是入职前的准备期。大学生职业生涯规划主要包括认清自我、解读职业、准确定位、锁定目标、确定方案等过程。

一般而言，职业生涯规划是职业生涯发展的前提，成功的职业生涯管理必须从个人开始。员工必须为他自己的专业成长负责，并且员工必须改变态度，接受这个观念，进一步学习及管理自己的职业生涯。职业生涯管理是指组织根据自身的发展战略目标，结合员工的能力、兴趣、价值观等，确定双方都能接受的职业生涯目标，并通过培训、工作轮换、丰富工作经验、绩效考核与薪酬福利等一系列措施，逐步实现员工职业生涯目标的过程。

职业生涯管理包含两个层面：

第一个层面，从组织角度出发的组织职业生涯管理（OCM）。这是指组织从自身发展目标考虑，将员工个人职业发展需要和职业生涯规划与组织目标相结合，通过职业设计、培训、考核、反馈的动态循环过程，帮助员工进行职业锚定，通过组织资源的合理利用，使员工得以在组织内施展才华、提升能力、发展职业，并通过员工对职业成功的追求，激励、开发、保留员工，从而谋求组织目标的实现和持续发展的过程。

第二个层面，从个人角度出发的自我职业生涯管理（ICM）。这是指员工为寻求个人发展，从个人兴趣、能力、性格、特质、价值观出发，全面认识自我与环境，通过就业、择业步入职业生涯，并以组织为依托，以个人对组织发展的贡献为前提，借助组织提供的资源，实现个人职业发展目标的过程。

二、员工职业生涯规划的理论基础

陈璧辉认为，职业生涯理论的发展历程大体可以分为前职业生涯（pre-career，又叫前进入，pre-entry）、后职业生涯（post-career，或称后进入，post-entry）以及整合的职业生涯三个阶段。[1] 前职业生涯研究将参加工作前的准备作为重点，后职业生涯理论开始聚焦到参加工作后更为丰富的职业发展与变化中，而整合的职业生涯理论是目前研究的主流。

1. 前职业生涯理论

前职业生涯理论假设：就职前的个体特征基本上决定了其适应什么样的职业。在这一思想支配下，前职业生涯理论热衷于预测什么样的职业更适合个体，而不是个体如何适应职业。主要代表理论是人–职匹配理论和环境理论。

经典的职业生涯理论是人–职匹配理论，比较有代表性的是职业性向和职业锚理论。美国约翰·霍普金斯大学心理学教授霍兰德（Holland）基于自己对职业性向测试（Vocational Preference Test，VPT）的研究，将劳动者职业性向划分为实际性向、调研性向、艺术性向、社会性向、企业性向和常规性向六种。[2] 同时，他将工作环境也分为六种，即我们每个人都偏好职业类型中的一类或多类。

美国著名的职业指导专家施恩（Schein）认为，职业生涯发展

---

[1] 陈璧辉：《职业生涯理论述评》，《应用心理学》2003 年第 9 期。
[2] Tracey, T. J., Rounds, J., "The Arbitrary Nature of Hollands RIASEC Types: Concentric Circles Structure", *Journal of Counseling Psychology*, 1995, 42: 431–439.

实际上是一个持续不断的探索过程，在这一过程中，每个人都在根据自己的天资、能力、动机、需要、态度和价值观等慢慢地形成较为明晰的与职业有关的自我概念，即一个占主要地位的职业锚，职业锚理论使得个性测量更具有职业针对性。①

此外，一些学者发现了环境与职业之间的关系。如利伯曼（Lieberman）等分别发现，青少年的社会、家庭环境对职业具有决定性影响。②汉纳（Hannah）等认为，家庭出身决定个体最终成为家庭所属阶层的一分子，学校只是从家庭到工作的一条传送带。③

如果说人-职匹配理论只是回答了个体差异如何与职业匹配，环境理论至少扩大了匹配的视野，这种扩大揭示了匹配原因，同时多少带有环境决定论的倾向。④

2. 后职业生涯理论

早期的人-职匹配理论忽视了个体的主动适应和自我调节能力，而环境理论不适当地强调环境的作用。两者初期都局限于用职业前特征预测职业后行为，所以，前职业生涯理论的衰落和后职业生涯理论的兴起都是必然的。后职业生涯理论将研究指向工作后的职业发展和变化，其主要分支有职业发展阶段理论、职业转变理论以及社会化与角色理论。

（1）职业发展阶段理论。

早期的职业发展阶段理论对前职业有某种程度的偏爱。比如，

---

① Schein, E. H., *Career Dynamics*, Addision Wesley Publishing，1978. 转引自孙妍：《基于价值链营销的职业生涯管理理论研究》，天津大学博士学位论文，2006年，第21页。
② Lieberman, S., "The Effects of Changes in Roles on the Attitudes of Role Occupants", *Human Relations*, 1956: 385-402.
③ Hannah, J. S., Kahn, S. E., "The relationship of Socioeconomic Status and Gender to the Occupational Choices of Grade 12 Students," *Journal of Vocational Behavior*, 1989, 34(2): 161-178.
④ Kossek, E., Roberts, K., Fisher, S., et al., "Career Self Management: A Quasi Experimental Assessment of the Effects of a Training Intervention", *Personnel Psychology*, 1998, 34(3): 935-962.

金斯伯格（Ginzberg）的职业发展模型把幻想阶段（儿童期）、尝试阶段（青少年期）、过渡阶段（青年期）作为职业发展阶段的重点。米勒（Miller）和福姆（Form）建立的毕生发展模型显示了向后职业倾斜。舒伯（Super）的自我概念调整模型进一步揭示了调整内容。

和上述职业发展模型有明显不同，20世纪70年代末，学者将职业发展阶段的研究重心转移到组织情境下的发展。多尔顿（Dalton）和汤普森（Thompson）对数百名科学家和工程师的研究发现，个人影响和承担的工作责任变化分为如下几阶段：第一，从事具体日常性工作；第二，进入较深入的问题与技术领域，成为项目负责人；第三，具有领导和监督的权力，其思想具有影响力；第四，具有指导组织方向的权力或机会，代表组织从事工作。

（2）职业转变理论。

职业转变理论将工作历程中的每一次职务、职位、组织的转变作为分析单元。职业转变理论源于对职业发展阶段理论的怀疑，罗斯坦（Rothstein）指出："通向高目标的选择和发展的有序类型证据较少，而通过随机应变策略打开机遇大门的职业生涯模式得到更多的数据支持。"这使得职业发展阶段理论处于尴尬的境地。面对无序的职业发展，有序的职业转变过程研究成为回避无序性的出路。尼克尔森（Nicholson）主张两种模式的个体并存，并存意味着在某些人身上表现出有序特征，另外一些人则表现为机会主义。尽管后者没有规划，但不乏用足够的洞察力和控制力来对不久的将来作出适时决策。[1]

施恩的圆锥模型可以概括上述职业发展图式。该模型将雇员职业在组织内的发展看成在圆锥体内的运动。垂直运动代表升迁，圆周运动代表改行，辐射运动代表接近组织的核心层。圆锥体表面是企业所提供的职业升迁上限，脱离圆锥体代表离职。实验数据

---

[1] Simonton, D. K., "Creative Productivity: A Predictive and Explanatory Model of Career Trajectories and Landmarks", *Psychological Review*, 1997, 104(1): 66–89.

表明，简单的切向运动和垂直运动（连续、有序特征）不足10%，90%是垂直和切向同时变化，其中，又有近半数是组织间流动（雇主变化）。①

上述观点未能凸显决定职业生涯命运的关键事件，因为大量的职业转变不具有决定性意义。国内有人曾经根据职业危机把职业关键的转变归纳为四个时段：

第一时段，定位危机。这种危机发生在刚毕业的大学生中。发生定位危机的毕业生可能会走向两个极端：一是过于自卑；二是自视甚高。

第二时段，升职危机。这种危机可能出现在30岁左右。这一时段里除少数人升职外，大部分人并不如意。如果不能正确地处理这时的危机，就可能会用不正确的方法来发泄自己的失意。

第三时段：方向危机。过了40岁的人往往会为方向不明而感到困惑。

第四时段：饭碗危机。50岁以上的人可能最担忧自己的饭碗以及后浪推前浪的压力。

（3）社会化与角色理论。

无论是职业发展还是职业转变，他们都是试图解释现象，我们更需要揭示机理。除了认知风格（cognitive style）理论提供了这方面的支持证据以外，社会化和角色理论也有这方面研究的成果。

在职业生涯研究中，学者常常将角色理论和社会化理论结合在一起。角色理论认为，上级、同事与初入者的交互作用围绕角色谈判和发展。初入者的社会化是担任新的组织角色的同化过程，社会化与角色理论忽视了组织特征。研究发现，国有单位、中外合资企业和民营企业中的角色谈判模式存在显著性差异。国有单位的角色谈判呈现分布式结果特征，双方信奉个人服从组织。中外合资企业具有关系式结果特征，员工把维系劳资关系看得比一时的得失更为

---

① Krau, E., "Turnover Analysis and Prediction from a Career Developmental Point of View", *Personnel Psychology*, 1981, (34): 771-787.

重要。民营企业呈现整合式结果特征，双方都看重双赢。

3. 整合的职业生涯理论

整合的职业生涯理论强调前职业与后职业的整合；个体特征和社会、家庭、工作情境、团队和组织的整合；职业发展全过程与过程中的交互作用整合。

（1）人-组织匹配理论。

人-组织匹配是当组织或工作情境满足个体需要、价值、要求或偏好时发生的匹配。人-职匹配强调能力需求，人-组织匹配强调需要满足。目前，职业生涯理论研究已从能力需求扩大到需要满足，从人-职匹配延伸到人-组织匹配，从而摆脱了个体和群体层面的职业生涯研究思维模式。

组织职业生涯管理（organizational career management）是人-组织匹配的管理体现。职业生涯管理的公平性，重视对员工的发展性培训，提供工作流动的机会，提供职业发展空间等是职业生涯管理的体现。国内学者尤立荣等通过实证研究发现，组织职业生涯管理对组织承诺、工作绩效、职务投入具有积极影响。[1]

继组织职业生涯管理理论提出之后，经济的动荡和剧变促使人们更加关注自我职业生涯管理。这种观点的极端主义者甚至怀疑组织职业生涯管理的有效性。豪尔（Hall）和莫斯（Moss）认为，当代更要重视组织与自我职业生涯管理的互动，人-组织匹配包括组织与自我管理的匹配。[2] 同职业管理理论的发展历程相对应，我国员工职业生涯设计经历了听从组织安排、自立和两者结合三个阶段。

（2）全职业发展研究。

职业生涯研究近年来有向全职业拓展的新动向。冯德拉切克（Vondracek）在他的一篇职业发展综述文章中呼吁，工业心理学

---

[1] 尤立荣等：《组织职业生涯管理与员工心理与行为的关系》，《心理学报》2002年第1期。
[2] Hall, D. T., Moss, J. E., "The New Protean Career Contract: Helping Organizations and Employees Adapt", *Organizational Dynamics*, 1998, 34(4): 2237.

和发展心理学彼此独立地研究职业的现象不能再继续下去了。① 目前,职业发展开始强调工作社会学,关注社会阶层、社会文化环境和家庭对职业的影响。这种动向源自三个因素：第一,进入后职业阶段研究后,职业局部特征研究导致的彼此分割越来越不能容忍；第二,这种局部特征研究为职业生涯理论的整合做了理论准备；第三,这种理论准备导致考虑更为全面的整合表达成为可能和必要。

三、员工职业生涯规划的历史演进

员工职业生涯规划的历史演进,从其概念和思想的变化来看经历了三个阶段,即职业与职业指导、职业生涯发展与职业生涯辅导、生涯发展与辅导。②

1. 职业与职业指导阶段

职业指导是帕森斯于1908年在波士顿为就业困难的社会青年提供的帮助。受帕森斯的启发,作为波士顿学校主管的布鲁克斯于1909年在中小学指定了117名教师从事职业辅导工作。1910年,美国有30个城市相继开展职业规划和工作安置活动。1911年,哈佛大学开始进行职业辅导培训。1913年,美国成立国家职业指导学会（National Vocational Guidance Association, NVGA）。③ 当时所指的职业指导（vocational counseling or vocational guidance）,是指导者根据心理学中人与事匹配的理论,对职业选择或决定有困难者进行的帮助活动。20世纪初的职业指导运动是基于科学的理性,其科学理性的基础是心理测验,如陆军甲种和乙种智力测验、伍

---

① Vondravek, F. W., "Career Development: A Lifespan Perspective", *International Journal of Behavioral Development*, 1998, 22(1): 16.
② 龙立荣、李晔：《职业辅导思想的历史嬗变——从职业指导到生涯辅导》,《华中师范大学学报》2001年第6期。
③ Nugent, F. A., *An Introduction to The Profession of Counseling*, New York: Macmillan Publishing Company, 1990, p.1532.

德沃斯人格测验、斯特朗职业兴趣问卷（Strong Vocational Interest Blank, SVIB）、库德职业兴趣调查表（Kuder Occupational Interest Survey, KOIS）等，进一步促进了职业指导的科学化。[①]

1920年后，由于杜威的影响，进步教育受到重视，中小学职业指导的地位下降。1920—1940年，受威廉姆逊的影响，大学盛行职业指导。威廉姆逊于1932年在明尼苏达大学开办了大学测验部，后来改名为学生咨询和测验部。1939年，他出版了《如何给学生咨询》一书，比较系统地阐述了匹配理论，这一理论在1930—1940年间十分盛行。1950年后，沿着匹配理论思想，霍兰德创造性地提出了人格与环境匹配的类型理论（typology theory），该理论克服了以往能力测验和兴趣测验的不足，科学地将人格和职业两个方面概括为六个基本类型，即现实型、研究型、艺术型、社会型、企业型和传统型，并编制了相应的测验问卷。

总的来说，这个阶段有两大贡献。首先，重视职业指导工作，认为人并不是生来就能够进行科学的职业选择，而是需要教育工作者、社会予以指导和帮助。这种开创性工作开辟了一个新的研究和工作领域，为职业指导的广泛和深入开展奠定了基础。其次，提出了职业指导的匹配理论，并将这种理论建立在理性、科学的方法基础上，对职业指导的科学化作出了贡献，尽管这种方法有不完善的地方，但对后来的相关研究具有重要的指导意义。

2. 职业生涯发展与职业生涯辅导阶段

20世纪40—50年代，职业指导经历了两个重大转变：一是由静态的、一次完成的职业指导向发展的、多次完成的职业选择转变，促成这一转变的核心人物是舒伯；二是职业指导观念向职业辅导观念的转变，即将教导式的职业指导方式变成更加人性化的、强调发挥被指导者作用的职业辅导，促进这种转变的核心人物是罗杰斯（Rogers）。

---

① 龙立荣：《介绍国外三个著名的职业兴趣测验》，《社会心理研究》1991年第3期。

舒伯在继承前人理论和实践的基础上，于1953年提出了终生的职业生涯发展理论。他将人的职业发展分成一系列生活阶段，即生理和心理成长阶段、探索阶段、建立阶段、维持阶段和衰退阶段。在他看来，职业生涯发展和选择涉及十分复杂的个人与环境因素，为了很好地适应工作，个人必须在人格特质、兴趣、潜能、价值观之间作出让步。在1957年出版的《职业生涯心理学》一书中，他首次使用职业生涯概念，将职业生涯定义为一个人终生经历的所有职位的整个历程，并较为全面地阐述了其早期职业生涯发展理论。职业生涯发展的观点，得到了许多心理学家的支持。组织心理学家霍尔认为，职业生涯是指一个人终其一生，伴随着与工作或职业有关的经验和活动。他将职业生涯分成三个阶段：早期职业生涯，其任务是培养各种能力；中期职业生涯，其任务是培养自己培训和教导他人的能力，为适应发展和职业转换的需要而更新知识和技能；后期职业生涯，其主要任务是作为指导、咨询和顾问，并开始参与组织外的活动，为退休做准备。

20世纪40—50年代，职业指导的另一变化是由指导向辅导转变。推动这一转变的力量主要来自心理学领域，一批从事心理治疗研究的人本主义心理学家，尤其是罗杰斯起了重要作用。在《咨询和心理治疗》《咨询者中心治疗》两本著作中，他系统地阐述了人本主义思想，主张无条件尊重被咨询者，这使传统的指导活动观（如指导者在与被咨询者关系上的权威主义态度和家长式作风、过分依赖测验、过多的直接指导等）受到严峻的挑战。

总体来看，此阶段的贡献为：第一，用发展的职业观取代了静止的职业观，由注重职业早期发展向注重终生职业发展过渡；第二，对职业选择过程的研究更加深入，为科学地进行职业辅导奠定了基础；第三，摆正了辅导者和被辅导者的地位，使职业辅导体现出成长性。

3. 生涯发展与辅导阶段

从20世纪70年代开始，尽管职业生涯用词未变，但其内涵却在不断发展。这一时期的发展理论不只是包含职业生涯,而是进一步扩大到家庭生活。生涯发展理论的提出,一方面是源于职业心理学的发展,另一方面是出自组织心理学的研究。

为了适应社会发展的需要,舒伯将生涯定义为:"生活中各种事件的演变方向和历程,包括人一生中的各种职业和生活角色,由此表现出个人独特的自我发展类型;它也是人自青春期至退休之后一连串的有报酬或无报酬职位的总和,甚至包含副业、家庭和公民的角色"①。

施恩则从组织心理学研究中,系统地考察了人的生涯发展。为了促进组织的有效运作,如何最大限度地开发人的潜力、激发他们的积极性至关重要。经过多年系统深入的跟踪研究,施恩发现了人的生涯发展规律,在此基础上,他系统地阐述了组织激励人的动力理论,即组织和个人互惠。② 在他看来,个人和组织是相互依存的,为了组织和雇员双方的长期利益,管理者不能只为了自己的利益而忽视甚至牺牲雇员的利益,否则,就会导致劳资冲突,使组织本身的利益和员工的利益受到伤害。施恩根据自己的研究,提出了关于个人生涯发展的阶段性理论,他将个人职业生涯发展分为九个阶段:成长、幻想、试探(0—21岁);进入工作世界(16—25岁);基础训练(16—25岁);早期职业生涯规划(17—30岁);中期职业生涯规划(25岁以上);中期职业生涯危机(35—45岁);领导或非领导者的后期职业生涯规划(40岁—退休);衰退和离职(40岁—退休);退休。③

思考:个人职业生涯九阶段中各自的发展重点。

由上述可知,生涯发展理论的贡献主要有两个方面:第一,发展了职业生涯的概念及理论;第二,使职业辅导进入到组织中的成人中,成为组织管理的一项内容,扩大了职业生涯辅导的组织机构。

---

① 张添洲:《生涯发展与规划》,(台北)五南图书出版公司1993年版,第19页。
② [美] E. H. 施恩:《职业的有效管理》,仇海清译,生活·读书·新知三联书店 1992年版,第9页。
③ 同上书,第41—47页。

第二节 企业社会工作与员工职业生涯的关系

企业社会工作起源于对员工福利的关注，从工业酗酒方案到员工协助计划，其服务领域在不断扩大。员工职业生涯辅导是员工协助方案中的一个重要内容，它也是企业社会工作服务领域中的重要部分。

一、企业社会工作与员工职业生涯规划的内在联系

> 思考：企业社会工作与员工生涯辅导的区别。

企业社会工作的发生和发展是从关注企业员工的利益与福祉开始的，因此，在企业社会工作与员工职业生涯规划之间，存在一种天然的内在联系。具体可从服务目标、服务对象、服务内容、服务方法四个方面展开。

1. 服务目标

企业社会工作与员工职业生涯规划的最终目标都是实现企业与员工双赢。

企业社会工作是运用社会工作的专门知识去满足员工的需求，以及服务整个工业设施的组织目标，其目的是服务员工。企业社会工作的最终目标是协调组织和员工之间的利益，以促进双方和谐共处，互利发展。员工职业生涯规划包括组织层面的职业生涯规划和个人层面的职业生涯规划，其本质是通过协调组织需求和员工需求之间的关系，获得组织发展和员工成长的完美结合。可以说，员工职业生涯规划的服务目标，就是为了达到组织和员工的利益共赢。因此，企业社会工作和员工职业生涯规划之间存在共同的服务目标。

2. 服务对象

企业社会工作与员工职业生涯规划都以企业员工为其服务对象。

企业社会工作致力于提升员工的利益和福祉，其服务对象主要是企业中的员工，也包括企业的管理者和管理组织。员工职业生涯规划则致力于帮助员工找到与企业发展和个人能力相适应的发展通道，以更好地实现其职业生涯的成长。职业生涯规划服务的对象，自然是企业中的员工，包括普通员工和管理者。所以，从这个意义上看，企业社会工作与员工职业生涯规划有着共同的服务对象。

3. 服务内容

员工职业生涯规划是企业社会工作的核心部分之一。

企业社会工作的服务领域包括员工基本权益的争取与维护、员工心理疏导、教育与再就业培训、建立员工与企业的有效沟通网络等，其范围要远比员工职业生涯规划广泛。员工职业生涯规划的服务内容则较为集中在针对员工的职业成长、组织环境适应、职业生涯转换、离职或退休辅导等方面。换一种说法，员工职业生涯规划是属于员工协助计划的内容之一，而员工协助计划即为早期工业社会工作的实务范畴。在服务内容上，企业社会工作包含员工职业生涯规划的内容，员工职业生涯规划则是企业社会工作的核心部分之一。

4. 服务方法

企业社会工作与员工职业生涯规划具有相同的工作手法。

企业社会工作人员需要从多元的环境系统中去影响员工个人，其采用的方法就是社会工作的基本服务手法，如个案工作、小组工作和社区工作，具体内容包括咨询、团体服务、为员工辩护、社区与个人的联结服务、协助员工与管理部门人才储备并成为企业社群与工会的决策顾问等。员工职业生涯规划也大都采用个别辅导和团体培训的工作方式，主要表现为个案工作和小组工作的工作手法。所以，在服务方法上，企业社会工作与员工职业生涯规划具有相同的工作手法。

二、企业社会工作介入员工职业生涯服务的必要性和重要性

1. 企业社会工作介入员工职业生涯服务的必要性

一方面,随着企业的发展和对人才需求的加剧,企业对员工素质能力的要求越来越高;另一方面,企业管理者又往往会忽视员工的各种需求,缺乏员工成长和发展的条件,导致员工对组织文化的适应性差,职业生涯缺少规划,出现工作压力以及负面情绪等问题。企业社会工作对员工职业生涯进行辅导服务十分必要。

(1) 员工适应性不良。

员工适应性不良是亟须企业社会工作加以介入服务的领域。比如,外来务工人员的身份转变与生活适应问题。员工适应性不良还表现在对组织文化上。组织文化是一个组织长期发展过程中形成的一套观念、价值和行为。组织若缺乏对员工进行必要的入职培训,缺乏对企业文化进行灌输和宣讲,员工将会很难在短时间内对组织产生认同。这其实也是员工职业生涯发展过程中一个重要的环节。如果员工不能认同和接受组织文化,他就很容易流失,这不仅造成企业人力资源成本的浪费,而且不利于企业的持续发展。

(2) 员工职业生涯发展缺乏指导。

在一些企业,企业员工在进入企业之前,基本上没有得到很好的职业生涯发展培训,员工对其职业生涯发展绝大多数是迷茫的,缺乏明确的发展目标。这种状况一方面会使员工在组织中的职业成长受到阻碍乃至停滞,不利于员工个人素质能力的增长,不利于其市场价值的提升;另一方面,对于整个组织而言,也不利于内部人才的培养。西方一些大企业之所以能够持续获得优秀的人力资源,主要是建立了科学的员工发展通道以及正常的职位职级晋升制度和薪酬福利制度,并对每一位新进员工进行职业生涯发展辅导,让员工明晰自己以后的职业方向,这就极大地调动了员工的积极性,同时也增加了其对企业的认同感,树立了与企业荣辱与共的信心。

（3）员工的工作压力与负面情绪。

现代企业工作压力大，员工常年处于压力较大的工作环境中，难免产生负面情绪和心理障碍。尤其是紧张的工作容易造成人际间的冲突和矛盾，影响到员工的工作热情和积极性，这不仅对整个组织的工作效率产生不利影响，也会降低员工的个人绩效。分析员工工作压力的来源，设法减轻员工的工作压力，同时训练员工学习管理自己的情绪，以积极健康的心态投入工作中，是员工职业生涯辅导的一个方面。企业社会工作的及时介入，可以对员工职业生涯提供专业服务。

2.企业社会工作对员工职业生涯服务的重要性

企业社会工作对于员工职业生涯服务的重要性，主要表现在如下三个方面。

第一，帮助企业建立有效的员工生涯管理体系，从规章、制度、架构的建立和员工测评、规划等多角度切入，全方位建构规范的管理流程，将其融入日常的人力资源管理中，发挥最大的效用。

第二，帮助员工进行个人职业生涯规划管理，分析个人的优势和不足，配合组织内部的晋升机制，设计个人职业发展和学习发展计划，更好地发现潜力，提升个人能力。

第三，通过职业生涯管理体系的建立和员工个人职业生涯规划设计，帮助组织更好地了解员工各方面的长处和不足，更好地识人善用。利用内部机会，促进员工自我学习和成长，为组织的进一步发展储备大量的可用人才。

三、企业社会工作者介入员工职业生涯服务中的角色

企业社会工作者在介入员工职业生涯服务时的角色，可以分别从对员工的服务和对组织的服务两个角度来分析。

> 企业社会工作者介入员工职业生涯服务的角色是多重的，与社会工作者的常见的角色相关联。

1.对员工服务的角度

企业社会工作者针对员工个体的职业生涯辅导服务，表现了其咨商员、沟通者、倡导者及联结者的角色，这些角色各有其特定工

作内容与所需运用的工作技巧。

（1）咨商员。

企业社会工作者的咨商员角色，主要是对员工职业发展和职业转换中遇到的问题进行评估，帮助服务对象明确他们自己在职业生涯中的需求，厘清并确认其困扰问题，了解其问题的可能原因，探索各种可能的解决方法，发展他们处理职业生涯问题的有效能力。企业社会工作者此类角色所需要的技术类似于社会工作者在其他领域实施的技巧，如评估及诊断技术、面谈技巧、咨询技能、沟通技巧，以及人力资源管理知识。

（2）沟通者。

企业社会工作者的沟通者角色，主要是对员工绩效评估中遇到的不公正、不合理结果与相关主管和部门进行沟通协调，了解与评估问题的原因所在，并通过澄清和解释去化解误会和矛盾，以利于员工职业成长和发展。扮演此种角色所需要的技术包括：评估冲突本质和原因的知识；能创造适当的气氛，提供有效解决冲突的情境；能分解问题，使各方有可能获得共同立场，增加解决冲突的机会；评估各种可能的解决方案，使员工获得公平合理的结果。在服务于员工面对记录管理或惩罚执行时，这种角色可能有助于澄清问题的性质和范围。

（3）倡导者。

企业社会工作者的倡导者角色，主要是针对员工职业生涯发展中的问题，反思企业现有人力资源政策与制度上的缺陷和不足，并将问题和建议积极反馈给组织决策者，为修正或改变现有位置或政策开展积极行动。倡导者角色是一个高度主动的活动，社会工作者促使员工为自我需要与请求而开展行动，虽然这种角色在一些组织中会遭遇很大质疑与阻力，但是对促进企业员工职业生涯或增进员工福利却有重要作用。

（4）联结者。

企业社会工作者的联结者角色，主要是针对员工职业生涯中出现的需求，尝试联结现有的资源——无论是组织内部还是外部的服务——给予需要帮助的员工。例如，推荐需要职业知识培训或职业技能训练的员工到专业的培训机构接受训练，或者参与团体学习心理调适或情绪的自我控制。这种角色所用到的技术包括：了解个人需求及组织相关政策；推荐及随后追踪结果的技巧；掌握有关组织及社区培训机构等资源信息；促进资源发展、建立资源网的能力。

2. 对组织服务的角度

企业社会工作者针对组织层面的员工职业生涯辅导服务，主要目标在于协助雇主或组织提升人力资源管理能力。在这种方式中，企业社会工作者主要的服务对象是组织而非员工个人或团体。企业社会工作者在执行服务的任务时，可能是以外部咨询顾问的身份提供服务，也可能是以组织内人力资源部门的方案办理人的身份提供帮助，无论是以什么身份出现，其所需要的技术及扮演的角色仍是共通的，这些角色包括咨询员、评估/分析员、培训员、方案发展者等。

（1）咨询员。

企业社会工作者的咨询员角色，主要是从组织发展员工能力的角度，提供有关其他组织的最佳实践资料，为决策者在制定本组织人力资源发展规划中提供有效信息。对组织的管理者而言，企业社会工作者主要是对他们在人力资源管理中遇到的问题进行评估，分析问题产生的原因并一起探索各种可能解决的方法。社会工作者这种角色所需要的技术有：评估及诊断技术；面谈技术；了解咨询程序及执行技巧和人力资源管理知识。

（2）评估/分析员。

企业社会工作者的评估/分析员角色，主要是搜集信息，评估或鉴定组织和环境互动的变化，分析法律和政策对组织的冲击。例如，企业社会工作者有可能需要评估因新劳动法的颁布，对组织在雇佣、甄选、任用、升迁程序的影响。社会工作者这种角色所需要的技术有：对国家相关法律法规及相关执法部门的了解和信息搜集；评估分析技术；沟通技术等。

（3）培训员。

企业社会工作者的培训员角色的功能就如教师一样，针对组织中员工的素质能力不足，设计训练课程，帮助组织挑选成员接受训练，并对课程和训练结果进行评估。社会工作者这种角色所需要的技术有：能敏锐察觉组织中的人力资源问题；培训技巧；社会工作小组工作技巧等。

（4）方案发展者。

企业社会工作者的方案发展者角色，主要是确认并执行新的与员工职业生涯管理相关的人力资源管理方案，以优化组织人力资源的状况并提升组织人力资源管理能力。例如，企业社会工作者可能会对有职业转换需求的员工实施一种新的方案，并评估这种方案对组织和员工的影响，或者和当地教育机构合作，建立一项工作学习方案，以提升员工品质等。社会工作者这种角色所需要的技术有评估分析技术、沟通技巧、社会工作社区工作技巧等。

第三节　企业社会工作介入员工职业生涯服务手法

企业社会工作中对员工职业生涯服务的手法，依然可以沿用社会工作的三大经典工作手法：个案工作、小组工作和社区工作。当然，由于企业的环境有其特殊性，所以，社会工作的三大工作方法也表现出各自应有的变化。

一、企业社会工作介入员工职业生涯服务领域

将组织的发展和员工的需要相结合，是企业社会工作员工职业生涯服务的核心。员工职业生涯服务包括员工生命历程所涉及的工作及其个人整个生活的所有事件，服务旨在提供个体工作信息和生涯决策的协助，增进组织效率与配合员工需求，其结果使员工获得工作满足、工作尊严和个人成长，组织则从员工的发展获得有效率

社会工作的三大方法在具体的社会工作介入实务中要根据服务对象以及服务内容的不同而有所变化。比如，社区事务中的社会工作介入方法就无法平移到企业社会工作中去。为此，企业社会工作者需要根据企业的特点灵活掌握运用社会工作的三大方法。

的劳动生产力。[①] 具体而言,企业社会工作所开展的员工职业生涯服务领域有如下四个方面。

1. 组织适应辅导

组织适应辅导主要针对新员工。由于企业对于新员工的期望和新员工对企业的期望之间总是存在一定的距离,因此,新员工在适应新环境的过程中需要一个"磨合"的过程。在此过程中,企业社会工作可以从调整心态、确立归属感等方面开展工作。

(1)调整心态。

新员工适应组织环境的一个中心环节是帮助他们调整自己的心态,从心态上实现从个人导向到团队导向、从情感导向到职业导向、从成长导向到责任导向的转变。防止新员工一进入工作岗位就"不习惯"和"看不惯",然后由于不能很快适应环境和胜任工作而"盲目悲观",从而失去对工作的信心和克服困难的勇气。企业社会工作者可以帮助新员工开展一些培训,帮助新员工及时完成角色转换,认同企业文化并快速融入团队。

(2)确立归属感。

在复杂多变的竞争环境下,企业员工的心理状态始终处于变动之中。在一个新环境中工作,往往会产生漂泊无依之感。此时,企业社会工作的一个重点便是帮助新员工确立对公司的归属感与认同感,建立心理契约。心理契约是存在于员工与企业之间的隐性契约,其核心在于员工的满意度。简言之,就是企业能清楚员工的发展期望,并尽量提供条件满足这种期望;每一位员工相信企业能实现他们的期望,并为企业的发展全力奉献。[②]

2. 职业发展辅导

有效的职业发展体系无论是对员工个人还是对组织本身都有很大的益处。对于员工来说,职业发展规划可以很好地帮助他们规划

[①] 谢鸿钧:《工业社会工作实务——员工协助方案》,(台北)桂冠图书股份有限公司1996年版,第117页。

[②] 张西超:《员工帮助计划——中国EAP的理论与实践》,中国社会科学出版社2006年版,第229—230页。

自己的时间，利用一切可以利用的资源提升自身能力，使工作有目标、有动力，可以有效地避免职业枯竭感。对于组织来说，清晰的职业生涯规划管理可以帮助企业内部培养人才、储备人才，避免出现岗位空缺、人才断层的现象，减少招聘和培养外来人员所需的费用；建立内部清晰的职业生涯规划管理，可以使员工将个人的发展和企业的进步联系起来，让他们感受到自己能够在企业内部不断提升、自我实现，从而有更高的积极性来做好工作，大幅度地减少组织离职、人员流失的现象，使团队保持稳定，人员通力合作，提高企业绩效和组织士气。

职业发展辅导主要适用于新员工，但对职业发展处于停滞期、无法突破的员工也有帮助。企业可以通过设计员工的职业发展通道，并结合每位员工的素质能力状况，制订符合企业需要和员工需要的职业发展计划，实现企业和员工发展的双赢。

3. 职业转换辅导

组织内职业转换的辅导，主要针对员工在重要生活事件或在生命中的关键时期所经验到的问题。这种辅导的首要目标，是让员工对这些转换可能发生的问题有所准备，同样重要的另一个目标是协助员工调适这些转换所引起的改变。

（1）职务的改变。

职务的改变是给予员工新的工作，而此工作与员工原有的工作内容、职务、责任等是不同的。一般有两种情况会造成这种改变：升迁或降级。降级是一个痛苦的经验，因为薪资报酬或福利随之减少，工作权威与教育不合时宜，因而需要接受一些训练以加强个人的能力和技术。这些影响对员工来讲都是不适的，所以需要给予咨询服务。

（2）工作调派。

工作地点的改变会因组织团体的移动、个人平行的调动或者因职务升迁而产生，这种改变无论对员工或其家庭都会产生大的压力。工作调派所产生的危机，主要是因此导致个人及其家庭的支持系统失去原有稳定状态，包括工作团体、友谊网络、家人延伸的关系，日常固定生活的变换以及员工必须面对新的工作环境。除此之外，在财政上，可能也会有短暂的压力，而且对一个家庭而言，配偶如何获得工作也是一个问题。所以，当员工出现工作调派时，也需要给予咨询服务。

4. 离职或退休辅导

当员工被认为不能胜任本职工作时，将面临被企业辞退的可能。解雇员工当然会在其心理上造成不良影响，致使员工可能对未来有高度的震惊、愤怒、焦虑感。企业社会工作需要在一个安全的环境中给予服务对象确认这些情绪性的负面感觉，将服务重点放在探索服务对象的态度上，同时，企业社会工作者也对其提供支持及协助，导引他们在正常的心理调适过程讨论所期望的目标。假使组织在解雇的策略上能够以公平的态度以及考虑员工的福祉来协助他们，使他们能够顺利度过生涯的转换过程，员工的负面情绪的影响就可以得到缓解，这对维护组织的信誉十分重要。

当员工工作年限已满，面临退休之际，他们也常常会有很多困惑。对某些员工而言，工作安全感的断裂似乎就代表着失去一个最亲爱的人，对有这种感觉的员工，需要在其失落的过程中给予情绪的支持。这种情形同样适用于那些退休后会感觉失去自我的员工。员工有必要在退休之前即了解自己失去工作的感觉，发展一套支持系统，并且积极建立一个新的生活调适计划。

二、企业社会工作介入员工职业生涯发展规划与辅导

企业社会工作中员工职业生涯发展规划与辅导是一项系统性的工作，包括需求评估、方案发展、方案评估。

1. 需求评估

使生涯规划有效的关键是采用特别的服务去满足特定员工群体的需求，因此，设计生涯发展方案的第一步是评估需求。需求不仅可以指引服务目标群体，而且也可以引导组织本身发现方案。需求评估可以跨越理论与方案之间的鸿沟，修正方案存在的偏见与预设

立场，有助于平衡和协调个人与组织间的需求。经由需求评估，可以使方案的目标及意图更加明确和客观。

评估过程包括搜集三种对象的资料：个体员工、组织决策者、组织氛围。除此之外，还涉及评估的技术与策略和综合评估结果的架构。

（1）个体员工。

组织一般都雇佣不同特性群体的员工，他们有不同的年龄、背景、身份和生涯特质。在某种程度上，一个生涯发展方案可能是针对组织内的某类特定群体，如中级管理者、技术员、行政办事员等。在另外的情况中，方案也许尝试提供更宽广的服务给所有的员工。无论如何，方案发展者必须觉知到参与方案的人需求与关心的问题是什么，配合进行结构性面谈或问卷调查，以了解参与员工的需求状况。

（2）组织决策者。

对生涯发展方案设计师或企业社会工作者而言，虽然了解目标群体的需求是很重要的，但是在组织内考虑方案设计时也必须同时了解组织决策者的需求，有时是组织内一群决定政策、形成组织环境的小群体。这些人实际控制着组织或者占有某些可影响政策的职位，如公司总裁或人力资源主管。方案发展者要经由面谈或其他方法以确保了解到一些重要信息，如"他们支持方案、鼓励方案的原因是什么？""他们期望方案会发生什么结果？"

（3）组织氛围。

组织的氛围或风气也是方案设计时必须加以考虑的因素。每一个组织都有其不同的特性，政府单位、私人公司或大学都有不同的内部文化特质。方案发展者需要评估环境特性，对组织所涉及的有关职业领域信息（如雇佣形态、劳动力市场变化等）加以分析，使方案执行能配合内外环境变化的趋势，增加执行效果。

（4）技术与策略。

最普遍使用于需求评估的技术是问卷调查和面谈。问卷调查能以较少的花费在短时间内获得大量对象的资料，而且所获得的资料容易处理；弊端在于这种方式无法提供自由表达意见、感觉的机会。面谈允许对象自由表达自己，因此可能是获得原因或解决办法的较佳方式，但是需要花费较多时间，产生的结果也不易量化处理。

最好的策略是两者同时使用。问卷调查可以从大群体的员工获得资料，参与组织决策的小群体及被选择有代表性小样本则用面谈方式深入了解事实本质。另一个有效策略是使用团体而谈，团体面谈有三个优点：允许综合不同观点；促进一般的了解和协议；有助争取对方案的支持。在任何情况下，方案发展设计者都应该拥有问卷调查、个案和团体面谈的技巧专长。

除了上述策略外，还有其他有关技术。比如：标准化测验，可作为诊断工具以确认特定问题，或用作训练甄选工具提供工作表现的二手资料；工作分析和绩效评估，可以产生有关工作表现的精确信息；记录或报告研究，可提供缺失的线索信息及隐藏的问题。

（5）需求评估的架构。

无论所选择的需求评估技术是什么，方案设计者都必须有机地将结果组织起来，可采用所谓的"现有与该有间的差距"的模式。在进行需求评估时，首先要搜集此种差距，将这些差距依重要先后排列，然后以最重要之差距优先采取行动给予解决，同时，此种模式的应用也可促成方案目标的形成。这种工作模式包括如下四个环节：第一，目前的情境为何，即员工未能觉知在组织内的生涯选择；第二，情境应该为何，即员工应该有能力叙述最少两个在组织内的生涯选择；第三，以上两者之差距为何，即毫无能力确认与最少能确认两种选择；第四，治疗此差距之需求为何，即提供员工容易理解的信息，使他们能够在组织内确认新的生涯选择。

2. 方案发展

当完成需求评估的步骤后，方案设计者必须详尽地描述方案。我们以四个生涯发展方案设计实例作为参考（如表11-1）：方案一和方案二是基于生涯计划，方案三是基于生涯管理，方案四是一份理想形态的生涯发展计划。生涯计划方案集中于个体，目标是帮助个人经由计划和行动增强控制自我生涯的能力。生涯管理方案着重组织，强调经由增加生产、减少冲突、加强忠诚等活动促进组织运作。

表 11-1　生涯发展方案设计①

	方案一	方案二	方案三	方案四
方案强调	生涯计划	生涯计划	生涯管理 生涯计划	生涯管理
目标群体	科技人员;技术员;人事行政人员	秘书;办事员;其他间接生产人员	科技人员;技术员;人事行政人员及其督导	组织全体
需求评估		问卷调查	问卷调查	
方案目标	生涯计划	生涯计划	个人生涯计划;督导生涯发展技巧	增进生产;工作满足;促进肯定行动
行政办理	内部专业人员	外部咨询顾问	教授;专家;学者	内部专业人员
活动技术	研讨会;经验团体;心理分析;测验工具	研讨会;经验分享;家庭作业;心理测验	个别咨询;研讨会;经验分享;家庭作业;心理测验;技术评估	组织技术提升调查;人力资源计划;督导在绩效评估面谈之训练
方案评估	对员工及之前督导之中长期（半年或一年）的问卷调查	由参与者完成目标，达成评量表	目标达成评量 生产力表现;行动计划追踪	组织内冲突比例;生产力表现
生产信息	由生涯专业者提供		生涯中心;生涯路径;工作资讯	生涯路径;工作资讯
参与员工数目与时数	100 人 / 年;90 小时 / 总时数;15 小时 / 周;持续 6 周一期	12 人 / 研讨会;6 次 / 年	持续 7 周一期	12 人 / 研讨会;3 次 / 每月;持续 7 周一期

---

① 谢鸿钧:《工业社会工作实务——员工协助方案》,（台北）桂冠图书股份有限公司 1996 年版,第 206—207 页。

生涯计划方案的缺点是经常无法充分地把组织结构整合到一起，即个体作自我生涯决定，但组织却未负起个人发展的责任，也未给予实际的支持。生涯管理方案经常是由上而下的结果，它是基于管理角度所评估的组织需求，所设计的方案可能忽略个别员工的目标与计划，使员工感到无法控制自我工作生活，产生消极心理。

最有效的生涯发展方案应尝试调和与平衡个人及组织的相互目标，以增加组织效能。这种相互策划的结果是：组织决定自我需要，个人获得机会规划自我生涯，而后是两者匹配合作。

3. 方案评估

组织内生涯发展方案要获得决策者的支持，就必须证明其具有效益，而证明必须基于方案结果的资料，因此，方案发展设计者不应忽略评估的过程，且结果要具有说服力。评估是一个有计划的程序，能提供特定的、可信赖的信息来显示其价值。如果方案评估是有效的，结果就会成为方案持续发展的基础，以至于成为其他相关方案设计的一部分，所以，任何方案必须在需求评估、方案执行、结果评估之间不断接受回馈、修订及再评估。

在评估方案时首先要问的问题是：谁需要资讯？需要什么样的资讯？什么时候需要此资讯？精确回答这些问题可以将评估资料区分为反应性资料、学习资料、行为及组织改变资料。反应性资料和学习资料是在方案执行之后立即搜集，行为及组织改变资料则在方案结束之后一段时间再予以搜集。

反应性资料包括参与者在方案活动中的反应，他们对有关特定绩效、程序或其中要素主观的评价，如参与者会被要求评估教导者的技术或能力。类似的信息可以用问卷或面谈方式获得，也可以用量化的形式表现。

学习资料包括参与者在参与方案活动中所学得的结果测量，在本质上较为客观，因此，在评估方案活动实际价值上较能获得信任。搜集这种资料的方式有标准化测验、问卷调查、面谈或个案行为研究。

有关行为及组织改变资料涉及方案长期效果的测量，如对员工生产能力、忠诚度或与组织冲突等的影响比例。资料搜集方式可经由员工本人、工友、督导者的访查，或对生产力改变的分析等。

三、企业社会工作专业方法在员工职业生涯服务中的应用

为了实现职业生涯的有效管理，不同组织均采取不同的方法。例如，组织给个人提供自我评估的工具和机会，进行个别辅导，为员工提供内部劳动力市场信息，设立潜能评价中心，实施培训活动等。通过对员工职业生涯发展需要的满足，为组织实现目标打基础。结合企业社会工作的专业方法，可以从个案工作、小组工作、社区工作三个方面加以讨论。

1. 个案工作

企业社会工作中员工职业生涯服务的个案工作，指的是针对企业员工的职业发展和职业转换等职业生涯问题进行的个别辅导服务。这里以员工的职业生涯发展计划为例，说明员工职业生涯服务个案工作的一般步骤。

针对员工个体的个别化的职业生涯辅导服务，更多的具有个案工作的特征。

（1）企业现有人力资源及职业规划管理评估。

从数据、访谈等多方面入手，搜集资料，全面了解企业现有人力资源和职业发展体系，为后面的工作打下基础。具体内容包括：

第一，企业基本资料的搜集。搜集企业的行业背景、战略目标、组织文化等方面的信息。对这些资料进行深入考察和分析，了解本企业和本行业内部各方面的信息，将这些作为整体项目执行的指导。

第二，企业人力资源结构资料的搜集。多角度了解企业人力资源结构、职级结构、晋升途径、组织结构以及人员需求等情况。以此为背景，帮助员工建立其在企业内部的职业生涯规划。

（2）员工的满意度和建议。

考察员工对企业内部现有组织结构、晋升人事的满意度和建议，找到现有结构的不足与优势，作为在后续工作中优化生涯管理体系的基础。同时，了解同类行业内部成功有效的职业生涯规划管

理方案，以做借鉴。分析本组织与同类企业的同质之处与异质之处，有选择、有针对性地设计适合自身的职业生涯管理体系。

（3）员工个人能力综合评定。

从性格、能力、职业兴趣等多个方面对员工进行综合测量和评估，并搜集其同事和领导的建议，得到每个员工的综合评定。具体内容包括：

第一，员工自陈式评定。利用多种量表以及测评专家和员工的一对一访谈，对员工个人的性格、能力、职业兴趣等方面进行测定，并对照常模，分析员工的优势和不足，形成整体的个人能力评估意见。

第二，形成员工个人综合评定。测评专家根据上述资料，进行深入分析和挖掘，最终形成员工个人综合评定，并出具综合评定报告。

（4）制订员工个人职业发展计划。

根据以上阶段所搜集到的资料，对员工的优势和不足进行评定，根据组织内部的职级体系和晋升方式，初步设计员工的职业发展计划书。具体内容包括：

第一，多方面征求评定建议。专家和员工个人及其管理者就员工个人的职业生涯管理规划进行一对一的面谈，分析员工的整体能力，一起探讨员工未来的职业发展方向，并就每个阶段员工要做出的自身调整和知识能力的补充交换意见。

第二，员工职业生涯规划书设计。从管理者、员工那里多方面地搜集足够的信息后，专家对综合数据进行深度分析，最终设计完成适合员工个人能力和兴趣的职业生涯规划建议书。

第三，员工能力提升计划书设计。和员工一起深入分析个人能力的优势和不足，并根据企业内部的培训机制和社会培训机会，制订个人能力提升计划书。

（5）跟踪、评估、建立个案档案。

当个人职业发展计划明确之后，员工将根据计划书的内容和目标进行努力，企业社会工作者将根据员工的工作绩效定期对员工的职业发展计划进行回顾，并结合与员工的面谈对其职业发展计划进行修正。同时，需要对一个阶段的员工职业生涯发展辅导进行评估，考察员工职业生涯发展辅导的效果。最后，需要为每一位进行职业生涯辅导的员工建立个案档案，以便保持职业生涯辅导的延续性。

2. 小组工作

企业社会工作中员工职业生涯服务的小组工作，指的是针对企业员工所共有的一些职业生涯问题进行的团体培训和辅导服务。具体内容包括职业生涯规划培训、职业心理辅导、退休前讨论会等。

（1）职业生涯规划培训。

通过培训的形式，使员工更好地了解职业生涯规划的含义，促使员工对个人职业发展进行深入的思考。同时，通过职业生涯规划培训，向员工说明企业给予员工的发展通道和发展期望，使员工明白企业的用人之道，增强对企业的信任和认同。具体可以由职业生涯规划培训师带领，为员工进行职业生涯规划的课程。课程内容从员工的自我认知出发，探讨员工如何找到适合的职业道路，将自我实现的目标与企业战略规划结合起来，利用各种资源使自我得到提升，最终完成自我潜能的实现。

（2）健康职业心理辅导。

工作过程中所遇到的各种冲突和矛盾以及工作压力、心理疲劳等问题，对员工的职业生涯发展造成很多困扰。通过团体咨询的方式，帮助员工了解自己的情绪和心理状态，学习情绪管理的方法、有效沟通的方法以及减压和放松的技巧等，可以使员工在短期内调整并恢复良好的工作状态。具体可以由心理咨询师带领，针对企业中较为普遍存在的员工职业心理问题，开展系列小组活动，为员工进行健康职业心理辅导，通过小组工作期间的经验分享和互助交流，使员工学会正确对待工作中的问题，并能保持积极愉悦的心情投入工作中。

（3）职业成长小组。

定期为新员工或需要帮助的员工开展成长小组活动。员工参与该活动，可了解自己的优缺点、价值观、职业目标及相关信息，为个人发展提供方向，并掌握实现目标的策略和方法。具体可以由企业社会工作者策划和组织，通过对新员工和需要帮助的员工访谈，了解他们职业成长中的困惑，帮助他们建立职业成长小组，以小组活动的方式，让他们在讨论中相互启发，同时邀请职业成功人士讲解其奋斗经历等，以便给新员工和需要帮助的员工一些启发，帮助他们尽快实现职业发展和成长。也可以借助拓展训练的方式，给员工一种全新体验，获得职业成长的体会和启发。

（4）退休前讨论会。

退休前讨论会的目的是为退休员工很好地适应退休后的生活而进行的职业辅导活动。具体可以由企业社会工作者策划和组织，通过小组活动的形式，帮助员工了解人生发展阶段的理论，了解退休之后可能遇到的情感和情绪问题，学习退休之后的心理自我调适方法；让员工畅所欲言，进行自我情感暴露，然后结合各自不同的人生目标，帮助他们制订退休后的计划，为圆满的职业生涯画上一个句号。

退休前讨论会或者荣休仪式是目前职业生活服务中容易被忽视的一个环节。

3. 社区工作

企业社会工作通过介入社区，做好直接面对员工的劳动保护、社会福利、社会服务、社区教育、专业培训以及其他文化体育活动，可以激发员工的生产热情和劳动积极性[①]，有利于员工职业生涯辅导与方案的实施。由于企业位于社区，而且企业的从业人员也居住和生活于社区，因而中国的企业社会工作尤其需要使用社区工作方法发掘员工的潜能，提高员工的社区意识，追求资源的公平分配，同时解决员工的疾病、就医、养老、就业等问题。从企业组织的角度看，搞好社区工作已经成为改善内部关系、培养人文关怀和增强组织凝聚力的重要途径之一，其对实现企业组织和谐、促进社区发展和维持社会稳定，以及让员工在安居乐业的环境中获得职业稳步成长具有重要的意义。

---

① 陈埋成、黄河：《社会工作概论》，厦门大学出版社 2000 年版，第 240 页。

思考题

1. 论述企业社会工作与员工职业生涯规划的内在联系。
2. 简述企业社会工作介入员工职业生涯规划的必要性。
3. 简述企业社会工作介入员工职业生涯规划的领域有哪些。
4. 简述企业社会工作介入员工职业生涯规划的角色。
5. 结合案例,分析社会工作三大方法在员工职业生涯服务中的应用。

推荐阅读

罗双平:《职业生涯规划的含义及其形态》,《中国青年研究》2003年第8期。

E. H. 施恩:《职业的有效管理》,仇海清译,生活·读书·新知三联书店1992年版。

苑茜、周冰、沈士仓等:《现代劳动关系辞典》,中国劳动社会保障出版社2000年版。

尤立荣等:《组织职业生涯管理与员工心理与行为的关系》,《心理学报》2002年第1期。

张西超:《员工帮助计划——中国EAP的理论与实践》,中国社会科学出版社2006年版。

第十二章

企业社会工作中的特殊群体维权与增能

企业作为员工聚集的社区,同样存在相对弱势的群体,如缺乏经验的青年员工、女工、进城务工人员甚至残障人士等。针对这些弱势群体提供针对性的服务,维护其合法权益,为其增能,是企业社会工作者的重要职责。维权即维护主体应有的权利。这些权利是法律赋予、主体应该享受的。之所以权利缺失,主要是当事者无法有效地保有自身的权力。为此需要对主体进行增能。本章主要针对企业青年员工、女性员工、进城务工人员、残疾员工维权与增能中的企业社会工作介入进行分析。

增能(empowerment,也译作赋能)是20世纪八九十年代后在欧美兴起的重要的社会工作理论,开始时用于种族问题,其后扩展到弱势群体服务中。

第一节 企业青年员工的维权与增能

很多企业中,青年员工占员工总数的绝大多数。青年员工思想活跃、眼界开阔,是企业的生力军,但是,他们也容易受内外环境的影响,面临权利缺失等困难,需要对之进行维权与增能。

一、企业青年员工的概况

青年员工一般指35周岁以下的员工。这个范围内的青年员工刚踏入社会,社会化尚未完全完成,进入企业不久,职业化尚未最终完成。青年员工是企业社会工作服务的重要对象。

1. 青年员工是企业的主要就业群体

由于企业生产与运营的复杂性与紧张性,企业对员工在体力与年龄上均有一定的要求,所以,青年务工者在企业中是一个较大的群体。我国每年有几百万名大学应届毕业生投入就业市场,青年群体成为企业的主要用工者。

> 据国家统计局数据,2022年应届毕业本专科生967.3万人,研究生86.2万人。

2. 生理与心理的过渡

从生理角度看,青年员工缺乏经验,其爆发力可以使之在短时期内承载重物,但超过时限后就给身体带来永远的损伤。更有青年女工不懂其生理条件限制,在经期中从事生、冷水环境下的工作,导致可能终生不孕的悲剧。

从心理角度看,青年员工在心理上处在一个由不成熟走向成熟、由情绪化走向理性化的过渡时期。发展心理学认为,人的心理发展与其个体社会化进程,具有顺应着各个年龄阶段依次渐进、质与量随之变化和发展的基本特征。人格也随着年龄阶段发展而同步有序地发展。在每一年龄阶段中，个人又有其特殊课业与目标，从而形成不同的职业生涯发展道路。由青年到成年是一个极其重要的年龄阶段，也是人的一生中心理变化最为激烈、情绪最不稳定的时期。企业社会工作者对此要有充分的应对措施。

3. 社会化与职业化的初始

青年员工刚从校门、家门迈入社会，处于再社会化的初始阶段。同样，青年员工所从事的往往是他们人生的第一份职业，职业生涯也处于初始阶段。

处于再社会化的初始阶段的青年员工的社会支持资源极为匮乏。部分青年员工远离家乡在异地工作，在一个陌生的生活环境，遭受到文化、户籍、人际关系等方面的壁垒阻隔，使他们感到孤立无援而缺乏安全感，迫切寻求友谊与帮助，寻求建立新的社会支持网络，以融入社会并完成社会化。

人生第一份职业的限制也使青年员工处于一个职业化初始阶段。在此阶段，由于他们未掌握本职业所必需的技术要求，从而造成社会权利的缺失。因为职业技术是职业生涯中的基本社会权利，此权利往往是员工争取就业稳定性与薪酬增长性的谈判筹码。很多技术要求较高的职业会建立学徒制，其目的之一就是让徒弟（青年员工）可以在学习职业技术的同时，分享师傅的技术资源，并得到职业保护。

二、青年员工的维权

青年员工的维权即维护法律赋予青年员工应有的权利。同时，企业社会工作者要根据青年员工的特点加以引导，依法维权。

1. 职前与职中培训的权利

青年员工离开家门与校门进入企业，对于企业生产的职业要求、安全条例等是陌生的，自身的技术条件是不具备的。因此，对其进行充分的职前培训是极其必要的。一些企业因为赶订单，对招来的新工人匆匆进行极其简单的职前培训后就上岗顶职，结果出现安全事故，在给这些青年员工带来人身痛苦与经济损失的同时，企业也要承受一定的损失。所以，企业社会工作者一定要与人力资源与生产部门沟通，根据不同的岗位，对青年员工进行必要的职前培训，让其切实掌握职业所需的技术与能力。这既有利于青年员工的成长，也是他们应享有的法定权利。

除了职前培训外，还要进行职中培训，帮助青年员工考取相应的技术资质，这是企业社会工作者需要加以关注与引导的。青年员工在工作一段时间后，需要在技术上得到提升，由初级进入中级、高级的职称序列发展轨道，这需要一定的时间进行职中培训和报名考试。这是国家法定的权利，各级政府出台了相应的鼓励措施，如考上中级职称、高级职称报销报名费、考务费等。这些措施除了鼓励青年员工学习、成材外，其实也有利于企业生产率的提高与发展。但很多企业因为员工流失率高，就错误地认为青年员工考上中、高级职称后流失了，岂不是替人作嫁衣，因而，对青年员工不但不进行职中培训，甚至连考试的时间都不给予。针对此类现象，企业社会工作者要采取措施为员工维权。

2. 学习与休息的权利

青年员工精力充沛，富有朝气，有较为强烈的再学习需求，但是部分企业对青年员工的再学习需求可能持漠视态度。对此，企业社会工作者应适时介入，鼓励青年员工在做好本职工作的同时，学习本专业或本专业之外的各种知识。有条件的企业，应建立各类业余职业学习与文化学习机构，为本企业内外的青年员工提供继续学习的场所与设施。企业社会工作者要引导企业方认识到这对企业的持续发展是有利的。

青年员工身体强健、思想活跃、追求多元，休息与娱乐是其生活中必不可少的组成部分。但是部分企业忽视了青年员工的娱乐需求，对于劳动法规定的"劳动者每日工作时间不超过8小时，平均每周工作不超过44小时的工时"等规定置若罔闻，工人变成了生产线上的机器，压抑了青年员工的需求，最终可能影响企业的整体运营与发展。比如，某台资企业连续发生的青年员工跳楼事件，引发了政府和社会各界的高度关注。政府紧急调动了1 000多名专业人士进驻该企业，其中包括200多名职业社会工作者，对企业员工进行心理疏导。该公司在损失900余亿元后，先后两次宣布对全体工人加薪90%。事实证明，忽视青年员工的物质、精神、文化需求，无视其不满情绪的聚集，往往会引发严重的负面后果。企业社会工作的及时介入与跟进，是减少、减小此类影响的重要保障。

3. 依法维权

青年员工血气方刚，理性思考未能形成，情绪容易冲动，法律意识不强，在得知自身权利被侵害后，可能采取简单粗暴的方法维权。以暴易暴、以非法对非法的"维权"，常难以收到有效结果，反而容易引发事端，最终，维权不成反而受到法律的惩罚。青年员工的维权需企业社会工作者的介入，进行理性维权。

企业社会工作者在青年员工维权的问题上，要与有关当事人进行充分的沟通，动之以情、晓之以理，用理性的态度引导他们走上依法维权之路，即通过合法的途径，如通过企业社会工作者、工会、劳动仲裁委员会、法院等途径进行对话与沟通，最终促进问题的解决。

三、"以厂为校"的增能

青年员工由于社会化与职业化均未完成，处在一个学习与社会角色的转换过程中。基于此，对青年员工的增能，就是要通过组织各类学习与培训，帮助他们完成社会化与职业化。目前，企业对新员工都有岗前培训和岗中指导，但这仅仅是停留在现有职业的操作上，对于员工的社会化适应与职业生涯发展设计则很少涉及。这就需要企业社会工作者加以介入。我国台湾地区20世纪70年代开始开展企业社会工作时，曾提出企业青年员工要"以厂为校"的口号，就是看到了企业青年员工的特殊需要而采取的具体措施。

1. 文化素质再教育

"以厂为校"首先是要对青年员工进行再教育,以提高其文化素质。对青年员工增能,首要任务就是对之进行必要的文化教育,使他们在提高文化素质的基础上,增加人文素养,从而对社会理解更为深刻,更早、更顺利地完成社会化过程。企业社会工作者可以在争取企业主管领导的支持下,链接教育培训资源,举办各类工人夜校、业校等教育活动。知识就是力量,只要青年员工文化程度提高了,知识面拓宽了,能力自然也就充实了。

2. 持续的职业教育

"以厂为校"还要在提高青年员工文化素质的基础上,组织他们学习职业技能,提高其职业技术能力,对他们进行持续的职业教育,这是对青年员工增能的又一个极为重要的途径。

企业员工的技术尤其是技术工种工人的职业技术,是工人在企业中升职与取得话语权的重要手段。青年员工的职业化未充分完成,职业技术不熟练,在很多关乎自身发展的问题上缺乏话语权。对青年员工开办各种职业技能培训活动,能提升他们的话语权与职业稳定性,是对青年员工增能的重要措施。

青年员工在工作中认识到自己职业技术的不足,而产生强烈的职业学习的愿望。同时,青年员工的职业技术提高后,有助于大幅提高企业的生产效率。所以,企业社会工作者要积极促使企业主管认识到企业青年员工职业教育与培训的重要性,努力促成在企业内外为企业青年员工创造职业学习的机会。青年员工的职业技术提高后,对职业就会有充分的自信,从而拓展其在企业内外的社会权利,实现增能。

3. 完善自我与职业认识,定好职业锚

青年员工教育的一个重要方面,是帮助青年员工全面地认识自我与职业,以实现"人-职"的最佳匹配,帮助青年员工定好其职业锚,锚定在其热爱的工作上,促进其职业生涯发展。青年员工因离开校园、家门不久,对自我的能力、兴趣、特长等缺乏全面认识,对所从事的职业是否适合自己的个性、特长、兴趣、爱好等也

> 职业锚的概念最初由美国职业指导专家施恩(Edgar H. Schein)教授提出,也称为职业定位,是指个人在职业发展中最为重视的方面或价值观,影响着个人的职业选择和职业发展路径。

知之甚少，从而可能造成"人-职"的匹配错位。在实践中，很多青年员工频频跳槽，不了解自身与职业的匹配点，出现越跳越不如意的局面。这既浪费了青春，也不利于员工获得技术职能提高与进步。企业社会工作者要针对青年员工进行个案工作，尽快地帮助青年员工全面了解自己与职业要求，帮助他们完成最佳职业匹配，形成职业锚。这样既有利于青年员工的成长，也有利于企业的稳定发展。

四、"以厂为家"的增能

"以厂为家"是很多企业对员工提出的口号。我国台湾地区在开始工业社会工作时，也对青年员工提出了这个口号，实际上就是为青年员工增能。

1. 给青年员工以"家"的温暖

青年员工刚离开家门和校门，缺乏人脉资源与社会资本。当他们在情感上迫切需要一个"家"，但实际上处于血缘上的家庭正割断脐带而社会的新家尚未建立的"两头失据"的状态。所以，此时他们对"家"的支持、扶助的需求分外强烈。社会工作者如能适时而进，帮助他们做到"以厂为家"，增加青年员工对企业的依恋感，增强企业的凝聚力、向心力，这不仅有助于青年员工的个人成长与增能，也对企业的发展有利。

要使青年员工做到"以厂为家"，企业就应该像"家"一样，给青年员工以关爱和温暖，使他们有进厂如"到家"的感觉。要做到这一点，就要帮助青年员工安排好业余生活。青年员工正处在血气方刚、精力旺盛的时期，企业社会工作者要针对青年员工的特点，在组织他们进行各种业余学习的同时，开展各类文化、体育娱乐活动，使青年员工在文体娱乐活动中展现才华、结识朋友、建立友谊，从而增加其社会人际网络资本，增强自信，实现增能。

2. 注意非正式组织的影响

帮助青年员工实现"以厂为家"，要关注青年员工中的非正式组织。非正式组织是自发形成的、没有固定的组织章程，但实际存在的一种小团体组织形态。非正式组织广泛存在于企业中，如同乡会、同学会、室友会等。对于非正式组织这种青年员工的非正式的"家"，企业社会工作要加以引导。要将这种非正式的"家"融入企业这个正式的"家"之中。要发现这些非正式组织的"家长"，发现他们的兴趣与爱好，然后加以引导，如帮助他们成立各种兴趣小组、社团，并有意识地打破他们的地缘、血缘、学缘的限制，将之转化为企业内青年员工业余生活的有机组成部分。

3. 激发青年员工的自信

青年员工因为未完成社会化与职业化，离别家乡来到一个陌生的城市，不安全感使之产生自卑心理，阻碍其健康成长。所以，在对青年员工增能的过程中，要注意鼓励与激励青年员工的自信心。

青年是最富有朝气、最富于创造的社会群体。在人类改造自然、推动社会进步的历史进程中，青年始终发挥着生力军的作用。在建设共和国的伟大创业时代，各条战线涌现了一批具有创新能力的青年员工：郝建秀19岁时创造出优质、高产、低消耗的工作法。倪志福独创机床"群钻"技术。李瑞环在1958年创造木工简易计算法……在改革开放的伟大变革时代，同样涌现了一大批优秀青年员工：有从初中文化的装卸工成长为贡献突出的中青年专家的"抓斗大王"包起帆；有发明了"王涛操作法"并撰写出培训教材的东风汽车公司调整工王涛；有小学毕业进入技校，在建筑工地摸爬滚打创造出多项"鲁班奖"工程的范玉恕；有运用机、电、钳、液压、气动和计算机等技术，先后攻克60多道具有国际水平技术难关的一汽集团维修工李黄玺……纵观世界科学技术发展史，许多科学家的重要发现和发明，都是产生于风华正茂的青年时期，这是一条普遍规律。青年员工尽管有着社会化不足、职业技术不熟练、心理情绪不稳定等局限，但不能因此而失去自信。要看到青年员工富有朝气、创造性这样一个根本的优势所在。对青年员工增能，就是要将其弱势增补转为优势，将其潜在的优势更好地发挥出来。榜样的力量是无穷的，充分发挥榜样激励功能，用表彰他们身边的模范人物的方法激励青年员工，这些身边的模范人物有亲切感、可信度高所以效果会更好。

第二节　企业女工的维权与增能

在轻工制造及加工企业中，女性务工者占了很大一部分比例，她们是我国经济发展中的重要生力军。企业女性务工者（以下简称企业女工）的维权与增能意识还比较淡薄，其相对弱势地位并没有明显的改变。本教材编写组成员在苏州等多地的调研及社会工作实务中了解到，女性外来务工者主要存在四个方面的问题。一是存在"三低"（低文化、低收入、低就业层次）现象。尽管近年来女性外来务工者文化程度有所提升，但是由于贸易摩擦等外部环境导致的企业经营困难、就业竞争压力大等原因，导致其收入和就业层次依然不高。二是认为自己是异乡过客，在企业缺乏归属感、安全感，与来自不同地区的工友间缺乏亲和与信任。三是健康状况令人担忧，由于营养不良、职业损伤、精神压抑而产生疾病或使既往疾病加重。四是认知能力相对较差，运用法律能力弱，对自己的处境和务工过程中遭受的不公平待遇多数采取回避退让的态度。这充分说明，企业女工的维权与增能是企业社会工作一项不可忽视的工作。

一、女工生理权利保护

女性具有特殊的生理特征，必须对之做必要的保护。

1. 法律保护

调研数据表明，一些企业歧视女工的现象时有发生，尤为突出的是对于女工因生理的"三期"（经期、孕期、产期）而需要的带薪休假，企业不愿承担由此产生的生产成本，故对女工采取签订短期生产合同的方法进行规避，一旦女工怀孕或生产，就不再续签合同。2003年，时任全国人大常委会副委员长、全国妇联主席彭珮云呼吁国家在修订新的《妇女法》时增加相关生育保险的条例："目前用人单位不愿吸收女性，一个重要的原因是不愿负担女员工的生育费用。实行生育保险社会统筹制度，可以解决单位之间负担畸轻畸重的矛盾，也体现了对女性生育的社会价值的肯定，对保障妇女就业有积极作用。因此，在建立健全养老、医疗、失业保险制度的同时，还需要将生育保险纳入社会保障体系之中。"①

生育保险关系到广大女职工的切身利益，对社会劳动力的生产与再生产具有保护作用。实行生育费用社会统筹和社会化管理服务，对于均衡企业负担、改善妇女就业环境、切实保障女职工生育期间的基本权益，发挥了重要作用。

我国生育保险的法律依据是1994年7月5日颁布的《中华人民共和国劳动法》、原劳动部于1994年12月14日发布的《企业职工生育保险试行办法》，以及1988年7月21日颁布的《女职工劳动保护规定》、原劳动部于1988年9月4日发布的《关于女职工生育待遇若干问题的通知》等。在2011年7月1日开始实施的《中华人民共和国社会保险法》第六章中，专门规定了"生育保险"及相应享受的条件。员工有下列情形之一的，可以按照国家规定享受生育津贴：女员工生育享受产假、享受计划生育手术休假以及法律、法规规定的其他情形。

党的十八大以来，覆盖全体妇女的生育保障制度体系逐步建立，《关于全面推进生育保险和职工基本医疗保险合并实施的意见》使更多生育妇女受益，未就业妇女生育医疗费用通过城乡居民医疗保险解决政策的实施，实现了生育医疗费用保障的全覆盖。《"十四五"国民健康规划》中再次明确，继续做好生育保险对参保女员工生育医疗费用、生育津贴待遇等的保障，做好城乡居民医

---

① 《贯彻党的十六大精神　进一步做好维护妇女儿童权益工作——彭珮云在全国维护妇女儿童权益协调组第二次会议上的讲话》，《中国妇运》2003年第4期。

保参保人生育医疗费用保障，减轻生育医疗费用负担。截至 2020 年年末，女性参加生育保险的人数为 1.03 亿人，比 2010 年增加 4 931 万人，是 2010 年的 1.9 倍。[①]

尽管有生育保险的规定与保护，但是由于部分女工文化程度不高，缺乏相应的法律知识，部分中小企业的女工自我保护意识不强，在生育前辞工，放弃了自己的权益。企业社会工作者在具体介入时，需重点针对女工的生育问题的相关法律条文进行宣传和培训，并和企业方配合，创造条件落实法律保护条款，使女工们能享受到相应的法律保护，获得相应的增能。

2. 工作条件保护

女工因生理条件的特殊性，对工作时长、工作强度、工作种类等都有不同于男性的需求。出于多种原因，企业女工的工作条件还不是很理想，超强劳动、超时劳动、有害环境等现象时有可见，改善并保护女工的工作条件，是企业社会工作的重要内容。

企业社会工作的介入表现在四个方面：

一是对接企业方。企业是工作条件和工作环境改善与保护的直接责任者与实施者。为此，企业社会工作者要对接企业，特别是对接企业人力资源部门、生产部门及安全部门，为企业女工提供合适的工作条件，营造良好的工作环境，这是企业女工工作条件维权和增能的前提。

二是做好企业女工的普法教育工作。如普及《中华人民共和国劳动法》《中华人民共和国社会保险法》《中华人民共和国安全生产法》《中华人民共和国妇女权益保护法》等有关法律法规，并开展相应的文化教育及系列活动，从法律文化层面向女工赋权。

三是做好培训工作。企业社会工作者以一年为单位，制定女工的中长期培训计划。按照不同的重点制定具体培训内容，全方位地为女工赋权。

四是建立评估机制。把女工的工作条件保护作为企业全面发展

[①] 富东燕：《城乡妇女社会保障水平稳步提升》，《中国妇女报》2022 年 9 月 6 日。

和承担的社会责任加以监督和评估。

二、职场性骚扰的防范

性骚扰本质上是一种性别歧视。不少国家已经对性骚扰问题进行了立法，尤其是对劳动场所防止性骚扰进行了立法。

1. 性骚扰的概念

现在国际上关于性骚扰的权威性概念是根据欧洲议会1990年的界定，即"性骚扰是指不受欢迎的性行为，或其他以性为目的的行为，它损害了工作女性与男性的尊严，包括不受欢迎的身体接触、语言和非语言行为。"根据国际劳工组织对公司性骚扰规章制度的调查，判定性骚扰的标准是"此行为是否受欢迎"。这以承受者的感受为标准，而不以行为者的主观动机为标准。在国外，法院在判定性骚扰行为时，也是以此为标准。目前，国际上对性骚扰还没有统一的定义，但对于职场性骚扰行为要素基本达成了共识，一般包括三个方面：一是此行为必须带性色彩，以性为目的；二是此行为对承受方而言是不受欢迎的，是有损于其人格和尊严的；三是承受方对该行为的接受与否被明确或含蓄地用来作为影响该人接受职业培训、得到雇佣、继续雇佣、晋升、工资或者其他雇佣决定的决策基础，或者这种行为可导致承受人在工作场所中产生一种胁迫、敌视、羞辱性的工作环境（欧盟将之称为敌意性工作环境）。

国内对性骚扰的理解可以概括为广义和狭义两种。广义的性骚扰主要指发生在工作场所、公共场所等区域中的针对他人的性暴力行为，根据严重程度可将其分为一级性骚扰和二级性骚扰。一级性骚扰指性攻击行为，包括强奸、性虐待及任何造成身体伤害的暴力动作或异常行为。一级性骚扰行为均已构成犯罪，对应刑法有关条款定罪量刑。二级性骚扰指下列三种类型的骚扰行为：① 语言骚扰，包括各种带有性含义的性别歧视、性别偏见的言论以及侮辱、贬低、敌视异性的言论；② 性挑逗，即一切不受欢迎、不合宜的带亵渎行为的性挑逗行为，包括掀衣服、触摸敏感部位、暴露性器官、展示色情图片等；③ 性胁迫，即以威胁或胁迫等违背他人意志的手段实施的强迫性性行为，如强吻、搂抱或强行猥亵行为。如果上述语言或行为情节较为严重，给承受方造成敌意性的环境或损害的，就构成了二级性骚扰，应该受到法律的制裁。狭义的性骚扰通常指二级性骚扰的行为。妇女权益保障法要规范的性骚扰主要也是上述二级性骚扰行为，且不限于职场性骚扰。对于二级性骚扰行为，主要应通过行政责任和民事责任予以制裁。

2. 性骚扰的危害

性骚扰所造成的危害主要表现在：

第一，精神上的压力。性骚扰会使受害者产生情绪上的动荡和沉重的心理压力，表现出害怕、烦躁、困惑、自信心和自尊心下降。

第二，身体上的损害。由于性骚扰的受害者主要是年轻的女性，突如其来的性侵害带来许多不适应的生理反应，如浑身无力、失眠、头痛、恶心等。

第三，交往能力的丧失。受害者会对异性甚至对社会产生不信任感和排斥感。

第四，经济上的损失。很多性骚扰是以就业、提职、涨薪等进行胁迫，这些来自上司和操纵利益人士的骚扰往往使受害者难以应付，有的不得不辞退工作，离开所在岗位，从而造成经济上的损失。

第五，给家庭造成的损失。已婚的受害者遭受性骚扰得不到家人的理解，进而有可能影响婚姻家庭关系；未婚的受害者遭受到性骚扰后也常常因此受到舆论谴责，名誉受损，从而影响其以后的恋爱和婚姻。

第六，终身阴影。青年女工缺乏相关知识与自身保护能力，一旦成为受害者，会严重影响她们的身心健康，给其以后的成长和生活留下阴影。

3. 性骚扰的投诉机制

性骚扰多数情况下具有隐蔽性、突发性、缺乏实物证据、取证困难的特征，多数受害人害怕在就业、提职、涨薪或者其他利益方面受到损害，或者受传统观念的影响而不愿意声张。美国、欧盟等规定雇主有预防、调查和制止性骚扰的责任，并在一定条件下对事件带来的损失承担责任。国外的实践表明，雇主责任制使性骚扰的法庭外解决更加容易。

首先，雇主必须在企业内部建立切实可行的反性骚扰的制度。其次，雇主有义务为雇员提供不受骚扰的正常工作环境。在交换性性骚扰的情况下，雇主承担严格责任；在敌意环境性骚扰的情况下，雇主承担相应的过错赔偿责任。在这些情况下，雇主也可以进行合理辩护。雇主能证明其在企业内部建立了反性骚扰的切实可行的控制机制，被害人无正当理由而不利用该救济机制的情况下，可以免除赔偿责任。

关于性骚扰问题的应对，我国有相应的法律规定，《中华人民共和国民法典》第一千零一十条规定："违背他人意愿，以言语、文字、图像、肢体行为等方式对他人实施性骚扰的，受害人有权依法请求行为人承担民事责任。机关、企业、学校等单位应当采取合理的预防、受理投诉、调查处置等措施，防止和制止利用职权、从属关系等实施性骚扰。"《中华人民共和国治安管理处罚法》第四十四条规定："猥亵他人的，或者在公共场所故意裸露身体，情节恶劣的，处五日以上十日以下拘留；猥亵智力残疾人、精神病人、不满十四周岁的人或者有其他严重情节的，处十日以上十五日以下拘留。"《中华人民共和国妇女权益保护法》第二十三条规定："禁止违背妇女意愿，以言语、文字、图像、肢体行为等方式对其实施性骚扰。受害妇女可以向有关单位和国家机关投诉。接到投诉的有关单位和国家机关应当及时处理，并书面告知处理结果。受害妇女可以向公安机关报案，也可以向人民法院提起民事诉讼，依法请求行为人承担民事责任。"

尽管有相关的法律规定保护，企业社会工作者还需要督促企业主管在企业内部建立切实可行的反性骚扰的制度，包括明确解释哪些行为构成被禁止的性骚扰行为，建立有效的举报程序；规定相应的反报复措施，保证举报员工不会受到报复；建立及时高效的调查程序，接到举报后首先确定是否有性骚扰事实存在；一旦确认性骚扰存在，必须给予骚扰者严厉的企业内部处罚。受害女工可以向本单位或者有关上级单位投诉，请求对行为人予以单位系统内部的相关处分；也可以向主管的行政部门投诉，请求对行为人予以行政制裁；或者向人民法院起诉，请求民事赔偿。在此类介入工作中，企业社会工作者发挥着指导者、导师的角色和作用。

三、家庭暴力的防范与救助

未婚青年女工最容易受到感情与性骚扰的伤害，已婚中青年女工则可能受到家庭暴力的伤害。帮助这些女工防范家庭暴力的伤害并对之进行救助与增能，是企业社会工作者的重要工作。

1. 家庭暴力的概念与我国的家庭暴力概况

家庭暴力是指在家庭内发生的暴力行为。《中华人民共和国反家庭暴力法》自2016年3月1日起施行。《反家庭暴力法》所称的家庭暴力，是指"家庭成员之间以殴打、捆绑、残害、限制人身自由以及经常性谩骂、恐吓等方式实施的身体、精神等侵害行为"。

西方对家庭暴力的界定则更为宽泛。他们认为家庭暴力涵盖对身体的暴力、性暴力以及语言上、心理上的暴力等诸多内容，甚至将已离婚的前夫前妻之间、同居伴侣和原同居伴侣之间、同性恋者之间的暴力行为也列入家庭暴力。在第48届联合国大会通过的《消除对妇女的暴力宣言》中，将对妇女的暴力定义为身体暴力、性暴力和心理暴力。由此，相较于西方，我国现行法律规范中将家庭暴力只限定为一种作为的方式，即殴打、捆绑等伤害到家庭成员的身体和精神的行为，对于家庭暴力的界定范围较为狭窄。

> 家庭暴力按照表现形式划分，可分为身体暴力、情感暴力、性暴力和经济控制等；按照受害者类型划分，可分为亲密伴侣暴力、儿童暴力、老年人暴力。

2. 家庭暴力的原因

家庭暴力常发生在结婚五年以上的家庭之中。这个时期的中年人，正处在一种"夹心代"的社会压力之中，即要上养老，下养小，处于中间的自己还要拼命工作。因此，这类人群不仅时间、精力、体力都感到不足分配，与家人的正常沟通也会受到影响，从而极易产生误解。同时，由于数千年男尊女卑、男权主义的影响，处于"夹心代"期的男人，往往将这种心理上产生的压力向女性配偶身上转嫁与释放，导致家庭暴力现象。

家庭暴力往往与受教育程度呈负相关，越是文化程度低的男性，越缺乏心理自我调适的能力，同时，大男子主义也越严重，实施家庭暴力的情况也越多。

企业女工将主要的时间与精力用于企业工作之中。而传统"男主外、女主内"的家庭分工格局又使得配偶习惯性地认为女性应该承担起家庭中的主要责任。在企业工作中，女性员工不可避免要与男性员工发生工作上的联系，而她们的配偶处在"夹心代"的精神紧张与焦虑之中，疑心重，并对妻子常有的担忧；男性配偶可能因自身文化素质与社会地位低下，自卑心理甚强，男权主义的虚矫容易使之将这种极度的自卑在妻子面前变成极度的自尊，逐渐就演变成家庭暴力。

家庭暴力的另一个重要原因就是女性对自我权利的认知不足。长期以来，女性生活在以男性为中心的男权主义的阴影之下，女性针对配偶的暴力行为，采取了逆来顺受的态度。同时，还有相当部分女工出于传统观念，认为被丈夫施暴是件不光彩的事情，是家庭隐私，采取隐瞒、遮掩的态度，以致变本加厉，暴力升级。

所以，针对女工的这种心理，企业社会工作者要对其开展法律教育，让她们知道家庭暴力不能姑息将就，不能沉默忍让；家庭暴力是违法行为，要勇于抗争，否则，可能导致难以承受的后果。

3. 家庭暴力的防范与救助

企业女工家庭暴力的防范与救助，首先是要帮助企业女工懂得家庭暴力不是一般的家庭纠纷，也不是见不得人的丑闻，而是一种违法行为。对此不能默默忍受，也不能抱息事宁人的态度，而应积极抗争。同时，还要积极主动地向工作企业、社区、妇联、公安机关反映，求得多方面的援助。这种教育是与企业女工的文化素质教育相关联的。女工们在提高文化素质的同时，自我权利意识就会增强，对家庭暴力的反抗能力就会增加。

在对企业女工加强文化与法律教育的同时，企业社会工作者可以借鉴境外经验，为遭受到家庭暴力的女工提供临时庇护所，使她们可以暂时避开暴力。在为遭受家庭暴力的女工提供临时庇护所的同时，企业社会工作者还要在曾遭受过家庭暴力的女工中建立互助小组鼓励小组成员分享抵抗家庭暴力的经验，交流防范家庭暴力的心得；小组成员间互相救助、互相帮助，并在这种小组活动中驱除恐怖情绪，宣泄内心的忧郁，获得心理平衡与压力缓解。

家庭暴力的施暴者主要为女工的男性配偶，"解铃还须系铃人"，所以，要从根本上解决企业女工的家庭暴力伤害，还得从解决其配偶的心理问题入手。因此，企业社会工作者必须走出厂门，介入女工的家庭，对其配偶进行心理调适的工作。

企业社会工作者可以召集女工配偶到企业内参观女工的工作情况，让他们亲眼看看其妻子的紧张工作，增加他们对妻子工作辛苦的理解，从而不至于将整个家庭的责任全归于女工一方。在这种参观之后，由企业社会工作者主持互动式工作坊，通过工作坊，社会工作者可先宣讲对女性施暴是一种不文明的野蛮行为，家庭暴力不是个人间的小事，而是违法行为，会受到法律的惩处。宣讲之后，可以让这些曾经的施暴者自由发言，给他们一个正常的叙事与宣泄的机会。

在防范家庭暴力、为企业女工增能的工作中，企业社会工作者还可以借鉴国外的介入模式——"杜拉斯模式"和"杜维曲模式"。

"杜拉斯模式"因美国明尼苏达州的杜拉斯城首创而得名。其实质就是将社区各机构合作作为防范家庭暴力的办法。动员社区资源，共同防范家庭暴力，如警察、法院、企业、社区、社会工作者等都包括到项目中来，致力于改变男性施暴者。

权力与控制理念就是杜拉斯城中数个女性庇护中心与200多个受到家庭暴力伤害的妇女共同合作的结果。该模式要求通过教育使男性施暴者认识到男性在社会化过程中是充满权力的，在男性中心社会中他们有着女性所没有的优越权力，但他们不能滥用这种权力。这种权力并不体现公平，而只是一种不公平的历史遗迹。同时，要教育他们用正确的方法去缓解工作和生活中的压力，而不能用迁怒于人的方法向配偶发泄。要让他们学会倾听配偶的心声，学会正常的沟通与理解。

学习这个模式根本就在于企业社会工作不应局限于企业内的资源，而要注意整合整个社区的相应资源。同时，这个模式主要是以教育、提高施暴者的文化与法律素质为主。

"杜维曲模式"得名于澳大利亚的阿德莱德"杜维曲治疗中心"，其特质在于创建了叙事治疗模式。

叙事治疗是在后现代主义哲学理念的基础上建立的，它为社会工作提供了一种新的工作方法。该模式认为男性对权力与控制有欲望，但男性也渴望有一个充满关爱与关怀的夫妻关系。假设男性愿意与配偶有一种非暴力的亲密关系，这种关系是基于爱而不是基于恐怖。男性之所以施暴是因为他们认为权力与控制是他们应有的权力，是社会赋予他们的特权。这种特权使之可以不对施暴行为负责，所以，他们认为"打老婆"是天经地义的。叙事治疗模式就是针对施暴男性这种认识上的误区进行解构，这种解构则是通过对服务对象的叙事交流得以实现的。社会工作者要平等地听取男女双方的叙事，同时，要在叙事的过程中，引导男性回忆他对受到强迫与暴力后的反抗，从而推己及人，反思自己对妻子的强迫暴力行为，探索与妻子重新建立平等非暴力关系的路径。这个模式很接近社会工作的个案方法，可以在企业社会工作中应用和推广。

四、企业女工社会工作增能实务案例

学会爱护自己①

——社会目标模式下的女工论坛剧场小组

（请扫二维码）

第三节　企业进城务工人员的维权与增能

进城务工人员是中国企业中特有的群体。"农民工体制是计划体制在改革开放中重构的产物，具有明显的歧视性。在这种体制中，进城务工人员享受不到公平、合理的对待，他们与城镇员工'同工不同酬、同工不同时'。到处都存在一城有两制、一厂有两制、一会（工会）有两制、一校有两制等不公平现象。"②进城务工人员的维权与增能有很多涉及国家宏观制度改革，企业社会工作者要做的则是在企业所有可借助的资源内，为外来务工人员维权与增能。

> 进城务工人员旧称农民工，现称新产业工人。

一、进城务工人员的社会化与城市化再教育

进城务工人员因中国劳动力市场的饱和状态，加上户籍制度的限制，而处于不平等的弱势地位，其中，青年员工占绝大多数，他们还必须进行相关的社会化和城市化再教育，才能适应社会与城市。进城务工人员与城市员工的不同点就在于，他们尚需要一个

> 不同年龄层次的进城务工人员的特征与需求存在显著差异。"新生代农民工"群体表现出与老一辈进城务工者不同的职业选择、生活方式与心理状态。企业社会工作者要针对不同年龄层次的进城务工人员的个性化特征开展精准服务。

---

① 参阅孙亚华、肖冰清：《学会爱护自己——社会目标模式下的女工论坛剧场小组》，《深圳社会工作优秀案例精选汇编》（下册），中国社会出版社2020年版，第236—246页。文字略有整理和改动。

② 陆学艺：《中国社会阶层研究报告之二：当代中国社会流动》，社会科学文献出版社2004年版，第334页。

"去农民化"的城市化过程，即一个由农民变为市民的过程。

1. 文化理念的变革是进城务工人员完成城市化的根本

进城务工人员的社会化与城市化是联为一体的。社会化即城市化，特别是第二代进城务工人员，他们不愿意与其父辈一样，如候鸟般地来往于城市与乡村之间，而希望最终由农民转变成市民。但由农民变市民不仅是制度性的户籍转换问题，更重要的是文化理念上的更新过程。目前，沿海很多城市原来的郊区变成了城区，原来的农民变成了市民，但由于文化理念与生活习俗的变迁"惰距"影响，他们居住的小区又具有"城中村"倾向。这种文化"惰距"现象实际上已成为进城务工人员融入城市的主要障碍。目前，中国企业中的相当部分进城务工人员是20世纪80年代以后出生的第二代进城务工人员。与20世纪60年代出生的第一代进城务工人员不同，他们的学习与成长年代是在改革开放之后，大众传媒的普及使他们了解了城市生活的概貌。有些第一代进城务工人员的子弟，在童年时代就与其父辈一道来到城市，所以，他们对城市物质生活并不像上一代那样完全陌生。很多人从外表衣着上已与城市人融为一体，差异主要是在文化理念与生活习俗上，而这种文化理念与生活习俗的养成非一日之功，是需要加以教育引导甚至需要用制度来加以强制性整合。

2. 教育、引导与整合

教育可以移情冶性，企业社会工作者要通过教育的方法，使进城务工人员对城市生活的基本理念与习俗加深理解，如竞争、守时、守信、学习、男女平等、尊重妇女、遵守公共秩序、注意卫生等。这种教育是长期的，不仅在入职培训时要强调，而且在生产与生活的方方面面都要通过各种宣传手段得以表现出来。同时，这些文化理念的形成，需要从具体的小事做起。如要注意在宿舍、班组、社团的组织分配上，尽量做到让进城务工人员与城市员工穿插组合，使之互相影响。此外，可以在节假日中组织进城务工人员进入城市社区参加社区活动，加深与市民的交流与沟通，从而加快融入城市生活与市民化的过程。

进城务工人员要尽快地完成城市化,除了教育引导之外,还要注意运用制度手段进行强制性整合。"制度的目的是为个人行为沿着特定方向提供一种指引。就成功地实现这一目的而言,制度为日常生活活动提供了一种行为准绳,从而降低了不确定性。"① 企业与城市化要求的准确性要求排除农民生活的自由散漫的习性,而这种习性的扭转,除了教育引导之外,更重要的是需要运用制度的手段强制性整合,为此,很多企业制定了繁密详尽的厂规厂法。例如,苏州很多外资企业规定员工:在厂区内三人以上必须成纵队行走;不能随地吐痰;电梯、楼道要礼让妇女,等等,就是要为个人行为沿着特定方向提供一种指引,很多城市制定出繁多的城市管理方法,如不能穿拖鞋背心出入公众场所、不能乱扔垃圾等,同样是为了规范市民行为,更好地实现城市化。

二、进城务工人员的维权

在对进城务工人员进行城市化的再教育,使其了解现代市民应有的一些修养与规范之后,再对其进行维权教育就能有的放矢。维权教育主要包括学法与用法。

1. 法律知识的学习

进城务工人员维权首先要进行法律知识的学习,弄清楚作为员工的法定权利。例如,部分企业女工不知道在合同期间怀孕是可以调换合适的工作岗位的,同时,合同期间生孩子是可以享有带薪产假等权利的。这些女工常常在怀孕期间勉为其难地在不适合孕妇工作的岗位上工作,临近产期,女工却放弃权利而回家生产。

进城务工人员要通过学习法律,了解自身的权利,并在日常工作中去维护权利。部分企业实行"愚工"模式,忽视了对进城务工人员的法律学习与教育。企业社会工作者要与企业主沟通,在进城

---

① [美]埃里克·弗鲁博顿、[德]鲁道夫·芮切特:《新制度经济学:一个交易费用分析范式》,姜建强等译,上海人民出版社2006年版,第7页。

务工人员的职前培训之中，就要将《劳动法》等法律知识作为职前培训的主要内容之一进行培训，让每个进城务工人员了解相关法律知识。法律权利与义务是对等的，享有权利的同时，也有应尽之义务。进城务工人员在了解到自身权利的同时，也了解到自身应尽的义务，这对于完善企业管理、提高生产效率是有着促进作用的。

2. 依法维权

进城务工人员明了权利之后，在遇到权利被侵害时，还须依法维权。我国曾出现过进城务工人员因权利被侵害而以死挟制维权等极端案例。虽然这些维权事件在政府的介入下得到了解决，但也留下了社会秩序的后遗症。由此，对于进城务工人员维权，企业社会工作者要及时介入，引导他们依法维权、合法维权，不能以违法的行为去维权。违法的行为给个人与社会都会带来损失。同时，企业社会工作者要与企业主沟通，让企业主及时停止对进城务工人员的侵权行为并予以补救，因为一旦事情扩大，对于企业的形象与发展也会带来巨大的损失。

三、经由职业化培训的增能

职业化培训是所有员工增能与职业生涯成长的重要途径。相对城市员工而言，职业培训对于进城务工人员的增能尤为突出。

1. 职业化是进城务工人员身份转换的根本

进城务工人员从农民到工人是一个身份的根本转换，这种转换顺利完成的关键在于经由职业化而达到企业岗职的要求，从而能长期稳定地就业，最后完成由农民到工人的身份转换。

从农民到市民身份的转变是进城务工人员历尽艰苦到城市打工的重要诉求。这种需求的内在驱动，使他们对于职业培训的需求尤为迫切。他们要在城市立住脚，首先就得在企业立住脚，就要学好岗位所要求的职业技术。同时，为了增强自身竞争力，还得尽可能地拓展自己的职业技术能力，尽可能地多学习相关的职业技术，以尽快完成由农民向工人的身份转换。企业社会工作者应及时回应这一需求，为进城务工人员举办各种职业培训学校，这是对他们最大的增能，也是他们最欢迎的。

2. 职业化是进城务工人员增能的根本途径

进城务工人员需要借助职业培训完成其身份转换。同时，职业化的培训学习也是进城务工人员获得发展的根本途径。

世界在现代科技的发展冲击下，变得"又平又挤又热"，"这种广泛的背景表明，工人对新技术所抱的态度不是由技术决定的，而是被新技术的间接效用——新技术时常被当作一种社会权力的工具——决定的"①。职业培训就是帮助进城务工人员掌握新技术，增加这种新技术所带来的"社会权力"，掌握了本职业发展的前沿知识与新技能，就能立于不败之地，就能取得永远就业的能力。所以，对进城务工人员进行职业培训与教育，让他们接受新技术和新技能的学习与训练，特别是要帮助他们养成求知好学的习惯，持续不间断地发展学习与创新的能力。这样，他们才能与时俱进，根据本职业的发展而取得知识与能力的储备，这是对他们真正的增能。认为员工最大的福利是持续的职业培训，确是有识之见。

四、婚姻家庭教育的增能

对进城务工者进行社会知识、阅历、职业技术的再教育、再培训是企业进城务工者增能的重要途径，在此过程中，还要注意务工者在家庭问题上的增能。

进城务工者家庭的增能包含两个层次：一是未婚青年务工者如何审慎理智地处理个人问题；二是务工者的子女教育。

1. 进城务工者的性安全教育

企业中的外来务工者中部分为未婚青年，他们在进入城市后，会有不同程度的迷茫、孤独、寂寞等感受，对于亲情、友情、归宿

---

① [美]罗伯特·K.默顿：《社会理论和社会结构》，唐少杰等译，译林出版社2006年版，第837页。

等具有较大的期盼，特别是青年女性务工者表现尤甚。由于远离家乡，她们需要有感情上的寄托和牵挂，发生婚外性行为的情况比较多，由于缺乏性知识，她们被感染性病乃至艾滋病的概率也比较高。所以，在进城务工人员家庭问题上，对青年进城务工人员进行两性安全交往、增强责任意识等方面的教育，是务工者家庭增能教育的重要内容。

由于数千年封建思想的影响，中国人对性教育讳莫如深。进城务工者对于性知识欠缺，部分企业中的性疾病、艾滋病等多发，正是性安全、责任意识严重缺乏的表现。鉴于进城务工人员中性安全教育的严重缺乏，卫生部门自2006年起将进城务工人员列为艾滋病的高危人群，而且，进城务工者自身对于这方面的教育也十分渴求。在外来务工者较为集中的地区，政府及社会组织开展了一些系列服务工作。

2. 进城务工者子女教育

进城务工者家庭增能的另一个重要方面就是其子女的教育。随着已婚进城务工者进入城市及企业，子女教育问题也随之成为其家庭问题增能的重要内容。据苏州市总工会的统计，早在2005年，苏州市的外来工者中已婚的占到64.1%，这些已婚者很多是全家拖儿带女地进入苏州的，全市暂住证登记的16岁以下的外来流动儿童超过20万人。随着务工者的不断增加，流动儿童的数量更多。解决好务工者子女的就学与教育问题，是绝大多数进城务工者家长最为关心的事，他们中的很多人将改变命运与实现社会向上层动的机会寄托于下一代的教育上。所以，帮助其解决子女教育问题，是企业社会工作者应加以关注的重要内容。

企业社会工作者应该从两个层面来帮助进城务工者子女的教育问题：第一，链接社会资源，促使进城务工者子女教育纳入地方教育资源系统，使其能与当地学龄儿童享有教育公平的机会；第二，企业社会工作者对务工者子女课外活动的直接介入。企业社会工作者可以在务工者子女的课余时间，根据他们的实际需求，采取课程辅导、小组活动等形式，直接为务工者子女开展具体的教育增能服务。

第四节 企业残疾员工的维权与增能

劳动是公民的基本权利。残疾人与健全人一样，享有法律赋予的平等就业和选择职业、取得劳动报酬或收入、获得劳动安全卫生保护、接受职业技能培训、享受社会保险等权利。《中华人民共和国宪法》《中华人民共和国残疾人保障法》《中华人民共和国劳动法》等法律法规，都明确规定对残疾人劳动就业要给予特别的扶持、优惠和保护，建设无障碍社会。我国历来十分重视残疾人的劳动就业工作，先后制定并实施了一系列法律、法规和政策，有力地推动了残疾人劳动就业的开展。

一、我国残疾人就业的发展

改革开放以前，我国主要通过民政部门举办福利工厂来解决残疾人的劳动就业。这种福利工厂按计划经济模式，由国家投资兴建、国家下产品计划、国家统一收购产品。因为计划经济的产品不是完全的市场化商品，不存在竞争，也就不注意成本、投入与产出。并且福利工厂本身就带有社会福利的性质，因此，这些安置残疾人就业的工厂在计划经济中基本上都能正常生产，城市残疾人大部分都能安置到这类工厂中工作。

随着改革开放的深入，企业开始进入市场，按市场规律运作，成本考核、价格因素、生产效率等成为企业在市场竞争中的关键，以残疾人为主体的各类福利工厂无法应对市场竞争而破产改制，福利工厂等集中就业模式不再是残疾人就业的主要模式。改革开放以后，我国残疾人就业可划分为以下三个阶段。

1. **恢复发展期（1978—1988 年）**

1978 年 12 月召开的十一届三中全会，是党的历史上具有深远意义的伟大转折，作出了将党和国家的工作重心转移到社会主义现代化建设上来和实行改革开放的战略决策。中国进入改革开放新时期，也标志着中国残疾人事业发展走入恢复发展的新时期。

纵观全球残疾人事业发展，从起始时间上看，我国推动特色残疾人事业发展起步较晚；从世界范围的人数上看，我国占有较大的比重，据统计超过半数的残疾人分布在亚洲。中国在推动特色残疾人事业发展的进程中担负重任，并且中国发展特色残疾人事业的速度较快，可谓"起步晚、发展快"。国家对残疾人就业主要通过发展福利企业集中安置，出台了多个文件、制度和规定，发展、扶持和管理福利企业。1979年，全国福利企业有1 106家，1988年达4.16万家，解决了71.9万名残疾人就业，企业增幅20%，年增就业人数5万人。

2. 持续快速发展期（1988—2008年）

1988年以后，我国残疾人事业获得突破性进展，进入快速发展阶段，主要标志是1988年3月中国残疾人代表大会第一次全体会议召开，中国残疾人联合会成立。中国残疾人联合会的成立对残疾人事业发展的作用和影响主要体现在三方面：一是标志着党和政府更加重视残疾人工作，赋予残疾人联合会不同于过去的盲人聋人协会、残疾人福利基金会以及其他社会组织的新职能，承担政府所委托的职责和任务，即"代表、管理、服务"职能；二是标志着残疾人社会组织由专门协会发展为全国的联合会，中国残疾人事业有了全国统一的组织，从此有了残疾人事业统一的综合协调部门；三是标志着中国开始建构自上而下的残疾人事业发展的组织体系，逐步建立完善了省、市、县各级残联，显著地促进了残疾人事业的协调发展，开辟了新的发展局面。

1988年9月，国务院批准《中国残疾人事业五年工作纲要（1988—1992）》，成为中国特色残疾人事业发展的第一个纲领性文件。1991年12月，国务院批准《中国残疾人事业"八五"计划纲要》，中国残疾人事业正式纳入国家发展规划。

1991年，我国出台了《中华人民共和国残疾人保障法》。其中规定，各级人民政府应当对残疾人劳动就业统筹规划，为残疾人创造劳动就业条件。残疾人劳动就业，实行集中与分散相结合的方针，采取优惠政策和扶持保护措施，通过多渠道、多层次、多种形式，使残疾人劳动就业逐步普及、稳定、合理。国家和社会举办残疾人福利企业、工疗机构、按摩医疗机构和其他福利性企业事业组织，集中安排残疾人就业。国家推动各单位吸收残疾人就业，各级人民政府和有关部门应当做好组织、指导工作。机关、团体、企业事业组织、城乡集体经济组织，应当按一定的比例安排残疾人就业，并为其选择适当的工种和岗位。省、自治区、直辖市人民政府可以根据实际情况规定具体比例。政府有关部门鼓励、帮助残疾人自愿组织起来从业或者个体开业。地方各级人民政府和农村基层组织，应当组织和扶持农村残疾人从事种植业、养殖业、手工业和其他形式的生产劳动。国家对残疾人福利性企业事业组织和城乡残疾人个体劳动者，实行税收减免政策，并在生产、经营、技术、资金、物资、场地等方面给予扶持。地方人民政府和有关部门应当确定适合残疾人生产的产品，优先安排残疾人福利企业生产，并逐步确定某些产品由残疾人福利企业专产。政府有关部门下达员工招用、聘用指标时，应当确定一定的数额用于残疾人就业。

《中华人民共和国残疾人保障法》颁布实施后，残疾人就业问题得到了政府和社会各界的高度重视，残疾人就业的领域和行业越来越广，就业数量越来越大，就业形式也越来越多。就业问题的改善，一方面给残疾人及其家庭带来经济收入，提高了残疾人的社会参与度，实现了其个人价值；另一方面，残疾人通过劳动就业，为社会主义现代化建设增砖添瓦，体现了其社会价值。

3. 科学发展期（2008年至今）

这一时期，残疾人政策逐渐摆脱了独立发展的藩篱，残疾人政策也逐渐地融入国家其他政策领域，与国家小康建设、精准扶贫、社会保障等领域的社会政策实现了一定程度的融合。2008年3月，中共中央政治局常委会研究中国残疾人事业发展的重大问题，颁发了《中共中央国务院关于促进残疾人事业发展的意见》，这是我国残疾人事业发展史上的一个里程碑。《意见》是我国下发的第一个关于全面推动和促进残疾人事业发展的纲领性文件，全面总结了我国残疾人事业的历史经验，提出了促进残疾人事业发展的政策措施，为新时期中国残疾人事业发展提供了理论指导和行动指南，标志着中国残疾人事业发展进入全面科学发展的新阶段。2008年6月26日，十一届全国人大常委会三次会议批准了《残疾人权利公约》，同年9月，该《公约》在我国落地生效，标志着中国残疾人人权保障纳入联合国的国际人权机制，有力地推进了中国残疾人事业的科学发展。

残疾人社会政策扩张明显，先后出台了一系列促进残疾人就业、增加残疾人就业收入的政策和文件，包括《残疾人就业条例》《关于促进残疾人就业政府采购政策的通知》《残疾人就业促进"十三五"实施方案的通知》《促进残疾人就业增值税优惠政策管理办法》《残疾人就业服务机构建设规范（试行）的通知》等。

近年来，国家又陆续出台了促进残疾人就业的系列政策，对残疾人就业起到了十分重要的推动作用。2021年10月，中共中央组织部、中央编办、人力资源和社会保障部、国务院国资委和中国残联五部门共同印发了《机关、事业单位、国有企业带头安排残疾人就业办法》，对保障残疾人就业权益，推动机关、事业单位、国有企业安排残疾人就业工作提供了有力支持。2022年3月，国务院办公厅发布《促进残疾人就业三年行动方案（2022—2024年）》，对当前和今后一个时期加快推进残疾人就业工作，实现"十四五"时期残疾人较为充分、较高质量的就业目标作出部署。

在国家系列政策的指引下，我国残疾人就业取得了可喜的成就。2022年，全国新增城乡残疾人就业59.2万人，比上年增加18.4万人。全国31个省（自治区、直辖市）普遍制定了招录（聘）残疾人计划，残疾人就业岗位日益多样，残疾人从事的岗位层次明显提高。《残疾人事业蓝皮书：中国残疾人事业研究报告（2023）》的数据显示，截至2022年年底，全国城乡持证残疾人就业人数达905.5万人。知识技术型就业岗位数量逐渐增加，在劳动密集型就业岗位的数量逐渐减少。其中，按比例就业、集中就业及公益岗位等三项就业人数的占比由 11.88% 上升到 13.99%，上升了 2.11 个百分点。①随着社会经济的持续发展及相应政策的不断优化，残疾人就业的形势必将越来越好。由充分就业向高质量就业的转型，是未来残疾人就业的发展趋势。

二、残疾员工的维权

企业在安排残疾人就业后，还需要根据《残疾人保障法》《劳动法》等法律法规切实维护残疾人的法定权利，这也是企业社会工作者要积极加以关注的。

1. 生理方面的维权

对残疾员工的维权首先体现在生理维权方面。残疾人的生理状况与健全人不同，因而对工作环境与条件有着一些特殊要求，满足他们的这些要求就是维护他们的合法权益，所以，企业社会工作者要主动与企业内的有关部门协商，对企业的生产环境与工作条件进行必要的无障碍化建设与改善，使残疾员工能不受影响与不受限制地开展正常的工作。例如，将楼道改装成方便轮椅上下的斜坡，在食堂、办公室、车间等公共场合为残疾员工开辟专用通道，为残疾员工配备必要的工具，如助听器、盲文指示器等。

2. 心理方面的维权

除了生理维权以外，更重要的是在心理上维护残疾员工的法定权益，防止歧视与排斥。企业社会工作者应对企业员工进行人道主义与现代文明的教育，要让企业员工在理念上与行动上形成对残疾员工的自发关爱，摒弃歧视排斥的心态。残疾员工因生理障碍，导致心理脆弱，自卑感强，心理承受力较弱。企业社会工作者可举办各类培训班，培养全体员工对残疾员工的关爱与认同，在每个工作

> 我国的残疾人就业在政策上具有集中就业、按比例就业、灵活就业、辅助性就业等分类，在就业形式有庇护性就业、融合性就业等分类。企业社会工作针对残疾员工的介入重点主要在融合性就业方面。

---

① 郑成功、杨立雄：《残疾人事业蓝皮书》，社会科学文献出版社 2023 年版，第 6 页。

细节中，给予残疾员工尊重，同时，给予不损伤其自尊心的帮助，切实地维护其人格独立与自尊的权利。

三、残疾员工的增能

维权是保障残疾员工的基本合法权利，而残疾员工实现平等参与共享，更重要的还是要挖掘他们的潜力，实现全面增能。

1. 激发残疾员工的自信心

增能的理论假设就是每个人都有潜在的优势，增能就是帮助主体在充实自信的基础上将优势发掘出来。所以，在增能的过程中，要充实服务对象的自信，去除因社会与个人的负面评价而内化于服务对象心理的自卑阴影。对残疾员工的增能同样如此，要让他们认识到自己只是存在某一处生理的障碍，但仍然具有正常的能力，更重要的是心理上必须是健康阳光的。有了健康心态，残疾员工就可以根据自身生理的状况，扬长避短，实现超越，与健全人一样正常工作，甚至在某些方面比健全人做得更好。由于国家的重视、社会的进步，中国残疾人事业有了突飞猛进的发展，涌现出一批榜样人物，例如，邰丽华率队的听力障碍者表演的"千手观音"轰动了世界。企业社会工作者需善于利用这些案例，激发残疾员工的自信、自尊与自强。

激发残疾员工的自信，一个重要手段就是按照残疾人的生理状况与特长，安排适当的工作岗位，使他们在工作中增强自信。根据生理学"用进废退"的理论，残疾人因某一方面的生理残疾而导致其他器官在超强使用下得到开发，比一般人更为优秀。例如，盲人的听觉远比常人灵敏，很多聋人的眼睛视野比常人更宽阔等。很多残疾人士都有某一方面的特长与专长，企业安置就业时，要发挥他们的长处，而不是简单地"供养"，否则，也是对他们脆弱自尊心的进一步伤害。

2. 康复的增能

残疾员工的增能，更主要的还是要通过持续的康复服务，使他们能减少残疾带来的障碍,从而能正常地参与生产活动,享有更多的社会权利。

残疾员工在进入企业时已有一定程度的康复,这是他们就业的前提条件,但是残疾人康复是一个长期持续的过程。特别是科学技术飞速发展,为残疾人消除障碍的新技术不断诞生,各类新的康复器材层出不穷,残疾人康复也是一个不断发展的过程。企业社会工作者对此要有充分的认识,将残疾员工的康复作为其增能的最重要工作来做,要为他们的康复创造条件,同时,企业社工还需要密切关注有关残疾人康复技术与器材发展的状况,以便能更好地为残疾员工服务。

> 职业康复也是残疾人康复的重要形式。

当然,由于残疾人自身障碍和我国特殊教育发展不充分等原因,残疾人就业仍滞后于我国就业的总体水平。在经济社会发展与我国残疾人事业发展的新阶段,残疾人就业将出现新的活力和机遇,将有更多的企业接纳更多的残疾人就业。所以,企业社会工作者应未雨绸缪,将残疾人增能纳入企业社会工作的视野中来。

思考题

1. 论述针对青年员工"以厂为校"的增能。
2. 论述针对青年员工"以厂为家"的增能。
3. 论述针对职场性骚扰的社会工作介入机制。
4. 论述针对进城务工者的社会工作增能路径。
5. 论述针对残疾员工的社会工作增能路径。

推荐阅读

[美]埃里克·弗鲁博顿、[德]鲁道夫·芮切特:《新制度经济学:一个交易费用分析范式》,姜建强等译,上海人民出版社

2006年版.

［美］罗伯特·K.默顿:《社会理论和社会结构》,唐少杰等译,译林出版社2006年版.

郑成功、杨立雄:《残疾人事业蓝皮书》,社会科学文献出版社2023年版.

陆学艺:《中国社会阶层研究报告之二:当代中国社会流动》,社会科学文献出版社2004年版.

周沛等:《残疾人社会工作》,社会科学文献出版社2012年版.

第十三章

企业社会工作教育与研究

对于社会工作专业发展来说，社会工作专业教育是必经之路，也是必然之路。企业社会工作作为社会工作专业的一个领域和方向，也必然面临着同样的问题。本章将要讨论的问题主要是企业社会工作教育、企业社会工作实习与督导、企业社会工作研究。

第一节 企业社会工作教育

企业社会工作专业教育发展的根本动力同企业社会工作本身一样，是社会发展的需求。从社会发展的需求到专业社会工作者的出现，存在大量中间环节，课程教育就是其中的重要组成部分。

一、课程群的设计

1. 企业社会工作课程设计的基本理念

企业社会工作是社会工作的一个重要领域与方向，与其他领域社会工作一样，是助人的事业，有一套科学的方法、技巧与实务活动。

（1）理论与实务的结合。

企业社会工作课程需要结合社会学、社会工作、管理学、心理学等多学科的理论与知识，同时，又要结合企业社会工作的实务。因为对企业社会工作者的培育不仅要有广博的专业知识教育，还要有严格的专业技能训练，只有理论与实践相结合，才能在总体上把握好企业社会工作课程。

（2）面向实际需求。

企业社会工作者是企业中的专业工作者和服务者，而不是坐而论道的空谈家，这就使得企业社会工作课程设计和人才培养要面对现实需要。早期的企业社会工作就是为解决员工酗酒问题而出现并发展起来的，现代企业社会工作更是面对着复杂的社会现象及企业问题，不仅要从微观层面解决员工个人面对的各种问题，提供专业服务以满足他们的需要，还要从宏观层面介入，协调企业与社会的关系，如企业发展与社会政策、法规、社会制度、社会文化和社会行为等方面的资源，协调企业与相关方的关系。

企业社会工作者是在复杂的社会系统中处理问题的，既不可能将社会事件割裂开来单独处理，也不可能使用一种方法解决所有问题。因此，以通才为基础的专才教育成为当今企业社会工作的特点，也成为企业社会工作课程设计的指导思想。这就是企业社会工作教育的综合取向的观点。大卫·考克在陈述这种观点的理由时指出，第一，无论哪一个层面的社会工作者，都应该为综合的发展服务；第二，由于社会的发展，社会各层面的交互影响，社会工作者不应局限于某一个层面的工作；第三，社会工作教育必须反映各层面的发展，并以综合取向为施教之本。①

鉴于以上基本理念，企业社会工作课程应该体现出实务性、本土化和发展性的特点。

2. 企业社会工作课程设计的依据

影响课程设计的因素有很多，但是最直接的因素有以下三个方面。

（1）专业教育的目标。

课程设计必须以专业教育的目标为依据。课程作为专业教育目标的具体实施形式，能够直接影响教育目标的实现。课程的内容和形式必须符合实现教育目标的需要。

（2）学生的经验和背景。

在教育过程中，受教育者的经验和背景对教育目标的实现有着巨大的影响。受教育者作为掌握知识和技能的主体，其原有的知识和经验可能成为掌握新知识的基础，也可能成为障碍。在现代社会工作专业教育体系中，受教育者既可能是没有社会生活经验的学生，也可能是有过一定工作经历的人。所以，专业课程的设计必须符合不同教育对象的具体要求。

（3）教学内容的内在逻辑规律。

社会工作专业是一门科学，作为一个整体的专业知识和技能有

---

① 王思斌：《社会工作概论》，高等教育出版社1999年版，第292页。

着内在的逻辑联系。因此，在课程的编排上就要遵循专业知识体系的内在逻辑规律。社会工作专业作为一个应用学科，专业知识和技能有其特殊的逻辑规律。这个逻辑规律的主要特征是：它以有关人与社会的理论为基础，以社会工作专业的介入理论为中介，以专业方法和技巧为实施手段，构成了一个完整的社会工作专业知识技能体系。作为企业社会工作课程，其在遵循一般社会工作内在逻辑的前提下，也有自身的内在逻辑规律。这就是：以社会工作学理为基础，以企业介入为研究框架，以员工服务为研究重点，以增进员工福利为研究目标。

3. 企业社会工作课程群的设想与实践

> 企业社会工作的课程体系，主要包括社会学、社会工作、企业管理、心理学、经济学等相关课程。

企业社会工作课程群是社会工作课程构成的一个部分。其主要特点是将社会工作专业通用的一些课程，配以企业社会工作为方向的，有利于社会工作学生从事企业社会工作方向发展的课程，组成一个方向明确的课程群。该课程群由两个部分组成：

（1）社会工作的基本理论与方法。

社会工作的基本理论与方法，是企业社会工作课程群的基础，如社会工作概论、人类行为与社会环境、个案方法、小组方法、社区方法、中国社会思想史等。企业社工是社会工作在一个专门领域内的开展，所以，这类社会工作的基础课程就必然成为企业社工课程群的组成。

（2）相关企业管理与经济运行规律方面的课程。

与企业社会工作直接相关，对企业社会工作方向起着直接支撑作用的有关企业管理与经济运行规律方面的课程。如经济社会学、统计学、人力资源管理、企业管理、公共关系学等。这类课程有助于社会工作学生加深对于市场经济主体——企业的特性的了解，同时，也为学生进入企业从事企业社会工作起到了必要的专业铺垫作用，使学生能很快进入企业社会工作者的角色。

4. 课程的评估

课程是否有效和成功，可以通过两个途径进行检验：一是实践途径，即对其所培养的学生在社会工作实践中的实际表现进行评估;二是就课程发展过程中的具体表现进行评估。前者所得出的结果具有较高的信度,但周期长,不利于及时调整课程的体系或内容;后者在信度上不如前者,但是周期短,易于实施,在课程的进行过程中可以随时进行评估,这就使课程的体系和内容能够得以随时调整。这里主要讨论后者,即对课程发展过程中的具体表现进行评估。一般有以下三种评估方法。

(1)实现教学目标的程度。

教学目标是对教学过程所应达到的要求的具体规定。在完成了一个具体的教学周期后,对实现教学目标的程度进行评估就可以确定课程的教学效果,发现课程中的问题,及时进行调整。

(2)成本与效益的实现。

办教育需要有一定的资金投入,对于整个社会来说,每一分投入都应有相应的收益。就一个具体专业来说,这种收益不一定直接表现为经济收益,但是教育投入也是可以用效益来计算的。具体来说,每培养一个合格的社会工作专业毕业生所需要的投入越低,也就意味着成本越低,相对效益就越高。

(3)满足社会对专业人才需求的程度。

从理论上讲,一定社会条件下社会对专业人才的需求是确定的。相对于这种确定的社会需求,专业教育能够在多大程度上满足社会的需求也是评估专业教育的一个重要指标。对于一个学校来说,其培养的学生对社会需求的满足包括量和质的满足,而且后者尤为重要。

二、教材的丰富与补充

教材建设是学科发展和人才培养的重要基础,是理论结合实践的逻辑起点。建设好较为成熟完善的企业社会工作教材,是企业社会工作教育与研究的需要,是推进企业社会工作实务的必需,也是企业社会工作本土化的体现。鉴于当前企业社会工作教材数量少、内容分散、体例不统一、重点不突出、组织化程度不高等问题,亟须通过顶层设计，由相关专业协会或学会组织专家学者以及实务工作者，编撰高质量的企业社会工作教材。在此基础上，鼓励学者编写各有侧重的类似教材及案例分析，以丰富企业社会工作的教材建设，推进企业社会工作的教学与研究。在学理视野上，企业社会工作教育与人才的培养以及企业社会工作的开展，不能仅仅是一门企业社会工作课程，除了传统社会工作专业设置的社会学、心理学、法学等专业外，还应涉及经济学、管理学、公共关系等专业知识体系，建立相应的系列教材以支撑企业社会工作教育。

系统企业（工业）社会工作的推行以及相应教材研究，始于20世纪70年代的美国，我国台湾地区则始于20世纪80年代。[①] 我国大陆地区的企业社会工作的开展与研究，则是较为晚近的事情。

在20世纪80年代末，台湾地区学者苏景辉编著的《工业社会工作》一书，是较早的企业社会工作方面的专著。此书共分八章。第一章为导论，对工业社会工作作概括说明；第二章至第五章分别探讨美国工业社会工作的演进、工业酗酒方案、员工协助方案、工会的社工服务等；第六章探讨台湾地区工业社会工作的起因与状况；第七、八章为两项相关的调查报告。在附录中还收集了七项企业社会工作相关的政策。此书是早期台湾地区社会工作专业的系列教材之一，也是早期企业社会工作探讨的重要成果。

我国大陆地区从20世纪80年代末开始招收社会工作的本科生。90年代上半期，吉林大学、郑州大学、云南大学、中国青年政治学院、厦门大学、中华女子学院、中央民族管理干部学院、南京理工大学、华东理工大学、南开大学、南京师范学院、安徽大学、苏州大学等院校，也相继经国家教委或省、市、自治区教育管理部门批准，设置社会工作专业。[②] 在社会工作专业领域中，儿童、青少年、老年、妇女、家庭、矫治社会工作等起步较早，发展

[①] 苏景辉：《工业社会工作》，（台北）桂冠图书股份有限公司1989年版，第1页。
[②] 高钟：《企业社会工作概论》，社会科学文献出版社2007年版，第1页。

较好，而有关企业社会工作的课程设置及实务工作则起步较晚，教材建设也明显滞后。目前可以看到的企业社会工作理论和实务的教材，相对于其他社会工作分支（如青少年社会工作、老年社会工作等）明显偏少。这对于全国400多所开办社会工作专业的高校的企业社会工作教育还远远不够。

2023年7月19日，《中共中央国务院关于促进民营经济发展壮大的意见》公布，意见指出，民营经济是推进中国式现代化的生力军，是高质量发展的重要基础，是推动我国全面建成社会主义现代化强国、实现第二个百年奋斗目标的重要力量。要推进民营经济产业工人队伍建设，优化职业发展环境。加强灵活就业和新就业形态劳动者权益保障，发挥平台企业在扩大就业方面的作用。鼓励民营企业自主自愿地通过扩大吸纳就业、完善工资分配制度等，提升员工享受企业发展成果的水平。完善民营经济人士专题培训和学习研讨机制，进一步加大教育培训力度。教育引导民营企业自觉担负促进共同富裕的社会责任，在企业内部积极构建和谐劳动关系，推动构建全体员工利益共同体，让企业发展成果更公平地惠及全体员工。民营经济的发展壮大，不仅为我国经济发展添注了活力和推力，也为企业社会工作的发展提供了良好的机会。社会工作界要及时利用这个契机，结合企业实务实践，切实做好企业社会工作的学科建设与教材建设。

三、教学中的案例讨论

在企业社会工作教育中，要特别重视和加强教学中的案例讨论环节，这也凸显了企业社会工作的实践性特征。当然，在目前的企业社会工作教育中，这也是薄弱环节所在。

对于企业社会工作教学中的案例，我们可以根据企业社会工作五个不同的介入层面，把案例进行归类分析和讨论。

第一个层面是以企业内的个体为工作对象，焦点放在员工个人面对的问题或需要。如个别员工因工作压力太大而出现的心理困扰

案例教学法起源于20世纪20年代，由哈佛商学院所倡导，是一种采取独特的案例形式的教学方式，这些案例都是来自商业管理的真实情境或事件，透过此种方式，有助于让学生主动参与课堂讨论。案例教学与讨论的方法引入社会工作专业教学领域，有助于社会工作专业教育发展和师生认知与实践能力提升，也有助于建构本土化的知识体系，寻求实现理论自觉。

或人际关系的矛盾等问题。这类案例是最常见的，与员工援助计划（EAP）的相关度也是较高的。

第二个层面是以企业内的群体为工作对象，把具有相似问题或需求的员工聚合起来，针对这一群体设计服务。比如，针对新入职的外来员工设计相关的培训服务。

第三个层面是以企业作为一个整体对象，这是基于企业本身的运作方式是造成员工的问题或需要的主体，其服务将针对改善企业作为一个系统的运作，从而解决由此出现的员工问题。比如，经统计分析，某部门不断有工伤事故出现，解决这一问题要对此部门的操作流程或工作方式进行适当改进。

第四个层面是以一个行业或一个地区内的企业为对象，当发现在同一个行业或同一个地区内的企业普遍存在一些共同的问题或需要时，可以将服务焦点放在这一个行业或地区内的众多企业上，了解问题，寻求解决方法。比如，经分析发现建筑工地经常有员工从高处跌下的意外，就可以针对建筑行业的企业和员工宣传使用安全措施；再如，某地区的工人流失率很高，又经常发生冲突，原来是因为众多企业和工人都不了解劳动法规，由此可向其提供相关咨询服务。

第五个层面是以整体社会为对象，这是宏观介入层面，具体来说，主要是指在社会政策、法规、社会制度、社会文化和社会行为等方面整合资源，协调企业与相关方面的关系。[1]

在案例讨论的过程中，有两个问题比较重要：一是工作对象的问题或焦点是什么；二是从企业社会工作的角度如何介入。这也是讨论和分析的重点。

案例讨论的过程也是一个双向交流的过程，应该引导学生不仅要重视知识，更要重视能力。案例讨论是培养学生独立思考的一个非常好的方式。

---

[1] 孔繁强：《从社会系统的五个层次理解本土企业社工的内容、手法和服务平台》，2008年"企业社会工作与企业社会责任国际学术研讨会"（苏州）发言稿。

第二节　企业社会工作实习督导

督导是广泛运用于各种专业机构中促进机构良性运转的一种机制，也是一种管理理念。在社会工作专业机构中，督导是专业工作的一个基本要求。社会工作实习督导是专业督导的一种，其区别仅在于对象的不同，以实习学生为对象。如果说课堂教学是一个知识传达的过程，实习督导则是一个帮助学生将普遍知识转化为个人智能和经验的过程，更是一个帮助学生将专业价值观与个人价值观整合的过程。

一、企业内部的实习督导

社会工作实习督导从其来源上看，可以分为机构实习督导和院系实习督导。机构实习督导是在机构中工作，接受过社会工作专业教育，认同社会工作专业价值理念并肩负着指导社会工作专业学生实习的人员。机构实习督导了解社会工作开展实务工作的方法和技巧，督导者对实习机构——企业相当了解，有开展企业社会工作实践的丰富经验。机构实习督导由于其工作上的时空特点，决定了其发挥着院系实习督导不可替代的功效，机构实习督导对于实习学生整个实习过程的参与度、实习成效和收获具有重要的促进作用。

企业内部的实习督导的主要责任体现在以下四个方面。

第一，为学生提供实习工作的基本设施。如学生实习时需要使用的办公桌、文具等，让实习的同学感觉他们在机构是被接纳的。

第二，介绍学生认识实习机构。这主要是在实习学生前来机构工作实习最初的1—2周内完成，是对实习学生的实习安排和工作说明过程。这个过程主要是向学生介绍机构的人员构成、工作环境、作息时间、服务系统等，说明机构对待实习教学的要求、规则等。通过这些介绍和说明，让实习生尽快了解机构的环境和工作方式，有利于学生在机构中良好关系的建立和实习效果的达成。

第三，支持学生的实习活动。一直以来，在社会工作教育领域有着这样一种观点，认为社会工作机构有义务对未来专业人员提供训练机会。事实上，虽然实习可能给机构的工作带来不便，但是许多机构还是积极地承担着在专业发展中的职责，积极地参与实习教学。实习机构应尽可能地提供机会让学生尝试扮演专业服务人员的角色。

第四，协助评估学生的表现。机构督导对学生在实习中表现的了解是最直接的，也是最准确的。为了能够让院系方面对学生实习有一个准确客观的评价，机构督导有责任协助院系和实习导师对学生进行实习评估。这种评估既包括平时的动态评估，也包括实习结束后的总评估。

总之，在学生实习过程中机构督导会参与实习计划的制订、实习任务的统筹，为实习生提供开展实习项目所需要的资源，针对实习过程中存在的困难组织实习生开展讨论以及时解决困难，启发学生针对实习中的问题进行思考，培养学生的专业认同感。

二、指导教师的跟踪督导

> 部分机构由高校社会工作专业教师领办，有助于进一步密切教学督导与机构督导之间的关系。

院系督导是指由担任课程教学的教师来担任学生实习实践活动的"监视者"。在实习督导的过程中，机构督导与院系督导共同承担，但实际情况是不少机构督导在实习教学过程中还无法担当起应有的责任，所以，为了促进社会工作专业的发展，指导教师（实习导师）有义务担负起实习教学的重任。

指导教师的跟踪督导，主要体现在以下八个方面。

第一，实习前探访机构，了解机构的服务及行政上的运作。机构在长期的实际工作中已经形成了一套独特的服务和管理体系，机构的工作人员对社会工作专业也可能没有太多的了解。学院的老师大多数也没有机构工作经验，对实务工作缺乏接触和了解。在实习前探访机构,有利于实习导师对机构的了解和认识,熟悉学生未来的实习环境。实习导师通过实习前的探访,也有利于与实习机构进行沟通,建立良好的实习关系。在实习的整个过程中,有了机构对实习的理解和支持,才有学生在机构顺利实习的保障。

第二,初步与机构探讨可进行的实习活动。一般来说,外资企业和我国香港、台湾地区企业对企业社工工作的认可度较高,大陆地区的很多企业尤其是中小企业对企业社会工作的认识程度不够。从一定意义上讲,与机构初步探讨可进行的实习活动的过程,也是宣传和扩大企业对社会工作的认识并认可的过程。

第三,实习初期帮助学生认识实习机构。实习机构的工作内容与书本知识是有很大区别的。学生在实习初期对机构的组织结构以及工作内容都了解不多,初到机构实习会有许多问题产生。包括:如何看待课堂知识与机构工作经验的不同;怎样面对当前实习机构工作的非专业问题;面对与学校生活截然不同的机构工作模式如何适应等。这时候实习导师应该帮助学生认识和了解实习机构,并协助学生认识和解决在实习初期出现的困难。从国内目前的实习情况来看,一些学生在最初进入机构实习时很容易表现出较强的对专业的承担感,抱着一种去建立专业形象的使命,对实习的期望很高。但是,实习初期学生体验的更多的是一种"专业挫败感",最大的问题是学生感觉自己在实习中的专业性不强。实习导师在这种情况下既需要鼓励学生在实习中所表现出来的对专业的承担感,也需要协助学生从体验以自我为中心的态度中转变到体验服务和以服务对象为中心。在这个阶段,实习导师不仅要帮助学生尽快地融入机构中,同时也要帮助机构接纳学生的实习表现,并尽可能地调整以适应学生的学习需要。

第四,与学生订立实习学习契约。与学生订立正式的实习学习契约可以从最初环节努力将实习带入正规化,使得学生增强对实习较为正式的态度和承诺。实习导师与学生订立实习学习契约的过程,也是对学生的教育过程。同时,实习学习契约作为实习导师和学生双方对未来将要开始的实习教学目标和活动的合约,既使得整个实习目标更加明确，也使得实习活动更加具体，同时，也方便日后实习导师对实习过程的评估。

第五，实习中期对学生进行日常的咨询、督导。从督导方法而言，个别讨论教学法仍然是社会工作实习与督导工作中最传统也是最主要的方法。另外，相对于督导老师专业知识和实务经验的有限和督导学生人数较多等情况，除了个别讨论教学法之外，还应同时配合团体讨论教学法。就国内目前的情况看，由于督导人数、督导老师的专业水平等方面的因素影响，在使用不同督导方法时还有紧密型和松散型等不同的方式，这对学生实习的效果也会产生不同的影响。实习导师在实习中通过日常的咨询、督导，对学生进行专业指导、心理辅导、价值观的培养、情绪支持、纠正错误、持续评估等方面的工作。随着实习的深入和发展，通过督导使学生在实习中对专业知识的运用和反省表现出一定的自主性。

第六，审阅学生的实习报告。学生在实习过程中要向实习导师提供工作日志、观察报告、计划书、过程记录和总结性报告等实习材料，以方便实习导师对其实习过程的了解和实习效果的评估。

第七，与实习机构保持沟通。实习导师在实习中是联系学院和机构的纽带，也是疏通学生与机构关系的桥梁。实习导师在实习中与机构充分地沟通，建立和谐融洽的关系，才能保证实习的顺利进行。一般来说，实习导师在实习中与机构沟通的主要方式是访视（visit），除此之外，还可以使用电话、微信等形式。

第八，实习后期的总结性评估。在实习临近结束之前，实习导师应该与实习机构和学生一起对实习的成果、实习方案和计划、学生的实习成绩和表现等方面进行总结性的评估。一般来说，先由学生进行自我评估，然后再由机构方面对学生的实习表现写出评估意见，最后由学校导师完成最后的评估报告，给出实习成绩，并提交给学院存档。在评估的过程中，实习导师应促成学生与机构、机构与学校导师、学生与学校导师之间的充分沟通。同时，实习导师在实习后期还要协助学生处理好结束实习时的一些工作和情绪。

三、企业督导与教师督导的交流

社会工作中的督导有助于全体成员利用自身知识和技能有效率、有效能地投入工作。"督导"一词意味着督察、控制、监视，在社会工作中，其一般被用来描述这样一种功能：一个个体（督导者）负责一个员工（被督导者）。督导者与被督导者之间的互动有利于发挥员工的专业能力。这是一个"教—学"过程，具有教育的、行政的性质。它可以在小组中实现，也可以在一对一的基础上实现。

在企业社会工作实习过程中，把督导分为企业督导和教师督导，这仅是为了分析和讨论方便，同时使之各负其责。其实，实习过程就其实质来说是一个完整的过程，是教师督导、企业督导、学生三方充分沟通和交流，高效率地提供社会服务的过程。在此过程中，教师督导与企业督导应该加强交流与合作。

一般来说，成功的督导者应具备以下六个特征。

第一，知识渊博。知识渊博是一个有效督导者的最基本特征，其中包含专业知识以及与实务、机构有关的知识。督导者需要具备综合性的知识、专业态度和实践技术，并且必须能够把它们与机构服务及组织结合起来。督导者必须熟悉最新专业文献，以便介绍给被督导者进一步学习。

第二，实践技术。实践技术对能干的督导者至关重要。这可能意味着一种社会工作专业方法的特定能力，或者是在所有基础社会工作方法上的综合能力。这样的能力根据督导者从事的工作、所针对的领域以及学生或被督导者的需要而有所变动。

第三，实行开放政策。开放政策是十分必要的。这意味着出现紧急情况时能联系到督导者，意味着大门随时随地地对被督导者开放，必要时，被督导者可以进来提出问题并获得指引。但是它并不意味着大门一直是敞开的。通常，督导者与被督导者每周进行一次固定会谈，以解决大部分的问题与疑惑。

第四，保持对督导的承诺。对有效督导的真诚信任是重要的，能干的督导者对机构、自身以及被督导者都倾心关注，但这又绝不是虚伪和表面的，被督导者能分辨这种关注是否真诚。持续性关怀可以成为一个积极的激励因素，并能协助被督导者增强知识和技能。

第五，坦诚。有效的督导者是坦诚的。这意味着，尽管他们一般知道问题的答案，但当他们不知道某个问题答案时会主动承认不足，当他们犯错误时也会主动承认错误。认识到自己也是人，这样的督导者最有可能跟他们的员工打成一片。

第六，善于表示欣赏和给予奖励。新员工尤其追求奖励和欣赏，这种积极强化可以增强动机和专业发展。

教师督导与企业督导加强交流与合作，既是提高自身督导能力从而成为成功督导者的要求，也是加强对学生各个实习环节的考察与评估的必然要求。

第三节　企业社会工作研究

> 高质量的企业社会工作研究是总结企业社会工作实践成果，促进企业社会工作实务效能提升的必要条件。

企业社会工作既是一项专业性的实务介入，也是一门理论性的学科；既有实际工作的积累，也需要做学理的提升。对企业社会工作的研究，是企业社会工作运作和发展过程中的题中应有之义。

一、企业社会工作的研究现状

企业社会工作是社会工作的一个重要方向和实务领域。类似企业社会工作的介入手法，较早地出现在法国、德国、荷兰、比利时、波兰、秘鲁、巴西、智利、印度等国家，美国在20世纪70年代开始有系统地推行企业（工业）社会工作，我国台湾地区的企业社会工作始于20世纪80年代。我国大陆地区企业社会工作的发展与研究，大体上是进入21世纪后才逐渐开始的。

1. 学术论文

国内较早有关企业社会工作的学术研究文章，是南京大学周沛教授于2005年发表在《社会科学研究》上的"一项急需而有价值的社会工作介入手法——论企业社会工作"，该论文首次从企业社会工作的基本概念、企业社会工作的服务体系及其功能、企业社会工作在内地开展的必要性和介入手法等方面展开了论述。①由于此前国内基本上没有相同主题的研究成果，为此，该文对于国内企业社会工作研究的发展起到了较好的推动作用，拉开了学者从不同角度对企业社会工作研究的序幕。此后，随着我国经济的高速发展及社会工作者的介入，不少学者及实务工作者在实务工作的基础上开展企业社会工作研究。截至2023年7月，通过CNKI等搜索，直接以"企业社会工作"／"工业社会工作"为篇名和关键词进行文献搜索，查询到文献371篇，其中，学术期刊279篇，硕士学位论文72篇，会议论文27篇。被CSSCI收录的论文为23篇。

总体来看，相比较社会工作其他领域的研究，企业社会工作研究的学者及成果还不多，有待更多的实务工作者及专家学者的积极参与。

2. 教材建设

为了应对社会工作专业教学的需要，相关学者开始了企业社会工作教材的撰写工作。2007年，高钟教授在社会科学文献出版社出版了第一本企业社会工作的专门教材《企业社会工作概论》。该教材在参考了境外同类教材的基础上，结合高钟教授等人多年的企业社会工作经验，尤其是他们所负责的社会工作专业学生在企业实习的经验，汇总提炼而成。该书以企业社会工作的基本概念和发展规律为主线，着重论述了海外企业社会工作的发展、企业社会工作

---

① 周沛：《一项急需而有价值的社会工作介入手法——论企业社会工作》，《社会科学研究》2005年第4期。

的内外部领域、企业社会工作与企业内部其他部门的关系、企业社会工作的介入方法、企业社会工作的实务与实习等问题。该书在附录中还收录了部分学生在企业实习的总结、日志、调研报告等，具有明显的本土化特征。

2009年，钱宁教授主编的《工业社会工作》由高等教育出版社出版。该书从个人或群体如何应对日益复杂的以工作为基础的社会关系的角度，从工业社会工作的过程及其相关理论、员工福利、职业生涯、情绪管理、闲暇生活、劳动冲突和企业社会责任等方面介绍工业社会工作实务的理念、知识、方法和技巧，具有较好的学理性和实务性特征。

此外，近些年还有张默主编，由社会科学文献出版社出版的《企业社会工作》；徐明编著，由东北财经大学出版社出版的《企业社会工作：理论与实践》；以及《企业社会工作案例分析》等若干著作。

总体看，相比较社会工作概论或其他社会工作实务性教材，企业社会工作的教材与著述数量较少，且内容、体例等也不尽一致，这反映出企业社会工作的教学与研究还有许多值得深入探讨的空间，需要企业社会工作教育者与实务者加以努力推进。

3. 培训与交流

随着企业社会工作的教学与实务推进，各种培训与学术交流也同时跟进。2005年8月，中国社会工作教育协会举办了以工业社会工作为主题的工作坊，来自全国从事社会工作教育的数十名教师进行了工业社会工作的有关知识培训。2006年夏，在中国社会工作教育协会年会上，朱平贵、高钟等学者提交了企业社会工作的论文，并在小组会上进行了学术交流。2008年，香港理工大学应用社会学系在北京、广州先后举行了两次工业社会工作培训坊，近百名社会工作教师与学生进行了工业社会工作的交流。2009年4月，由香港理工大学应用社会学系、南京大学公共管理学院和苏州科技学院人文学院共同主办的"企业社会工作与企业社会责任"学术研讨会在苏州召开。这是国内学术界首次关于企业社会工作的学术研讨会。来自全国各地的 50 余所大学、北京协作者文化传播中心等社会组织、《社会工作》等学术期刊，以及远东控股集团有限公司等企业代表，苏州市金阊区民政局等政府代表等共 80 余人参加了这次大会。与会专家学者就企业社会工作的基本概念、企业社会工作的理论发展和实务领域展开了讨论，并取得了共识。这次会议的召开，对于总结内地企业社会工作的理论成果和推动企业社会工作的实务发展具有重大意义。近十多年来，随着企业社会工作教学与实务的不断发展以及企业对社会工作需求的不断增强，有关企业社会工作的培训及学术交流越来越多。

2011 年 10 月，深圳市民政局与中国社会工作协会等在深圳联合举办首届全国（深圳）企业社会工作建设研讨会。这次会议是企业社会工作发展的一次盛会，是在全国范围内首次大规模地聚集政府部门、专家学者、企业界人士、社会组织代表，各界人士共同探索企业社会工作的发展路径。为深入研讨企业社会工作发展，本次会议分为"企业社会责任与社会工作""社会工作专业技术在 EAP 中的运用""企业社会工作与和谐劳动关系构建""本土企业社会工作服务模式的探索与实践""全球化背景下企业社会工作的趋势与展望"五个分论坛，就我国企业社会工作发展进行了深入探讨和经验分享。这次会议对我国企业社会工作发展具有重要意义。2013 年 2 月底，由民政部主办的全国企业社会工作实务发展战略研讨会在深圳召开，会议规模再一次扩大，社会各界对企业社会工作的发展高度关注。会议将重点聚焦在企业社会工作实务上，这对于在全国层面大力推进企业社会工作实务发展，尤其是推动政府、企业、社会组织以及专家学者的互动协作起到了重要作用。2016 年 12 月 10—11 日，由全国企业社会工作专业委员会主办的首届年会在中国劳动关系学院隆重召开。会议的主题是"中国企业社会工作理论与实务发展"，由北京大学、中国人民大学、中国政法大学、北京工业大学、中国劳动关系学院等在京高校联合承办，中国劳动关系学院工会学院协办，来自全国企业社会工作界的 150 余位专家参与研讨。2023 年 10 月 28 日，由中国社会工作教育协会企业社会工作专业委员会主办，浙江万里学院、中国劳动关系学院联合承办的中国社会工作教育协会企业社会工作专业委员会2023年年会暨企业社会工作发展高端论坛在宁波召开。从整体上看，相较于社会工作的其他分支（如老年社会工作、青少年社会工作等），企业社会工作的研究还较为薄弱。这或与从事企业社会工作的研究者较少、相关理论归纳与提炼不够、相关企业对企业社会工作的认知与接纳程度不高等因素有关。相关社会工作的研究者、实务工作者以及企业管理者需进一步沟通协同，以推进企业社会工作及其研究的深入发展。①

二、企业社会工作研究的特点

除了具有一般社会工作研究的特性之外，企业社会工作研究因其所涉领域的特殊性，还有其自身的特点。

1. 企业社会工作研究是在实务工作基础上的多维度理论研究

企业社会工作研究是建立在对企业发展、劳动关系、员工福利、心理疏导、环境适应等诸方面社会工作实务基础上的经验积累与学理分析。由于企业运营、发展以及员工构成、需求等的多样性与复杂性，从一定程度上看，企业社会工作介入的难度和专业要求也要高于其他领域的社会工作介入；从实务介入的角度看，企业社会工作的实务服务需要更加深入、更加具体；从研究视角看，需要以扎实的实务工作为基础，对企业社会工作过程作经验总结与规律提炼，再以相关理论对之进行分析研究。

企业社会工作中的多维理论研究，基于企业社会工作过程，研究的对象、内容、方式等各不一样，涉及整个社会经济发展环境、市场变化、企业内部管理、员工参与、员工激励、员工福利等方面，因此，要根据企业运行中涉及的各种要素，从相关学科，运用

---

① 张默、卢磊：《我国企业社会工作发展的历程和趋势》，《中国劳动关系学院学报》2015年第4期。

相关理论,对企业社会工作的介入进行多维度、多视角研究。企业社会工作研究,要符合企业运行的实际,并能指导企业社会工作的进一步发展;研究结果并不是停留在学者的书斋中,而是要能够运用于实践,接受实践检验并指导实践。

2. 加强与企业方的交流,获得其配合及参与

企业社会工作的直接对象是企业、企业管理者及员工等,得到他们的认可和接纳,既是企业社会工作介入的重要前提,也是企业社会工作研究的基本保证。企业是追求利润的经济组织,对于投入产出、提高经济效益的关心是企业的本能。一些企业压缩、削减员工福利以减小成本,往往也是从企业自身提供经济效益的角度上考虑的。针对企业的此类顾虑,社会工作者要主动加强和企业方的联系与沟通,让他们理解企业社会工作的介入,对企业员工劳动积极性的提高、企业生产效率的提升、人际关系的改善等方面,都具有极为重要的价值。在具体的企业社会工作介入过程中,要运用各类研究数据向企业主说明,对员工基本福利的投入所增加的成本,远远低于员工积极性发挥所创造的效益,社会工作对企业的全面发展是有实际推动作用的。在企业方认识到企业社会工作的重要意义的同时,鼓励他们参与到企业社会工作的过程中来,如联结企业党建、人力资源、工会、妇联、共青团等部门,和专业的企业社会工作者一道,认真分析本企业在运营中决策层、管理层、员工等方面的相关问题和需求,通过企业社会工作的专业介入来提升员工的主动性和积极性,提高企业的运营效率。

3. 多学科理论的综合运用

企业运营受到经济、社会、政治、文化等环境要素的影响,这就要求企业社会工作的开展需要从多维视角介入。社会工作本身就是一个综合性较强的学科,企业社会工作研究则因为工作领域的复杂更需要众多学科理论的支持。除了常用的社会学、社会工作专业知识之外,还涉及经济学、法学、企业管理、人力资源管理、文化学、社会心理学、历史学等学科以及其他社会科学的理论,是一个多学科、多视角、多维度的综合性研究。

三、企业社会工作的研究方法

1. 调查研究法

调查研究法是指一种采用自填式问卷或结构式访问的方法，系统地、直接地从一个取向总体的样本那里收集资料，并通过对资料的统计分析来认识社会现象及其规律的社会研究方式。[①]问卷调查与统计分析是调查研究法的基本技术方法。在企业社会工作研究中，要了解某一企业或企业内部群体或组织的状况、需求、资源等量化资料，就需要深入企业，直接面向相关研究对象进行问卷调查，搜集研究所需要的信息和数据。

问卷是社会调查中用来搜集资料的重要工具，其在形式上是一份精心设计的问题表格，其用途则是用来测量人们的行为、态度和社会特征，以此来搜集资料也易于进行定量分析。但一份好的问卷要求对问题进行精心设计，所提问题、用语都应适合调查对象的理解和回答，这样才能提高获资料的信度和效度。问卷设计是一种技术要求颇高的工作，所以，在企业社会工作研究中要慎重地使用问卷搜集资料。

由于企业社会工作研究往往是在征得企业高管同意或在高管授意下开展的问卷调查工作，由此可以利用企业科层管理的行政体系发放与回收问卷，这样可以节省成本。但也由于行政手段，有时调查中员工不愿意表明自己的真实态度与想法。在此情况下，要注意在问卷设计、调查环境、提问方式等方面让员工能够放下顾虑，直抒胸臆。

2. 实地研究法

实地研究（field research）是一种深入研究对象的生活背景，以参与式观察和无结构访谈的方式收集资料，并通过对这些资料的

---

① 风笑天：《社会研究方法》（第五版），中国人民大学出版社2018年版，第177页。

定性分析来理解和解释现象的社会研究方式。①观察与访谈是实地研究的主要方法。在实地研究中的观察，更多的是参与式观察，即研究者深入研究对象生活的实地，深入体察与理解研究对象所处的真实社会生活。访谈法更多是非结构式访谈，即不按照严格的访谈问卷来提问，只依循粗线条的访谈提纲，在访谈过程中可以随时变化调整，灵活推进。

企业社会工作的研究更多地采用实地研究的方式开展。社会研究者或社会工作者处于企业这一典型"实地"，参与企业活动，与相关研究对象（如企业员工、管理人员等）进行深度访谈交流，并从中体察理解企业的运行、企业员工的需求、企业社会工作的介入点等。企业是一个经济组织，访谈法与观察法的应用不能影响企业的经济运行秩序，故而一般在员工的工作之余进行，同样也要创造一个让员工敢于说真话的环境。

3. 个案研究法

个案研究是选择某一社会现象（个案）为研究单位，搜集与之有关的一切资料，详细描述它的发展过程，分析内外因素的关系，并同其他同类个案相比较得出结论的研究过程。在企业社会工作研究中，个案可以是一个员工、一个车间、一个企业甚至一个社区。个案研究也可以视为实地研究的具体类型。个案研究追求的是对研究对象的全面深入的了解，而不强调代表性。个案研究一般采用参与观察和非结构式的深度访谈来搜集资料。个案研究是一种定性分析方法，它以对个案资料的充分占有为基础。在分析资料的过程中，研究者运用比较、理解等方法把握其实质。因此，这一方法对研究者的人文素质、社会阅历、工作经验、理论素养都有较高要求。

4. 文献研究法

文献研究法是一种通过搜集和分析现存的以文字、数字、符号、画面等信息形式出现的文献资料，来探讨和分析各种社会行

---

① 风笑天：《社会研究方法》（第五版），中国人民大学出版社2018年版，第332页。

为、社会关系及其他社会现象的研究方式。根据研究的具体方法和所用文献类型的不同，可以将文献研究划分为若干不同的类型。其中，社会研究者最常用的有内容分析、二次分析和现存统计资料分析。企业社会工作的直接文献不多，但大量的企业统计、分析、总结，尤其是其中有关员工福利、职业生涯发展等方面的文献资料，可以作为企业社会工作的研究材料所用。

5. 行动研究法

作为一门实践性学科，社会工作研究并非只是为了做研究而研究、为建构理论而建构理论，而是为了实践进行研究。社会工作会更进一步探索解决社会问题的方法和路径。行动研究（action research）是一种新兴的研究范式，也被看作一种实践培力增能的助人工作方法。它集研究、教育和实践于一体。

> 经由实践行动的研究，行动研究法也是社会工作领域研究的特色方法。

行动研究是一个构建对人类有价值的实用性知识的民主和参与的过程，其根植于参与式的世界观。行动研究的过程必须将行动和反思、理论与实践结合在民众的参与当中，探寻对满足民众个人和社区需求有用的方案。所以，行动研究不只是研究方法，同时还是通过系统的证据收集和试验，探究如何提升专业介入的质量，从而更好地服务民众的过程。有别于传统社会科学的研究，行动研究有很强的实用性关怀，它不是一个研究者对行动者行动的研究，也不全然作为一种学术探究的研究方法，而是致力于寻求改变的一种方法。①

作为社会工作的重要分支领域，企业社会工作的行动研究越来越成为重要的研究方法实践。社会工作研究者通过具体的社会工作介入，理解相关议题的逻辑，并进行相关实务的探索，在介入行动的研究中，达到服务对象改变的目标。

6. 研究坊

除了上述社会工作的常规性研究方法之外，研究坊也是一种有效的方式。例如，北京大学与香港理工大学合作的，自 2005 年

---

① 古学斌：《行动研究与社会工作的介入》，《中国社会工作研究》2013 年第 1 期。

以来多次开办的企业社会工作与企业社会责任的研究坊，实质上是一种很好的企业社会工作的研究路径与提升途径。这种研究坊最大的优点是不仅从事企业社会工作的教育者参加，而且从事实际企业管理的管理人员、从事企业社会工作的社会组织工作人员、社会工作学生等相关人群也会广泛参与，由此形成了一个学者、企业管理者、企业社会工作实际工作者、学生四方面的互动。这种互动既有理论，又有实践，同时还有不同的视角。这种多元、多角度、理论结合实际的研究与讨论，是一种有成效的研究方法，对于促进企业社会工作研究的深入起到很好的效果。

思考题

1. 简述企业社会工作教学中案例讨论的类型。
2. 简述企业内部实习督导的责任。
3. 简述成功督导者的特征。
4. 简述企业社会工作研究的特点。
5. 论述企业社会工作研究的方法。

推荐阅读

风笑天：《社会研究方法》（第五版），中国人民大学出版社2018年版。

古学斌：《行动研究与社会工作的介入》，《中国社会工作研究》2013年第1期。

张默、卢磊：《我国企业社会工作发展的历程和趋势》，《中国劳动关系学院学报》2015年第4期。

周沛：《一项急需而有价值的社会工作介入手法——论企业社会工作》，《社会科学研究》2005年第4期。

第二版后记

本书系统地阐述了企业社会工作的概念与内涵、企业社会工作的历史与发展、企业社会工作与企业党建工作、企业社会工作与企业管理、企业社会工作与企业社会责任、企业社会工作的主客体系统与行动机制、企业社会工作与企业内外部的关系、企业社会工作的价值伦理与实务过程、企业社会工作福利服务与手法、企业社会工作心理服务与手法、企业社会工作服务特殊群体等。

本书编写在总体上基于四个"结合"：

第一，与专业社会工作的结合。企业社会工作就是专业社会工作在企业中的具体介入。因此，在章节安排和具体内容的写作过程中，本书坚持结合或突出专业社会工作的基本理念与专业方法，以区别于一般性的企业工作。

第二，与党群工作的结合。强化企业党的建设，密切企业中的党群联系，充分发挥党在人民群众中凝聚人心的作用，促进企业社会工作在企业党建群团工作中的专业介入与融合发展，是进一步推进企业社会工作本土化，构建中国特色社会主义的企业社会工作服务模式的必要前提。

第三，与企业管理的结合。企业工作一方面要把为员工维权，增进员工福利作为工作目标；另一方面，又要把提高企业管理水平、促进企业效率提高作为工作追求。二者互为条件，相互促进。因此，本书尽可能地体现出从企业管理的角度引进企业社会工作。从企业社会工作的视角推进企业管理。

第四，学术性与实务性的结合。企业社会工作是社会工作的分支学科，本书在基本学理与学术分析的基础上，力求结合实务作展开性讨论，以突出可操作性。

本书第二版的修订工作主要从以下五个方面展开：第一，呼应社会工作本土化发展的要求，新编写"企业社会工作与企业党群工作"一章；第二，结合最新情境，对相关政策、实践、案例、数据等进行更新；第三，对部分表述进行调整；第四，对全书的文字表述进行梳理；第五，根据丛书编写的体例要求，每章加入了必要的批注与思考题。在主编拟定大纲的基础上，各章初稿的编写分工为：

第一章：周沛（南京大学）；

第二章：沈黎（南京理工大学）；

第三章：易艳阳（南京林业大学）；

第四章、第七章、第十二章：高钟（苏州科技大学）；

第五章、第十一章：沈晖（南京大学）；

第六章：夏少琼（广东财经大学）；

第八章：黄红（黑龙江省社会科学院）；

第九章：陈雷（华北电力大学）；

第十章：王艳峰（沈阳工程学院）；

第十三章：王丰海（苏州科技大学）。

在第二版的修订过程中，主编对全书进行了必要的润色、校阅等工作，对某些章节的内容进行大量的增补，特别是易艳阳在新增章节写作、案例更新、全书修改、统稿等方面做了十分重要的工作；苏州科技大学王丰海协助搜集了部分案例材料。由于编者的专业背景不一、文风各异，加之国内同类教材及参考资料稀缺，因而难免在体系结构、内容观点、文字表述等方面存在错误和不足，敬请各界同人及读者批评指正。编写中我们查阅并借鉴了国内外的相关资料，采纳及应用了有关企业社会工作的实务经验，在此，谨对相关作者及实务工作者表达诚挚的感谢。同时，感谢复旦大学出版社宋启立老师的辛勤工作。

周沛

2023年9月于金陵

图书在版编目(CIP)数据

企业社会工作/周沛主编;易艳阳,高钟副主编.—2版.—上海:复旦大学出版社,2024.5
(博学.社会工作系列)
ISBN 978-7-309-17397-0

Ⅰ.①企⋯　Ⅱ.①周⋯ ②易⋯ ③高⋯　Ⅲ.①企业-社会工作　Ⅳ.①F272-05

中国国家版本馆 CIP 数据核字(2024)第 086888 号

企业社会工作(第二版)
周　沛　主编
易艳阳　高　钟　副主编
责任编辑/宋启立

复旦大学出版社有限公司出版发行
上海市国权路 579 号　邮编:200433
网址:fupnet@fudanpress.com　http://www.fudanpress.com
门市零售:86-21-65102580　团体订购:86-21-65104505
出版部电话:86-21-65642845
上海四维数字图文有限公司

开本 787 毫米×960 毫米　1/16　印张 26.75　字数 488 千字
2024 年 5 月第 2 版第 1 次印刷

ISBN 978-7-309-17397-0/F・3046
定价:62.00 元

如有印装质量问题,请向复旦大学出版社有限公司出版部调换。
版权所有　侵权必究